中华现代学术名著丛书

宋史丛考

聂崇岐 著

图书在版编目(CIP)数据

宋史丛考/聂崇岐著.—北京:商务印书馆,2023
(中华现代学术名著丛书)
ISBN 978-7-100-23027-8

Ⅰ.①宋… Ⅱ.①聂… Ⅲ.①中国历史-宋代-文集 Ⅳ.①K244.07-53

中国国家版本馆 CIP 数据核字(2023)第 175998 号

权利保留,侵权必究。

本书据中华书局 1980 年版排印

中华现代学术名著丛书

宋史丛考

聂崇岐　著

商 务 印 书 馆 出 版
(北京王府井大街36号　邮政编码100710)
商 务 印 书 馆 发 行
北 京 通 州 皇 家 印 刷 厂 印 刷
ISBN 978-7-100-23027-8

2023 年 11 月第 1 版　　开本 880×1240　1/32
2023 年 11 月北京第 1 次印刷　印张 20¾
定价:110.00 元

出版说明

百年前,张之洞尝劝学曰:"世运之明晦,人才之盛衰,其表在政,其里在学。"是时,国势颓危,列强环伺,传统频遭质疑,西学新知亟亟而入。一时间,中西学并立,文史哲分家,经济、政治、社会等新学科勃兴,令国人乱花迷眼。然而,淆乱之中,自有元气淋漓之象。中华现代学术之转型正是完成于这一混沌时期,于切磋琢磨、交锋碰撞中不断前行,涌现了一大批学术名家与经典之作。而学术与思想之新变,亦带动了社会各领域的全面转型,为中华复兴奠定了坚实基础。

时至今日,中华现代学术已走过百余年,其间百家林立、论辩蜂起,沉浮消长瞬息万变,情势之复杂自不待言。温故而知新,述往事而思来者。"中华现代学术名著丛书"之编纂,其意正在于此,冀辨章学术,考镜源流,收纳各学科学派名家名作,以展现中华传统文化之新变,探求中华现代学术之根基。

"中华现代学术名著丛书"收录上自晚清下至20世纪80年代末中国大陆及港澳台地区、海外华人学者的原创学术名著(包括外文著作),以人文社会科学为主体兼及其他,涵盖文学、历史、哲学、政治、经济、法律和社会学等众多学科。

出版说明

出版"中华现代学术名著丛书",为本馆一大夙愿。自1897年始创起,本馆以"昌明教育,开启民智"为己任,有幸首刊了中华现代学术史上诸多开山之著、扛鼎之作;于中华现代学术之建立与变迁而言,既为参与者,也是见证者。作为对前人出版成绩与文化理念的承续,本馆倾力谋划,经学界通人擘画,并得国家出版基金支持,终以此丛书呈现于读者面前。唯望无论多少年,皆能傲立于书架,并希冀其能与"汉译世界学术名著丛书"共相辉映。如此宏愿,难免汲深绠短之忧,诚盼专家学者和广大读者共襄助之。

商务印书馆编辑部

2010年12月

凡　　例

一、"中华现代学术名著丛书"收录晚清以迄20世纪80年代末,为中华学人所著,成就斐然、泽被学林之学术著作。入选著作以名著为主,酌量选录名篇合集。

二、入选著作内容、编次一仍其旧,唯各书卷首冠以作者照片、手迹等。卷末附作者学术年表和题解文章,诚邀专家学者撰写而成,意在介绍作者学术成就、著作成书背景、学术价值及版本流变等情况。

三、入选著作率以原刊或作者修订、校阅本为底本,参校他本,正其讹误。前人引书,时有省略更改,倘不失原意,则不以原书文字改动引文;如确需校改,则出脚注说明版本依据,以"编者注"或"校者注"形式说明。

四、作者自有其文字风格,各时代均有其语言习惯,故不按现行用法、写法及表现手法改动原文;原书专名(人名、地名、术语)及译名与今不统一者,亦不作改动。如确系作者笔误、排印舛误、数据计算与外文拼写错误等,则予径改。

五、原书为直(横)排繁体者,除个别特殊情况,均改作横排简体。其中原书无标点或仅有简单断句者,一律改为新式标点,专名号从略。

六、除特殊情况外,原书篇后注移作脚注,双行夹注改为单行夹注。文献著录则从其原貌,稍加统一。

七、原书因年代久远而字迹模糊或纸页残缺者,据所缺字数用"□"表示;字数难以确定者,则用"(下缺)"表示。

目　录

宋役法述 …………………………………………… 1
宋代府州军监之分析 ……………………………… 82
宋词科考 …………………………………………… 147
宋代制举考略 ……………………………………… 198
中国历代官制简述 ………………………………… 236
汉代官俸质疑 ……………………………………… 263
论宋太祖收兵权 …………………………………… 296
宋辽交聘考 ………………………………………… 318
麟州杨氏遗闻六记 ………………………………… 439
资治通鉴和胡注 …………………………………… 451
校宋史本纪札记 …………………………………… 462
宋史地理志考异 …………………………………… 556
未收文章存目 ……………………………………… 635

聂崇岐先生学术年表 ………………………… 马勇 637
聂崇岐及其《宋史丛考》 …………………… 马勇 646

宋役法述

一　引言

王安石革旧制,司马光等群起攻之;其争论最烈、商讨最详者,厥惟役法。良以青苗、市易、方田、均输、保甲、保马种种新猷,问题皆较单纯,不似役法之复杂曲折且互有利弊也。

宋初行差役,神宗始行雇役,南渡又有义役。其施行法则,《宋史》《宋会要稿》及《文献通考》皆有专篇记述。惟《宋史》所载仅至宁宗庆元五年,《宋会要稿》所辑起于哲宗元祐初政,首尾各不完备;《文献通考》所言粗完备矣,然又伤于简略;故借之皆不足以明一代之典制。爰参稽群书,作为兹文,以示有宋役法变迁之梗概。

二　宋代色役及其渊源

宋代役法多殊于古。古之所谓役者,或执干戈以卫社稷,或操畚锸以营土木;汉之更徭,唐之丁庸,皆属此类。宋之役则不然,盖就其职名观之,实为秦汉郡县掾属、胥史及乡官之变相,与旧日兵役、力役什九无干也。故马端临作《文献通考》，特立"职役"一门。役而曰职，端为明其异于古之役耳。

宋之色役，名目綦多。大致各级地方政府，官之命自国家者有限，一应细务，若官物之看守，租税之催征，簿书之典掌，仪仗之执持，例皆点派境内编氓司其事，故望州壮郡，同时充役有至千余人者。马端临述宋之色役曰：

> 国初循旧制：衙前以主官物，里正、户长、乡书手以课督赋税，耆长、弓手、壮丁以逐捕盗贼，承符、人力、手力、散从官以供奔走驱使；在县曹司至押录，在州曹司至孔目官，下至杂职、虞候、拣掐等人，各以乡户等第差充。①

按马氏所举，特其大凡而已。实则据宋人著述，尚有节级、客司、书表司、通引官②、厅子、解子③、坛子④、斗子、库子、掐子⑤、典吏⑥、承

---

① 《文献通考》（光绪二七年，上海图书集成公司石印）卷一二，页七上。
② 欧阳修《文忠全集》（《四部备要》本）卷一一六，页七下，《乞再定夺减放应役人数》奏状云："臣勘会辖下州军……节级，并通引官、客司、书表司等，并于各元定敕额人数外，有影占上等人户。"
③ 同上，卷一一五，页二下，《相度并县》奏状："每县曹司……解子……各近百人；外别有供应本州厅子、客司……及本村里正、耆长、壮丁色役。"
④ 脱脱《宋史》（光绪二九年，上海五洲同文书局石印）卷一七七，页二一上云："右司谏苏辙言：'开封府亟用旧额尽差，如坛子之类……今悉改差民户……'"
⑤ 徐松辑《宋会要稿》（1936年北平图书馆影印）册一二八《食货》十四之十四上云："凡改更诸路役法，如……添……斗子人数之类。……至若常平库子、掐子不支雇钱……"
⑥ 李焘《续资治通鉴长编》（光绪七年，浙江书局刊）卷九七，页一一下云："诸州捕盗，限外不获，其……弓手、典吏并行决罚。"

引官①、学事司②、斗级、揽户③等项名目,而押录又为押司录事之简称,拣撘即主导米之撘子也。马氏谓宋之色役系循旧制。不知所谓旧者果指何时？五代之旧耶？唐之旧耶？抑秦汉之旧耶？然为明了宋代色役渊源,秦汉以来制度势不能不一加研究。

秦灭六国,废封建,立郡县,县之下有乡、有亭、有里。郡除守、尉、丞,县除令、长、丞、尉为中央所任命者外,其分曹治事者则为长吏所征用之掾属；若乡、亭管理,亦向委本土人士充任。如萧何为沛主吏掾,曹参为沛掾,夏侯婴为沛令史,陈婴为东阳令史,汉高帝为泗上亭长,皆其例也。汉承秦制,略事减增。郡府之中每分功曹、议曹、集曹、奏曹、户曹、仓曹、尉曹、贼曹、金曹、法曹、决曹、辞曹,曹各有掾、有属、有史；外此复有五官掾、门下掾、督邮掾、持事掾、主记掾、文学掾,以及主簿、书佐、从史、卒史、狱史、小史之类。县之体制,虽绌于郡,但亦有功曹、户曹、五官、门下等掾吏,与夫狱史、令史、小史、五百等职。④ 至于县下则"大率十里一亭,亭有长；十亭一乡,乡有三老、有秩、啬夫、游徼。三老掌教化；啬夫职听讼,收赋税；游徼徼循禁贼盗"。⑤ 亭长职同游徼。有秩即地位较高之

---

① 《续资治通鉴长编》,卷一○九,页五上云："诸州军遣承引官、客司、衙前赴三司……"

② 陈傅良《止斋文集》(《四部丛刊》本)卷二一,页一上,转对《论役法》劄子云："罢诸州曹官当直散从官雇钱……罢学事司人重雇钱……尽隶总制。"

③ 真德秀《真文忠公集》(《四部丛刊》本)卷一二,页三一上,《申将文林郎监江东转运司寄纳仓张锜重行追夺等事》云："监仓张锜持身不谨……据……斗级尹茂、厅子夏震、揽户孟三二等供招……张锜累令……借钱入己使用。"

④ 此段摘引徐天麟《西汉会要》卷三三,页七及一七下,《东汉会要》卷二○,页一一下(皆光绪五年广州学海堂刊)及王昶《金石萃编》(光绪一九年,上海鸿宝斋石印)卷七,页五上《景君碑阴》,卷九,页二下《礼器碑阴》,卷一○,页三下《苍颉庙碑阴》,卷一四,页一上《西狭颂》。

⑤ 班固《汉书》(光绪二九年上海五洲同文书局石印)卷一九上,页一七上。

3

啬夫,为郡所署,惟户及五千之乡乃置之,禄秩百石,故有此称。时复间有孝弟、力田之官,①而三老又分乡、县,县三老且得与令、长、丞、尉以事相教。② 若"里魁掌一里百家,什主十家,伍主五家以相检察",及"乡佐属乡主民收赋税",③则为东京新制矣。又自武帝置十三州刺史,其属吏有别驾从事史、治中从事史、部郡国从事史、书佐、假佐④之目,率用州人充其选,与郡县掾史之分职相似,仅位望稍高耳。

三国分崩,未遑改作。晋之州郡县史率仿于汉,⑤至乡里之职则微不同。其制"县五百户以上皆置一乡,三千户以上置二乡,五千户以上置三乡,万户以上置四乡;乡置啬夫一人。县率百户置里吏一人;其土广人稀听随宜置里吏,限不得减五十户"。⑥ 又为协助啬夫,依乡户多寡,置治书史及佐、正等。⑦ 惟由刘宋"五家为伍,伍长主之;二伍为什,什长主之;十什为里,里魁主之;十里为亭,亭长主之;十亭为乡,乡有乡佐、三老、有秩、啬夫、游徼各一人"⑧之法推之,恐晋世亦宜如秦汉之有三老等乡官;否则,刘宋似不能忽又胥准乎汉家也。虽然,自典午南渡,丧乱频仍,版籍残阙,户政大紊,

---

① 杜佑《通典》(光绪二七年上海图书集成公司石印)卷三三,页六下。
② 《汉书》卷一,页二三下。
③ 范晔《后汉书》(光绪二九年上海五洲同文书局石印)卷三八,页七上。
④ 同上,卷三八,页二下。又《通典》卷五二,页三下。
⑤ 《金石萃编》卷二五,页六下符秦《广武将军碑》,碑阴题名有户曹、兵曹、金曹、贼曹、功曹及主簿、录事。苻氏之制率沿于晋,故知晋之郡县曹司大致仿乎汉也。又《通典》卷三三,页四上亦载晋之郡县佐史,而页七上于乡官节中云县"户千以上置校官掾一人,县皆置方略吏四人"。
⑥ 《通典》卷三三,页七上。
⑦ 同上,卷三七,页二上。
⑧ 同上,卷三三,页七上。

侨寄土断之争，抵于梁陈，犹纷挐未已，乡官之设，亦徒具虚名而已。

元魏起于代北，州县吏胥之设虽多模仿南朝，但户口稽核，初亦漫无方术。至孝文太和十年始采给事中李冲之议，"准古五家立一邻长，五邻立一里长，五里立一党长。长取乡人强谨者"，以督赋役、察奸宄，是为"三长"之制。① 齐、周分魏，规程各殊。齐循魏旧，只乡里区分微异。大致以"十家为邻比，五十家为闾里，百家为族党。一党之内，则有党族一人，副党一人，闾正二人，邻长十人。至于城邑，千户以上唯有里正二人，里吏二人，隅老四人"。② 并定九等户法，富者税其钱，贫者役其力，于是遂为唐宋准等差役之先声。周遵《周礼》设官，间用后世名衔，即州县末僚，闾阎微秩，如乡法、遂法、掌隶、掌徒等，无不予以品命。③ 故隋之废地方长吏征辟掾属，实受其暗示者也。

隋一南北分裂之局，文帝既废郡留州，炀帝又改州曰郡。但无论其名称为州为郡，地方区划皆只两级。州县或郡县掾属，昔之由守令委署者，今则择其要剧之缺，胥归中央任命；然书佐、令史以及隶胥固依然不列于品官也。至坊里之制，大率"五家为保，保有长；保五为闾，闾四为族，皆有正。畿外置里正比闾正，党长比族正，以相检察"。④ 又尝置五百家乡正，理人民小讼，因有流弊，不久即废。⑤ 但自开皇十五年罢州县乡官判事，所谓保长、闾正、族正、里

---

① 魏收《魏书》（光绪二九年上海五洲同文书局石印）卷一一〇，页七上。
② 《文献通考》卷一二，页六下。
③ 《通典》卷三九，页三上。
④ 房乔《隋书》（光绪二九年上海五洲同文书局石印）卷二四，页一〇下。
⑤ 《文献通考》卷一二，页六下。

正、党长者,皆不过应差"检察"耳,实权则毫无矣。

唐初改郡为州,玄宗时又一度改州为郡;然州为永制。州复间有升为府者,初本限于首都、陪都,继则及于翠华所临之地。其府、州除牧、尹、刺史、别驾、长史、司马及诸司参军之外,例有佐、史、执刀、典狱、问事、白直;县除令、丞、簿、尉外,亦有录事、司户、司法等佐、史及典狱、问事、白直:①皆掾吏也。若城、乡之制则以"百户为里,五里为乡,四家为邻,五家为保。在邑居者为坊,在田野者为村,村坊邻里,递相督察"。②其坊、里及村各置正一人;里正、坊正以勋官六品以下白丁清平强干者充,村正以白丁充,皆选于九等中资产较高之户。③又尝以"五里为乡,乡置耆老一人,以耆年平谨者县补之,亦曰父老",④制盖本乎秦汉之三老也。太宗贞观九年,乡曾置长一人,佐二人,至十五年即废。自天宝乱后,户籍不明,加之藩镇专恣,纪纲扫地,牧民之官,群务脧削,于是州县曹司与地方职员,乃与日俱增:如节度有押衙,县吏因增押司;节度有虞候,州胥亦设虞候;衙前之称见于后唐,⑤耆长之号始于显德⑥:延及于宋,职役名目遂至数十,而人数亦动超千百焉。

由以上所述,可略晓宋代色役渊源之大致矣。夫秦汉之世,郡县掾史与乡亭长佐并非贱职也。试以两汉书所载言之:公孙弘曾为狱吏,尹翁归曾为督邮,桥玄曾为功曹,陈寔曾为亭长;其后或拜

---

① 《大唐六典》(日本昭和一〇年京都帝国大学文学部影印明正德本)卷三〇,页一六下至三一下。
② 刘昫《旧唐书》(光绪二九年上海五洲同文书局石印)卷四八,页五上。
③ 《文献通考》卷一二,页七上。
④ 《通典》卷三三,页七上。
⑤ 李上交《近事会元》(《畿辅丛书》本)卷五,页一一上。
⑥ 《文献通考》卷一二,页七上。

相封侯，或位跻列卿，或入为三公，或出长百里。即至三国，公卿守相之擢自郡属县吏者亦大有人在。何以抵于宋代，为时不过七百年，遂沦为众所鄙视之职役哉？窃思其故，盖有三端。一曰，贡举制度之影响也。西汉初叶，任子、荐辟为入仕要途。强干乡官每可升为县掾，擢为郡属，而荐入公府。比武帝立学校，为博士置弟子员；又兴贡举，令州郡保送孝秀。学优则仕之端开，儒生因遍于宦海，不学无术舞文弄法之刀笔吏乃渐难与争锋，而位望自不免日降。二曰，世族政治之影响也。东汉末季，由"四世三公""奕世卿尹"之语推之，可知已有世族操纵政治之趋向。迨魏陈群创九品官人法，选举大柄又浸为世族所把持，逊至演成"上品无寒门，下品无势族"之现象。高门群据要津，素族难登膴仕，则"乡里小儿"之为吏胥者，当不能为阀阅之家所尊视。陶渊明之宁弃官而不肯折腰于郡督邮，虽云赋性清高，实则半受门阀观念之支配。三曰，唐末变乱之影响也。自天宝以后，王纲失坠，军阀骄横，牧令贪残，人民不啻草芥，吏胥几同佣奴，则其对坊里长佐之必肆意陵侮，不问可知。由此三端，益以隋夺乡官之权，于是昔日位望乃不克保持，而膺斯任者遂被视为徭役矣。

三　役法之流弊

职役病民，不自宋始。唐睿宗景云二年监察御史韩琬上言："两京及天下州县学生、佐史、里正、坊正，每一员缺，先拟者辄十人,顷年差人以充,犹致亡逸。"①可知距唐开国不及百年,人民已苦其事。安史乱后,版籍失实,户口不明,役法更紊,爰有宣宗大中九年之诏:

> 州县差役不均。自今每县据人贫富及役轻重作科差簿,送刺史检署讫,敛于令厅;每有役事,委令据簿轮差。②

夫在唐代职役既已弊窦丛生,何以延至北宋中叶始纷纷讲求纠正?盖自唐末丧乱,举国蜩螗,人民处于泥涂炭火之中,痛苦万状,役之于民特癣疥耳。且当兵戈扰攘之秋,为政者日从事于夺地争城,又安有顾及民命之心?比宋太宗以后,区夏混一,寰宇宁谧,人民苏息之余,方知有生之乐,旧日癣疥之疾,遂被视为大病,而百僚之勇于任事者亦群思有以救治之矣。

宋开国之初,官府尚沿五代积习,非法奴役人民。太祖建隆三年乃下诏禁止,令"诸州不得役道路居民为递夫",并命"令佐检察差役,有不平者,许人民自相纠举"。乾德五年,又禁"诸州职官私占役户供课"。③顾其时版籍散乱,等第不明,役之点差仍乏准则也。太宗太平兴国五年,京西转运使程能上言:"诸道州府民事徭役者,未尝分等,虑有不均。欲望下诸路转运司差官定为九等,上四等户令充役,下五等户并与免。"④经数载讨论,至淳化五年始诏:"两京诸道州府军监管内县,每岁以人丁物力定差。第一等户充里

---

① 《文献通考》卷一二,页七上。所谓学生,并非学校生员,乃学习书吏。
② 同上。
③ 同上。
④ 《续资治通鉴长编》卷二一,页二下。

正,第二等户充户长。"①自此以后,差役乃有规条可循。惟以牧令谨良者少,人民终不能免于虎口也。

役未有不扰民者。然宋代色役之最为民病者,首推衙前,次为弓手,再次为里正、户长;若州县曹司、壮丁、散从,以及虞候、拣掐之属,则受害甚微。故仁英两世,群僚所指陈,朝廷所宽恤者,率着重于衙前一役;而神宗亦因"阅内藏库奏,有衙前越千里输金七钱,库吏邀乞,逾年不得还",②思澈底纠正,乃特诏讲求役法。说者谓熙宁变法,保守派对于免役之令抨击虽烈,而当宁始终不为所动者,实以伤悯衙前过苦之故。想或然乎?

衙前本藩镇专横时遗制,盖牙帐前只应士卒之简称。衙者牙之借用字也。其职为主官物,押纲运。比宋太祖罢藩镇,选诸道精兵补禁军,州郡所存厢军,非老即弱,且额亦锐减。负司牧之责者乃点差应里正之户为衙前,是为里正衙前;而军将之充衙前为长名衙前。嗣是官吏以里正衙前质朴易制,间有迫使永久充役为长名衙前者。外此,复有民户应募之长名衙前(亦曰投名衙前)及富人被派之乡户衙前。宋世病民者,初为里正衙前及由里正衙前所改之长名衙前,后为乡户衙前。若军将选充之长名衙前与民户投充之长名衙前,则皆久于公门或与吏胥有连之人,奸狡刁滑,固皆乐此不厌者。

衙前例有酬奖办法。资浅者在经历数次重难差遣后,每可得收入较丰之职务,司马光曰:

---

① 《续资治通鉴长编》,卷二五,页九下。
② 《宋史》卷一七七,页四下。

长名衙前,久在公庭,勾当精熟。每经重难差遣,积累分数,别得优轻场务酬奖,往往致富。①

所谓优轻场务,乃州县征收杂税之所,如今之斗秤牙行,管理易又可分润提成也。其资历略深者又可膺微末职名。马端临曰:

仁宗景祐中,诏川、陕、闽、广、吴、越诸路衙前仍旧制,余路募有版籍者为衙前,满三期、罪不至徒,补三司军将。②

亦有特别推恩者。郑獬草《诸州衙前押登极进奉加恩制》曰:

朕初继大统,连率岳牧之臣,择其属校奉土贡以庆于阙下。水陆间关,涉履之远,兹亦勤矣;可无渥泽以慰其来乎? 可……③

惟是种优奖,率为军将或投充之长名衙前所独占,里正衙前或乡户衙前每难分一杯羹。虽偶有一二遭逢时会者,但得亦未能偿失,且什九固皆有苦无甘也。

里正衙前及乡户衙前之苦果何若乎? 宋人著述中言之者甚多,今姑举三则。韩琦于知并州时奏曰:

---

① 《司马温公文集》(康熙四七年夏县署补刊)卷三二,页一三上《乞罢免役》奏状。
② 《文献通考》卷一二,页八上。
③ 《郧溪集》(《湖北先正遗书》本)卷六,页九下。

> 州县生民之苦,无重于里正衙前。自兵兴以来,残剥尤甚。……国朝置里正主催税及预县差役之事,号为脂膏,遂令役满更入重难衙前。承平以来,利禁渐密,凡差户役,皆令佐亲阅簿书,里正代纳逃户税租,及应无名科率。亦有未曾催纳,已勾集上州,主管纲运……败亡相继。岂朝廷为民父母之意乎?①

郑獬论安州差役状曰:

> 伏见安州衙前差役最为困弊。其合差役之家,类多贫苦。每至差作衙前,则州县差人依条估计家活,直二百贯以上定差。应是在家之物,以至鸡、犬、箕、帚、匕、筯已来,一钱之直,苟可以充二百贯,即定差作衙前。既以充役入于衙司,为吏胥所欺,糜费已及百贯,方得公参。及差着重难纲运,上京或转往别州,脚乘关津出纳之所动用钱物,一次须三五百贯。又本处酒务之类,尤为大弊,主管一次至费一千余贯。虽重难了当,又无酬奖,以至全家破坏,弃卖田业,父子离散,见今有在本处乞丐者不少。纵有稍能保全得些小家活,役满后不及年岁,或止是一两月,便却差充,不至乞丐则差役不止。……一丁既充衙前,已令主管场务,或有差押送纲运,则又不免令家人权在场务,其正身则亲押纲运。及本州或有时暂差遣,则又别令家人应副。是一家作衙前,须用三丁,方能充役,本家农务则全无人主管。兼家人在场务生疏,动至失陷官物,又界满

---

① 《续资治通鉴长编》卷一七九,页七下。按:韩琦《安阳集》中佚此奏状。

11

则勒正身陪填。……臣所亲见止于安州,访闻湖北一路类皆如此……①

司马光曰:

> 乡户衙前……行之到今已逾十年,民间贫困愈甚……。盖由衙前一概……选物力最高者差充……如此则有物力人户,常充重役,自非家计沦落,则永无休息之期矣。②

三则中,以郑獬之言为最详尽,韩琦及司马光所论,不过略述人民苦于衙前之大致耳。

弓手病民端由役期过久或漫无时限,既误作业,又多浮费。乞伏矩于真宗大中祥符三年奏曰:

> 川界弓手役户多贫乏,困于久役,州县拘常制不替,以致破坏家产。况第一第二等户充耆长里正,不曾离业,却有限年;弓手系第三等户,久不许替,深未便安。乞自今满三年与替,情愿在役者亦听。其第三等户不足,即于第二等户差充。③

此为川界情形。若他处则曾应范仲淹之请,规定弓手七年一替之制。胡宿曰:

---

① 《郧溪集》卷一二,页六上。
② 《司马温公文集》卷二五,页一上《论衙前劄子》。
③ 《续资治通鉴长编》卷七三,页一六下。

国朝旧制,县邑所置弓手,本防盗贼,选人才会弓弩者充,初无年限许替之文……。编敕节文,弓手惟老弱贫乏乞替,本县得明申本属长吏,体量差替……。至天圣明道中,江淮饥馑……朝廷遣使安抚,右司谏范仲淹奏乞今后弓手及七周年者许替归农;七年满,情愿执役、身手强壮能捉贼盗者,州县体量依旧执役……。为有上项指挥,有司乘此受倖,不问贫富、老少、勇怯,才及七年,本县便一例差替,多是不申州长吏体量……①

但嗣又有弓手不许差替之诏。蔡襄《乞诸州弓手依旧七年一替劄子》:

臣伏见新编敕节文,弓手除广南、益、梓、利、夔路三年一替,余处并不差替。臣先任福建转运使,巡历州县,体问差役,惟弓手一色最为重难。窃缘一夫应名,全家俱送,七年一替,比他役糜费数倍。今年若不差替,直至节级方得免役,须令四五十年,一家便至失业……。臣今欲乞诸路弓手,依旧七年一替;情愿且充者亦听。②

盖弓手役期,逐路不同,前后又数更其令也。

里正之职主要为督赋税,设遇豪强抗不纳租,辄有赔垫之苦。司马光曰:

---

① 《文恭集》(《武英殿聚珍版丛书》本)卷七,页一一下。
② 《忠惠公集》(乾隆四年逊敏斋刊)卷二二,页六下,益、梓、利、夔路即川界。

> 浮梁县……民臧有金者,素豪横,不肯出租。畜犬数头,里正近其门辄噬之……。每岁里正常代之输租。①

若里内有逃户,其名下应纳之租,亦率由里正代输,上节所引韩琦之奏可为明证。里正之下,应户长之役者亦有赔垫之虞。司马光曰:

> 李南公知长沙县。……有一村多豪户,税不可督,所差户长辄逃去。……又诸村多诡名,税存户亡,每岁户长代纳,亦不可督。②

惟里正间可由催征租税时侔求微利,故尚不至过苦;而户长所掌户数有限,亦难与重役之列耳。

重难之役,流弊既深,人民爰思种种规避之术。有寄田豪右虚报逃亡者。仁宗初年,臣僚言:

> 准农田敕:应乡村有庄田物力者,多苟免差徭,虚报逃移,与形势户同情启倖,却于名下作客户,隐庇差徭,全种自己田产。今与一月自首放罪。……又准敕:应以田产虚立契典卖于形势豪强户下,隐庇差役者,与限百日,经官首罪,改正户名。③

---
① 《涑水纪闻》(1919年,上海涵芬楼排印)卷六,页三下。
② 同上,卷一四,页一〇上。
③ 《文献通考》卷一二,页八上。

有故意浪费不敢勤劳增产者。郑獬曰：

> 安州……贫薄,以条贯满二百贯者差役。则为生计者,尽不敢满二百贯;虽岁丰谷多,亦不敢收畜,随而破散,惟恐其生计之充,以避差役。①

司马光曰：

> 自……置乡户衙前以来,民益困乏,不敢营生。……臣尝行旅村落,见农民生具之微而问其故。皆言不敢为也。今欲多种一桑,多置一牛,蓄二年之粮,藏十匹之帛,邻已目为富室,指拟以为衙前矣。况敢益田畴,葺庐舍乎?②

王得臣曰：

> 襄城民困徭役,盖藉家赀满三百千则充衙前。民间至不敢艺桑。③

有为减低户等,亲族分居;或为就单丁,宁死非命者。韩琦曰：

> 生民之苦,无重于里正衙前。……至有孀母改嫁,亲族分居,或弃田与人以免上等,或非命求死以就单丁:规图百端,苟

---

① 《郧溪集》卷一二,页六下。
② 《司马温公文集》卷三五,页一上。
③ 《麈史》(1919年,上海涵芬楼排印)卷上,页一二下。

脱沟壑之患。①

韩绛曰：

闻京东有父子二丁，将为衙前役者。其父告其子曰："吾当求死，使汝曹免于冻馁。"遂自缢而死。又闻江南有嫁其祖母及其母，析居以避役者。②

吴充曰：

今乡役之中，衙前为重。民间规避重役，土地不敢多耕而避户等，骨肉不敢义聚而惮人丁。故近年上户寖少，中下户寖多。③

而李觏哀老妇诗：

里中一老妇，行行啼路隅。自悼未亡人，暮年从二夫。寡时十八九，嫁时六十余。昔日遗腹儿，今兹垂白须。子岂不欲养？母定不怀居？徭役及下户，财产无所输。异籍幸可免，嫁母乃良图。牵连送出门，急若盗贼驱。儿孙孙有妇，大小攀且呼。回头与永诀，欲死无刑诛！④

---

① 《续资治通鉴长编》卷一七九，页七下。
② 《宋史》卷一七七，页四上。
③ 同上，页四下。
④ 《直讲李先生集》（《四部丛刊》本）卷三五，页四上。

满纸血泪,不忍卒读。真所谓"苛政猛于虎"矣。

或不明何以为析居至嫁母或祖母及身死俾子得免役之故。此盖由于宋代户婚律:

> 诸祖父母、父母在而子孙别籍异财者,徒三年。若祖父母、父母令别籍……者,徒二年;子孙免坐。①

人民图析居以降户等,又惧触犯刑章,故忍痛出此。又单丁之户,例免差徭。韩绛谓京东父子二丁,父自缢冀免子为衙前者即韩琦所云"非命求死以就单丁"也。

四 仁宗英宗两朝之改良役法

宋代役法病民,在真宗末年即已显著,故当时臣僚奏章已有"应役直至破尽家业方得休闲"②之言。其后地方长吏固不乏随地纠正解民倒悬之人,如郑民度知越州诸暨县:

> 上户皆赋役于州,视他州为最重,至有破产而不能供其费,民常苦之。君为较其赀之厚薄,而均其役之轻重,盖蒙纾其役者十四五。邑人为立生祠。③

---

① 窦仪《重详定刑统》(《嘉业堂丛书》本)卷一二,页五下。
② 《文献通考》卷一二,页八上。
③ 王珪《华阳集》(《武英殿聚珍版丛书》本)卷三八,页二七上,《郑民度墓志铭》。

又如苏涣通判阆州：

> 州苦衙前法坏，争者日重。公为立约，讼遂止。①

又如苏轼签书凤翔节度判官：

> 关中自元昊叛命，人贫役重。岐下岁以南山木筏自渭入河，经砥柱之险，衙前以破产者相继也。公遍问老校，曰："木筏之害本不至此，若河渭未涨，操筏者以时进止，可无重费也。患其乘河渭之暴多方害之耳。"公即修衙规，使衙前得自择水工，筏行无虞。仍言于府，使得系籍。自是衙前之害减半。②

又如阎充国为京东转运使：

> 罢诸州差乡户为衙前以主公用六库者，乡户始免破产之弊。③

又如曾巩通判越州：

> 嘉祐中，州取酒场钱给牙前之应募者。钱不足，乃俾乡户

---

① 苏辙《栾城集》（《四部丛刊》本）卷二五，页一上，《伯父墓表》。
② 同上，《后集》卷二二，页一上，《亡兄子瞻端明墓志铭》。
③ 范纯仁《忠宣集》（宣统二年，岁寒堂刊）卷四，页九上，《朝散大夫阎君墓志铭》。

输钱助役,期七年止。后酒场钱有余,应募者利于多入钱,期尽而责乡户输钱如故。公阅文书得其奸,立罢输钱者二百户;且请下诏约束,勿擅增募人钱。①

顾往古来今,官吏慈惠者少;即使有三二爱民者就一方一隅略去秕政,亦难有补于全局。故仍须有通盘之筹画,作系统之厘革,然后方足奏效也。

救弊之道在识其源。宋役法之弊,何以若是之烈乎?归纳言之,约有四端,即特权阶级过多,逐地民力不齐,州县人少役繁,与官吏枉法贪虐是也。弊源既明,救之自有术矣。

宋承唐旧,凡未成丁户、单丁户、女户、寺观及品官之家,②向无色役,而庶民之有殊勋或名贤子孙亦间予特诏复除。李焘曰:

> 天禧三年七月戊寅,赐歙州婺源县民汪正爵公士,蠲本户差役,以捕获强盗故也。③

此为庶人免役之例。陆游曰:

> 神宗夜读宋璟传,贤其人。诏访其后,得于河朔。有裔孙曰宋立,遗像、谱牒、告身皆在。……欲与一官,而其人不愿。

---

① 曾巩《元丰类稿》附曾肇所作《行状》(《四部丛刊》本)。
② 诸书所言皆无客户一项,惟司马光《文集》卷二九,页一三上,《乞免永兴军路苗役钱劄子》云,"今又闻议者欲令……单丁、女户、客户、寺观等,并令均出……役钱……"恐"客"系"官"字之误。
③ 《续资治通鉴长编》卷九四,页三下。

乃赐田十顷,免徭役杂赋。①

此为名贤子孙免役之例。品官免役,初本限于七品以上之家。比仁宗景祐三年,诏"八品以下官物故者,子孙免役",②于是遂无官不享特权。诸免色役之户,如未成丁户、单丁户、女户、寺观以及名贤后裔、有功庶民,或为数无多,或资产有限,皆不足影响役法。其为大患者,实为官户之肆意兼并,致田归无役之家,役乃加于田少之户也。仁宗初立,其弊已见,爰于乾兴元年乘臣僚上言:

> 伏见劝课农桑,曲尽条目;然乡间之弊,无由得知。朝廷惠泽虽复,豪势侵陵罔暇,遂使单贫小户,力役靡供。

下诏:

> 诸命官所置庄田,定以三十顷为限;衙前将吏合免户役者,定以十五顷为限。所典买田,只得于一州之内典买。如祖父迁葬,别无茔地者,数外许更置坟地五顷。若地有崖岭,不通步量……所定顷亩,委逐路转运使别为条制。③

自限田令后,宜若可以减少豪强兼并,且杜虚立卖契借图避役之风矣,然实不尽然。盖官吏实心任事者少,即使初期奉行唯谨,日久

---

① 《老学庵笔记》(1919年上海涵芬楼排印)卷一,页五上。
② 《续资治通鉴长编》卷一一八,页五上。
③ 《文献通考》卷一二,页七下至八上。

亦不免玩生。况各地品官之家多少不同，少者固可因此使耕者多有其田，多者则人民所获余田依旧无几，而役终不能脱也。

民力不齐，由于一县之中，各乡烟户贫富多少不一所致。仁宗皇祐中，知并州韩琦奏曰：

> 凡差户役，皆令佐亲阅簿书。……每乡被差，疏密与物力高下不均。假有一县甲乙二乡，甲乡有第一等十五户，每户物力及三千贯；乙乡有第一等五户，每户物力及五百贯，即甲乡十五年一役，乙乡五年一役，富者休息有余，贫者败亡相继。①

蔡襄亦言：

> 臣尝为福建路转运司，见一县之中所差里正衙前……有三十年或五十年轮差一次者，有一百贯至十贯皆入十分重难者。②

因此韩琦建议：

> 罢差里正衙前，只差乡户衙前。令转运司将逐州军见勾差到里正衙前人数，立为定额，令本县令佐将五等簿于一县诸乡中第一等选一户物力最高者为之；如更差人，亦准此。若甲

---

① 《续资治通鉴长编》卷一七九，页七下。
② 同上。

县户少而役繁,即权许于乙县户多而役稀处差。①

于是下琦议于京畿、河北、河东、陕西、京西诸路转运司相度利害,又派员分往江东、江西等路计议役法,而命韩绛蔡襄与三司使副会同审核,随颁五则法:

> 凡差诸州军乡户衙前,以产钱物力从多至少,置簿排定户数,分为五则,其重难差遣亦分等第准此。若重难十处合用十人,即排定第一等一百户;若有第二等五处,即排定第二等五十户:以备十次之役。其里正更不差人。②

时为至和二年。所谓五则法,盖先将应充衙前之户按赀力分为五等,再将衙前职任轻重难易分为五等。遇点派时,即以第一等户充第一等重难衙前之役,第五等户充第五等轻易衙前之役。自此法施行后,里正衙前停废,自有若干人脱离苦海,但被差充乡户衙前者,依然不得存活,缘是乃有治平四年九月司马光论衙前之奏:

> 臣窃见顷岁……废罢里正,置乡户衙前……到今已逾十年,民间贫困愈甚于旧。……盖……有物力人户常充重役,自非家计沦落,则永无休息之期。……臣愚欲望圣慈特降指挥,下诸路……相度……里正衙前与乡户衙前,各具利害,奏闻。③

---

① 《续资治通鉴长编》卷一七九,页七下。
② 同上。
③ 《司马温公文集》卷二五,页一上。

时神宗已立，不四载即行免役法矣。

人少役繁，多由地方政治单位分画太多。庆历中，范仲淹参知政事，应诏请改革十事，其一为省徭役，曰：

> 今河南府主客七万五千九百余户，仍置一十九县。巩县七百户，偃师一千一百户，逐县三等，堪役者不过百家，而所供役人不下二百数，新旧循环，非鳏寡孤独不能无役。……臣请……遣使先往西京并省诸邑为十县。……所废公人，除归农外，有愿居公门者送所存之邑，其所在邑中役人却可减省。……候西京并省稍成……然后遣使诸道，依此施行。……但少徭役，人自耕作，可期富庶。①

其议当时虽被采纳，州县颇有并省，第不久范氏去国，随又复故。嗣欧阳修转运河东，亦尝奏：

> 臣近自威胜军至辽州。体量得辽州州界东西二百五十里，南北一百五十九里，所管户口，主客二千七百余户。地理人户不及一中下小县，而分建一州四县。内榆社县主客户一千七十二户。其余辽山县主客五百六十九户，平城县主客六百一十八户，和顺县主客四百五十九户：各不及一镇人烟。及潞州管内八县，亦有似此地理绝近、人户全少处。虚立县名，枉占官吏，每县曹司、弓手……之类，各近百人，外别有供应本州厅子、客司、承符、散从及本村里正、户长、耆长、壮丁色役。

---

① 范仲淹《范文正公政府奏议》（宣统二年岁寒堂刊）卷上，页一二下。

人户凋零,差役繁重。以臣相度,可以将带就近分割并省,庶使减省官吏,宽纾民役。……臣……已密牒知辽州国子博士盖平、上党县主簿郐唐等审细相度,可与不可分并利害。①

其与上党县主簿郐唐牒曰:

当所体量得,潞州八县内,屯留、黎城、壶关三县地居僻远,户口凋零,全少词讼盗贼。逐县虚占令佐,及诸色公人色役。今欲擘画将三县并省,分割入邻近县分,可以宽减民役,兼省吏员,须议差官相度利害者。……今欲牒上党县郐主簿,请详上项事理,躬亲遍往屯留等县相度地理远近,接连疆畔,就近可以分割并省利害。……仍……画成纸图及取索逐县见在户口、赋税、见役诸色公人数目,画一开坐速申,无致卤莽者。②

惟此议并未实现。直至神宗变法,方大加并省焉。

轻徭减役,除废州县外,又有裁损役人数目之举,其事发生于庆历中,马端临曰:

知广济军范讽上言:"军地方四十里,户口不及一县,而差役与诸郡等。愿复为县。"转运司执不可。因诏裁损役人。……又置宽恤民力司,遣使四出。自是州县力役……凡省二万三

---

① 《欧阳文忠全集》卷一一五,页三上,《相度并县状》。
② 同上,页二下。

千六百二十二人。①

夫二万三千六百二十二人,为数不可谓不多。然由熙宁韩维知开封府时所陈:

> 本府衙司,投名及乡户衙前等人数,差遣不均,良民颇受其害。盖由条例繁杂,猾吏缘以舞弄。今相度减罢本府乡户衙前八百三十五人。②

以开封一府只衙前即有八百三十五人,则就全国各役计之,恐不下百万。以二万余人较之,仅约百分之二三。又庆历时,有县千二百余,州府军监不下三百,合地方高下行政单位约千六百,则所裁损二万余人,分配于每州每县,平均不过十余人耳。

官吏贪残枉法,鱼肉编氓,致民畏役如虎之例,不胜枚举,由以上各节所引文字,已足依稀窥其梗概。今再举数事。马端临曰:

> 皇祐中,诏州县里正押司录事既代而令输钱免役者,论如违制律。时有王逵者,为荆湖转运使,率民输钱免役,得缗钱三十万,进为羡余,蒙奖诏。由是他路竞为掊克,欲以市恩,民至破产不能偿所负。朝廷知其弊,乃下诏。按:役钱之说始于此。以免役诱民而取其钱,及得钱则以给他用,而役如故,其

---
① 《文献通考》卷一二,页九上。
② 《续资治通鉴长编》卷二一八,页九上。

弊由来久矣。①

包拯述河北差役曰：

> 臣窃见河北沿边诸州军只管一两县处，其得替押录、里正，人数至少。供应衙前不足，遂于近下散户内直差未充衙前客司执役，应副重难差遣，兼无年限替期。②

人民除苦于役满不得退、欲退而须纳钱或纳钱仍迫令充役外，又每苦于被差时之种种侵扰，与退役后之无限苛求。盖衙前因主管官物，牧民者防其侵盗失陷，每于点差时详稽应役者之家赀，俾作赔补准备；比一有闪失，倾产倘不足抵偿，则子孙仍须负责也。吴充曰：

> 乡役之中，衙前为重。被差之日，官吏临门，籍记杯、杵、匕、箸，皆计资产定为分数，以应须求。至有家赀已竭而逋负未除，子孙既没而邻保犹逮。③

是非徒己身受害，子孙被累，即邻里亦遭池鱼之殃矣。

不肖官吏瞰愚民易欺，又有役乡户为长名衙前，使终身不得受代者。皇祐中曾悬为厉禁，但未必能生普遍效力也。朝廷以役法

---

① 《文献通考》卷一二，页九上。
② 《包孝肃奏议》（光绪元年合肥张氏毓秀堂刊）卷七，页二下，《直勾衙前请限二年一替》。
③ 《文献通考》卷一二，页九下。

之弊,层出不穷,爰有募役之法。马端临曰:

> 仁宗景祐中,诏川、陕、闽、广、吴、越诸路衙前仍旧制,余路募有版籍者为衙前。①

募役之款,出于渡口及牙秤诸税——所谓坊场河渡钱——,并不取之于民。特此所募只属衙前,且非各路尽然耳。

总仁宗英宗两朝,四十余年中朝野上下之关心民瘼者,几靡不垂意于役法之纠正。顾头痛医头,脚痛医脚,枝节零星之措施,终难收较大之成果。由于大势所趋,于是乃有神宗时之澈底改革。

五　熙宁改革役法

神宗初立,言差役病民者已不一其人,因诏百僚条陈宽减之术。会帝以阅内藏库奏,伤衙前横遭官吏摧残勒索之苦,又诏制置三司条例司详究役法利害。三司者,户部、度支、盐铁三署之总称,元丰以前为掌全国民财之最高机关。制置三司条例司乃王安石所奏置,用以企画变法之组织也。以往纷扰四十余年之纠正,率偏于补救差役之弊,至此乃思作澈底之革除,而普行输钱免役之制于是乎生。司马光谓其事出于蜀士李戒:

> 熙宁初……有成都进士李戒投书见访……其辞孟浪。……

---

① 《文献通考》卷一二,页八上。

献役法。大要以民苦重税,但闻有因役破产者,不闻有因税破产者也。请增天下税,钱、谷各十分之一,募人充役。仍命役重轻分为二等:上等月给钱千五百,谷二斛;中下等以是为差。计雇役犹有羡余,可助经费。……余试举一事难之曰:"衙前有何等?"戒曰:"上等。"余曰:"今夫衙前掌官物……或破万金之产,彼肯顾千五百钱两斛之谷来应募耶?"……时韩子华知成都府,戒亦尝以此策献之。子华大以为然。及入为三司使,欲奏行之。……及介甫为相,同制置三司条例司,为介甫言之,介甫亦以为然。雇役之议自此起。①

韩子华即韩绛,介甫即王安石。按:募役早行于仁宗时;特非各役皆然,而逐处亦不一致。李戒之议有如秦准战国旧制普立郡县,不过整齐画一之耳。

制置三司条例司为详究各地农田水利以及徭役情形,曾派八人分赴四方调查相度(大儒程颢即八人之一),又令诸路条具意见,俾作改革参考。时罢差役、行募役以及役户出钱免役与旧无色役户出钱助役之原则已定,用是引起内外之争辩,而内部意见亦颇纷歧。制置三司条例司检详文字苏辙提出异议曰:

徭役之事,议者甚多:或欲使乡户助钱而官自雇人,或欲使城郭等第之民与乡户均役,或欲使品官之家与齐民并事:此三者皆见其利不见其害者也。役人之不可不用乡户,犹官吏之不可不用士人也。有田以为生,故无逃亡之忧;朴鲁而少

---

① 《涑水纪闻》卷一五,页六上。

诈,故无欺谩之患。今乃舍此不用,而用浮浪不根之人,辄恐掌财者必有盗用之奸,捕盗者必有窜逸之弊。今国家设捕盗之吏,有巡检,有县尉;然较其所获,县尉尝疏;非巡检则愚县尉则智,盖弓手乡户之人与屯驻客军异耳。今将使县人捕盗,则与独任巡检不殊,盗贼纵横必自此始。辙观近岁虽使乡户颇得雇人,然至于所雇逃亡,乡户犹任其责。今遂欲于两税别立一科,谓之庸钱,以备官雇。乡户旧法革去无余,雇人之责官所自任。且自唐杨炎废租庸调以为两税,取大历十四年应于赋敛之数以定两税之额,则是租调与庸两税既兼之矣。今两税如旧,奈何复欲取庸?盖天下郡县,上户常少,下户常多;少者徭役频,多者徭役简,是以中下之户每得休闲。今不问户之高低,例始出钱助役,上户则便,下户实难。颠倒失宜,未见其可。然议者皆谓助役之法,要使农夫专力于耕。辙观三代之间,务农最切,而战阵田猎皆出于农,苟以徭役较之,则轻重可见矣。城郭人户虽号兼并,然而缓急之际,郡县所赖:饥馑之岁将劝之分以助民,盗贼之岁将借其力以扞敌,故财之在城郭者与在官府无异也。方今虽天下无事,而三路刍粟之费多取京师银绢之余,配卖之民皆在城郭,苟复充役,将何以济?故不如稍加宽假,使得休息。此诚国家之利,非民之利也。品官之家复役已久,议者不究本末,徒闻汉世宰相之子不免戍边,遂欲使衣冠之人与编户齐役。夫一岁之更不过三日,三日之雇不过三百。今世三大户之役,自公卿以下无得免者。以三大户之役而较之三日之更,则今世既已重矣,安可复加哉?盖自古太平之世,国子俊造,将用其才者皆复其身;胥史贱吏,既用其力者皆复其家。圣人旧法良有深意:以为贵之以学而夺其力，用之于公而病其私，人所难兼，是以不取。奈何至于官户而又将役之？且州县差役之法皆以丁口为之高下。今已去乡从官，则丁口登降其势难详，将使差役之际以何为据？必用丁则州县有不能知，必不用丁则官户之役比民为重。今朝廷所以条约官户，如租佃田宅，断买坊场，废举货财，与众争利，比于平民皆有常禁。苟使之与民皆役，则昔之所禁皆当废罢。罢之则其弊必甚，不罢则不如为民。此徭役之说，辙所以未喻也。……方今聚敛之臣，才智方略，未见桑羊之比，而朝廷破坏规矩，解纵绳墨，使得驰骋自由惟利是嗜，以辙观之，其害必有不可胜言者矣。……辙以才性朴拙，学问空疏，用意不同，动成违忤，虽欲勉励自效，其势无由。苟明公见宽，谅其不逮，特赐敷奏，使辙得外任一官，苟免罪戾……幸孰厚焉！①

按苏辙此文系上制置三司条例司之主持者。旋神宗召辙面对，谕其勿辞。辙坚请外补，曰：

> 臣近蒙……召对……面赐差使，仍奉德音不许辞避。伏自受命于五月……才性朴拙，议论迂疏，每于本司商量公事，动皆不合。……已有状申本司，具述所论不同事体。……伏乞除臣一合入差遣，使得展力州郡。②

由苏辙之言，可晓制置三司条例司内部意见对立之一斑。惟辙为

---

① 《栾城集》卷三三，页一上至六下《制置三司条例司论事状》。
② 同上，页六下《条例司乞外任奏状》。

旧派中人,其与新派格格不入,本无足怪。特新派中主张亦不相同。初,吕惠卿同判司农寺,参预讨论新法,欲行助役,大致主张旧无色役之户按等出钱以助公家雇人充役,而旧日役户不愿充役者亦分级出钱以禄愿充役之户。比曾布代之,定免役之制,所有人户皆令出钱,其各役皆由公家以此钱雇募。惠卿大为不快,然身已丁忧去国,莫可如何,亦惟有痛恨曾布而已。①

扰攘经年之役法,虽反对者舌敝唇焦,但以神宗锐于兴革,王安石又持之甚坚,终未能动摇国是。良以主变更旧制者之理由确有其颠扑不破之论据也。熙宁二年十二月,制置三司条例司上言:

> 考众所论,独其言使民出钱雇役者人以为便,合于先王使民出财以禄庶人在官之意。应昔于乡户差役者,悉计产赋钱,募民代役,以所赋钱禄之。②

又请谕诸路转运司:

> 衙前既用重难分数,凡买扑酒税坊场等旧以酬衙前者,并官自卖之,以其钱同役钱给。其乡镇场务之类,旧酬奖衙前不可令民买占者,即用旧定分数为投名衙前酬奖。凡衙前部水陆纲运,旧或官以微物占分数,及领仓、驿、场务、公使库,并送迎往来及治他事,尚多扰者,今当省使毋费。及承符、散从官等诸重役,远接送之类,旧苦烦费偿欠,今当改法除弊,使无

---

① 《涑水纪闻》卷一六,页二下,"苏辙云:曾布改助役为免役,吕惠卿大憾之"。
② 《续资治通鉴长编》卷二二七,页二上。

困。既减衙前妄费,即重难益少,投名人可省,承符、散从官之类,旧占数多而不尽实役,今当省其额。凡坊郭户及未成丁、单丁、女户、寺观、品官之家、有产业物力者,旧无役,今当使出钱以助募人应役。①

司农寺亦言:

窃以方今州县差役,尤为民事之难;而今之条约,务在除去宿弊,使民乐从。然所宽优者,村乡朴蠢不能自达之穷氓,所裁取者,乃仕宦兼并能致人言之豪右;若经制一定,即衙前县吏又皆无以施诛求巧舞之奸:故新法之行,尤所不便。……官吏不能尽知法意,抑又惑于言者之多,筑室道谋,难以成就。欲自司农申明所降条约,牒诸司相度,先自一两州为始;候其成就,即令诸州军仿视施行。②

于是先由开封府试办,其法为:

乡户计产业若家赀之贫富,上户分甲、乙……五等,中户上、中、下三等,下户二等;坊郭十等。岁分夏秋随等输钱。乡户自四等、坊郭自六等以下勿输。产业两县有者,上等各随县,中等并为一输。析居者随所析。若官户、女户、寺观、未成丁,减半。募三等以上税户代役,随役轻重制禄。禄有计日,

---

① 《续资治通鉴长编》卷二二七,页二上。
② 同上。

有计月,有计事而给者。①

又惧户等失实,特诏郡县:

> 坊郭三年、乡村五年,农隙集众,稽其物产,考其贫富,察其诈伪,为之升降。用意高下者以违制论。②

更制订诸役酬奖及任用之法:

> 衙前主帑藏,出纳奸盗,故多负偿。岁满计所历轻重,酬以榷沽酒场,使自售收其赢。能者收或倍称,民被诛刻;不能者失利,不偿所费:争讼日烦。乃收酒场,官自募人增直卖之,取其价以给衙前。……又为役烦人众,则出钱重。凡旧冗占、苦科配赔偿之类,悉加裁禁。仓、驿、场、库、水陆运漕多代以军校。之官罢任,送迎者疲于道路,乃官给路费,免其身行使。出钱轻而人易就。募法,三人相任,衙前仍供资产为抵,弓手试武艺,典吏试书计,以三年或二年乃更。③

条例既定,揭示一月,民无异辞,因著为令。令下,募者执役,被差者散去,计开封本府遣散被差之乡户衙前八百三十五人,辖县他役数千。时为熙宁三年十二月,权知开封府者韩维也。

---

① 《续资治通鉴长编》卷二二七,页二上。
② 同上。
③ 同上。

继开封府试行免役法之后,随即订定各路州府军监以及县乡免役之制:

> 天下土俗不同,役轻重不一,民贫富不等,从所便为法。凡当役人户,以等第出钱,名免役钱;其坊郭等第户及未成丁、单丁、女户、寺观、品官之家,旧无色役而出钱者,名助役钱。凡敷钱,先视州若县应用雇直多少,随户等均取。雇直既已用足,又率其数增取二分,以备水旱欠阁,虽增毋得过二分,谓之免役宽剩钱。①

时免役法虽已成为政府不能移易之措施,但抗争者仍不乏人。永兴军路安抚使司马光《乞免苗役劄子》曰:

> 臣窃见陕西百姓……流移者已闻不少,国家所宜汲汲存恤,使人户安集。……今又闻……欲令州县将诸色役人一时放罢,官为雇人祇应,却令人户均定免役钱,随二税送纳,乃至单丁、女户、客户、寺观等并令均出。若果行此法,其为害必……甚。……何则?上等人户,自来更互充役,有时休息;今岁岁出钱,是常无休息之期也。下等人户及单丁、女户等从来无役,今尽使之出钱,是孤贫鳏寡之人俱不免役也。若钱少则不足以雇人,若钱多则须重敛于民。雇人不足则公家阙事,重敛于民则众心愁怨。自古以来徭役皆出于民,今一旦变之,未见其利也。且受雇者皆浮浪之人,使之主守官物则必侵盗,

---

① 《宋史》卷一七七,页六下。

使之干集公事则必为奸；事发则挺身逃亡，无有田宅宗族之累。建议者亦自知其不可，乃云，若雇召人不足，即依例输差，支与逐处所定雇钱，足了役事，则自当有人应募。今既无人应募，必是钱少不足充役。是徒有免役之名，而役犹不免，但无故普增数倍之税也。①

而当众说纷纭之际，东明县民适有上诉超升等第之举，于是更贻反对者以抨击之机。

方开封之试行新役法也，民众以习于故常，不明法意；加以不便新法者之煽动，又吝于出钱，因之不免小有骚动。比准司农寺奏请，令各县重造户等簿籍，旧日上等降下者有之，下等升上者亦有之，于是群情益表不满。东明县隶开封府，人民因超升等第，诉之于县。知县贾蕃，范仲淹婿也，以不惬新法，拒不受状。乃集结千百人，诉之于府。府以改变户等之令，不自己出，亦不受理。人民既无所诉，遂突入王安石私第。安石谕以相府不知此事，允指挥予以纠正。旋又奔赴御史台。御史中丞杨绘亦不以变法为然者，故以无例收受诉状为辞，谕令散去。绘嗣即据以奏闻，且攻司农寺之失曰：

> 司农寺不依诸县元定户等，却以见管户口量等均定助役钱数付诸县，令各管认升降户等别造簿籍。……臣窃见凡等第升降，盖视人家产，高下须凭本县，本县须凭户长里正，户长里正须凭邻里，自下而上，乃得其实。今乃自司农寺先画数，

---

① 《司马温公文集》卷三九，页一三上。

令本县依数定簿,岂得民心甘服哉!……措置民事,必自州及县,岂有文移下县,州府不知之理?此乃司农寺自知所行于理未安,故不报府,直下诸县,欲其畏威,不敢异议;若关京尹,或致争执,所以不顾事体如此!……又闻中书遣孙迪……体量不愿出钱之民。窃恐不愿出钱者欲困以重役。如此威胁,谁敢不从?①

杨绘之意,表面系指陈司农寺违法,内蕴实欲借此以摇撼成议,故监察御史刘挚随即奏言:

今又作法使人均出缗钱,非时升降户等……所以人情惶骇……恐非……爱人宽役之意。……伏愿先降指挥告示逐县,今来新法未得施行,别听朝旨,以安众心。然后根究昨来承准是何条制,辄有升降户等,及如何出榜依理施行。所在役法,臣愚欲望陛下深求民情,博采中外之论,再行讲求。②

杨绘继遂明言新法五难曰:

助役之法,朝廷之意甚善,其法亦甚均,但亦有难行之说。……假如,民田有多至百顷者,少至三顷者皆为第一等。百顷之与三顷,已三十倍矣,而役则同焉。今若均出钱以雇役,则百顷者其出钱必三十倍于三顷者矣。况永无影射之讼乎?此其利

---

① 《续资治通鉴长编》卷二二三,页一三下。
② 《忠肃集》(光绪五年《畿辅丛书》本)卷三,页一下,《论役奏》。

也。然难行之说亦有五:民难得钱,一也;近边州军奸细难防,二也;逐处田税多少不同,三也;耆长雇人则盗贼难止,四也;专典雇人则失限官物,五也。……乞先议防此五害,然后著为定制。①

刘挚又举新法十害曰:

率钱助役,官自雇人,臣……略陈其十害。天下户籍均为五等,然……三百余州军、千二百余县,凡人之虚实,役之轻重,类皆不同。今敛钱用等以为率,则所谓不同者,非一法之所能齐。若……因其所宜,一州、一县、一乡、一家各自立法,则纷错散殊,何所总统?……其害一也。新法……令品量物力,别立等第以定钱数。然旧籍既不可信,则今之品量,何以得其无失?不独骚扰生弊,亦使富者或输少,贫者或输多。其害二也。上户常少,中下之户常多。上户之役数而重,故或以今之助钱为幸;中户之役简而轻,下户役所不及,故皆以今之助钱为不幸。优富苦贫,非法之意。其害三也。新法……患上户之寡,故临时登降,升补高等以充足配钱之数,疲匮之人何以堪命?……其害四也。岁有凶丰,而役人有定数,不可阙。则是助钱非若赋税,有倚阁减放之期。其害五也。……农人惟有丝、绢、麦、粟之类,而助法欲用见钱。……随时货易,逼于期会,价必大贱。借使许令以物代钱,亦复有退拣壅滞及夤缘乞索之患。其害六也。两税及科买之色目已多……

① 《续资治通鉴长编》卷二二四,页五下。

37

又起庸钱,竭其所有,恐斯人无悦而愿为农者。……去为商贾,为客户,为游惰……大则聚而为盗贼。其害七也。徼幸之人……夤缘法意,虚收大计……自以为功,而使国家受聚敛之谤。其害八也。……乡县定差,循环相代,上等大役至速者犹须十余年而一及之。……今使概出缗钱,官自召雇,盖雇之直不重则不足以募,不轻则不足以给。轻之则法或不行,重之则民不堪命。其害九也。……乡户……有常产则必知于自重,性愚实则罕至于欺公。旧虽有替名,乡人自任其责。今既雇募,恐止得轻猾浮浪奸伪之人……恐县官之物不胜其盗用,而……遇寇有畏逸之患,因事有骚扰之奸……舞文鬻事,无有虚日,其害十也。……臣尝……计之……天下差役莫重于衙前。今司农新法……乡户衙前更不抽差;其长名人等并听依旧,将天下官自卖到酒税、坊场并州县坊郭人户助役钱数酬其重难。……此法有若可行。然坊郭一等户自来已是承应官中配买之物,及饥馑、盗贼、河防、城垒、缓急科率,郡县赖之,今亦难为使之均出助钱,旧来官以场务给与衙前,对折役过分数。然多估价不尽,亏却官中实数。今既官自拘收,用私价召卖,则所入固多。又仍系衙前当役去处事件,官为裁省,使无旧日糜费,而支酬之际稍优其数,则人情必当乐为。可宽乡户重役,而似无害民之事。臣乞陛下将此一法诏有司讲求其详……详具条目,行而观之。……所在助钱之法,伏望早赐睿断,一切寝议。①

---

① 《忠肃集》卷三,页三下《论助役十害疏》。

神宗于收到杨绘刘挚章疏后，即付司农寺看详。同判曾布奏辩曰：

　　伏见言事官屡以近日所议差役新法不便，论议纷纭。……御史之言……皆失利害之实，非今日所以更张之意。……窃以朝廷议更差役之法，志于便民，故……旷日弥年未……施之天下者，以为民事之重，经画之际不可谨也。……臣观言者之言皆臣所未喻。岂蔽于理而未之思乎？抑其中有所徇，其言不能无偏乎？……畿内上等人户尽罢昔日衙前之役，故今之所输钱，其费十减四五；中等人户旧充弓手、手力、承符、户长之类，今使上等及坊郭、寺观、单丁、官户，皆出钱以助之，故其费十减六七；下等人户尽除前日冗役，而专充壮丁，且不输一钱，故其费十减八九。言者……谓朝廷受聚敛之谤。……此臣所未喻也。田里之人，困于徭役……追呼劳扰，贿赂诛求。……今输钱免役，使之安生乐业……乃所以劝其趋南亩也。言者则以为起庸钱则人无悦为农者。……此臣所未喻也。上户所减之费少，中下户所减之费多。言者则以为上户以为幸，下户以为不幸。此臣所未喻也。天下州县，户口多少，徭役疏数，所在各异……昔日第一等则概充中等之役，虽贫富相辽，不能易也。今量其物力，使等第输钱，逐等之中又别为三等或五等，其为均平齐一，无以过此。言者则以为敛钱用等，则……纷错无所总统。此臣所未喻也。昔之簿书，等第不均，不足凭用，故……加刊正，庶品量升降皆得其平。言者则以为旧等不可信，今之品量何以得其无失？如此，则是天下之政无可为者。此臣所未喻也。……诸县等第不实，故首立品量升降之法……晓示人户，事有未便皆与改正。……言者则以为品量六等者,盖欲多敛雇钱,升补上等以足配钱之数。至于……以上等人户数多减充下等,乃独掩而不言。此臣所未喻也。……今投名衙前半天下,未尝不主管仓库……官物;而承符、手力之类旧法皆许雇人……惟耆长壮丁……最为轻役,故但轮差乡户不复募人。言者则以谓衙前雇人则失陷官物,耆长雇人则盗贼难止……此臣所未喻也。役钱之输见钱与纳斛斗皆取民便;为法如此,亦已周矣。言者则以为纳见钱则丝绵粟麦必贱,以物代钱则有退拣乞索之害。如此则当如何?此臣所未喻也。昔之……凶荒饥馑未尝罢役。今役钱必欲稍有羡余,乃所以备凶年……蠲减之计。……言者则以为助钱非如赋税有倚阁减放之期。臣不知衙前、弓手……亦尝倚阁减放否?此臣所未喻也。朝廷……务使人户今日输钱轻于昔日……固无毫发掊敛之意。……言者则以为吏缘法意,广收大计。……此臣所未喻也。……至于差役之法……皆开封府与司农被旨集议,此天下所知。借使法有未善,而言者深论司农,未尝一言及开封。又以为司农自知所行于理未安,若关京尹或致争执。……夫所行之法乃京尹韩维等之所共议。借使未尝与议,今所出榜,凡于民未便,听经所属官司。开封府乃所属官司,可以受其辞诉,而不可争执乎?……若此之类……诞谩欺罔,曾不畏忌……以利为害,以直为曲,以是为非,以有为无,臣恐伤陛下之明而害陛下之政也。……愿以臣言宣示中外。……令臣言有涉诬罔,则诛夷窜逐,臣所甘心。……如言不妄,则陛下亦当察其情伪,而以大公至正之道处之。①

曾布之章由王安石代呈,并请令杨绘刘挚分析回奏,且借机丑诋杨绘及反对新法之人,以为甚于杨墨之为洪水猛兽,而似王衍之托清净无为以济苟简贪私云。

杨绘刘挚既奉诏分析回奏,因曾布末段所言咄咄逼人,皆大不满于政府之一扬一抑。杨绘于简短答辩后即曰:

> 曾布乃以……诞谩欺罔……为言。臣内省一心事主……实非……诞谩欺罔……者。伏乞……问布:……何事欺罔?又曾布每于臣劄子中绝去前后文,只摘取一句以牵就其说,乃曾布挟与王安石是亲之势,公然不顾朝廷纲纪,欲障陛下言路之意可见矣。……臣窃见曾布之贤能未显著于天下……缘王安石姻家而进。昔崔祐甫多用亲故而称尤当。今亲故则用矣,而允当之称独未该洎也。……布既以邪诐指臣,则必以正直自处。……今若邪诐之人,而使处中执法之地,与正直并立,岂可谓邪正之辩乎?……即乞罢臣御史中丞……宜从远贬,以清朝列。②

杨绘之奏,虽激于曾布出言尖刻,变为对事少,对人多,且已牵涉王安石,但措辞尚不为过猛。若刘挚之言:

---

① 《续资治通鉴长编》卷二二五,页二上。
② 同上,页九下。

> 助役之法……利害明若观火。臣有言责，故前日采中外士民之说，敷告于陛下。今司农之辩说既如此。陛下以臣言为是耶？则事尽于前奏，可以覆视。陛下以臣言为非耶？则贬黜之而已。虽复使臣言之，亦不过所谓十害者。不惟费辞文过，烦紊天听，而风宪之官，岂与有司较是非胜负，交口相直，如市人之交竞者！……伏望陛下将臣前后所论助役章奏与司农之言，宣示二府大臣、中外百官……若稍有欺罔，则乞重行窜逐以谢专权之人。①

于奉诏分析之事，抗不置答，且语气中已侵及王安石。继又毛举事实，历数王安石专擅欺谩之罪，而谓"大臣误陛下，大臣所用者误大臣"，"颠谬乖错，败乱纲纪"。"惧宸衷之回悟"，畏言官之揭发，乃"使司农荧惑天听，作为偏辞"，违祖宗成规，令御史分析，其意无非"摧沮风宪""艰难言路"，务期遮蔽君上聪明而已。前后二疏，气冲牛斗，洋洋二千五百余言，太半无干役法，直为变相弹章矣。于是杨绘贬知郑州，刘挚贬监衡州盐仓。时为熙宁四年七月。比同年十月朔，募役法遂正式颁布。其办法为：

> 乡村第一等人户分为甲、乙、丙、丁、戊五等，第二第三等人户分为上、中、下三等，第四第五等人户分为上下二等。耆长于第一第二等户轮充，一年一替，与免户下本年役钱一十五贯文。如本村上等人户少，即更于第三等内从上轮充。壮丁于第四第五等二丁以上轮丁，半年一替，并不出纳役钱。户长

---

① 《忠肃集》卷三，页六下《论助役分析》二疏。

于第四等召募有人丁物力者充，一税一替。①

余若官户、女户、单丁、寺观以及坊郭居民之依等出钱助役，大致与初试行于开封府之法无殊。按：役法之改，端由于衙前过苦。今募役之制只衙前、户长等得免，余若耆长、壮丁则仍旧轮差。故所谓免役者，实差免并行者也。

自募役法颁布后，大局已定，除河北西路延期年余，②海南州军仍行差法外，③余则皆入普遍执行阶段。朝廷为省役额，前后裁省数十州县。又惧地方长吏以掊刻邀功，数度下诏诫饬。复偶于饥荒之岁，蠲免应纳役钱。此外，更有二三小小改革。如参知政事吕惠卿，以户等升降，胥凭资产，估计之际，难期正确，爰令按户自供物力，手实填报，以凭审核，是为手实法。④ 其法颇有类今日之土地陈报。惟吏胥执行，每伤苛细，一鸡一豕，亦与登录。故苏轼草责降吕惠卿制有"手实之祸，下及鸡豚"⑤之语。嗣以扰民太甚，行之期年，即诏停罢。又如熙宁七年，诏役钱每千别纳头子钱五文，以备修造仓舍什器与夫车舆之用，是为免役头子钱。⑥ 又如熙宁八年司农寺之废募户长、坊正，令州县坊郭相邻户三二十家排比成甲，迭为甲头，督输赋税，一税一替。其诸县有保甲处，罢户长、耆长、壮丁，以其钱募承帖，每都保二人，承受本保文字。乡村每主户十

---

① 陈傅良《止斋文集》卷二一，页一上《转对论役法劄子》。
② 《续资治通鉴长编》卷二三九，页七下。
③ 同上，卷三二九，页二五上。
④ 《文献通考》卷一二，页一二上。
⑤ 《东坡七集》（宣统二年匋斋重刊明成化本）《外制集》卷中，页一三上。
⑥ 《文献通考》卷一二，页一二上。

至三十轮保丁一人充甲头,职任同坊郭甲头。凡甲头皆系轮差,不给雇直,一税一替。① 是又为变相差役。虽云未久即废,但在元丰中又令以保长代耆长,催税甲头代户长。人民已输钱免役而仍迫应役,朝廷徒知省募人之费,信守毫无,则不能不谓之聚敛矣。至若官户助役钱之不科及皇族与太后皇后缌麻以上亲属,②及免"崇奉三祖及祖宗神御陵寝寺观"③输纳役钱,则为元丰中所规定用以优待特种阶级之法也。

在募役法正式实施后,反对者仍未肯低首下心。恬淡之人,如乐京刘蒙自劾去官,④司马光退洛修书;其不欲放弃禄位者,则仍委蛇仕途,伺机破坏。会新法执行,或因官吏不肯,或因技术欠周,人民亦不无受害之事。如熙宁七年诏:

闻定州民有拆卖屋木以纳免役钱者。令安抚、转运、提举司体量具实以闻。⑤

于是贻抨击者以口实,而见之于章奏。韩琦答手诏曰:

免役之法,自上等至下户皆令次第出钱。……从来上户轮当衙前重难,故其间时有破败者。今上户一岁出钱不过三十余缗,安然无事,而令下户素无役者岁岁出钱。此则损下户

---

① 《文献通考》卷一二,页一三上。又《续资治通鉴长编》卷二六二,页一七上。二书各有缺略,故合引之。
② 《宋会要稿》册一二八《食货》一四之六下。
③ 同上,《食货》一四之一五上。
④ 《宋史》卷三三一,页二二下及二三上《乐京传》及《刘蒙传》。
⑤ 《文献通考》卷一二,一二上。

而益上户,虽百端补救,终非善法。又役钱之内,每岁更纳宽剩钱以备他用,此所谓富国之术者也。且农民送纳夏秋税赋一年两次,纳不前者始有科校之刑。今纳青苗与役钱已是加赋,有过限者亦依二税法科校,则是一户一岁之中常负六次科校,民不胜骇矣。①

张方平亦言:

> 州县之役,若身充,若雇佣,率三分其费而二分出于薪粒。大乡户众,一役代归,十余年间安居无所预矣。募法之行且三年,初年民始大骇,吏议法未一,或纳或否。次年已有伐桑枣、卖田宅、鬻牛畜。今年稍荒歉处,民流散多矣。推此,其可经久者耶?而乃恬弗为怪,莫之改图!臣恐国家之忧不在四夷而见伏戎于莽矣!②

危言耸听,一若役法不改,大乱即将临也者。然募役之害究不若差役之烈。王安石因神宗问定州民拆房舍纳役钱事,对曰:

> 百姓卖牲卖屋纳役钱,臣不能保其无此。然论事有权,须考问从前差役卖屋陪填与今卖屋纳役钱孰多孰少,即于役法灼然可见。③

---

① 韩正彦《忠献韩魏公家传》(乾隆四年安阳县署刊《安阳集》附录)卷一〇,页三下。
② 《乐全集》(《四库珍本》)卷二五,页二五下《论免役钱劄子》。
③ 《文献通考》卷一二,页一二上。

语云"两害相权取其轻",其王安石之必以募役代差役之谓欤?又募役之害非徒较差役为轻,且亦颇有裨益于国家财政。盖宋自真宗以来,官吏日冗,军额日多,而皇族生齿日繁,禄亦日增,用是平时支出,已感拮据;若遇郊天大礼,赏赐亿万,经费益形不敷。比青苗免役法行,收入既已倍增,而并县裁役令下,开销反更大减。缘之收支非特平衡,且略积有余裕。如熙宁九年岁入免役钱、谷、帛、金、银一千四十一万四千五百五十九贯、石、匹、两,而耗之于募役者仅六百四十八万七千六百八十八贯、石、匹、两。收支相抵,尚余三百九十二万六千八百六十一贯、石、匹、两。又如元丰七年岁入免役钱一千八百七十二万九千三百贯、场务钱、谷、帛(用以酬奖应募衙前者)六百二万六千七百四十七贯、石、匹,①又较熙宁九年增收一千余万。夫利源既开,再图杜塞,宁非难事。且王安石主张变法,表面上固为解决民困,实则冀由此以求富强。其最终目的既如此,则岂能因三五人言而变其政策。故无论反对者以何种方式阻挠新政,皆不能如愿以偿也。虽然,怨积愈深,则图报复之心愈烈。反对新法者之积怨非一日矣,徒以当宁意志坚决,莫可奈何。故神宗方崩,局面即变。

六　元祐及绍圣后之纷更

元丰八年二月,神宗崩,子哲宗立,年幼,神宗母宣仁太后高氏以太皇太后垂帘听政。初,神宗之改募役也,下户因多感不便偶生

---

①《文献通考》卷一二,页一三下。

怨言,而官户以须出钱助役,尤多表示不满。戚里之出入宫庭者,自不免流长飞短,致发生重大影响。邵伯温曰:

> 神宗……一日侍太后(即宣仁太后)同祁王(神宗弟)至太皇太后(仁宗后曹氏)宫。……太皇太后曰:"吾闻民间甚苦青苗助役钱,宜……罢之。"帝不怿,曰:"以利民,非苦之也。"……祁王曰:"太皇太后之言,至言也,陛下不可不思。"帝因发怒曰:"是我败坏天下耶!汝自为之!"祁王泣曰:"何至是也!"皆不乐而罢。①

由此可见内廷厌恶新法之一斑。故宣仁太后垂帘伊始,即起久负清名且坚决反对新法之司马光知陈州,令过阙入见,旋拜门下侍郎,于是熙宁元丰十余年来之新政,遂逐步推翻矣。

司马光粹然儒者。其反对新法,盖一秉孔门斥聚敛之训。初以力不能争,退处西洛,埋首陈编,但未尝一日忘天下也。比奉过阙入见之诏,知行志之时已临,乃不复辞避,束装东下。迨至开封,即上《乞去新法之病民伤国者疏》,又上《请更张新法劄子》,而在拜门下侍郎后,随上《乞罢免役钱状》:

> 熙宁中,执政者以为百姓惟苦差役破产,不惮增税,乃请据家赀高下各令出钱雇人充役。按因差役破产者,惟乡户衙前有之,自余散从、承符、手力、耆户长、壮丁,未闻破产者也。其乡户衙前所以破产者,盖由山野愚戆之人不能干事,使之主

---

① 《邵氏闻见录》卷三,页四下。

管官物，或因水火损败，或为上下侵欺，是致欠折，备偿不足，有破产者。至于长名衙前，久在公庭，勾当精熟，每经重难差遣，积累分数，别得优轻场务酬奖，往往致富，何破产之有？……又，向者役人皆上等户为之，其下等、单丁、女户及品官、僧道，本来无役，今更使之一概输钱，则是赋敛愈重，非所以宽之也。故自行免役法以来，富室差得自宽，而贫者困穷日甚，殆非所以抑兼并、哀惸独、均赋役也。又监司守令之不仁者，于役人之外，多取羡余，或一县至数万贯，以冀恩赏、规进取，不顾为民世世之患。又国家旧制，所以必差青苗户充役人者，为其有庄田家属，有罪难以逃亡，故颇自重惜。今雇浮浪之人充役，常日恣为不法，一旦事发，单身窜匿，何处州县不可投名？又农家所出不过谷帛与力，自古赋役无出三者。自行新法以来……多责见钱。钱非私家所铸，要须贸易外求。丰岁谷贱已自伤农。况近于期限，不得半价，尽橐所收，未能充数，家之餱粮不暇更留。凶年则又无谷可橐，人人卖田；无所可售，遂至杀牛卖肉，伐桑鬻薪，来年生计，不敢复议，此农民所以重困也。……臣愚以为悉宜罢免役钱，其逐县诸色役人，并依旧制，委本县令佐揭簿定差，替见雇役人。其衙前先召募人投充长名，召募不足然后差乡村人户。每经历重难差遣，依旧以优轻场务充酬奖。……凡免役之法，纵富强应役之人，征贫弱不役之户，利于富者，不利于贫者。及今耳目相接，犹可复旧；若更年深，富者安之，民不可复差役矣。①

---

① 《司马温公文集》卷三二，页一三上。

继又上《乞罢免役钱劄子》,前段论免役之害大致与第一次所言相同,惟末段有具体建议:

> 一、依熙宁元年以前旧法,检会其时差役条例颁下诸州。所差之人,若正身不愿充役,可自雇人代替。倘所雇之人逃亡,仍由正身另雇,其逃者若拐带官物,即勒正身陪填。
>
> 二、衙前仍以坊场钱酬奖。若不敷,可令官户、女户、单丁、寺观之产业丰厚者,随等出钱相助。
>
> 三、令各路州县斟酌本地情形,拟具适宜办法,县申州,州申转运司,转运司申报朝廷,俾执政加以审核,编作一路一州一县敕,以资准敕施行。①

劄子于元祐元年正月进入,不久,即得依奏之旨。此后乃入于讨论阶段。

当所谓"元祐更化"初期,朝士对于司马光提议改募役为差役,大致有两种态度:一、赞同者;二、主缓改者。赞同者以刘挚及王岩叟为代表。刘挚曰:

> 始者以徭役不得其平……故命有司议所以均施之……乃一划划祖宗差役旧制为官自雇人之法,率户赋钱以充雇直,曰助役,又曰免役。……下户等从来无预差役之家,一概敛之……于赋税、科调……之外,又生此重敛,岁岁输纳,无有穷期。……州县上户常少,中下之户甚多。自法行以来,簿籍不

---

① 《司马温公文集》卷三四,页一一上。

正务欲敷配钱数,故所在临时肆意升补,下户入中,中户入上。今天下往往中上户多而下等户少,富县大乡上户所纳役钱,岁有至数百缗……至千缗者。每岁输纳无已,至贫竭而后有裁减之期。旧来乡县差役,循环相代,上等大役,至速者十余年而一及之;若下役则动至三二十年乃复一差,虽有劳费,比之今日岁被重敛之害,孰为多少也。……然则前日有司主法非有意于宽役利民,正在聚敛刻剥,损下益上,为国取大谤。……徭役昔者有至于破产而民惮为之者惟衙前一役尔。今天下坊场,官司收入……岁得缗钱无虑数百万,以为衙前雇募支酬之直,计一岁之入,为一岁之出,盖优有余裕。则衙前一重役无所事于农民。……散从、承符、弓手、手力、耆户长、壮丁之类……无大劳费,宜用祖宗差法,自第一等而下通任之,比于旧制徭役轻矣。……臣故以为役钱宜一切罢之……。虽然此大法也……欲乞……选差明于治体深得民事者……置局讲议。①

王岩叟曰:

免役之法行之已久,深见其弊,当有以变而通之。……谨以昨所治定州安喜一邑之弊陈于前。……安喜户一万三千有余,而第四等之家乃逾五千,每家之产仅能直二十四缗,而上即以敷纳役钱,岁岁无穷,其出于至贫可见。当役法未行时,第四等才一千六百余户。由役钱额大,上户不能敷足,乃自第

---

① 《忠肃集》卷五,页一上《论役法疏》。

五等升三千四百余户入第四,复自第四等升七百余户入第三。自旧以来,等第之法,三年而一升降。……今下户之薄产,未尝有所增,而直升其等,俾输役钱。以区区之一邑,而岁敛一万四千七百余缗,则敛法太重,而民力不能胜,而望民情之不怨,其可得乎?……臣每见下户之输未尝不出于艰难困窘之中,而州县未尝不得于鞭笞苛逼之下。……使其当役而免之犹可也,而大半下户……不当与于役,今乃令岁岁输缗谓之免役……是乃直率其缗以为常赋耳……其弊既如此……不有以变而通之,其可乎?……伏乞罢免役法,复差法。①

主缓改者又分两派,如范纯仁、范百禄、苏轼皆为崇敬司马光者为一派,如章惇等皆元丰末年执政,另为一派。范纯仁闻司马光急于改募为差,即谏光,谓募法固有不便,但不应暴改,可先去其病民太甚者。光不听。乃又移书于光曰:

> 蒙示奏稿,②益见公之存心。然此法但缓行而熟议则不扰,急行而疏略则扰。今公宁欲扰民?而将疏略之法使谬吏遽行,则其扰民又在公意料之外更有扰矣。一夫不获,公之所念,而忍以扰事毒重困之民?以愚思之,不类公之所举。今纯仁画计不改公之法,而只欲先自京西推行,使不扰一人而公法

---

① 《续资治通鉴长编》卷三六四,页六下。
② 即请复差役奏状及劄子。

可成。①

光仍不听。纯仁叹曰:"是又一王介甫矣!"范百禄亦谓司马光曰:

> 熙宁初,某为咸平县。役法之行,罢开封府牙前数百人,而民甚悦。其后有司求羡余,务刻剥,为法之害。今第减出泉之数,以宽民力可也。②

光亦不从。苏轼在王安石变法时初本反对。嗣以浮沉州郡十余年,知免役差役各有利弊,不容偏执成见。故尝向司马光力争,苏辙记其经过曰:

> 君实……知免役之害而不知其利,欲一切以差役代之。……公尝见之政事堂,条陈不可。君实忿然。③

又蔡絛记轼轶事曰:

> 东坡公元祐时登禁林,以高才狎侮诸公卿,率有标目,殆遍也,独于司马温公不敢有所轻重。一日相与共论免役差役利害,偶不合同。及归舍,方卸巾弛带,乃连呼曰:"司马牛!

----

① 《续资治通鉴长编》卷三六七,页一七下。《范忠宣公集》所附《行状》亦载此事。

② 范祖禹《范太史集》(《四库珍本》)卷四四,页一上《资政殿学士范公墓志铭》。

③ 《栾城后集》卷二二,页一上《亡兄子瞻端明墓志铭》。

司马牛！"①

元丰宰执率属王安石一派，虽知募役之弊，但皆不主速改。惟以宣仁太后对司马光倚俾正殷，其敢公然抗争者仅一轻狂之知枢密院事章惇。惇于看详光所进请罢免役奏状及劄子后，即提出异议曰：

> 看详司马光……两入劄子，而所言……相反，未审何以违戾乃尔。……光忠直至诚，岂至如此反覆？是必讲求未得审实，率尔而言。以此推之，措置变法之方，必恐未能尽善。②

开门见山，用意已显。继又逐条驳司马光所举差免二法利弊，不曰采臣庶泛泛之说，即曰黜百僚异己之辞。并谓："封事所言利害，各是偏辞，未可全凭以定虚实当否。"而主张"详究事实，方可兴利除害"。且表明己身立场，并非反对改革免役之法，但望"曲尽事理人情，使纤悉备具"，庶"推行之后，各有条理，更无骚扰"。又谓"司马光变法之意虽善，而变法之术全疏。苟在速行，无所措置。免役之害虽去，差役之害复生"，"生民受敝无有已时"。"光虽有忧国爱民之志，而施行无术，朝廷良法美意又将偏废于此时。"故"有识之人，无不喟叹"！又谓："光所论事亦多过当。惟是称下户元不充役，今来一例纳钱，又钱非民间所铸，皆出于官"，"此二事最为论免役纳钱利害要切之言"。末乃建议"敕转运、提举司，诸州诸县，各

---

① 《铁围山丛谈》（《知不足斋丛书》本）卷三，页二三下。
② 《续资治通鉴长编》卷三六七，页三下。

令尽心讲求,豫具利害,以俟朝廷遣使就逐处体问","条具措置事节,逐款奏闻,降敕施行"。"远不过一年半之间,天下役法,悉已周遍。"于是:

> 法既曲尽其宜,生民永蒙惠泽。上则成先帝之美意,下则兴无穷之大利,与今日草草变革一切苟欲速行之弊,其为利害相远万万。

考诸人所言,刘挚在熙宁初以反对募役被逐,王岩叟以知安喜县时亲见下户受役钱之害,故皆响应司马光罢募复差之法。范纯仁等与章惇主慎重将事之立论虽同,但用心则异。盖范等与司马光交谊素笃,其不欲矫枉过正,乃所以爱光,与章惇之立异者不相同也。嗣惇于三省枢密院合议时,复力斥司马光之说,因之吕公著奏状有"章惇大段不通商量"①之语,而邵伯温亦谓惇在宣仁太后前与司马光争辩,至有"异日难以奉陪吃剑"②之言,则其态度从可知矣。平情论之,惇之傲慢自属使人难堪,然其意见究不无可取。设司马光不坚持成见,容纳异己,则未始不可获得妥善办法。惜其恶新法过深,理智蔽于情感,逆耳之言,一无所受,致启后日新旧水火之争。揆以《春秋》之义,则光似亦有足责备者乎?

元祐元年闰二月,章惇以忤旨出守列郡,元丰宰执亦均去位,司马光自门下侍郎超拜首相(尚书左仆射兼门下侍郎)。时详定役法所已奉诏成立,恢复差役原则上亦无问题。惟免役法已有十余

---

① 《续资治通鉴长编》卷三六七,页一七上。
② 《邵氏闻见录》卷一一,页六上。

年之历史,一朝改变,深恐烦扰,爰准详定役法官范纯仁等之请,诏地方各级政府"体访役法民间的确利害,县具可施行事申州,州为看详,保明申转运提举司看详,保明闻奏。仍令各逐州县出榜,许旧来系纳免役钱今来合差役人户,各具利害实封"①上达。此诏并非不行差法,只欲详细研究以免病民耳。乃刘挚王岩叟大肆攻击,前后上章,②谓建议下此诏者不外欲为"迁延之谋,动摇之术""以遂沮害之计",特请"趣具画一宣布","庶命令无反覆之嫌,中外无二三之惑"。于是前诏无形作废,又用司马光之言,诏:

> 天下免役钱并罢。其诸色役人并依熙宁元年以前旧法人数,令佐揭簿定差。……除衙前一役先用坊场河渡钱依见今合用人雇募;不足,方许揭簿定差。其余役人,除合召募外,并行定差。③

嗣是论差役细则者颇不乏人,而最切于实际则为苏辙之奏。其言曰:

> 罢免役钱行差役事……其间小节疏略……有五。一、衙前之害,自……先帝创立免役法……不复……有……患。而近岁……共苦免役法者,乃是庄农之家,岁出役钱不易。……向使……只……了却衙前色役……其余役人并依旧法,则天下之利较然无疑。……今来略计天下坊场钱一岁所得……

---

① 《续资治通鉴长编》卷三六八,页七上。
② 同上。
③ 同上,页二三上。

足……了衙前一役……有余,何用更差乡户?……一、坊郭人户,熙宁以前常有科配之劳。自新法以来,始与乡户并出役钱,而免科配;其法甚便,但所出役钱大重。……欲乞指挥官户、寺观、单丁、女户,并据见今所出役钱,裁减酌中数目。……一、新法……减定役人,皆系的确合用数目。……旧法人数显系冗长。……欲乞只依见今人数差拨。……一、熙宁以前散从……等役人,常苦接送之劳。……自新法以来官吏皆请雇钱,役人既以为便,官吏亦不阙事。……欲乞依新法官吏并请雇钱……于坊场坊郭等钱内支。一、州县胥吏并募……亦以前项……钱支用;不足即差乡户。仍许指射旧人,官吏差雇代役。其乡户所出雇钱,不得过官雇数目。①

辙之言大体皆被采纳。其坊郭五等以上人户,及单丁、女户、寺观与官户三等以上所出助役钱,经数次商讨,乃决定照旧额减半。并诏自元祐二年始,凡支酬衙前等钱,概以坊场河渡钱发给,遇不足时,方许动用"六色钱"。——"六色钱"者,当役户、坊郭户、单丁户、女户、官户及寺观所输之役钱也。

司马光为相仅八阅月即卒于位。当其生前,差役之制虽已施行,但若干细节,并未斟酌尽善。光时系天下重望,门下之士对役法虽主张不相同,但有光调护其间,尚能有相当办法。比其卒后,群龙失首,同室操戈,党争随起。洛、蜀、朔三派交哄,意见遂益难一致。如苏轼以数言役法与司马光异趣,洛朔两派攻之不遗余力,其元祐三年十月《乞郡劄子》述此事曰:

---

① 《栾城集》卷三六,页一七上,《论差役五事状》。

> 臣与故相司马光虽贤愚不同,而交契最厚。……但以光所建差役一事,臣实以为未便,不免力争。而台谏诸人皆希合光意以求进用。及光既殁,则又妄意陛下,以为主光之言,结党横身以排异议,有言不便,约共攻之。①

由轼所言,可知当时党争之烈。惟其此是彼非,喧呶不已,致操政柄者,迷于所向,法令数更,直抵元祐七年,苏辙奏疏尚有比较差雇利害以塞异同②之言,于以见漫无定策之一斑矣。毕仲游评之曰:

> 役书之所未定者,非无定法也,无定心也。……十人十议,百人百议……泛泛乎如人游江湖,未有归宿,不知其后将如何耶?③

华镇亦评之曰:

> 天下之言役者……二端而已:持前闻者以差役为善,守后议者以免役为得,纷纷两可,利害相半,未知所从适。……方免役时,下民有思差之为善者;及差役矣,又有思免之为便者。以差役为尽善,则无今差役之议矣;以免役为尽非,则人亦弗思之矣。是均有所善,亦均有所不善也。……互有所得,不可偏废,则录长遗短……不必差,不必免,不必差免之兼用,惟便

---

① 《东坡七集·奏议集》卷五,页二下。
② 《栾城集》卷四三,页三下《三论分别邪正劄子》。
③ 《西台集》(《武英殿聚珍版丛书》本)卷五,页七下《役局议》。

于私而无缺于公,则役法之美实已。①

毕、华之论,虽皆空谈原则,但皆不为无见。特举朝从事于意气之争,多不肯平心静气,缜密思考;又以差法为司马光所定之国是,少敢加以变通耳。

元祐八年九月,宣仁太后崩,哲宗始亲大政。时役法原则固属以差为主,惟如何差点,与差以外如何雇募,皆尚未得结论。哲宗对于差募之法,本无定见;徒以有憾于在朝诸臣,遂迁怒于司马光诸人种种纷更。比章惇再入中枢,倡子继父志之说,于是役法终于绍圣元年四月改用雇募之制。哲宗初拟一遵元丰旧法,酌减免役宽剩钱数。嗣纳范纯仁之说,始令户部看详役法所博采众意。经数月商讨,大致规定:

一、乡差役人,暂令祇应,俟雇人数齐,即行放罢。

二、合纳免役钱户,豁免绍圣元年上半年役钱。

三、曾充差役,空间已及二年者,即须缴纳役钱。

四、耆户长、壮丁并雇人,不得以保正长丁充代。

五、免役宽剩钱不得过一分,征逾数以违制论。

六、诸路各置提举常平役法官一员,以专责成。②

此外,另诏地方监司就各处情形,条具奏报,以便随宜修改。至官户、女户、单丁、寺观以及坊郭人户助役钱仍依元祐之制,减半征

---

① 《云溪居士集》(《四库珍本》)卷一八,页八下《役法论》。
② 《宋会要稿》册一二八《食货》一四之二上。

纳。盖绍圣与元丰两朝役法，只原则均主雇募，其内容并不尽同，而助役钱半收又系仍于元祐者也。

自募役纲领颁布以后，不久又略有更改，如保正长丁已许不任耆户长、壮丁之役矣，但在九月复从看详役法所之请，诏依元丰条例"以保正长代耆长，甲头代户长，承帖人代壮丁"，①即其一例。从此关于役额之增减，纳钱之多寡，议论殊为纷纭。就中以孙谔所陈最合情理，其言曰：

> ……役……在官之数，元丰多，元祐省，虽省未尝废事也，则重不若轻。……数省而直轻，则民之出泉易矣。出泉之法，四方不同，有计钱之多寡而输之者……有计田之厚薄而输之者……使轻重均……而后行焉，则民之出泉者易而法可久矣。今役法……有不齐……不均……不平者……愿陛下博采群言，无以元丰元祐为间，要以便元元。②

顾时正反元祐所为，孙谔倡不分元丰元祐已属不合时宜，况首段又抑元丰而扬元祐，则其说之不能行，已不待蓍龟。故蔡京于看详谔之章疏后即劾奏曰：

> 谔以为元丰多，元祐省；元丰重，元祐轻……则是谔以谓元丰之法不若元祐明矣。……谔于陛下追绍之日，敢为此言，臣切骇之！……谔……盖欲……疑朝廷继述之志耳。元

---

① 《宋会要稿》册一二八《食货》一四之六。
② 同上，《食货》一四之八。

59

丰雇法也,元祐差法也,雇与差不可并行。元祐固尝兼雇,已纷然无绝矣。而谔欲无间,是欲伸元祐之奸,惑天下之听……矣。①

谔坐是得罪以去。嗣于绍圣四年,广南东路提举常平萧世京因所部州县不便募役,奏请用元祐差法,亦被责左迁。②此后朝野上下,因有孙谔萧世京前车之鉴,遂皆噤若寒蝉,虽明知役法之弊,亦无敢多言取辱者矣。

元符三年正月,哲宗崩,徽宗立,钦圣太后向氏权同听政。钦圣以元祐绍圣各有所失,影响国事甚大,乃采调停之策,用人无间新旧,且诏以明年纪元为建中靖国——建中靖国者,循中道以安国也。因此,役法差募之争又起,而条例间不免有所更改,时虽仍用雇募原则,但已有请行差役之人。惟钦圣垂帘仅八阅月,随于建中靖国元年正月崩逝。徽宗亲政后,本已偏于绍述之议,故建中靖国只一年即改元崇宁——崇宁者,崇熙宁也。年号既改,取舍斯明,于是新党弹冠,旧党皆逐,而役法亦诏户部"依绍圣常平免役敕令格式及元降绍圣签贴役法施行;其元符三年正月后来冲改绍圣常平免役敕令格式,并冲改签贴续降指挥并不施行",③其尝建请改革绍圣役法者,自不得不降官远贬矣。

崇宁以还,抵于靖康,因有"常平免役自熙宁以来讲究奉行,纤悉具备,自今应有辄议更改者以大不恭论"之诏,④且复三令五申,

---

① 《宋会要稿》册一二八《食货》一四之九上。
② 同上,《食货》一四之一〇下。
③ 同上,《食货》一四之一三下。
④ 同上,《食货》一四之一六下。

谆诫恪守元丰成规，故役法鲜有变革。官吏虽明知人民尚有苦役钱过重者——如巩州在元丰中，岁敷役钱止四百贯，政和元年已敷二万九千余贯，二十年中，增七十余倍①——但除少数敢冒不韪为民请命外，过半则毫无动于中，或反朘削是务。如户等升降，自熙宁以来，即未有防阻吏胥以上为下以下为上之善策，故在宣和之世，尚有因此特下诏者，杨时曰：

> 上闻酸枣有升下户入上户。手敕，"如此则是有免第四等役钱之名而无其实"云云。于是司农有状：乞约束升降，并须约见今等第物力。如或敢将物力不及今下等第之人升作上等，务要足约定之数，则官吏并科违制。……上……从……所奏。②

盖役钱征足与否，有关考成。官吏近图固位，远冀擢迁，能有几人肯垂意于民众之疾苦乎？

七　南渡后之役法

高宗南渡，役法初循宣和之旧；稍不同者，只以军需孔亟，免役钱普增三分，及官户助役钱不再减半而已。其时江河残破，寇难方殷，朝野上下，多归咎于主张绍述之士，因之渐有企图复差役者。

---

① 《宋会要稿》册一二八《食货》一四之一六下。
② 《龟山先生集》（光绪五年杨氏补刊本）卷六，页一八上。

绍兴五年正月,赵鼎奏:

> 祖宗差役,本是良法。既是等第人户,必自爱惜,岂有扰民。王安石但见差衙前一事,州县奉行失当,尽变祖宗旧法,民始不胜其扰。①

高宗曰:

> 安石行法,大抵学商鞅耳。鞅之法流入于刻,而其身不免于祸。自安石变法,天下纷然。但免役之法行之既久,不可骤变耳。②

夫高宗既云"自安石变法,天下纷然",且又比之于商鞅,何以不主差法?岂真以为"免役之法行之既久不可骤变"乎?是盖未必然也。考自建炎六年至绍兴十一年,十余年中,宋金争战频仍,宋之土地沦陷五分之二。疆域既蹙,税收锐减,而支出反以军事紧急,倍蓰于前。司邦赋者,为应副严重局面,势不能不竭力罗掘,于是免役钱之用以募役者遂过半移充军政经费。倘废免复差,姑不必论其果否有益于人民;即使真能免除人民疾苦,但免役钱停纳,国家财政必更拮据,其有影响于大局,当不言可喻。故高宗之不欲骤变免役法,非必以其行之已久,实恐变而误国计耳。

免役钱之移作他用,在元丰中已开端倪,特或行或罢,数有变

---

① 《宋会要稿》册一二八《食货》一四之二三上。
② 同上。

更，其成为永制者，则始于建炎。绍兴元年五月吕安中奏：

> 催纳二税，依法每料逐都雇募户长或大保长二名，系是官给雇钱。自建炎四年秋料为头，催税每三十家一甲，责差甲头催纳，其雇募户、保长更不复用。所有雇钱，只在县桩管。此钱既非率敛，又不干预省计。乞督责诸县，每年别项起发，以助经费。①

又绍兴五年正月臣僚言：

> 州县保正副未尝肯请雇钱，并典吏雇钱亦不曾给，乞行拘收。嗣经户部看详，除典吏雇钱仍行支给外，其乡村耆户长依法系保正长轮差，所请雇钱往往不行支给，委是合行拘收。乞下诸路常平司，将……州县所支雇钱依经制钱条例，分季起发赴行在送纳。②

自此以后，逐项雇募役人之役钱，遂皆在"别项起发以助经费"名义下，失其正当用途。陈傅良在转对论役劄子中对之曾有简括之叙述，其言曰：

> 所谓免役钱者，本以恤民使出钱雇役而逸其力也。自罢募户长而取其钱，今隶总制；罢募壮丁而取其钱，今隶总制；罢

---

① 《宋会要稿》册一二八《食货》一四之一八上。
② 同上，册二八《食货》一四之二三下。

63

募者长而取其钱,今隶总制;而又以三分弓手雇钱,一分宽剩钱尽隶总制;而又以罢杂职虞候重禄钱、罢诸州曹官当直散从官雇钱、罢学事司人重雇钱……尽隶总制。至于官户不减半役钱,在京吏禄,在京官员雇人钱之类,又另项起发。则免役钱之在州县者日少,而役人无禄者众矣。①

所谓经制、总制,即经制司、总制司之简称。初,宣和末,江浙用兵,发运使陈亨伯设经制司,取量添酒钱及增一分税钱、头子、卖契等钱以充军糈,嗣又行于京东西。建炎初,复仿其法行于两浙、江东西、荆湖南北、福建、广南东西诸路,所收号经制钱。绍兴五年,参知政事孟庾提领措置财用,扩大经制司范围,立总制司,所收号总制钱。盖经制、总制皆系军事期间临时设置掌理财政之机构,故免役钱之皆拨入经制、总制司者,端以充经费也。夫人民出免役钱本为用以寡役。今取役钱以赡他用,致应役者过半不获报酬,则狡黠之徒不甘枵腹从公,自必作奸犯科,而谨愿者只有忍受种种侵陵,陷于水深火热中矣。

据群书所载,南渡后州县役人,虽云雇募,实等点差,以之差役一辞又屡见于公私文字。惟应役者,苦乐殊相悬殊。官署吏胥,如曹司、押录、散从、虞候之类——即明清以来六房书吏及三班衙役之前身——皆系久在公门之人,生财有道,早已不以禄额多寡为意,故雇钱有无,对之丝毫不生影响。所苦者即村里编氓差充保正长及甲头之人,每因赔垫逋税及官吏需索而荡产破家,其受害情形与熙宁末行免役法前之里正、乡户衙前相等。惟差役时期之里正、

---

① 《止斋文集》卷二一,页一上。

乡户衙前，未尝出钱免役，因被差应役而遭受迫害，理尚可通；今免役其名而差役其实，既出钱免役而役并未免，且由应役而蒙种种损失，则情更有足悯者矣。况保正保长系属保甲法下职员，与免役法本无关涉乎？

考熙宁保甲之制，以"十家为一保，选主户有心力者一人为保长；五十家为一大保，选主户最有心力及物力最高者一人为大保长；十大保为一都保，选主户最有行止心力材勇为众所服及物力最高者二人为保副保正。凡选一家两丁以上，通主客为之，谓之保丁"。① 其目的本为寓兵于农，保正长负捕盗之责，而保丁为维持地方治安之人。熙宁七年曾一度罢募耆长、户长、壮丁，差保丁充甲头督催赋税，而以封存雇募之钱俾作缓急之需。不久即罢。旋于元丰中又著为令，以大保长主持催征，兼代耆长督捕贼盗，以甲头代户长，助督租税，以承帖代壮丁。元祐罢一切新法，恢复差役，保甲既已解散，耆户长及壮丁又依旧执役。绍圣初循元丰之旧，嗣以壮丁所充之甲头望轻，不足集事，乃将催征之事属之于都保正及大保长。南渡后，诸路初无一贯条例：有以保正长代耆户长者，有差下户为催税户长者，有不用保正户长而差甲头者。因之臣僚屡有论列，改动亦殊频烦。如建炎二年九月臣僚建请以差法参免法，而免保正长应役；又四年八月，广南西路转运提刑司请依熙宁元丰之制，轮差甲头代替催税户长。其事非特俞允，且诏两浙、江南东西、湖南、福建、广东一体仿行。比绍兴元年九月复有人发为差甲头五不便之说，请仍用保正长者，其言曰：

---

① 《止斋文集》卷二一，页一上。

朝廷……依熙丰法改差甲头,盖谓大保长催科填备,率至破产,遂改革前制。曾不知甲头受害又十倍于保长。大保长皆选差物力高强人丁众多者。……人丁既壮,可以遍走四远;物力既强,虽有逃亡绝户易于偿补。今置甲头,则不问物力丁口,虽至穷下之家,但有二丁,则以一丁催科。既力所不办,又无偿补,类皆卖鬻子女,狼狈于道。此不便一也。大保长催科,每一都不过四家,并以保正副事皆循熟,犹至破产。今甲头每一都一料无虑三十家,破产者又甚众。此不便二也。……甲头当农忙,一人出外催科,一人负担赍粮,叫呼趋走……失一岁之计。以一都计之,则废农业者六十人;自一县一州一路以往则数十万家不得服田力穑矣。……此不便三也。……保长多有惯熟官司人,乡村亦颇畏之,然犹有日至其门而不肯输纳者。今甲头皆耕夫,岂能与形势之家……立敌……曲折自伸于官私哉? ……破产填备,势所必然。此不便四也。自来轮充保长……须指决论讼,数日方定。……群胥……恣为高下,惟观贿赂之多寡。……今差甲头,每料一替,其指决论讼之繁,受贿赂之弊,必又甚于前日。……此不便五也。欲乞罢止,且令大保长同保正副依旧催科。①

奏上,经户部讨论,乃又依所请,罢差甲头,而保正长应役如旧。实则各路并未一致奉行此令,如广南东路抵绍兴三十年,尚以甲头催科也。其时亦有顾恤保正长而请仍差甲头者,绍兴三十一年二月,权发遣江南东路转运副使魏安行言:

---

① 《宋会要稿》册一二八《食货》一四之一七上至一八下。

> 保长催税,无不破产逃亡。……今与属县民官详究相度,以比邻三十户为一甲,给帖,从甲内税高者为头催理。①

盖自建炎初期迄于绍兴末季,三十余年中,负乡村催税之责者,有时用保正户长,有时特差甲头,又有同时保正、户长、甲头催税之制分别行于不同区域。虽非朝令夕改,实属漫无定策。汪应辰为四川制置使兼知成都府曾上《论罢户长改差甲头疏》曰:

> 祖宗法令……严密详备。……比年以来,官吏推行或非其人,至于事失其宜,民受其弊。议者不察其故,而往往归咎于法。偏见率意……轻议改作……纷更紊乱,非徒无益,而又害之者盖不少矣。如近日臣僚有请欲罢催税户长(大部分为保正长负催科之责者),改差甲头。此但见户长之害,而不思有以救之。不知所以害民者,在人不在法也。……使县令得人,则为户长者无此害矣;苟非其人,则虽易置甲头而所以害民者固自若也。②

江氏继又述差甲头之骚扰并请仍依旧贯曰:

> 胥吏常态利于多事……使其循守旧制,则无以济其奸贪矣。故每朝廷政令之下,则并缘假托,肆为不靖,名曰奉行,其实违戾。如臣僚所乞以甲头催税一事,户部勘当下转运提举

---

① 《宋会要稿》册一二八《食货》一四之二六下。
② 《文定集》(《武英殿聚珍版丛书》本)卷五,页二下。

司,从长相度。……本欲博尽中外异同之议,而审定其当,非便以为可行也。而潼川府中江县遂差甲头八百六十二人,又以点追不到,决杖罪者四百余人;支散甲帖,其纳钱皆有定数。又怀安军金堂县差甲头七百人,五日一次比校,则是此七百户者奔走道路无虚日也。其行移晓示皆以被奉朝旨为词。制置司因人户论诉已行下住罢,令听候朝廷指挥。臣窃以户长之法无可更易。伏望圣慈明降指挥,令州县并依见行条法施行,勿复更议。

按此疏上于乾道三年九月,时正复议差甲头以代催税户长。孝宗得汪氏奏,即诏户部罢议,并下诸路依此建请,勿再更张。光宗以后,又有点差高赀民户为里正之事。如嘉定二年殿中侍御史徐范奏曰:

民赀之重者,俾充里正。彼多产之家,输役钱于官亦多。既已征其财,而又俾之执二年之役,是为重复。①

又黄震作丞相杜范传谓:

范字成己,台州黄岩人。登嘉定元年进士第,调金坛尉。严弓手出入。每入乡,即以己俸给从行者食,一不为里正扰。②

---

① 《文献通考》卷一三,页四下。
② 《戊辰修史稿》(《四明丛书》本)页一上。

二书皆有里正之辞,是知自仁宗末废里正,至此又已恢复,特不详其确复于何年耳。时乡里职司又有隅官,如魏了翁《被兵诸郡蠲免科差榜文》:

> 勘会襄阳……管下应经鞑贼惊扰县镇乡村……除……以物力差充保甲隅官外,其余……诸色……差科……杂役,并行蠲免一年。①

以隅官与保甲并举,而他书中亦有"隅甲"合称之文,是所谓隅官者,似即保正长制之一变名耳。

催税户长或甲头之倾家荡产,端在催科赔垫。若保正长,即不督税亦多烦费;倘兼催税户长,则所耗更不赀矣。隆兴三年八月臣僚奏述保正长之苦曰:

> 保正副……昔之所管者不过烟火盗贼而已,今乃至于承文引、督租赋焉;昔之所劳者不过桥梁道路而已,今乃至于备修造、供役使焉。方其始参也,馈诸吏,则谓之参役钱;及其既满也,又谢诸吏,则谓之辞役钱;知县迎送儎夫脚,则谓之地里钱;节朔参贺上榜子,则谓节料钱;官员下乡,则谓之过都钱;月认醋额,则谓之醋息钱:如此之类,不可悉数。②

关于过都钱,林景熙于钱应孙墓志铭举一实证曰:

---

① 《鹤山先生大全集》(《四部丛刊》本)卷二九,页一〇上。
② 《宋会要稿》册一二八《食货》一四之四〇下。

> 公讳应孙。……为仓官时……往宜兴覆核围田水场。……公始至某都,唤里正久不至,问故。曰:"为办过都钱未登。"问数几何?曰:"例一千六百缗,半归核官。"公笑曰:"今所历八十六都,尽然,为富翁矣!"即力革前弊。①

林氏所举者为里正,并非保正副,然过都钱则一也。夫以过都钱一项已若是之巨,倘合参役、辞役、地里、节料、醋息等钱计之,则为保正副者,又安得不破家败产哉!况种种陋规,更"如此之类不可悉数"耶?

人民既苦于差徭,因群谋所以规避之术,于是熙宁前衙前一役病民之现象又复重演,而惨剧生焉。林季仲曰:

> 役法以十小保为一大保,而保有长;以十大保为一都保,而都有正:二者必以物力之高,人丁之多为之也。然法久而敝,人伪日滋。……猾胥造弊于排甲之初,下户受弊于被差之后。征求之频,追呼之扰,以身则鞭棰而无全肤,以家则破荡而无余产。思所以脱此者而不可得,时则有老母在堂抑令出嫁者,兄弟服阕不敢同居者,指己生之子为他人之子者,寄本户之产为他户之产者;或尽室逃移,或全户典卖,或强迫子弟出为僧道,或毁伤肢体规为废疾。习俗至此,何止可为痛哭而已哉?②

---

① 《霁山集》(《知不足斋丛书》本)卷五,页一三下《故太府少卿钱公墓志铭》。
② 《竹轩杂著》(《永嘉丛书》本)卷三,页七下《论役法状》。

盖嫁母、析居、寄子、寄产及使子弟出家，皆所以就单丁或降户等，因单丁例不被差，而下户不预保正长之役也。朝廷知其弊，爰创各种条例以纠正之，并立各种法规以防止之，于是推割、推排之令，批朱、白脚之法，鼠尾、流水之簿纷纷出现，而官户、单丁、女户、僧道之限制亦加严矣。

推割者，赀产增减登记之谓。因役之点差与役钱缴纳皆准乎户等高下，而户等高下又视赀产多寡。故凡买卖田宅，皆须呈报官府，登于簿籍，以售主名下者割而推之于买主，俾审核户等时据以升降。户等升降，法以三年为期。届时县令、丞、簿凭已推割之赀产，视其增减，排比推移，增者升之，减者降之，是以推排者乃为升降户等也。考此制早已始于北宋，南渡后不过加严条例，创为固定名辞而已。惟地方长吏循良者少，州县吏胥奸狡者多，推排之时，流弊百出。马端临曰：

> 推排之弊，或有小民粗有米粟，仅存屋宇，凡耕耨刀斧之器，鸡豚犬彘之畜，纤微细琐皆得而籍之。……又有计田家口食之余，尽载之物力者。①

此伤于烦苛者也。真德秀劾王棠曰：

> 三岁推排，国家之令典也。江东州县，因循不举者十六年，版籍溷淆，贫富易位。比者提举常平李道传始请于朝而推行。县邑得人者，往往升降适宜，民赖其利；其因不平而致讼

---

① 《文献通考》卷一三，页五上。

者,间亦有之,然未有如溧阳之甚者也。臣之未至……诉者已数百人;既至……诉者又数百人。盖棠志不在民,一切付之隅保吏胥之手,飞走卖弄,听其自为。需求如志,则以上等之户降而为下等;贿赂不至,则以十金之产增而为百金。诉牒纷然,一不受理。①

此官不职而吏胥上下其手者也。朝廷知其然,因随时为之纠正。惧其估计烦苛也,则诏"除质库房廊、停塌店铺、租牛赁船等外,不得以猪羊杂色估纽。其贫民求趁衣食,不为浮财",以及耕牛并免入物力。② 惧其升降不公也,则诏许人民可以越诉,俾猾胥奸吏知所警惕。然历来政治皆在半麻痹状态中,牧民之官又多属贪庸之徒。故在上者虽三令五申,思除元元痛苦;而犯科者千变万化,总期肥己殃民。以之终宋之世推排之弊永未能绝迹也。

推排以后,即为据户等点差应役。已充役者,姓名下以朱笔批注,是谓"批朱"。未充役者,姓名下依然空白,是谓"白脚"。色役之轻重不同,所依之户等亦异。官吏为便于轮派,乃依户等上下依次排比为簿,上者居前,下者列后,是为"鼠尾簿"。又略变方式,以役色与户等错综为簿者,是为"流水簿"。故鼠尾簿与流水簿之性质,颇有似乎旧日商店之分类账与流水账也。惟各地土味肥瘠不一,贫富比例悬殊亦大,充役歇役年限虽经明文规定,执行时每多窒碍。如洪适《论人户差役劄子》:

---

① 《真文忠公文集》卷一二,页二九下《申将前知建康府溧阳县王棠镌降事》。
② 《文献通考》卷一三,页五上。

> 臣伏睹……绍兴二十六年六月一日续降指挥,批朱者歇役止于六年,便于白脚人比并再差。行之数年,民受其利。近因宣州一乡,上户极少,下户极多。守臣奏请,本欲不候歇役六年,即再差上户。有司看详,误将歇役六年指挥,便行冲改。遂致上户却称朝廷改法。是以鼠尾流水差役,必欲差遍白脚,始肯再充。当差之际,纷纭争讼。下户畏避,多致流徙。盖上户税钱有与下户相去百十倍者。必俟差遍下户则富家经隔数十年方再执役。……婺源一县……有差及一贯税钱者。民间哀诉,诚为可念!

因之建议:

> 如一郡之内,上等五户、税钱五十贯,中等五户、税钱三十贯,各曾应役;下等户并税钱五贯以下系是白脚。若以歇役六年再差税钱在上之人,却恐中等五户侥幸再差不及。如有似此去处,乞令自第一户差至第十户,然后再差第一户。①

按洪氏所论只宣州一处耳,其他州县似此情形者正复不少,长吏知而不报者亦属甚多,故役法仍不能均平也。

官户、女户、单丁,在熙宁时初输助役钱。元祐减科半额,南渡后,官户役钱全征,余户仍元祐之旧。此等户色,例免差役,以之官户兼并之风顿盛,而普通民户之为规避点差图就单丁或诡称女户者亦为数不少。此种现象,非特影响于国库,且颇有碍于役法,缘

---

① 《盘洲文集》(《四部丛刊》本)卷四一,页一上。

是臣僚屡有论列，韩元吉《论差役劄子》曰：

> 窃见祖宗役法，大抵详尽，不必更改。今所患者，近年以来官户置田颇多，全不充役，致专役民户而已。但令应追赠官不许立户，更裁定限田顷亩，此弊便已渐革。尚有一节，须论宽乡狭乡。所谓宽乡者，一乡官户田产少处也，狭乡者，官户田产多处也。假令一乡之中尽为官户，而限田又不著数，则谁当著役？是必依旧坐困百姓，近年之弊殊未去也。某以谓自经界以后，州县逐乡田亩并有定数，一乡常以三分为率，内二分是民户，一分是官户，则官户于限田数外，始行差役。若逐乡官户田亩稍过一分，则不复更问限田，直令与民户通差，庶得均平。①

韩氏之奏，虽未被采纳，但官户应差之制则渐规定。乾道六年九月，中书门下言：

> 役法之害，下三等尤甚，有田之家尽归兼并，小民不能著业，以致州县差科不行。虽申严限田之法，而所立官品有崇卑，所限田亩有多寡，品宽田多，往往互假其名以寄产。不若一切勿拘限法，只选物力高强官户与民户通差，则役户顿增，下户必无偏差之害。……今措置自今并以官户与民户一概通选物力第二等以上轮差，二年一替；官户许雇人代役。②

---

① 《南涧甲乙稿》(《武英殿聚珍版丛书》本)卷一〇，页五上。
② 《宋会要稿》册一二八《食货》一四之四五下。

奏上，诏依所请，且令先由两浙路试办。至若官户之享免差役特权，前后亦数有限制。如绍兴七年闰十月户部言：

> 品官许免身丁。而家有三丁，两人有官，其一丁无官；又如人户家有四丁，一丁进士得解，一丁应充解，一丁进纳得官，一丁白身：似此之类，非子身一丁即难以作单丁之户。合申明得下及人户家有三丁，一丁进纳得官，一丁进士得解，一丁为僧，内进纳未至升朝，三丁并免身丁，别无丁名应役。既成三丁，即是丁行数多，只合免身丁，其充役合募人，不得追正身。①

盖谓此等官户人户，本身可不充役但须雇人代役也。又绍兴八年四月都省批状：

> 官户唯系宗室亲等，未至升朝保甲授官等，因军功捕盗未至升朝，非军功捕盗未至大夫，虽是品官，只合免丁，不合作官户。若家有三丁，两丁有官，一丁无官，难作单丁，合募人充役。若品官家有三丁，两丁有官，一丁无官有荫，依法色役听免。如未改官户，内一丁白身无荫，及进纳未至升朝官，合募人充役。②

又绍兴二十年四月户部言：

---

① 《宋会要稿》册一二八《食货》一四之二七上。
② 同上，《食货》一四之二七下。

> 在法，进纳或保甲，并以妻之家阵亡遗表恩泽授官，并只应有劳，进颂可采，及时[特]旨与非泛补官，因军功捕盗而转至升朝，非军功捕盗转至大夫，方合理为官户。如一方有兄弟三人，父亡，各以析居……一人应得前项名色补官，转至升朝或大夫，理为官户，蠲色役。父该赠官，虽至升朝或大夫，其余子孙只合承荫，即与元补官户不合一例改作官户。①

以上皆对官户资格之规定也。此后，对于品官之家，何者为官户，何者非官户，琐细之法令甚多。然在乾道六年以后，官户之特权亦小，稍享优待者，仅不必正身应役耳。

女户、单丁、寺观之应役，南渡后渐异于北宋，而其限制亦逐渐加严，因诡冒者日多也。如绍兴五年五月，初应臣僚请，诏："许差物力高单丁，每都不得过一人。寡妇有男为僧道，成丁者同。即应充而居他乡别县，或城郭及僧道，并许募人充役，官司不得追正身。"②此单丁、女户、僧道募人充役之始。旋臣僚有为防止单丁户日多，请申父母在别籍异财之禁者。高宗谓此弊端由役重，乃令并申严科率条例。时绍兴十二年六月也。③ 此绍兴十九年八月，宗正寺丞王葆谓女户、单丁科差本不轮及，今乃令其雇人代役，非特烦费过多，且常因吏胥欺诈，致使寡妇改节者，应请重加详定。高宗以令高赀单丁女户充役乃为防止诡冒；流弊可予纠正，法令未便改。故葆议未行。嗣于乾道八年十一月户部尚书杨倓言：

---

① 《宋会要稿》册一二八《食货》一四之三二。
② 同上，《食货》一四之二四下。
③ 李心传《建炎以来系年要录》（仁寿萧氏校刊）卷一四五，页一五下。

绍兴十五年八月敕旨,许差物力高单丁,每都不得过二人;其应充保正副或催税户长,只得一名,不得双差:本为优恤单丁之家。行之既久,奸伪百出,富豪者多以单丁而免役,贫弱者或以丁众而屡充。今欲不拘丁数,只依……物力高者充役。①

奏上,依议。继于乾道九年七月,因臣僚言女户实者无几,率属大姓诡冒,乃诏诸路州县审核,如实系寡居或寡居有丁,仍依条施行。倘系冒名女户,许在两月内自首免罪;逾限不言,照章科断。② 自是单丁遂不能免役,女户之限制亦严矣。

大致言之,自建炎以来,役法永未脱于杂乱。虽朝野上下关心民瘼者不断探讨适当之术,或腾于章疏,或发为宏论,然以吏治不正本清源,终未能祛除弊窦也。人民日处于水火之中,于是有聚众滋事者,如真德秀弹知溧阳县王棠曰:

> 溧阳……〔知县事王〕棠,志不在民……遂使冤愤不平之气无所发泄,今日聚众围保正之家,明日聚众撤户长之室。如德惠乡之蒋大和,来苏乡之史万二……等,同时并作,多者数十百人,持杖啸吹,纵火抛石……甚者刃伤其人,惊死其老幼。……一邑嚣然,几至生变。臣……亟下本县,毁不公之籍,人情始定,争斗始息。③

---

① 《宋会要稿》册一二八《食货》一四之四六下。
② 同上,《食货》一四之四七下。
③ 《真文忠公文集》卷一二,页二九下。

松阳为处州领县。乾道五年，县民因苦于充役之倾家败产，乃创为义役。其制以一都保为单位，"随役户之多寡，量事力之厚薄，输金买田，永为众产。遇当役者，以田助之。从公评议，推排役次，以名闻官"①。时范成大知处州，以此法有协比辑睦之功，减乖斗争讼之举，风义可嘉，特予褒奖，且具疏申奏其事。朝廷因据之令各地试行。然"义役之在州县间能保守于悠久者不一二，而废坏于旋踵者常十百"。"盖差役之利在吏而不在民，义役之利在民而不在吏；差役如旧则请属之门开，义役一成则渔取之路绝。"②非特此也，义役本身实亦有若干缺点，朱熹创四未尽善之说曰：

> 义役……却有未尽善者。如令上户、官户、寺观出田以充义田，此诚善矣。而本州却令下户只有田一二亩者亦皆出田，或令出钱买田入官，而上户田多之人却计会减缩，所出殊少。其下户今既被科出田，将来却不充役，无缘复收此田之租，乃是因贫民以资上户，此一未尽善也。如逐都各立役首，管收田租，排定役次，其出纳先后之间，未免却有不公之弊。将来难施刑罚，转添词诉，此二未尽善也。又如逐都所排役次，今日已是多有不公；而况三五年后，贫者或富，富者或贫，临事不免却致争讼，此三未尽善也。所排役次以上户轮充都副保正，中下户轮充夏秋户长，上户安逸而下户陪费，此四未尽善也。③

---

① 袁甫《蒙斋集》(《武英殿聚珍版丛书》本)卷三，页八上，《知衢州事奏便民五事状》。
② 同上。
③ 《朱文公文集》(《四部丛刊》本)卷一八，页一六上《奏义役利害状》。

袁质亦论衢州义役之弊曰：

> 臣自领郡符，首访此邦义役之利病。知诸邑……历岁寖深或多废弛。有上户并吞义役之田……者，有都内贫富改易不常……者，有逃绝税赋官司强抑保长……者，有重难科配官司困苦保正……者，有役首不公，额外敷率……者。①

总义役诸弊而观，一言可以蔽之，曰：豪强把持。惟其亦病民也，故遂不克持久，而差役之制直迄宋亡，终未废焉。

八 结语

昔人尝曰，"有治人，无治法"。历来政治之坏，盖莫不基于此。夫人心惟危，道心惟微。尤以官吏，凭作威作福之势，有予取予求之机，除深明义利之辨且肯身体力行者外，有几人能不诱于货贿，饬簠簋，砺廉隅，而惟精惟一允执厥中者乎？以有宋一代役法言之，三百余年中，所以始终未得妥当之术者，法固多疏，然重要症结则在官吏之不肖也。求役法之均平，首在户等分明，使赀高者应重难，产少者充轻易。惟户等分明，则官吏不能上下其手，视赇赂多少以定户等高低。于是三年推排之令，束之高阁，而人民遂永沉沦于昏天黑地中矣。顾此特役法之通病耳，若由各期役法不同而生之流弊，又有非户等不明一事所能包括者。

---

① 《蒙斋集》卷三，页八上。

宋初行差法,役之名色虽多,重难者厥惟主官物押纲运之衙前。衙前本以厢军充任,资深者既有酬奖,又可得官。此种人久在公门,干练者多。地方长吏以其不易欺也,乃违法点差催税里正以代之,是为里正衙前。浸假而各地里正遂成包拯所谓之"准备衙前"①矣。里正衙前,来自乡村,质实椎鲁,动被鱼肉,于是因役而倾败者前仆后继。至和中,用韩琦议,罢里正衙前,改差一县赀高者为乡户衙前。然此知二五不知一十之办法,终未能解决衙前之痛苦,故不十年,乡户衙前又多以破产闻。由是司马光等纷纷论列,而有以坊场河渡钱雇募长名衙前之制,继乃有王安石募役之法。是以差役之弊,胥为官吏枉法苛虐之所致也。

王安石罢差役,创募役,以免役钱、助役钱、免役宽剩钱由官府雇人充役。其法并非专为解除人民役祸,实为借此充裕库藏,以达其富国强兵目的,而冀神宗之为汉武耳。故司马光等反对下户出钱,不顾也;虽知下户困于役钱,不恤也。一般热中之徒,窥知其隐,因之竞以掊刻为能,免役钱额唯恐不高,宽剩钱唯恐不足,虽朝廷谆谆以培养民力勿得浮征相告诫,但牧民者则率充耳不闻也。是以募役之行,上户固得稍宽,而下户反多受害。推原其故,官吏又不能辞殃民之责矣。

元祐纷更,迄无善策。绍圣追述,又准熙丰。降及宣和,法久弊深,非特下户辗转呻吟,即上户亦畏役如虎。盖自元丰以募役法乱保甲法,封桩雇耆户长等钱,差保正长、甲头催税,开人民纳免役钱而仍应役之端,至北宋末遂为人民双重之病耳。高宗南渡,虽因

---

① 《包孝肃奏议》卷七,页三三上《请罢里正只差衙前》。

在河北曰"亲知间阎之苦,尝叹知县不得人,一充役次,即便破家"①,特垂意于役法;然以军事孔亟,司农仰屋,所有役钱,胥充经费,致爱民有心,救民乏术,于是无形中又恢复差役,人民已纳役钱而仍充役,遂成永制。乡村督税之事或责之保正长,或另差甲头,或别委催税户长。不论何种名义,职任既同,其应付官吏无穷需索与夫赔垫逃户势家亏欠以致破家败产之害则一。乾道之际,处州松阳因苦差扰,用创义役。其法未尝不可持久也,顾以便民而不便官,终因流于豪强把持,贻伺隙者以口实,乃复归于差法。是以南渡后役法之坏,一由于政府罗掘,一由于官吏贪婪。至义役中途停罢,固属有其内在缺点,然官吏之乘机破坏,要亦为原因之一也。

总之,宋代役法之所以屡改而终未臻妥适者,枉法官吏实应负其大部责任。虽然,历来政治不良,何非由于官吏不职? 又岂徒有宋之役法哉!

(原载《燕京学报》第三三期)

---

① 《文献通考》卷一二,页六上。

宋代府州军监之分析

一 绪论

宋代地理区分,自太宗末年始确定为三级:曰路,曰府、州、军、监,曰县。路之体制略似唐代之道,其别又有二:长官为转运使及提点刑狱者为"监司"路;长官为安抚使或经略安抚使者为"帅司"路。二者区域或同或不同:如京东东路有转运使及提点刑狱,同时亦有安抚使,是为区域同者;如河北东路有转运使及提点刑狱,而为便利军事计,又分大名府路及高阳关路,路各有安抚使,是为区域不同者。通常所言皆指"监司"路,"帅司"路不与也。府、州沿袭于唐,体制皆类秦汉之郡。府位较尊,但与上州并无大别。军在唐代仅理兵戎,至宋始渐为行政区域。监为物务,向不治民,以之跻于行政单位,亦昉自有宋初叶。军、监皆有隶州与直属京师之分,后者地位与下州相埒。至于县,其制盖自战国以来无甚改易也。

宋人记全国地理之书,今存者有:乐史《太平寰宇记》,王存《元丰九域志》,欧阳忞《舆地广记》及王象之《舆地纪胜》。四者互有短长,且皆不免讹谬;又以成书时代最晚者系在宁宗时,金未能综述天水一朝地理沿革之概况。《宋史·地理志》于赵氏三百二十年疆域变迁,大致已述及矣;但错乱牴牾,不一而足,难为典据。今以参稽所得,先就府、州及直属京师之军、监,略为分析考订而表列其兴革。至若路及隶州之军、监,其制甚简,无待详述;而县为数綦繁,爬罗剔抉,须俟他日矣。

二　州及军监之置废

(一) 州及军监之建置

建置者,本为县、镇、堡、寨或新收区域而创立州或军、监之谓。若州升为府,或军、监升为州者,则非建置——以皆直隶京师,地位无大差别也。宋无创立之府,故本节只述建置之州及军、监焉。

州及军、监之建置,原因不外九种。一、如开庆元年筑黄平隘为镇远州,"戍兵守备以防云南",[①]为控制蛮夷也。二、如开宝二年从西川转运使刘仁燧之请,以合州浓洄、渠州新明二镇地为广安军,以免山川险僻之所多聚寇扰,[②]为镇遏也。三、如崇宁四年以开封府襄邑县建辅州,且为东辅,用壮天京形势,[③]为拱卫皇都也。四、如乾德元年疏菏水漕转兵食,于定陶镇置发运务,太平兴国二年又从转运使何岘请,建为广济军,[④]为保护漕运也。五、如开宝六

---

① 《宋季三朝政要》(《学津讨原》本)卷三,页一上。
② 王象之《舆地纪胜》(道光二九年文选楼刻本)卷一六五,页二上。
③ 李攸《宋朝事实》(《武英殿聚珍版丛书》本)卷一八,页二下。
④ 乐史《太平寰宇记》(光绪八年金陵书局刻本)卷一六三,页一七下。

年以夔州云安县"上水去州二百里,人户输纳不便",遂建为云安军,①为便输赋税也。六、如大中祥符四年以祀汾阴驻跸宝鼎,因县俯迩神祠,特建庆成军,②为应奉宫祠也。七、如太平兴国五年从福建转运司之请,以建州邵武县立为邵武军,③为户繁地要也。八、如绍兴九年权开封尹王伦奏云:"今来已交割地界了当,两国若有关会事宜,各须州军文移来往。契勘,滑州系在河北岸,其南岸与滑州相对系是胙城县。今欲将本县升作一州军,乞赐名额,以便文移。……诏……升作胙城军。"④此类建置为便外交文移也。九、如熙丰之经营河、湟,分置州、军,为治理新辟土地也。今依时代先后,分列有宋创置州及军、监于下。

甲　建置之州　三十七

时代	原地	州名	依据[一]
仁宗嘉祐七年	府州萝泊川	丰	86/14a
神宗熙宁六年	吐蕃地	岷	87/21b
六年	吐蕃地	河	87/20a
七年[二]	溪峒地	沅	88/24b
元丰四年[三]	溪峒地	诚	88/25a
四年	吐蕃地	兰	87/22a
哲宗元符二年	吐蕃地	会	87/16b
二年	吐蕃地	西安	87/17b
二年	吐蕃地	湟	87/23b

---

① 乐史《太平寰宇记》(光绪八年金陵书局刻本)卷一四七,页七下。
② 《宋会要稿》(1936年国立北平图书馆影印本)册一八三《方域》五之三八下。
③ 同上,册一八九《方域》七之九下。《太平寰宇记》卷一〇一,页八上误作乾德二年。
④ 同上,册一八八《方域》五之二三下。

续表

时代	原地	州名	依据
二年	吐蕃地	鄯	87/25a
徽宗崇宁三年	吐蕃地	廓	87/23a
四年	开封府襄邑县	辅[四]	85/17a
四年	西夏地	银	87/8a
四年	广西蛮地	格	90/12a
四年	广西蛮地	允	90/12a
大观元年	广西蛮地	庭	90/12b
元年	广西蛮地	孚[五]	90/12b
元年	广西蛮地	溪	90/10b
元年	广西蛮地	观	90/13b
元年	琼崖黎母山地	镇	90/13a
二年	吐蕃地	洮[六]	87/23a
二年	羁縻溱州地	溱[七]	89/22a
二年	旧珍州没入夷地	珍	89/22a
二年	南平夷地	播	89/23a
三年	羁縻夷州地	承	89/22b
三年	叙州徼外夷地	祥	89/11a
三年	泸州属夷地	纯	89/12a
三年	泸州属夷地	滋	89/12a
政和四年	羁縻保州地	祺	89/7a
四年	羁縻霸州地	亨	89/8a
四年	广西蛮地	隆	90/13b
四年	广西蛮地	兑	90/13b
八年	夔州属夷地	思	89/22b
宣和六年	蓟州玉田县	经	90/16a
理宗宝庆三年	楚州宝应县	宝应	88/7b
开庆元年[八]	黄平隘	镇远	
景定二年	海州一部	西海	88/7b

[一] 以下诸表,凡不缀书名者,皆系《宋史》(商务印书馆影印百衲本)卷页数。诸州军升降年代,他书同《宋史》者皆不列,异者则加注辨证

之。斜线前黑体数码为卷次,斜线后数码为页次,a代表上页,b代表下页,下同。

[二]彭百川《太平治迹统类》(《适园丛书》本)卷一七,页一一下,"熙宁五年闰七月庚戌……章惇察访荆湖北路……至辰州……即三路进兵……遂置沅州"。与《宋史》所述年代不同。考李焘《续资治通鉴长编》(光绪七年浙江书局刻本)卷二五二,页二一上列于熙宁七年四月丙戌下;《宋会要稿》册八九《方域》六之三六上,王存《元丰九域志》(光绪八年金陵书局刻本)卷六,页二六上亦皆作熙宁七年,与《宋史》同;则《太平治迹统类》似误。

[三]《元丰九域志》卷六,页三七上,同《宋史》;惟《宋会要稿》册一八九《方域》六之三〇作熙宁四年,欧阳忞《舆地广记》(嘉庆壬申士礼居刻本)卷二八,页四下,及《宋朝事实》卷一九,页三上皆作熙宁九年。今姑从《宋史》。

[四]《宋史》作拱州,《宋会要稿》册一八八《方域》五之一上同。惟《舆地广记》卷七,页四上及《宋朝事实》卷一八,页二上则作辅州。按辅州是:拱乃后改之名也。

[五]州于大观四年废,政和七年又置。

[六]谭钟麟《续资治通鉴长编拾补》(光绪癸未浙江书局刻本)卷二八,页四下,"大观二年四月甲辰童贯……复洮州……壬戌诏……依旧为洮州"。

[七]《宋会要稿》册一八九《方域》七之六上作熙宁七年,盖误以置荣懿寨之年为置州之年也。

[八]《宋季三朝政要》卷三,页一上作开庆元年,王应麟《玉海》(浙江书局刻本)卷一八,页四下作宝祐六年,较《宋季三朝政要》所述早一年。或经始于宝祐六年,落成于开庆元年也。

乙　建置之军　八十六

时代	原地	军名	依据
太祖建隆元年	莫州清苑县	保塞	86/8b
三年	青州北海县	北海	85/14b
四年	晋阳县	平晋[一]	
乾德二年[二]	襄州阴城镇	光化	85/20a

续表

时代	原地	军名	依据
二年[三]	扬州迎銮镇	建安	
四年	彭州灌口镇	永安[四]	
五年[五]	简州金水县	怀安	89/13b
开宝二年	合州浓洄渠州新明镇[六]	广安	
三年	万州梁山县[七]	梁山	89/21b
四年	扬州高邮县	高邮	88/9a
五年	江陵府荆门镇	荆门	88/26a
六年	夔州云安县	云安	89/21b
太宗太平兴国二年	鄂州永兴县	永兴	88/19a
二年	潞州北乱柳石围中	威胜	86/14b
二年	镇州广阳寨[八]	平定	86/14b
二年	延州永安镇	保安[九]	
二年[一〇]	曹州定陶镇	广济	85/17b
三年	庐州无为县	无为	88/13a
三年	泗州涟水县	涟水	88/9b
四年	宣州广德县	广德	88/16b
四年[一一]	泉州百丈游洋二镇	太平	
四年[一二]	建州邵武县	邵武	
五年[一三]	岚州岚谷县	岢岚	86/15a
五年[一四]	岚州宁化县	宁化	86/15b
六年	易州太保寨	平塞[一五]	
六年	易州遂成县	威虏	86/9a
六年	易州梁门口寨	静戎	86/8b
六年	霸州淤口寨	破虏	86/3b
六年	雄州新镇	平戎	86/5a
七年	岚州一部	火山	86/15a
七年	江州星子县	南康	88/16a
七年	徐州下邳县	淮阳	85/15a
七年	沧州永安县	乾宁	86/4b
八年	深州下博县	静安	86/7b

续表

时代	原地	军名	依据
九年	虔州虔村	永通[一六]	
雍熙四年	定州博野县	宁边	86/9b
端拱元年	滑州黎阳县	通利	86/6b
淳化元年	虔州大庾县	南安	88/19a
三年	筠州清江县	临江	88/19b
三年	瀛州唐兴寨	顺安	86/9a
四年	岚州一部	定羌	86/15b
五年	延州石堡寨	威塞[一七]	
五年	席鸡城寨	清远[一八]	
至道元年	灵州定远镇	威远[一九]	
元年[二〇]	古原州高平县地	镇戎	
二年	三泉县	大安	89/17b
真宗咸平三年	岚州静乐寨[二一]	静乐	
景德三年	齐州章丘县	清平	85/14a
景德三年	淄州高苑县	宣化	85/15a
大中祥符四年	河中府宝鼎县	庆成	87/2b
仁宗庆历二年	定州北平寨	北平	86/6b
三年	渭州笼竿城	德顺	87/15a
神宗熙宁五年	渭州古渭寨	通远	87/21a
五年	吐蕃地	镇洮	87/19a
八年[二二]	渝州铜佛坝	南平	89/21b
哲宗元符二年	延州绥德城	绥德	87/6b
二年[二三]	石州葭芦寨	晋宁	86/15b
二年	定边城	定边	87/11a
徽宗崇宁三年	西夏地	威德	87/5a
四年	广西蛮地	怀远	90/17a
五年[二四]	邵州武冈县	武冈	88/29a
大观元年	朱崖军黎地	延德	90/13a
二年	平夏城	怀德	87/17b
二年	夔州属夷地	遵义	89/22b

续表

时代	原地	军名	依据
二年	吐蕃地	积石	**87**/26a
政和三年	威州属夷地	通化	**89**/8a
四年	泸州渼井监	长宁	**89**/12b
六年	茂州属夷地	延宁	**89**/7b
六年	羁縻直州	寿宁	**89**/7b
六年	吐蕃地	震武	**87**/26a
七年	绵州石泉县	石泉[二五]	**89**/8b
八年	寿春府六安县	六安	**88**/11a
高宗建炎元年	扬州天长县	天长[二六]	**88**/10a
元年	扬州扬子县	扬子[二七]	**88**/9a
三年	泗州盱眙县	盱眙[二八]	**88**/10a
绍兴九年	滑州胙城县	胙城[二九]	
十二年	寿春府安丰县	安丰[三〇]	**88**/1b
宁宗嘉定元年	旧秦州天水县一部	天水	**98**/19a
十二年	随州枣阳县	枣阳[三一]	
嘉定十五年	鄂州武昌县	寿昌[三二]	**88**/26a
理宗绍定元年	楚州山阳县	淮安	**88**/7b
宝祐五年	荆山地	怀远	**88**/13a
景定元年	无为军巢县	镇巢	**88**/13a
三年	海州东海县	东海[三三]	
度宗咸淳七年	泗州五河口	安淮[三四]	
九年	清河口	清河	**88**/10b

[一]《元丰九域志》卷四,页一下。

[二]《续资治通鉴长编》卷五,页六下,同《宋史》。《宋会要稿》册一八八《方域》五之一八下作乾德三年,页一九下又作乾德元年,皆误。《元丰九域志》卷一,页一六上,亦误作三年。

[三] 同上,页一一下。《宋史》卷八八,页八下,误作乾德三年。

[四] 同上,卷七,页一〇下。《宋史》卷八九,页八上;《宋会要稿》册一八九《方域》七之三上;《太平寰宇记》卷七三,页一〇上;曾巩(?)《隆平集》(康熙辛巳七业堂刻本)卷一,页一七下皆作永康军。按,永安军是也;

太平兴国二年以避府州永安军节度名,始改此永安军为永康军耳。《宋会要稿》又误乾德为开宝。

[五]《续资治通鉴长编》卷八,页一〇上列于乾德五年十月癸卯下;《太平寰宇记》卷七六,页八上则作乾德六年二月。盖动议于五年,军之正式成立已在六年也。《舆地纪胜》卷二六四,页二上,"皇朝平蜀,曹翰经此,奏请建置为军……敕为怀安军,直属京"。

[六]《舆地纪胜》卷一六五,页二上;《隆平集》卷一,页一七下同。按,"浓洄",《宋会要稿》册一八九《方域》七之六下作"浓泗"。《续资治通鉴长编》卷一〇,页一四下作"侬個",《宋史》卷八六,页一三下作"侬洄",三者皆误。

[七]同上,卷一七九,页一下,"开宝三年土豪石处赟纳庄四八所,遂废屯田务,移县于此,因升军"。《宋史》误作"丕氏屯田务"。

[八]《续资治通鉴长编》卷一八,页一〇上同。《宋会要稿》册一八九《方域》六之七下作并州广阳县,似误,因其时北汉仍存,并州不属宋,且名太原府也。

[九]同上,页一〇上。

[一〇]同上,页一五上;《太平寰宇记》卷一六三,页一七下,皆同。《元丰九域志》卷一,页一三上;《舆地广记》卷七,页一一下;《宋朝事实》卷一八,页三下,皆作三年,似误。

[一一]《元丰九域志》卷九,页六下。《宋史》卷八九,页三下,作二年,盖误,因其时漳泉尚未纳土也。

[一二]《续资治通鉴长编》卷二〇,页一九上,列于太平兴国四年十一月辛卯下。《太平寰宇记》卷一〇一,页八上作五年,盖四年仲冬下诏,五年始成军也。《宋史》卷八九,页三上,作二年,《隆平集》卷一,页一八下,作三年,皆误。

[一三]《宋会要稿》册一八九《方域》六之六上,同。《舆地广记》卷一九,页六上,作四年。

[一四]《太平寰宇记》卷五〇,页一三下,作六年。

[一五]《续资治通鉴长编》卷二二,页一下。

[一六]《宋会要稿》册一八九《方域》六之二五下。

[一七]同上,册一八八《方域》五之三九下。

[一八]同上,册一八九《方域》七之二六下。

[一九]同上,《方域》六之三下。

［二〇］同上，册一八八《方域》五之四三下，《元丰九域志》卷三，页二四上，《舆地广记》卷一六，页六上，《宋朝事实》卷一八，页一二上皆作元年。惟《宋史》卷八七，页一五下，《隆平集》卷一，页一九下误作三年。

［二一］《续资治通鉴长编》卷四六，页一一上，同。《宋会要稿》册一八九《方域》六之八下，作"宪州静乐县"，似误，因其时尚无宪州也。《隆平集》卷一，页二〇上作"静乐县"。

［二二］同上，卷二七〇，页九上，列于十月丙戌下；《太平治迹统类》卷一七，页二上，同。《舆地广记》卷三二，页八上误作七年。

［二三］同上，卷五一四，页一七上列元符二年八月甲午下；《宋朝事实》卷一八，页一六上，《宋会要稿》册一八九《方域》六之八上，皆误作元祐。

［二四］《舆地纪胜》卷六二，页二上作四年。

［二五］此军于宣和二年曾一度降军使属縣州，七年又复。

［二六］此军于绍兴元年废，十一年复，十二年又废。

［二七］此军于建炎四年废，绍兴十一年复，十二年又废。

［二八］此军于建炎四年废，十二年复。《宋会要稿》册一八九《方域》六之一五上，"中书门下言，盱眙县系与泗州对境，使人往来直至天长，沿路别无管待去处。诏盱眙县升为军。"又李心传《建炎以来系年要录》（仁寿萧氏刻本）卷二四，页一上列于建炎三年六月戊申下，又卷一四五，页九上列于绍兴十二年五月辛丑下，谓为便于沿边关报。

［二九］《宋会要稿》册一八八《方域》五之二三下。

［三〇］军于绍兴三十二年（孝宗已登位）废属寿春府；乾道二年寿春府罢，安丰复为军。

［三一］《舆地纪胜》卷八八，页二下。嘉定十二年六月以守御有功，特升为枣阳军，置官属。按枣阳已于绍兴十二年升为军使，隶随州，至是以荆湖制置使赵方请，始建为与下州相等之军耳。

［三二］同上，卷八一，页二下。初为防守江西冲要隘口，升武昌县为武昌军使，继以同鄂州武昌军节度名，遂因玉宝"寿昌"之文，升作寿昌军。《宋史》直云升武昌县为寿昌军使，续升军，于经过不甚相符。

［三三］《宋季三朝政要》卷三，页一下。

［三四］《玉海》卷一八，页四二下，《宋史》卷八八，页一〇上作淮安军。按绍定元年已于楚州山阳县置淮安军，后升州，但名未改，此似不得亦称"淮安"也。

丙　建置之监　三

时代	原地	监名	依据
太祖乾德四年	泸州富义县	富义	89/14a
开宝六年	夔州大昌县	大宁	89/22a
太宗太平兴国四年	并州交城县	大通[一]	

[一]《宋会要稿》册一八九《方域》六之九上。

综三表所列，就种类言，以军八十六为最多，州三十七次之，监三为最少。就时代言，以徽宗朝之二十四州、十四军为最多，太宗朝之三十四军、一监次之，太祖朝之十二军、二监又次之，神宗朝之五州、三军更次之。余若哲宗朝之四州、三军，理宗朝之三州、四军，高宗朝之五军，真宗朝之四军，仁宗朝之一州、二军，宁宗朝之三军，度宗朝之二军，则不足数矣。

窃尝考之，各朝建置州及军监，多寡所以若是悬殊者，盖亦有故。太祖太宗二朝，皆在草创时期，故兴革较烦；而太宗既挑契丹之衅，复兴西讨之师，自不得不在河北河东陕西三路创立多军，①用资防遏。至若神宗，喜功好大，西开河湟，南收溪峒；徽继哲统，又事绍述，于是初郡之设，遂届琼崖，而为有宋州、府、军、监最多之时代焉。

(二) 州及军监之废复

废者，本为州或军、监而罢为县、镇、城、寨之谓。若府降为州，州降军、监，则非废，亦以四者皆直隶京师，地位无大差别也。复

---

①　岢岚、宁化、火山皆在河东，平塞、威虏、破虏、平戎、静戎、乾宁、静安、宁边、顺安皆在河北：以防契丹。保安、威塞、清远、威远、镇戎皆在陕西，以制党项。

者,州及军、监已罢为县、镇、城、寨,又复本来体制之谓。宋无直接废罢之府,故本节亦仅述州及军、监。今表列于下。

甲 州之废复

时代	废 者	复 者
太祖	开宝五年废:壁[一] 白[二] 春[三] 南义[四] 牢[五] 党[六] 常乐[七] 勤[八] 峦[九] 康(90/4a)浔(90/8a) 绣(90/5b))顺(90/5b) 罗(90/9b)禺(90/6a) 澄(90/9a)思明(90/8a) 富(90/7b)潘(90/9b) 崖(90/11a)宾(90/9a) 开宝六年废:泷[一〇] 开宝七年废:严(90/7a)	开宝五年复:壁[一一] 康(90/4a) 开宝六年复:春[一二] 南义[一三]浔(90/8a) 宾(90/9a) 开宝七年复:白[一四]
太宗	太平兴国四年废:隆[一五] 太平兴国六年废:沁[一六]	
真宗	景德元年废:高[一七] 大中祥符九年废:春[一八]	景德三年复:高[一七] 天禧四年复:春[一八]
神宗	熙宁三年废:宪(86/12b) 熙宁四年[一九]废:南仪(90/7b) 窦(90/9b) 熙宁五年废:壁(89/16a) 集(89/16a)慈(86/13a) 郑(85/21a)滑(85/21a) 乾(87/11a)仪(87/14b)[二〇] 蒙(90/7b)[二一] 熙宁六年废:春(90/4b) 梅(90/2b)复(86/22a) 熙宁七年废:辽(86/12a)	熙宁十年复:宪(86/12b) 元丰四年复:滑(85/21a) 元丰五年复:梅(90/2b) 元丰八年复:辽(86/12a) 郑(85/21a)

93

续表

时代	废　者	复　者
哲宗		元祐元年复:慈(86/13a) 复(86/22a)
徽宗	崇宁五年废:银(87/8a) 大观三年废:镇[二二] 大观四年废:溪(90/13a) 　庭(90/12b)拱(85/17a) 政和元年废:平(90/12a) 　允(90/12a)从(90/12a) 　龚(90/7b)白(90/10a) 政和五年废:清[二三] 宣和三年废:隆(90/13b) 　兑(90/13b)祺(89/7b) 　亨(89/8a)滋(89/12a) 　纯(89/12a)祥(89/11a) 　播(89/23a)溱(89/22a) 　承(89/22b)孚(90/12b)[二五] 宣和四年废:思(88/22b)	政和元年复:平(90/12a) 政和三年复:龚(90/7b) 　白(90/10a) 政和四年复:拱(85/17b) 政和七年复: 　醴(87/11a)[二四]
高宗	绍兴四年废:平(90/12a) 　观(90/13b) 绍兴五年废:承(88/9b) 绍兴六年废:梅(90/2b) 　龚(90/7b)白(90/10a) 绍兴七年废:封(90/3b) 绍兴九年废:拱[二六]	绍兴九年复:思(89/22b) 绍兴十年复:封(90/3b) 绍兴十四年复:梅(90/2b)
理宗		端平三年复:播(89/23a)
度宗	咸淳末年废:珍(89/23a)	

[一]《续资治通鉴长编》卷一三,页六上。

[二]《宋会要稿》册一八九《方域》七之二九上。

[三]同上,《方域》七之三二上。

[四] 同上,《方域》七之二三下。
[五]《续资治通鉴长编》卷一三,页一〇上。
[六] 同上。
[七] 同上。
[八] 同上,页一一下。
[九]《宋会要稿》册一八九《方域》七之二〇下,惟误"峦"为"蛮"。《元丰九域志》卷九,页二四上,《舆地广记》卷三七,页二上皆同《会要》作五年,《宋史》卷九〇,页九上则误作六年。
[一〇]《宋会要稿》册一八九《方域》七之一四下。《元丰九域志》卷九,页一二下,《舆地广记》卷三五,页五下,同。《续资治通鉴长编》卷一三,页一七下,列于同年六月壬寅下,惟误"泷"为"陇"。又《宋会要稿》同卷页二二上误作开宝四年。
[一一]《续资治通鉴长编》卷一三,页九下。
[一二] 同注[三]。
[一三] 同注[四]。
[一四] 同注[二]。
[一五]《续资治通鉴长编》卷二〇,页一一下。
[一六]《宋会要稿》册一八九《方域》六之八上。
[一七] 同上,《方域》七之二〇下。
[一八] 同上,《方域》七之三二下;《宋朝实事》卷一九,页一三上,同。他书均未言真宗朝废复春州事。
[一九] 同上,《方域》七之一九上。误作五年。
[二〇] 同上,册一八八《方域》五之四二下误作崇宁五年。
[二一] 同上,册一八九《方域》七之二三下误作熙宁六年。
[二二] 同上,《方域》七之二八上,大观三年十二月廿三日,广南西路转运副使陈仲宜等奏:"据昌化军状:昨于大观元年六月内于海南黎母山心置一州,以镇州为名……深在黎洞中间,别无人旅往还。"奉圣旨,海南新置镇州……废罢。《宋史》卷九〇,页一三上误作政和元年。
[二三]《宋会要稿》册一一八《方域》五之二九下。
[二四] 按乾州废于熙宁五年,至是复,更名醴。
[二五] 按孚州置于大观元年,四年废;政和七年复,至是又废。
[二六]《宋会要稿》册一八八《方域》五之一五上。

95

乙　军之废复　监附

时代	废　者	复　者
太宗	太平兴国四年废:平晋[一] 太平兴国五年废:顺化(**88**/1b) 太平兴国九年废:永通[二] 雍熙二年废:静安(**86**/7b) 淳化元年废:江阴[三] 至道二年废:天长[四](**88**/10a) 至道三年废:大安(**89**/17b)	淳化三年复:江阴[五]
仁宗	庆历四年废:北平(**86**/6b)[六] 庆历四年废:德清(**86**/2a) 嘉祐八年废:永静[七]	
英宗	治平中废:保顺(**86**/2a)	
神宗	熙宁元年废:庆成(**87**/2a) 熙宁三年废:通利(**86**/6b) 　清平(**85**/14a) 宣化(**85**/15a) 熙宁四年废:广济(**85**/17b) 　汉阳(**88**/26a) 江阴(**88**/3b) 熙宁五年废:光化(**85**/20a) 　永康(**89**/8a) 涟水(**88**/9b) 　高邮(**88**/9a) 熙宁六年废:荆门(**88**/26a)	熙宁十年复:永静[七]
哲宗	元祐三年废:渠阳(**88**/25a)	元祐元年复: 　通利(**86**/7a) 　广济(**85**/17b) 　汉阳(**88**/26a) 　光化(**85**/20a) 　永康(**89**/8a) 　高邮(**88**/9a) 元祐三年复: 　荆门[八](**88**/26a)

续表

时代	废 者	复 者
徽宗	崇宁五年废：威德(**87**/5a) 政和元年废：延德(**90**/13a) 政和八年废：寿宁(**89**/7b) 宣和三年废：延宁(**89**/7b) 　通化(**89**/8a) 遵义(**89**/23a) 宣和七年废：保定(**86**/5a) 　永宁(**86**/9a)	宣和七年复： 　保定(**86**/5a) 　永宁(**86**/9a)
高宗	建炎四年废：盱眙(**88**/10a) 绍兴五年废：涟水(**88**/9b) 　汉阳(**88**/26a) 绍兴六年废：昌化(**90**/11a) 　万安(**90**/11b) 吉阳(**90**/11b) 绍兴十二年废：天长(**88**/10a) 绍兴十三年废：六安(**88**/11a) 绍兴二十七年废：江阴(**88**/3b)	建炎元年复： 　江阴(**88**/3b) 建炎四年复：涟水[九] 绍兴三年复： 　大安(**89**/17b) 绍兴七年复： 　汉阳(**88**/26a) 绍兴十二年复： 　盱眙(**88**/10a) 绍兴十三年复： 　昌化(**90**/11a) 　万安(**90**/11b) 　吉阳(**90**/11b) 绍兴三十一年复： 　江阴(**88**/3b) 　高邮(**88**/9a) 绍兴三十二年复： 　涟水(**88**/9b)
宁宗	嘉定十一年废：遵义(**89**/23a)	开禧三年复： 　遵义(**89**/23a)
理宗	绍定元年废：涟水(**88**/9b)	端平元年复： 　涟水(**88**/9b) 景定五年复： 　六安(**88**/11a)
仁宗	宝元二年废：大通监[一〇]	

[一]《元丰九域志》卷四,页一下。

[二]《宋会要稿》册一八九《方域》六之二五下,"太平兴国九年三月八日,以虔州虔村为永通军,割南剑州流溪、泉州德化县隶焉,寻废"。按各书皆未言永通军置废事,仅《宋会要稿》有之,但未言军废年月,今姑置于太平兴国九年下。

[三]《元丰九域志》卷一〇,页二下。

[四]《宋会要稿》册一八九《方域》六之一〇下同;《太宗皇帝实录》(《四部丛刊》本)卷七九,页五下列至道二年九月丁酉下。惟《方域》六之一八上作三年,又与《元丰九域志》卷一〇,页二上同。今依《宋史》。《太平寰宇记》卷一三〇,页一〇上云:"天长军……江南伪命改为建武军,周显德四年平定江淮改为雄州,国朝既克江南,降雄州为天长军,兼领县事。"一似天长之为军系始于宋者。细参诸书,知《寰宇记》所言实有二点谬误。一、南唐之建武军在江西,乃分抚州而置者,宋太平兴国四年改称建昌军,见《宋史》卷八八,页一九下及马令《南唐书》(《四部丛刊》本)卷三〇,页二下《建国谱》。二、雄州之降为天长军实在后周显德平江淮时,非宋平江南以后事。马令《南唐书》卷三〇,页二下云:"六合置雄州,俄罢……以天长置天长军。"司马光《资治通鉴》(中华书局聚珍仿宋本)卷二九二,页二〇上,显德三年二月"辛卯,太祖皇帝奏:唐天长制置使耿谦降",又卷二九四,页二上,显德五年正月"唐以天长为雄州,以建武军使易文赟为刺史"。盖易文赟本为江西建武军之军使,至是遂调升为新置雄州之刺史,非天长即建武军也。陆游《南唐书》(《四部备要》本)卷一,页六下"升元六年……改天长制置使为建武军",亦误以天长建武相混,盖讹谬相承由来久矣。

[五]同94页注[一]。

[六]《宋会要稿》册一八八《方域》五之三一下作庆历四年,《续资治通鉴长编》卷一四五,页一九下列于三年十二月乙卯下;或诏下于三年秒,实废于四年也。

[七]同上,《方域》五之三〇下。

[八]同上,册一八九《方域》六之三七下,《舆地广记》卷二八,页五下,《宋朝事实》卷一九,页三下皆误作元年;惟《续资治通鉴长编》卷四一三,页五上列于元祐三年八月辛巳下,与《宋史》作三年同,今从之。

[九]《宋史》卷八八,页九下,谓涟水军复于元祐二年,绍兴五年废,未言建炎中复置事。按《宋会要稿》册一八九《方域》六之一一下,建炎四年

五月二十四日诏:"楚州涟水军虽有军额,自来只差知县,隶楚州,事力单弱,可令依旧额,更不隶楚州。"可知元祐六年所复者并非直隶京师之军,至建炎中始复熙宁未废前旧制耳。今从《宋会要稿》。

[一〇]《续资治通鉴长编》卷一三五,页一下。

综二表所列:太祖时废州二十三,复州七;太宗时废州二、军七,复军一;真宗时废复之州各二;仁宗时废军三、监一;英宗时废军一;神宗时废州十五、军十二,复州五、军一;哲宗时废军一、复州二、军七;徽宗时废州二十三、军八,复州五、军二;高宗时废州八、军九,复州三、军十一;宁宗时废复之军各一,理宗时废军一,复州一、军二;度宗时废州一。此较言之,州军废复以徽宗时为最多,神宗时次之,太祖时又次之,高宗时更次之,余则不足论矣。

窃尝考之,太祖朝州军废罢所以多者,实以间有州郡户口过少之故。彭百川曰:

> 开宝五年四月,上按岭南图籍,州县多而户口少。命知广州潘美,转运使王明,度其地里,并省以便民。①

今查太祖所废二十三州,除壁州在西川外,余皆属广南,可知彭氏之言非虚造矣。洎夫神宗,关怀民瘼,登位之初,即图省废州军,用减徭役。《续资治通鉴长编拾补》曰:

> 熙宁元年五月戊戌,废庆成军为荣河军使隶河中。上谓辅臣曰:"天下自五代分裂,擅聚一方,多置郡县以固疆域,由

---

① 《太平治迹统类》卷一,页三二上。

99

是役繁民困。其议并省之。"①

因在上者如此，故臣下每亦建请。李焘曰：

> 熙宁三年八月甲戌，权河北监牧使周革言："本朝建黎阳县为通利军，调度赋役与古不殊，而户口比古才十分之一，民困于力役为甚。乞废军为县，还属卫州。"从之。②

非特官吏如此，即士民亦有陈乞者。李焘又曰：

> 熙宁五年八月辛巳，废郑州。……先是，判司农寺曾布奉使过郑，以吏民乞废州状闻奏，乃下京西相度。转运使吴几复等奏，废州为县，罢诸徭役支费，实宽民力。③

盖熙丰之际，废罢州军，率为减轻人民负担，此于《续资治通鉴长编》中，可考而知。迨徽宗时，初骛虚名，纷置州郡，继感得不偿失，遂又大事并省，倘以本节二表与上节诸表相比，即可晓然其所废者多属数年前所置者矣。高宗之世，所废所罢，亦缘经济，如白龚二州之罢，以"土旷人稀，不能偿官吏之费"；④梅州之废，以"户口赋税不及潮惠一县，屡经兵火，上供常额，官兵馈食，民无所出"；⑤江

---

① 《太平治迹统类》卷三，页一一上。
② 《续资治通鉴长编》卷二一四，页一五上。
③ 同上，卷二三七，页二下。
④ 《建炎以来系年要录》卷一〇四，页一六上。
⑤ 《宋会要稿》册一八九《方域》七之一五下。

阴军之降属常州,以"一县之财供一州之费,遂使徭役科率,倍于他州"。①总之,各朝之废罢州军,其不由于赋役者似甚寡也。

以上所言,乃其废罢原因。若废而复置,其故约有三端:一曰为壮形势。熙宁十年蔡确请复郑滑二州曰:

> 郑滑旧为辅郡,屏蔽京师。顷因论者苟欲裁减役人,废以为县;所利者小,所害者大。东西两京相望数百里,大河之南,直抵都城,并无州郡为限;虽有县镇,形势轻弱,非所以辅王畿强根本也!臣请以郑滑二州皆宜复置。②

二曰为便弹压。如永康军之复,李焘曰:

> 上批:永康军正控西山六州军隘口,昨据张商英奏请废为导江县。若非军官,实不足弹压,可令复旧。③

三曰为便输将。绍兴三十一年杨抗请复高邮军曰:

> 扬州高邮县元系军额,昨缘兵火,权宜为县。今来户口在淮东最为盛处,第去扬州辽远,民户输纳不便……乞依旧改为高邮军。④

---

① 《建炎以来系年要录》卷一七六,页四上。
② 《宋会要稿》册一八八《方域》五之二六下。
③ 《续资治通鉴长编》卷二七四,页一二上。
④ 《宋会要稿》册一八九,《方域》六之九下。

至州军之复,虽多由官吏奏请,但亦间有因人民要求者。如政和中之废而复置龚州:

> 尚书省勘会:广南西路龚州南平县民户梁政寿等状:"为本州……于政和元年四月内承朝旨废……入浔州,民心忧惶不便。每至二税供输,登涉山险,至浔州动经五七日,民户道路劳苦;自并废后,流窜甚多。况龚州四至容藤等州……各二三百里……并无……官兵防扼……多有兴贩私盐,惊劫民户。……窃睹梅州,元丰中亦曾入潮州,自后乡民……乞行兴复,已蒙依旧。……今来乞依梅州例……依旧兴复为龚州。"从之。①

盖凡事须利害相权,而国以民为本,苟害轻而便于民,自不可胶执成见也。

三　府州军监之升降

(一) 州及军监之递升

升者,由监升军、由军升州、由州升府之谓。盖四者皆直隶京师,地位虽殊,体制相似,与县、镇、城、寨之建为州及军监者不同

---

① 《宋会要稿》册一八九,《方域》七之二〇下。

也。监之升军及军、监升州,率因户口增加或地望加重,间亦有因祥瑞者,如建安军之升真州。彭百川述其原因曰:

> 大中祥符六年二月乙卯,建安军铸玉皇圣祖太祖太宗像成。……三月甲辰……升……为真州,镕范圣像之地特建为仪真观。①

此一例也。又如乾宁军之升清州,《宋会要稿》述其动机曰:

> 大观二年三月二十八日诏:国家承平垂一百五十年,三有河清之应,越千岁一清之期。今乾宁军河清逾八百里,凡七昼夜。上天眷佑,敢不钦承!其以乾宁军为清州,以答天庥。②

此又一例也。今依年代列监升军及军、监升州者于下:

时代	原军监	所升军州	依据
太祖乾德三年	北海军	潍州	85/14b
太宗太平兴国二年	平南军	太平州[一]	
六年	保塞军	保州	86/8b
淳化五年	通远军	环州	87/9b
真宗咸平五年	静乐军	宪州	86/12b
大中祥符六年	建安军	真州[二]	
神宗熙宁五年	镇洮军	熙州[三]	
徽宗崇宁三年	通远军	巩州[四]	

---

① 《太平治迹统类》卷四,页一一下。
② 《宋会要稿》册一八八,《方域》五之三○上。

续表

时代	原军监	所升军州	依据
崇宁四年	怀远军	平州	90/12a
大观二年	乾宁军	清州[五]	
政和五年	通利军	濬州	86/7a
高宗建炎四年	高邮军	承州	88/9b
绍兴三年	桂阳监	桂阳军[六]	88/28b
理宗端平元年	淮安军	淮安州	88/7a
景定三年	涟水军	安东州[七]	

[一]《续资治通鉴长编》卷一八，页一五下。《太平寰宇记》卷一〇五，页一下，《元丰九域志》卷六，页六下，《舆地广记》卷二四，页六下，《舆地纪胜》卷一八，页二下，《隆平集》卷一，页一八下皆同，惟《宋史》卷八八，页一六上作南平军，似误。又《隆平集》作"改平南军为太平军，咸平元年升太平州"，亦由广西之太平军复廉州而误也。

[二]《太平治迹统类》卷四，页一一下。《隆平集》误作二年。

[三]《宋会要稿》册一八八《方域》五之三下。《宋史》卷八七，页一九上所述不清。

[四] 同上，《方域》五之四三下；《宋史》卷八七，页二一下同。惟《宋会要稿》册一八八《方域》五之三下，作五年，又此通远军与上升环州者同名而非一地。

[五]《宋会要稿》册一八八，《方域》五之三〇上。

[六]《宋会要稿》册一八九《方域》六之三〇上作绍兴二十二年。惟《舆地纪胜》卷六一，页一下与《宋史》同，且云"引《会要》"。

[七]《宋季三朝政要》卷三，页一下；《玉海》卷一八，页四二下同。《宋史》卷八八，页九下云"景定初"。

州之升府，厥因不一。有缘翠华临幸而升者，如越州之升绍兴府，《宋会要稿》曰：

绍兴元年十月二十六日，诏越州升为绍兴府。……守臣陈汝锡言:"车驾驻跸会稽,阅时滋久。他日法驾言旋,恢复之功必自越始。愿加惠此州,易一府额,锡之美名,以彰临幸之休。"故有是诏。①

盖建炎末,高宗以避金兵,曾两度留于越州也。有因皇帝诞生之地而升者,如秀州之升嘉兴府,《宋会要稿》曰:

> 庆元元年升秀州为嘉兴府(原误庆元府)……以守臣赵希道言……系孝宗皇帝储祥毓圣之郡。②

盖孝宗本秀安僖王子偁之子,于建炎元年生于秀州官舍也。有因皇帝潜龙之地而升者,如许州之升颍昌府,《宋会要稿》曰:

> 元丰三年正月九日诏曰:"许州(原误颍州)奥区,王国巨屏,土疆财赋,既广且繁。朕祗荷永图,绍膺圣绪,建旄授节,实基此邦,宜锡府名,用慰民望。其升许州为颍昌府。"③

盖神宗曾为忠武军节度使,忠武军在许州也。有因皇帝旧封而升者,如政和六年④颍州之升顺昌府,周煇曰:

---

① 册一八九《方域》六之二二上。《舆地纪胜》卷一〇,页三下云:"绍兴元年驻跸越州,本州官吏等请依唐德宗兴元府故事,遂赐府额。"
② 册一八八《方域》五之四下。
③ 同上,《方域》五之二一下。
④ 《宋朝事实》卷一八,页五下。

政和间，工部侍郎刘嗣明奏："恭惟神宗皇帝自忠武军节度颖王登大位，其忠武军止缘遥领节制已升为颖昌府，其颖州系受封兴王之地，伏望崇建府号。"遂以颖州为顺昌府(原误作颖川府)①

盖神宗曾受封为颖王也。有因元子封国而升者，如定州之升中山府，岳珂曰：

故事，潜邸……建府盖以昭受命之符。珂尝考之，亦有为元嗣之重而升者。……大观二年正月庚申钦宗封定王，政和三年四月升定州为中山府……政和五年二月乙巳，钦宗亦正东宫。盖圣意欲以为豫建之端倪也。②

有因名同国姓而升者，如赵州之升庆源府，《宋会要稿》曰：

宣和元年十月七日，右武郎廉访使者王廙奏："仰惟国姓所出之地实自全赵。……昨惟陛下推尊姓系，即褒其州为庆源军节度，臣……乞赵州庆源军更升府号，以副群望。"诏……升为庆源府。③

有因地势冲要而升者，如梓州之升潼川府，《宋会要稿》曰：

---

① 《清波杂志》(《知不足斋丛书》本)卷一，页二上。
② 《愧郯录》(《知不足斋丛书》本)卷八，页七上。
③ 册一八八《方域》五之三二上。

重和元年十一月二十一日，剑南东川奏："据奉议郎王维等状：'契勘：本州南控泸叙，西扼绵茂，江山形势，据西川之胜，水陆之冲，为剑外一都会。……监司移文，以梓州为称，窃恐名实未称，不足以镇压委切之地。欲望睿断，依剑南西川例（按即成都府）赐一府号。'"……诏梓州赐名潼川府。①

今依年代，列所升之府于下：

时代	原州	府名	依据
真宗景德三年	宋	应天	85/15b
仁宗初年？	镇	真定[一]	
神宗元丰三年	许	颍昌[二]	
哲宗元祐四年	延	延安	87/4a
徽宗崇宁三年	曹	兴仁[三]	
三年	潞	隆德	88/10b
五年	澶	开德[四]	
大观二年	瀛	河间	86/2b
政和三年	苏	平江	88/2b
三年	润	镇江	88/2b
三年	定	中山[五]	
五年	遂	遂宁[六]	89/9b
六年	晋	平阳	86/10b
六年	寿	寿春	88/10b
六年	齐	济南	85/14a
六年	颍	顺昌[七]	
八年	端	兴庆[八]	
八年	兖	袭庆[九]	85/15a
重和元年	梓	潼川[一〇]	

---

① 册一八九，《方域》七之四下。

107

续表

时代	原州	府名	依据
宣和元年	邢	信德	86/6b
元年	郓	东平	85/16b
元年	赵	庆源[一一]	
元年	襄	襄阳[一二]	85/18a
元年	陈	淮宁	85/21b
元年	庆	庆阳[一三]	
元年	安	德安[一四]	88/22a
高宗建炎三年	杭	临安	88/1b
绍兴元年	越	绍兴[一五]	
元年	康	德庆[一六]	90/4a
三年	桂	静江[一七]	91/5a
三十二年	建	建宁[一八]	89/1b
孝宗隆兴元年	洪	隆兴[一九]	
乾道元年	鼎	常德	88/22a
二年	宣	宁国	88/14b
淳熙四年	蜀	崇庆	89/5a
光宗绍熙元年	恭	重庆[二〇]	
绍熙二年	剑	隆庆[二一]	
五年	明	庆元	88/3b
宁宗庆元元年	秀	嘉兴[二二]	
元年	舒	安庆	88/12a
元年	英	英德	90/3a
二年	嘉	嘉定	89/5b
理宗宝庆元年	邵	宝庆	88/28a
元年	成	同庆	89/18b
宝庆三年	果	顺庆	89/10a
绍定元年	黔	绍庆	89/19b
度宗咸淳元年	温	瑞安	88/4a
咸淳元年	严	建德	88/5a
元年	忠	咸淳	89/20a

续表

时代	原州	府名	依据
元年	宜	庆远	90/8b
端宗景炎元年	福	福安[二三]	
帝昺祥兴元年	广	翔龙	47/19a

[一] 镇州之升真定府，《宋史》等书皆未言系在何时，且揆其语气似镇之为府在有宋开国时即然者，此实大误。考后周显德七年正月朔，以镇州奏契丹北汉连兵入寇，遣殿前都点检赵匡胤率兵抵御，遂有初四日陈桥之变。是宋初镇尚为州，并不为府。又沈涛《常山贞石志》（道光二二年刻本）卷一一，页一〇下载端拱二年田锡所撰重修龙兴寺碑，同书卷一一，页二九下载大中祥符七年敕赐庆成院额牒，及王昶《金石萃编》（嘉庆乙丑经训堂刻本）卷一三六，页一八上载大中祥符九年北岳安天元圣帝碑，皆称镇州，是太宗真宗两朝皆尚未升府。又《续资治通鉴长编》卷一一一，页七下，明道元年七月庚午朔，诏知大名真定……等府自今并理三司判官转运使副资序云云，是其时已为真定府。故疑镇之升府约在仁宗初年也。

[二] 《宋会要稿》册一八八《方域》五之二一下。

[三] 同上，《方域》五之一上，又一六下。《宋史》卷八五，页一六上作元年。

[四] 同上，《方域》五之二下，又二七下载升府文曰："崇宁五年一月二十一日，知澶州李孝寿奏'本州实太祖太宗龙潜之地，真宗巡狩临幸，遂获建原庙；元丰五年又为陛下赐履之邦。乞赐府额。'诏升为开德府。"年代与《宋史》同，惟《舆地广记》卷一〇，页一上及《宋朝事实》卷一八，页六上皆作大观元年，较晚一年。

[五] 《愧郯录》卷八，页七上。

[六] 王明清《玉照新志》（涵芬楼排印本）卷一，页八上："政和五年十二月己亥，宣德郎王恬等言，本贯遂州。按《九域志》'都督府遂州遂宁郡武信军节度'。元丰八年陛下初封遂宁郡王，绍圣元年复以遂宁郡王出阁，与苏润二州时同而事均缘本州遂宁县，元符二年县下慧明院状，冬间忽观佛像五次出现，父老咸曰遂宁佛出。越三年，奉陛下即位。嗣登宝位，此其祥兆。乞改府额。诏升为遂宁府。"

[七] 《清波杂志》卷一，页二上。

[八] 《宋会要稿》册一八九《方域》七之一四上："政和八年十月二十

一日,朝奉郎广南东路转运判官燕瑛奏:臣伏睹兴庆府元系端州,实缘陛下潜邸旧封,荐蒙赐以军额,申锡府号。臣……欲望亲洒宸翰,特改现今军府额,赐以美名。诏……赐名肇庆府,仍为肇庆军节度。"是端之升府,初本名兴庆,继乃改肇庆耳。《宋史》等书皆直云升肇庆府,于经过不甚符。又诸书皆谓重和元年。按:政和八年十一月朔始改元重和。端之升府在改元之前,仍以政和八年为妥。

[九] 同上,册一八八《方域》五之一六上:"政和八年八月廿五日,知梁山军韩瑜奏:'考《通典》元天大圣后梦感天人诞育圣祖于寿丘,实今兖州……兹乃国家席庆福地。太宗始封此邦,圣祖真荫流光无极,乞升兖州为府,冠以美名。'诏升为袭庆府。"

[一〇] 同上,册一八九《方域》七之四下。

[一一] 同上,册一八八《方域》五之三二上。

[一二] 同上,《方域》五之一下,同;惟一九下误作二年。

[一三] 同上,《方域》五之三上、四一下皆作元年,《宋史》卷八七,页八上作七年,似误。

[一四] 同上,《方域》五之六上、三三下皆误作九年。

[一五] 同上,六之二二上。《舆地纪胜》卷一〇,页三下。

[一六] 同上,册一八九《方域》七之一四下:"绍兴元年十一月十八日,诏康州升为德庆府。时康州奏:'据本州居人通直郎任士楷等状,本州系是潜藩,窃见肇庆府元系端州,道君皇帝即位已蒙推恩建府……与本州事体相似,乞依肇庆府例施行。'故有是诏。"

[一七] 同上,册一八九《方域》七之一七下:"绍兴三年二月初一日,桂州静江军土官武功大夫秦再言:'今上皇帝自静江军节度使桂州牧加封康王,嗣登宝位,今康州已升为府,本州求赐府额。'诏升为静江府。"

[一八] 同上,册一八八《方域》五之五下:"绍兴三十二年十二月二十二日以孝宗潜藩,升建州为建宁府。"同书册一八九《方域》七之一一上误作"绍兴三十一年十二月二十二日"。按其时孝宗尚未嗣位也。

[一九] 同上,《方域》五之六上及册一八九《方域》六之二五上。《宋史》卷八八,页一七上作三年。

[二〇] 《舆地纪胜》卷一七五,页二下。《宋史》卷八九,页二一上谓以高宗潜藩升府,"高"为"光"之误。《宋会要稿》册一八八《方域》五之七上云:"淳熙十六年八月七日,以圣安寿仁太上皇帝潜藩升恭州为重庆府。"圣安寿仁太上皇帝即光宗,惟淳熙十六年光宗方受禅,尚无太上皇之

称,其为讹误,不待辩矣。

[二一] 同上,卷一八六,页二下:"绍熙二年尚书省送到:照对本州系寿圣皇帝龙潜旧邸,乞用典故,升改府名。三省同奉圣旨……升作隆庆府。"《宋史》卷八九,页一六上作绍熙元年,《宋会要稿》册一八八《方域》五之七上及册一八九《方域》七之七下皆作隆兴二年,似绍熙之误。

[二二]《宋会要稿》册一八八《方域》五之四下。

[二三] 陈仲微《宋季三朝政要·附录》页二上:"景炎元年五月一日,广王登极于福州,升福州为福安府,改威武军为行都之门,大都督府为垂拱殿,便厅为延和殿。"

综上列宋代所升之五十二府,其升格原因,除真定河间潼川以地望重要,临安福安翔龙因立为行都,绍兴因六飞所蕴,庆源以字同国姓外,余率以皇帝潜邸或元子藩封之故。如太祖以归德军节度使代周,故升归德军所在之宋州为应天府。太宗以晋王嗣位,又尝领泰宁军节度使,故升晋州为平阳府,泰宁军所在之兖州为袭庆府。真宗曾封襄王,而由寿王正储位,故升襄州为襄阳府,寿州为寿春府。仁宗曾封庆国公,故升庆州为庆阳府。英宗曾为齐州防御使,封巨鹿郡公,故升齐州为济南府,郡名巨鹿之邢州为信德府。神宗初领安州观察使,继领忠武军节度使,进封淮阳郡王,又进颖王,故升安州为德安府,忠武军所在之许州为颍昌府,郡名淮阳之陈州为淮宁府,颍州为顺昌府。哲宗曾领天平军节度使,封延安郡王,故升天平军所在之郓州为东平府,郡名延安之延州为延安府。徽宗曾领镇宁平江镇江昭德彰信等军节度使,封遂宁郡王,进封端王,故升镇宁军所在之澶州,平江军所在之苏州,镇江军所在之润州,昭德军所在之潞州,彰信军所在之曹州,分别为开德、平江、镇江、隆德、兴仁等府,又升郡名遂宁之遂州为遂宁府,端州为兴庆府。钦宗以元嗣封定王,建储之先,特升定州为中山府。高宗曾封蜀国公,领静江军节度使,进封康王,故升蜀州为崇庆府,静江军所在之桂州为静江府,康州为德庆府。孝宗生于秀州,初封建国公,进封普安郡王,再进建王,尝领常德宁国镇南等军节度使,故升秀州为嘉兴府,建州为建宁府,郡名普安之剑州为隆庆府,常德宁国镇南三军所在之鼎宣洪三州分别为常德、宁国、隆兴府。光宗以恭王建储,故升恭州为重庆府。宁宗初封英国公,累进嘉王,尝领明州观察使,安庆军节度使,故升英州为英德府,嘉州为嘉定府,明州为庆元府,安庆军所在之舒州为安庆府。理宗以成国公登宝位,尝领果州团练使,邵州防御使,武泰军节度使,故升成州为同庆府,果州为顺庆府,邵州为宝庆府,武泰军所在之黔州为绍庆府。度宗以忠王嗣大统,尝领温州刺史,宜州观察使,遂安军节度使,故升忠州为咸淳府,温州为瑞安府,宜州为庆远府,遂安军所在之严州为建德府。①恭、端、帝昺,运丁阳九,颠沛流离,或稽颡北阙,或身葬南荒,一时救死不暇,致潜邸潜藩升州为府之典遂不遑举行焉。

尝考北宋之制,天子即位,欲升旧领州镇,除节度州外余自防御州而下,率先加以军号,然后再建为府。如英宗自齐州防御使登极,初升齐州为兴德军节度,继乃升为济南府是也。南渡以后,旧典多隳,非节镇之直升为府者比比皆是,洪迈曰:

> 州郡之名,莫重于府,虽节镇不及焉;固未有称府而不为节镇者。比年以来,升蜀州为崇庆府,剑州为隆庆府,恭州为重庆府,嘉州为嘉定府,秀州为嘉兴府,英州为英德府。蜀剑

---

① 本节根据《宋史·本纪》及《地理志》及王明清《挥麈前录》(《学津讨原》本)卷一,页一一下,惟王氏以并州升太原府系因太宗曾为晋王,则误。

既有崇庆普安军额,而恭嘉以下独未然,故幕职官云某府军事判官推官,大不相称。皆有司之失也。①

李心传于此事亦有论列,②与洪氏所言大致相同,不具述矣。

又考诸帝潜藩潜邸,或升或否,类出有司一时之请,向无定制,如太祖仕周曾领匡国(宋以避讳改名定国)义成等军节度使,但终北宋之世,匡国军所在之同州及义成军所在之滑州,未尝升府也,此岳珂所以有"先后重轻,疑有隆杀,殆不可以弭后世目睫之议"③之言乎。

(二) 府州军监之降复

降者,由府降州,由州降军或监之谓。复者,已降之府、州复其原来体制之谓。府之降州,率为示惩,如太祖平江表,降江宁府为升州,太宗灭北汉,改太原府为并州,皆因其婴城固守顽强抵拒也。《宋会要稿》曰:

> 太平兴国四年诏曰:"……乃眷太原,本为藩镇,盖以山川险固,城垒高深,致奸臣贼子,违天拒命,因其悖逆,诖误军民。今既荡平,议须更改,当令众庶,永保安宁。其太原旧城并从毁废,仍改为平晋县,别于榆次创立并州。"④

---

① 《容斋四笔》(光绪二〇年元江官舍刊本)卷一二,页五上。
② 《建炎以来朝野杂记》(《武英殿聚珍版丛书》本)甲集卷九,页一上。
③ 《愧郯录》卷八,页三上。
④ 册一八九《方域》六之四上。

又如淳化中降成都府为益州,则以蜀人屡次变乱也。惟绍兴乾道两度降寿春府为安丰军,乃因土地半入于金之故。至州之降为军、监,几尽以人户稀少,不得不贬损体制,换言之,即为节省经费耳。若府、州之降而又复,其故不一;地望冲要,固属主因,如并州之复为太原,益州之复为成都,即因其"素号大府";①但亦有因元子藩封,借升格以示建储之意者,如升州之复为江宁府,《宋会要稿》曰:

> 天禧二年诏曰:"朕祗畏旻穹,保宁基构,荷鸿休之总集,佑丕绪之绵昌,利建懿藩,实惟元嗣。表兹南纪,允谓名区,式示壮猷,特崇巨屏。升州宜升为江宁府。"②

盖仁宗时为升王,即将立为太子也。今表列府、州、军、监之降复者如下:③

降格时代	原称	降称	复升时代	依据
太祖开宝八年	江宁府	升州	真宗天禧二年[一]	
九年	申州	义阳军		85/22b
太宗太平兴国四年	太原府	并州	仁宗嘉祐四年[二]	
八年	廉州	太平军	真宗咸平元年	90/10b
淳化五年	成都府	益州	仁宗嘉祐五年[三]	
神宗熙宁五年	陵州	陵井监	孝宗隆兴元年(改称隆州)	89/8b
六年	万安州	万安军		90/11b
六年	儋州	昌化军		90/11a

---

① 韩琦《安阳集》(乾隆四年安阳县署刊本)附《忠献韩魏王家传》卷四,页一四上。
② 册一八九《方域》六之二四上。
③ 凡"复升时代"栏中不注年代,皆系降而未升者。

续表

降格时代	原称	降称	复升时代	依据
六年	崖州	朱崖军		**90**/11b
哲宗元祐二年	诚州	渠阳军	哲宗元祐五年	**88**/25b
高宗绍兴十年	寿春府	安丰军	高宗绍兴三十二年	**88**/10b
孝宗乾道二年	寿春府	安丰军		**88**/10b

[一]《宋史》卷八八,页一四下,所述不清,除据《宋会要稿》册一八九《方域》六之二六外,更参《太平寰宇记》卷九〇,页三下。

[二] 同上,卷八六,页一〇上,所述不清,今据《元丰九域志》卷四,页一上。

[三]《宋会要稿》册一八八《方域》五之六下及册一八九《方域》七之一上。按太宗太平兴国六年曾一度降成都为益州,端拱元年即复,淳化之降乃第二次。

上列降级之府州共十有一,未复者五,盖皆以经费故也。

四 府州等格之升降

(一) 府州之升等降等

等者,府有京、次,州有上、中、下之分别也。同下州之军监,其等无可升降,故不述。京府为首都或陪都所在之地,次府则否。宋初仅有二京府,曰开封,曰河南。自大中祥符七年升应天府为南京,庆历二年又升大名府为北京,于是遂有四京府。建炎以后,四京皆陷,而临安只称行在,故南宋无一京府。考应天升京,动机似因祥瑞,彭百川曰:

> 大中祥符七年正月壬寅,车驾奉天书发京师。……乙卯,次应天府。天书升辇,有云五色如花木。……丙辰,升应天府为南京。①

而诏书则借口为太祖所镇之区(太祖以归德军节度使代周),王应麟曰:

> 大中祥符七年正月丙辰,升应天府为南京,诏曰:"洪惟艺祖,历试是邦。同酇士之始基,应春陵之王气,稽唐氏晋阳之制,肇建新都。"②

至大名升京,则为壮河北声势,以威契丹,李焘曰:

> 庆历二年五月……朝廷虑契丹将渝盟。……吕夷简谓契丹畏壮侮怯……宜建都大名,示将亲征,以伐其谋。……卒建北京。③

盖其时契丹乘宋有西夏之役,正遣使要索关南地也。若次府,地位与上州相仿佛,今与州合述之。

　　州郡分等,其制尚矣。远者不必论,请言宋制所从出之唐。唐初分州为上、中、下三等,上须户及三万。武德以后,屡有变革,至开元十八年遂定四万户以上为上州,二万五千户为中州,不满二万

---

① 《太平治迹统类》卷四,页一三下。
② 《玉海》卷一六,页三五下。
③ 《续资治通鉴长编》卷一三六,页一三下。

户为下州。又因各州在军事或政治上地位轻重不同,难一律以户口分等,于是又有都督府、四辅、六雄、十望、十紧之别,体制皆埒上州,不关所领人户之多寡。其都督府复分大、中、下,以所辖州数为准,后亦稍计人户。① 但天宝以后,府兵制坏,藩镇权增,都督府有名无实,大都督、都督仅为亲王大臣一种虚衔,世人遂不甚重视之焉。

宋法唐制,略有更易。太祖即位之初,即令升降天下县望;②继于乾德二年,又从吏部格式司之请,重定诸州地望,并诏:"三年一度别取诸道见管户口升降。"③惟宋尚宽仁,其弊流于敷衍,故州郡地望之升降,除因政治关系稍有变动外,余似未尝遵行祖训,此由《宋史·地理志》及宋代地理书籍可比较而知也。

唐之都督府,五代曾有变革,迄于有宋,存者尚二十余。乾德元年,太祖以非节镇之州而带都督之号,体制殊为不称,诏悉改为上州,④于是登、代、嘉、黎、戎、泸、龙、雅、茂、昌十州,旧为中或下都督府者,前后皆停。⑤ 真徽两朝,好骛虚名,多所崇建:兖州本都督府,桂州本下都督府也,一于大中祥符元年,一于大观元年,皆升为"大",太原⑥京兆郓州,⑦本只节镇也,大观元年,竟亦建为大都督

---

① 王溥《唐会要》(《武英殿聚珍版丛书》本)卷六八,页六上及卷七〇,页一上。
② 《续资治通鉴长编》卷一,页二二下,建隆元年十一月壬申。
③ 《宋会要稿》册一八九《方域》七之二五上。
④ 《续资治通鉴长编》卷四,页二四下,《宋会要稿》册一八九《方域》七之二四下误作"建隆四年"。
⑤ 《宋史》所述间有遗误,《元丰九域志》较详。
⑥ 《宋会要稿》册一八八《方域》五之一上、四上、八上。
⑦ 《宋史》卷八五,页一六下;卷八七,页一下。

府。他如兴仁府之立"督府",①西宁州之置中都督府,②亦皆在大观初年。至南渡后,始不复闻此无聊之举措焉。又尝考之,唐代都督府多冠州上,未有加之于府者。至宋则旧典尽隳,太原京兆兴仁本已为府,又复冠以都督之号,真可谓轻重倒置矣。

唐之四辅,同、华、岐、蒲,皆近长安。宋都开封,辅郡之置,当难再仍旧贯,其事始于仁宗中叶,《宋会要稿》曰:

> 皇祐五年十二月二十七日,诏曰:"朕惟有周成宪,二汉故事,分置司辅,以卫中都。内史主风化,司隶察淑慝,皆规画于千里,以表则于四方。不恢藩翰之严,曷大京师之制?宜以京东曹州,京西陈、许、郑、滑州为辅郡,并隶畿内。"③

英宗之世,沿而未改,迨神宗时,既因革新役法,一度废复郑、滑二州,继又以汝代陈,摒去许州,而成四辅。④洎乎徽宗,乱事纷更,首改以襄邑县所升之辅州为东辅,许州所升之颍昌为南辅,郑州为西辅,澶州所升之开德为北辅。⑤继又罢新复旧,旋复去旧从新,终又

---

① 《宋会要稿》册一八八《方域》五之二五上:"大观元年四月初二日,大司成强渊明奏:'……曹州……已升兴仁府号,伏望睿旨改为督府。'从之。"又《方域》五之一七上:"政和元年八月五日,详定《九域志》……奏:'兴仁府……为督府……旧制有大都督……之称,未有止称督府者,乞改正。'从之。"

② 《宋会要稿》册一八九《方域》六之二下,作大观二年,三上又作七年。

③ 册一八八《方域》五之二六上。

④ 诸书皆未明言,此由《宋会要稿》册一八八《方域》五之二五上所云:"大观元年……强渊明奏……曹、汝、滑元系辅郡。"及《元丰九域志》诸州名下皆级"辅"字推知。惟不晓确在何年耳。

⑤ 《玉海》卷一六,页三下。《宋史》卷八五,页一七上、页二〇下、页二一上;卷八六,页一下,《宋会要稿》册一八八《方域》五之一上,皆同。惟《宋会要稿·方域》五之一二下云:"崇宁三年七月二十二日,宰臣蔡京言:'被旨,京畿四面可置辅郡,屏卫京师……'"云云。又同册,《方域》五之一七上云:"政和元年八月五日……何志同奏云:'崇宁三年以襄邑……建东辅'"云云。诸书所记年代不同,似崇宁三年建议,四年完成者。

还归旧制。盖自崇宁四年起,一变于大观四年,再变于政和四年,三变于宣和二年:①十五年间,此罢彼复,漫无定策;倘无金人南牧,不知将更有若干次改易也。建炎以后,京辅皆陷,临安只称行在,遂不复有设置辅郡之举矣。

唐之六雄、十望、十紧,开元初年制也。后日不免酌有增损,故雄已不仅陕、怀、郑、汴、魏、绛之六,②又加洋、虢、汝……③等州。至望、紧则所益更多,不可殚述。天水之世,改变不少,惟雄除汴魏已为京府,郑汝间作辅郡外余皆一仍故制。望则宋洛建为陪都,许滑跻于诸辅,余均仍旧;至大观初年,始有增益,王应麟曰:

> 大观元年十二月癸巳,诏:"东南久安,兵势寡弱,人轻易摇,当谨不虞之戒。可以……真、江、润、明、虔、靖、邵、泉、封、邕为望郡……屯兵一千。"④

此后于同年又升宜州端州,二年升庐州,四年升康州,政和二年升邓州皆为望郡,⑤前后盖十五州。紧则除郓升东平,寿升寿春,梓升潼川,蜀升崇庆外,余皆无何更改,仅大观元年滑台罢辅,曾一度改为紧州,⑥不久即复耳。

上、中、下州,唐制也;至宋,于中、下之间又增中下一级。其制在赵氏三百二十年间,鲜所升降;有之,则惟乾德元年之改十余都督府

---

① 《玉海》卷一六,页三下。
② 同上,页三四上。
③ 欧阳修等《唐书》(光绪癸卯上海五洲同文书局石印本)卷三八,页三下、五上。
④ 《玉海》卷一八,页二二下。
⑤ 《宋史》卷八五,页一八下;卷八八,页一一上;卷八〇,页三下、页四上、页四下。
⑥ 《宋会要稿》册一八八《方域》五之二五。

为上州,及大观政和间以旧日辅郡之陈汝为上州①而已。

宋制与唐异者厥为"帅府"。帅府者,安抚使或安抚经略使之治所也。其事始于西夏用兵,后渐及于各路;以与州等无关,不详述矣。

(二) 州之升格降格

格者,盖谓节度州、防御州、团练州、军事州,四者之间有高下之殊也。节度州者,州之长官为节度使,如青州为镇海军节度是;防御州者,州之长官为防御使,如莱州防御是;团练州者,州之长官为团练使,如濮州团练是;军事州者,州之长官为刺史,故又称刺史州,如淄州刺史是。格与等无关,如莱州为防御,而等在"中";淄州为军事,等反居"上";汾系望郡,格仅军事;渭属下州,则为节度:皆其例也。节、防、团、刺,在宋初尚为实官;自太祖太宗两朝罢藩镇兵权,以京朝官出知州府后,四者遂为武臣迁转之阶,其节度、防御、团练、军事等州,亦仅一种官缺,实际上无甚重要。府除京府外,旧日次府,皆为节镇,即由州升府者,例亦先或同时建节。惟嘉祐中升益州为成都府,后始还剑南西川节度,②已乖旧典。至南渡后,果州升顺庆府,仍为团练,剑州升隆庆府,仍为军事,尤属不合掌故,此洪迈岳珂所以皆有论辩也。③ 至同下州之军、监,不分格类,无足述矣。

升格者,由军事州升团、防、节镇之谓;降格则反是。州格之升,厥因甚多,有因人设官而升者,如唐州由军事升团练,乃为位置王彦

---

① 《宋会要稿》册一八八《方域》五之二四上、二五上。
② 益州升成都府在嘉祐五年,翌年始为剑南西川节度,见《宋史》卷八九,页四上。
③ 《容斋四笔》卷一二,页五上,又《愧郯录》卷八,页二上。

升。李焘曰：

> 建隆元年四月，铁骑左厢都指挥使王彦升夜抵宰相王溥私第……意在求货。……翌日，溥密奏其事。……丁丑，出彦升为唐州团练使。唐本刺史州，于是始改焉。①

又如随金二州由防御升节镇，乃为责降王全斌、崔彦进。李焘曰：

> 乾德五年正月甲寅，置崇义军于随州，昭化军于金州，以忠武节度使王全斌为崇义留后，武信节度使……崔彦进为昭化留后。②

有因守臣劳绩而升者，如陵州由军事升团练，乃为知州防守有功。王象之曰：

> 淳化三年七月〔陵州〕守臣张旦御贼有功，至道二年升军事为团练。③

有因地望冲要而升者，宋庠草《皇弟郑州防御使允良因郑州升为奉宁军可移别州防御使制》曰：

---

① 《续资治通鉴长编》卷一，页一〇上。
② 同上，卷八，页二上。
③ 《舆地纪胜》卷一五〇，页二下。《元丰九域志》直作淳化三年，似误；《太宗皇帝实录》卷七六，页八上列至道二年正月戊辰下。

> 曩择壤于陪京,俾建侯而御侮。属兹要郡,介我二都,特表中军之雄,且壮近郊之守。①

又如麟州由军事升节镇,《宋会要稿》曰:

> 乾德五年十二月四日诏曰:"眷彼麟州,地连金泽,怀柔镇抚,实曰奥区,俾分节制之权,以重藩宣之寄。宜升为节镇,以建宁军为名。"②

有因名同国姓而升者,如赵州由军事升节镇,《宋会要稿》曰:

> 崇宁四年二月二十五日诏曰:"冀北奥区,赵郡名壤:胙土命氏,祗通先德之传;锡羡流光,大启后人之庆。……乃眷此邦,实系国姓,思假宠灵之侈,宜分旄钺之荣。……宜升为节镇,仍以庆源军为额。"③

有因崇道而升者,如亳州以老子故乡,由防御升为集庆军节度。④ 有因丰稔而升者,如汝州以"频岁丰登,祯祥屡发",⑤由防御升为陆海军节度。亦有因系皇帝潜藩而升者,如英宗曾为齐州防御使,即位后遂升州为兴德军节度是也。惟军事升团练,或团练升防御,不若节镇

---

① 《元宪集》(《湖北先正遗书》本)卷二〇,页一上。
② 册一八九《方域》六之五上。
③ 册一八八《方域》五之三三下。
④ 同上,《方域》五之五上。
⑤ 同上,《方域》五之二五下。

之隆重，故忽升忽降前后莫能殚记，①兹仅表列升为节镇者于下：

年代	州府	原格	升格军号	原因	依据
太祖建隆元年	安	防御	安远	位置佐命	《宋会要稿》册188/方域5/6a
元年	华	军事	镇国	位置佐命	同上 册188/方域5/5a
元年	兖	防御	泰宁	位置佐命	同上 册188/方域5/1a
元年	贝	防御	永清	位置佐命	86/4a
乾德三年	成都	(后蜀都)	剑南西川	复唐制	89/4a
五年	随	防御	崇义	位置王全斌	《续资治通鉴长编》8/2a
五年	金	防御	昭化	位置崔彦进	同上 8/2a
五年	麟	防御	建宁	位置杨重勋	同上 8/10a
开宝四年	容	防御	宁远	不详	《宋会要稿》册188/方域5/7b
四年	广	(南汉都)	清海	复唐制	太平寰宇记157/2b
五年	耀	团练	感义	不详	《宋会要稿》册188/方域5/3a
五年	密	防御	安化	不详	同上 册188/方域5/1a
五年	宿	防御	保静	位置杨重勋	同上 册188/方域5/3a
雍熙三年	房	防御	保康	位置刘继元	《舆地纪胜》86/2b
端拱元年	建	军事	建宁	不详	《宋会要稿》册188/方域5/3b
真宗大中祥符七年	亳	防御	集庆	老子故乡	同上 册188/方域5/3a
天禧二年	升	?	建康	仁宗时为升王将立为太子	同上 册189/方域6/24a
仁宗景祐元年	郑	防御	奉宁	地望重要	同上 册188/方域5/22b

---

① 钱大昕《廿二史考异》卷六九曾记军事、团练、防御等州与《宋史》不合数事，可参看。

续表

年代	州府	原格	升格军号	原因	依据
二年	蔡	防御	淮康	地望重要	同上 册188/方域5/22b
庆历八年	冀	团练	安武	地望重要	86/2a
嘉祐四年	并	军事	河东	地望重要	《宋会要稿》册188/方域5/4a
英宗治平二年	齐	防御	兴德	英宗曾为齐州防御使	同上 册188/方域5/1a
神宗熙宁五年	熙	(新收地)	镇洮	× ×	同上 册188/方域5/3b
元丰二年	颍	团练	顺昌	神宗曾封颍王	同上 册188/方域5/24b
哲宗元符三年	端	军事	兴庆	徽宗以端王即位	《宋会要稿》册188/方域5/14a
徽宗崇宁四年	赵	军事	庆源	州名同国性	同上 册188/方域5/33b
大观二年	湟	(新收地)	响德	地望重要	同上 册189/方域6/1b
大观三年	西宁	(新收地)	宝德	地望重要	同上 册189/方域6/1b
三年	瀛	防御	瀛海	地望重要	同上 册188/方域5/2a
三年	融	军事	清远	地望重要	同上 册189/方域7/18b
政和元年	琼	军事	靖海	地望重要	90/1a
五年	汝	防御	陆海	岁丰祥臻	同上 册188/方域5/25b
五年	舒	防御	德庆	不祥	同上 册188/方域5/5a
五年	潴	(新升州)	潴川	地望重要	同上 册188/方域5/2b
七年	庆	军事	庆阳	仁宗曾封庆国公	同上 册188/方域5/5a
七年	渭	军事	平凉	地望重要	同上 册188/方域5/3b

续表

年代	州府	原格	升格军号	原因	依据
宣和元年	均	防御	武当	哲宗曾封均国公	同上 册188/方域5/1b
元年	宁	军事	兴宁	徽宗曾封宁国公	同上 册188/方域5/3b
元年	光	军事	光山	神宗曾封光国公[一]	同上 册188/方域5/5a
元年	睦	军事	建德	太宗曾领睦州防御使	《舆地纪胜》8/2b
元年	岳	团练	岳阳	英宗曾为岳州团练使	同上 69/2b
元年	宜	军事	庆远	英宗曾领宜州刺史	《宋会要稿》册188/方域5/8a
元年	泸	军事	泸川	地望重要	《宋会要稿》册189/方域7/5b
四年	燕山	（辽都）	永清	地望重要	90/14b
四年	涿	（新收地）	威行	地望重要	90/15a
四年	檀	（新收地）	镇远	地望重要	90/15a
高宗绍兴七年	蜀	军事	崇庆	高宗曾封蜀国公	89/5a
十四年	德庆	军事	永庆	高宗曾封康王康于绍兴元年升德庆府	90/4a
孝宗隆兴二年	剑	军事	普安	孝宗曾封普安郡王	89/16a
宁宗开禧元年	嘉定	军事	嘉庆	宁宗曾封嘉王即位后嘉州升为嘉定府	89/5b
嘉定元年	嘉兴	军事	嘉兴	孝宗生于秀州庆元元年秀升嘉兴府	87/5a
理宗淳祐六年	宝庆	防御	宝庆	理宗曾领邵州防御使邵已升宝庆府	89/28a

［一］岳珂《愧郯录》卷八，页三下，谓神宗曾封光国公，后遂升光州军事为光山军节度。按《宋史》及王偁《东都事略·神宗本纪》皆言神宗曾封

安国公,未言封光国,非误即遗,合从岳氏之说。

综上表,知建节原因,以由于皇帝潜藩潜邸为多,因人设官及地望重要亦皆与之相埒,此其大较也。

节镇、防、团之降格,在宋代亦数不鲜,其原因或由于僭伪壁垒,如湖南平后降潭州武安军节度为防御;或由于反逆窃据,如于王则平后降贝州永清军节度为军事;①亦有由于因人设官者,如庆州于建隆元年由军事升团练,继于四年因羌戎寇钞,选姚内赟前往镇遏,以资序不及,遂降庆州为军事,命内赟为刺史②是也。防团降格,以不甚重要,记述多阙;兹仅表列节镇之降及降而复者。

降格年代	州府	原名	降格	复称	复格年代	依据
太祖乾德元年	潭	武安军	防御	武安军	太宗端拱元年	88/26b
二年	朗	武平军	团练	常德军	徽宗政和七年	88/22b
三年	果	永宁军	团练	××	××	宋会要稿册188/方域5/7a
开宝八年	江	奉化军	军事	定江军	高宗建炎元年	88/17a
八年	抚	昭武军	军事	××	××	宋会要稿册188/方域5/6a
太宗太平兴国三年	温	晋静军	军事	应道军	徽宗政和七年	88/4a
淳化五年	成都	剑南西川	?	剑南西川	仁宗嘉祐六年	89/4a
仁宗庆历八年	贝	永清	军事	××	××	86/4a
高宗建炎三年	温	应道	军事	××	××	88/4a

---

① 庆历七年贝州军卒王则反。事平,改贝州为恩州,降节镇为军事。见《宋会要稿》册一八八《方域》五之二九下。

② 《宋史》卷八七,页八上。李焘《续资治通鉴长编》卷三,页一四下曰:"建隆四年十二月甲辰,上以西鄙羌戎屡为边寇……选授……姚内赟为庆州刺史。"年代与《宋史》不同,恐诏下于建隆四年岁杪,州正式降格系在乾德元年也。

按宋制"凡节度州三品,刺史州五品"。① 故其升格,实于官制有相当影响也。

五　府州郡号及府州军监等之更名

(一) 府州郡号

唐高祖武德初改郡为州,玄宗天宝初改州为郡,肃宗乾元初又复郡为州;故一地往往于州名外,又有郡号。此制迄宋,相沿未改,如京兆府为京兆郡,滑州为灵河郡是也。郡号于行政上无甚重要,仅在封爵上如郡公郡王之类,微有小用,而于文人行文亦不无便利耳。五代至宋,州府多所废置,废者不必论,置者举之郡号,在体制上,殊不划一。徽宗一无愁天子也,不实事之求,惟虚名是骛,一时上下相习成风,多所兴革,于是诸州之无郡号及郡号不甚孚者,或创或改,直至南渡,其风未替,因之州府无郡号者遂不多觏。今表列一代赐改郡号,并熙宁以还新置诸州即加之郡号于下。

年代	州	郡号	依据
神宗熙宁五年	熙	临洮	**87/19a**
六年	河	安乡	**87/20a**
六年	岷	和政	**87/21b**
七年	沅	潭阳	**88/24b**

---

① 江少虞《皇朝事实类苑》(《涵芬室丛书》本)卷二五,页八下。

续表

年代	州	郡号	依据
元丰四年	兰	金城	**87**/22a
徽宗大观二年	滨	渤海	**86**/4a
二年	西宁	西平	《宋会要稿》册 **189**/方域 **6**/2b
二年	庭	怀德	同上 册 **189**/方域 **6**/3a
政和元年	潍	北海	同上 册 **188**/方域 **5**/13b
元年	青	齐	同上 册 **188**/方域 **5**/13b
二年	孟	济源	同上 册 **188**/方域 **5**/25b
三年	雄	易阳	**86**/3b
三年	霸	永清	**86**/3b
三年	清	乾宁	**86**/4b
五年	丰	宁丰	**86**/14b
七年	真	仪真	**88**/8b
七年	通	静海	**87**/8b
七年	秀	嘉禾	**88**/5a
宣和二年	梅	义安	**90**/2b
二年	英	真阳	**90**/3a
二年	惠	博罗	**90**/4b
二年	南雄	保昌	**90**/3a
二年	平	怀远	**90**/12a
四年	燕山府	广阳	**90**/14b
四年	易	遂武	**90**/15b
四年	涿	涿水	**90**/15a
四年	顺	顺兴	**90**/15b
四年	檀	横山	**90**/15a
政和三年	保	清苑	**86**/8b

续表

年代	州	郡号	依据
五年	府	荣河	86/14a
五年	宪	汾源	86/12b
宣和四年	蓟	广川	90/16a
四年	景	乐川	90/16a
高宗绍兴十三年	筠	高安	88/18b

上列三十四州府郡号，熙、河、岷、沅、兰、西宁、庭、平、燕山、易、涿、顺、檀、蓟、景十五州府皆系新收即赐名者；青州本号北海郡，以号与潍州，遂改称齐郡；余皆五代以来所置之州无郡号者。其郡号之命名，或取嘉美，如怀远；或因地理，如易阳；①或即附郭县名，如高安；或因旧日之号，如静海；②由二字之意，大致可以知其属于何类矣。

（二）府州军监等之更名

宋代府、州、军、监之名，郡及节镇之号，几代有更易；求其动因，约有十八：

1. 避庙讳　太祖祖父名敬，平南汉后，改敬州为梅州。③
2. 避御名　太宗初名光义，即位后，诏避下一字，④更易甚多，

---

① 《宋会要稿》册一八八《方域》五之二七上：政和三年四月二十三日，详定《九域志》蔡攸等奏："雄州未有郡名。按本州在易水之南，今欲乞为易阳郡。"按山南为阳，水南为阴，故江阴以在江南得名。今蔡攸以水南为阳，似不甚合。
② 通州本南唐静海制置院，后周并江北，始升为州。故静海郡乃因旧日之号。
③ 《舆地纪胜》卷一〇二，页二上。
④ 《宋会要稿》册一八九《方域》七之二五下。

如改义州为仪州。

3. 避陵名　真宗陵名永定,天圣七年改永定军为永宁军。①

4. 避太后父名　此仅行于垂帘者,归政或崩逝后即复旧。庄献明肃皇太后刘氏,父名通改通州为崇州。②

5. 避年号　钦宗年号靖康,建炎元年改靖康军为保成军。③

6. 避异邦庙讳嫌名　此仅行于屈辱于敌国时。金太祖阿骨打,汉名为旻,"旻""岷"音同,宋改岷州为西和州。④

7. 避异邦太子名　金主亮太子名光瑛,改光州为蒋州。⑤

8. 避神仙名　张道陵开陵州,徽宗信道教,改陵井监为仙井监。⑥

9. 避神宝名　皇祐五年作"镇国神宝",改镇国军为镇潼军。⑦

10. 避重复　河北有雄州,广南亦有雄州,平南汉后,改广南雄州为南雄州。⑧

11. 因地方叛乱　庆历七年贝州军乱,事平,改贝州为恩州。⑨

12. 因厌胜　明道元年,大内火。仁宗因湖州多水,遂以州节镇宣德之号易为昭庆门名,而以昭庆为湖州节镇之称。⑩

---

① 《续资治通鉴长编》卷一〇八,页一〇上。
② 《元丰九域志》卷五,页六下。
③ 《建炎以来系年要录》卷七,页二〇下。按南渡常以年号为地名,如绍兴府、咸淳府皆是,盖已不避矣。
④ 《宋史》卷八九,页一八下。
⑤ 《建炎以来系年要录》卷一七九,页一九上。
⑥ 《宋朝事实》卷一九,页五上。
⑦ 《续资治通鉴长编》卷一七五,页一下、页一五上。
⑧ 《宋会要稿》册一八九《方域》七之一六上。
⑨ 同上,册一八八《方域》五之二九下。
⑩ 谈钥《嘉泰吴兴志》(《吴兴先哲遗书》本)卷一,页四下。

13. 因禁忌　政和中以龙为君象,改龙州为政州。①

14. 因外交　景德与契丹和盟,以戎、虏字不佳,一时多所更易,如改威虏军为广信军。

15. 因恶罪臣　岳飞冤死,附秦者奏改岳州为纯州。②

16. 复原名　五代时,董思安为漳州刺史。思安父名章,改漳州为南州。乾德三年,复名漳州。③

17. 革旧号　阆州在后蜀为安德军节度。乾德四年,孟氏已亡,改为保宁军节度。④

18. 易佳名　"虔"有杀戮之义,不佳;绍兴二十三年改虔州为赣州。⑤

地名更改率临时各别下诏;惟避庙讳、御名与夫陵号及皇太后父名者,多先下诏,命有司择其当改者酌与更易。如太祖即位不久即诏"改天下州县犯御名庙讳者"⑥;太宗即位亦诏"应官阶、州、县名有与朕名下一字同者宜改,与上一字同仍旧"⑦;真宗陵名永定,仁宗天圣七年诏"军、县、驿名与永定陵同者改之"⑧;仁宗初立,太后刘氏垂帘,天圣元年遂诏"官名及州县名与皇太后父名相犯者悉易之"⑨。盖父母之名,耳可得闻,口不可得而言,庶人尚应避家讳,君

---

① 《宋会要稿》册一八九《方域》六之一六下。
② 同上,《方域》六之三五上。
③ 《续资治通鉴长编》卷六,页一三下。
④ 同上,卷七,页一四上。
⑤ 《宋会要稿》册一八九《方域》六之二五下。
⑥ 《太平治迹统类》卷一,页六上。
⑦ 《宋会要稿》册一八九《方域》七之二五下。
⑧ 同上,册一八九《方域》七之二六下。
⑨ 《续资治通鉴长编》卷一〇〇,页一二上。

131

王之名自不得犯也。今列有宋一代更改府州等名于下。

年代	原名	新名	动因	依据
太祖建隆元年	弘农郡	恒农	避宣祖讳(弘殷)	《元丰九域志》3/10a
二年	望海军	奉国	佳名	《宋会要稿》册188/方域5/4b
乾德二年[一]	清源军	平海	佳名	《舆地纪胜》130/3a
三年	南州	漳	复旧	《续资治通鉴长编》6/13b
三年	通州	达	避与淮南通州同名	同上 6/4b
三年	天正军	静戎[二]	革新(时方灭后蜀)	《宋会要稿》册189/方域57/4a
四年	保宁军	安德	同上	《续资治通鉴长编》7/14a
开宝四年	敬州[三]	梅	避翼祖讳(敬)	《舆地纪胜》100/2a
四年	思唐州	思明	禁忌时诏州县以唐为名者皆改	《续资治通鉴长编》12/4a
四年	雄州	南雄	避与河北雄州同名	《宋会要稿》册189/方域7/16a
四年	乂	南义	避与陕西义州同名	《续资治通鉴长编》12/5a
五年	振州	崖	时移崖州于振州	同上 13/6a
八年	雄远军	平南	革新(时方灭南唐)	《元丰九域志》6/6b
八年	镇海军	镇江	镇海军额还于杭州[四]	《宋会要稿》册189/方域6/21b
太宗太平兴国元年	彰义	彰化	避太宗名下一字(义)	《续资治通鉴长编》17/18b
元年	义成军	武成	同上	同上
元年	保义军	保平	同上	同上
元年	感义军	感德	同上	同上
元年	义武军	定武	同上	同上
元年	昭义军	昭德	避太宗名下一字(义)	《续资治通鉴长编》17/18b
元年	崇义军	崇信	同上	同上

续表

年代	原名	新名	动因	依据
元年	义州	仪	同上	同上
元年	南义州	南仪	同上	同上
元年	义阳军	信阳	同上	同上
元年	富义监	富顺	同上	89/14a
二年	彰武军	威武	避与延州彰武军同名	《宋会要稿》册188/方域5/5b
三年	永安军	永康[五]	避与府州永安军同名	89/3a
三年	静戎军	安静[六]	避与河北静戎军同名	《宋会要稿》册189/方域7/3a
三年	永兴军	兴国	避与京兆永兴军同名	《元丰九域志》7/10a
三年	衣锦军	顺化[七]	革新(时吴越方纳土)	《续资治通鉴长编》19/16a
三年	中吴军	平江	同上	同上 19/13a
三年	武清军	武昌	佳名[八]	《宋会要稿》册188/方域5/4b
四年	太平军	兴化	避与广南太平军同名	同上 方域5/6a
四年	剑州	南剑	避与利州路剑州同名	89/2a
四年	建武军	建昌	革新(本属南唐)	88/19b
五年	辨州[九]	化	佳名	《续资治通鉴长编》21/2b
端拱元年	建宁军	镇西	避与建州建宁军同名	《宋会要稿》册189/方域6/5a
二年	安静军	剑南东川	复唐旧	《元丰九域志》7/10a
淳化元年	武胜军	保宁[一〇]	避与邓州节镇同名	《宋会要稿》册188/方域5/4b
五年	平卢军	镇海	佳名[一一]	同上 方域5/13a

续表

年代	原名	新名	动因	依据
五年	镇海军	宁海	移镇海额于青州	《宋会要稿》册189/方域6/21a
至道三年	恒农郡	虢[一二]	避真宗名(恒)	《元丰九域志》3/1a
真宗景德元年	威虏军	广信	与契丹和改名	86/9a
元年	宁边军	永定[一三]	同上	《续资治通鉴长编》58/24a
元年	静戎军	安肃	同上	86/8b
元年	破虏军	信安	同上	86/5a
元年	定远军	永静[一四]	同上	《续资治通鉴长编》58/24a
元年	定羌军	保德	同上	86/13b
元年	平戎军	保定	同上	86/9a
大中祥符五年	朗州	鼎	避圣祖名(玄朗)	88/22b
五年	朗宁郡	永宁[一五]	同上	《舆地广记》36/7a
天禧五年	祯州[一六]	惠	避太子嫌名(仁宗祯)	《舆地纪胜》97/1b
仁宗天圣元年	通利军	安利	避太后父名(通)	《宋会要稿》册188/方域5/31b
元年	通州	崇	同上	《元丰九域志》5/6b
七年	永定军	永宁	避真宗陵名	《续资治通鉴长编》108/15a
明道二年	安利军	通利	太后崩复旧	《宋会要稿》册188/方域5/31b
二年	崇州	通	同上	《元丰九域志》5/6b
景祐元年	宣德军	昭庆	厌胜	《舆地纪胜》4/1a(参:页130注⑩)
三年	维州	威[一七]	发往维州公文误投潍州避音相乱改	《舆地广记》30/3b
四年	武定军	武康	佳名	《宋会要稿》册188/方域5/7a
四年	昭武军	宁武	佳名	同上 方域5/7a

续表

年代	原名	新名	动因	依据
庆历八年	贝州	恩	王则反乱	《宋会要稿》方域5/29b
八年	恩	南恩	避与河北新改之恩州同名	同上 方域5/29b
皇祐五年	镇国军	镇潼	避镇国神宝名	《续资治通鉴长编》175/17a
哲宗元祐二年	安化军	临海	密州东临海	《宋会要稿》册188/方域5/1a
徽宗建中靖国元年	昭德军	隆德	以潜邸改佳名	同上 方域5/4a
元年	彰信军	兴仁	以潜邸改佳名	同上 方域5/16b
崇宁元年	永安军	靖康	避宣祖陵名	同上 册189/方域6/6a
元年	渝州	恭	旧名不佳	89/21a
二年	诚州	靖	佳名	88/25b
三年	鄯州	西宁	新收地赐佳名	《续资治通鉴长编拾补》24/1b
三年	隆德军	昭德	潞州升隆德府军号复旧	《宋会要稿》册188/方域5/4a
三年[一八]	兴仁军	彰信	曹州升兴仁府军号复旧	同上 方域5/16b
四年	辅州	拱	辅州为东辅故改[一九]	《续资治通鉴长编拾补》25/13b
五年	格州	从	新收地赐佳名	90/12a
政和元年	北海郡	齐	新以潍州为北海郡青州改号齐郡	《宋会要稿》册188/方域5/13b
三年	博陵郡	中山	古为中山地	同上 方域5/27a
四年	戎州	叙	旧名不佳	《舆地纪胜》163/2b
五年	龙州	政	避忌	89/17a
五年	潘川军	平川	州名潘州避重复	《宋会要稿》册188/方域5/2b
七年	朱崖军	吉阳	用旧日属县名	《舆地纪胜》127/2a

续表

年代	原名	新名	动因	依据
八年	兴庆军	肇庆	燕瑛奏改佳名	《宋会要稿》册189/方域7/14a
政和八年	兴庆府	肇庆	燕瑛奏改佳名	《宋会要稿》册189/方域7/14a
宣和元年	湟州	乐	新收地赐佳名	《续资治通鉴长编拾补》39/5b
三年	睦州	严	方腊平改名	88/5a
三年[二〇]	歙州	徽	同上	88/15a
三年	建德军	遂安	同上	88/5a
四年	陵井监	仙井	避张道陵名	《宋朝事实》19/5a
高宗建炎元年	靖康军	保成	避钦宗年号	《宋会要稿》册188/方域6/6a
三年	江宁府	建康	高宗驻跸易佳名	《舆地纪胜》17/3a
绍兴元年	政州	龙	庄绰陈请复故	《宋会要稿》册188/方域6/16b
十四年	岷州	西和	避金太祖嫌名(旻)	《建炎以来系年要录》151/7b
十七年	德庆军	安庆	避德庆府名	《舆地纪胜》46/2b
二十三年	虔州	赣	旧名不佳	《宋会要稿》册189/方域6/25b
二十五年	岳州	纯州	嫌与岳飞姓同	同上 方域6/35a
二十五年	岳阳军	华容	同上	同上 方域6/35a
二十八年	光州	蒋	避金太子光瑛名	《建炎以来系年要录》179/19a
二十八年	光山军	宁淮	同上	《宋会要稿》册189/方域6/19a
二十八年	光化军	通化	同上	《建炎以来系年要录》179/19a
三十一年	纯州	岳	秦桧死复旧	《宋会要稿》册189/方域6/35a

续表

年代	原名	新名	动因	依据
三十一年	华容军	岳阳	同上	同上 方域 6/35a
三十一年	蒋州	光	与金绝和复旧	同上 方域 6/35b
三十一年	宁淮军	光山	同上	同上 方域 6/35b
绍兴卅一年	通化军	光化	与金绝和复旧	《宋会要稿》册189/方域 6/35b
孝宗淳熙元年	江陵府	荆南	依建康等例以镇号为府名	《舆地纪胜》64/4a
四年	荆南府	江陵	复旧	《宋会要稿》册188/方域 5/6b
宁宗开禧三年	兴州	沔	吴曦乱平	89/16b
理宗宝庆元年	湖州	安吉	潘丙等乱平[二]	88/2b
元年	筠州	瑞	避理宗嫌名(昀)	88/18b
绍定四年[二]	盱眙军	招信	与金连兵招纳归正	88/10a
景定三年	泸州	江安	蒙古入蜀军为要塞故赐佳名	89/11b
度宗咸淳三年[三]	广安军	宁西	蒙古入蜀军为要塞故赐佳名	

[一]《宋会要稿》册一八八《方域》五之五下，作太平兴国三年，误；王象之有辨证。

[二] 诸书叙梓州节镇改名事皆有牴牾。《宋会要稿》册一八八《方域》五之六下："乾德三年改梓州天正军为安静军。"《元丰九域志》卷七，页一〇上及《舆地广记》卷三一，页一上皆云："乾德四年改剑南东川节度为静戎军。"按：安静军乃太平兴国三年所改，非初次所更之名；剑南东川乃唐代梓州节镇名，后蜀已改天正军：故三书皆有误。若改名之在乾德三年或四年，二说似皆合，盖拟议与实际更改，时间殊有伸缩也。

[三]《宋史》卷九〇，页二下作"恭州"，此乃宋人避翼祖讳所改，元修《宋史》因而未与厘正耳。

［四］《宋会要稿》册一八八《方域》五之四下："开宝八年十月二十日诏曰：'镇海之号，丹徒旧军，自浙西之未平，命余杭而移置，爰兹克复，方披化条，宜别赐于军名，用永光于戎阃。其润州旧号镇海军宜改为镇江军。'"

［五］《续资治通鉴长编》卷七，页一〇下，《隆平集》卷一，页一七下，《宋史》卷八九，页八上皆未云永康系由永安所改。

［六］同上，卷二二，页一下李焘自注云："《实录》……书改静戎军为静安军。按周显德二年三月辛未于深州下博县李宴口置静安军，雍熙二年始废，自周置军即名静安，未尝更名静戎也。或者静安亦尝更名静戎而史失记，及是别置静戎军于梁门寨乃还静安故名耶。《会要》与《实录》同，然都不记改静安为静戎在何时，恐《实录》《会要》相承致误。"按《会要》《实录》皆未尝误，李氏误以梓州静戎军节度改静安军与河北之静安静戎二军混为一谈耳。

［七］周淙《乾道临安志》（《武林掌故丛编》本）卷二，页三上，作安国衣锦军，是。

［八］《太平寰宇记》卷一一二，页二下未言改名武昌军事。

［九］《宋史》卷九〇，页九下作"辩"。

［一〇］《舆地广记》作"宝宁"。

［一一］《宋史》卷八五，页一三下叙此事太不清。《宋会要稿》载改名诏。

［一二］《元丰九域志》言由恒农初改洪农，继改虢郡。

［一三］《宋史》卷八六，页九上，《隆平集》卷一，页二〇上改宁边军为永宁，皆误。

［一四］《隆平集》卷一，页二〇上误作改定远为永定。

［一五］《宋朝事实》卷一九，页一四下及《舆地广记》皆未言改名于何时。考大中祥符五年曾颁圣祖（玄朗）讳，郡之改名谅在其时。

［一六］"祯"，《太平寰宇记》卷一六〇，页一上作"浈"，《舆地广记》卷三五，页八下作"贞"，皆误。

［一七］《宋朝事实》卷一九，页五上述此事甚详，可参看。

［一八］《宋史》卷八五，页一六上作元年。

［一九］崇宁四年七月丁巳建辅州。八月丙子改名拱州。惟《宋史》等书多不言辅州，直云建拱州。

［二〇］《宋会要稿》册一八九《方域》六之二四下误作元年。

［二一］《舆地纪胜》卷四，页三上作二年。
［二二］《宋季三朝政要》卷一，页一二上作五年。
［二三］《咸淳遗事》(《知不足斋丛书》本)卷上，页二〇下作咸淳三年九月，《宋史》卷八五，页一三下作咸淳二年。

上列州、府、军、监、镇、郡名号更易者，合共一百一十二。其中如弘农郡因避宣祖讳改为恒农，又因避真宗名改为虢郡，是一地又有两次更各者矣。

六 结论——府州军监之统计

我国历朝疆域，以元为最大，清次之，汉唐又次之，秦晋隋明更次之，宋与各朝相较，仅可次第九而已。此皆就其极盛时而言，缔造之初及削弱以后，当不及也。宋太祖代周，所领州府，各家记述间异。欧阳修论五代州数增损，有"郭氏代汉……合一百一十八州以为周，宋兴因之"[1]等语，是宋受命之初所领者为一百一十八州矣。惟曾巩[2]王应麟[3]以及《宋会要稿》[4]《宋史·地理志序》皆云建隆元年有州一百一十一，与欧阳氏所述，相差七州。究以何者为准乎？请探讨之。

欧阳氏《新五代史·职方考》，表列五代十国所领诸州，节镇附

---

[1] 《新五代史》(光绪癸卯上海五洲同文书局石印本)卷六〇，页二上，《职方考序》。
[2] 《元丰类稿》(《四部丛刊》本)卷四九，页九下，《户口版图》；又《隆平集》卷三，页二〇上。
[3] 《玉海》卷一八，页三一上，《开宝较州县数》。
[4] 《宋会要稿》册一八九《方域》七之二五下。

缀军号,废置皆特标明,颇为简当清晰。在后周栏内注"有"者为:

> 汴(开封府)、洛(河南府)、雍(京兆府)、兖、沂、密、青、淄、齐、棣、登、莱、徐、宿、郓、曹、濮、济、宋、亳、单、颍、陈、蔡、许、汝、郑、华、襄、均、房、金、邓、随、郢、唐、复、安、申、蒲(河中府)、孟、怀、晋、绛、陕、虢、华、商、同、耀、解、邠、宁、庆、衍、鄜、坊、丹、延、夏、银、绥、宥、灵、盐、岐(凤翔府)、陇、泾、原、渭、武、秦、成、阶、凤、乾、魏(大名府)、博、贝、卫、澶、相、邢、洺、磁、镇、冀、深、赵、易、祁、定、沧、德、滨、瀛、莫、雄、霸、府、慈、隰、泽、潞、扬、楚、泗、滁、和、光、黄、舒、蕲、庐、寿、海、泰、濠、通。

共一百一十九州,与氏所言"一百一十八州以为周"者不合。考其误有三:盐州废罢已久,①衍、武亦废于显德五年,②而表未缀"废"字,一也;时有义州而表未列,二也;麟州已于显德四年归附于周,表仍属之于东汉,三也。③ 故在周末,实有州一百一十八(上列一百一十九州去盐衍武增麟义);欧阳氏之言,其数不误,误者,未叙清废罢归附者耳。

夫郭周之末既有州一百一十八,则诸言宋初有州一百一十一者,当不确矣。然而有说。考党项拓跋氏(即后日之夏)据夏绥银

---

① 《太平寰宇记》卷三七于盐州下书"废"字,未言废于何时,揆其地望,盖已沦于党项矣。
② 薛居正《旧五代史》(光绪癸卯上海五洲同文书局石印本)卷一一八,页八上:"显德五年闰七月壬子,废衍州为定平县,废武州为潘原县。"
③ 《资治通鉴》卷二九三,页二〇上,显德四年十月癸亥,"北汉麟州刺史杨重训举城降,以为麟州防御使"。东汉即北汉。

宥垂八十年,虽奉中朝封爵正朔,实无异于小国之王;而府州折氏、麟州杨氏以及灵州冯氏皆世据一方,亦几等于自主;倘不计四氏所据七州,则宋初所有者实一百一十一州。是故二说皆不误,仅视如何计算而已。又诸家所谓州者,皆并府而言,若分别述之,倘取一百一十一州之说,则实为府六(开封、河南、大名、河中、京兆、凤翔),州一百五:此读史者不可不知也。

太祖受禅,于内政稍事整理,即次第吞并割据诸邦。建隆四年先取荆南,得江陵一府,归、峡二州。继下湖、湘,得潭、衡、邵、郴、道、永、全、岳、澧、朗、辰十一州,①桂阳一监。乾德三年平蜀,得成都、兴元二府,彭、眉、嘉、邛、蜀、绵、汉、资、简、梓、遂、黎、雅、陵、戎、泸、维、茂、昌、荣、果、阆、渠、合、龙、普、利、兴、文、巴、剑、蓬、壁、夔、忠、万、集、开、渝、涪、黔、施、通、洋四十四州。开宝四年平广南,得广、韶、循、封、端、潮、英、连、雄、龚、祯、康、恩、春、泷、勤、新、高、潘、雷、罗、辩、桂、贺、昭、梧、蒙、敬、象、富、融、宜、柳、严、思唐、邕、澄、贵、峦、横、宾、钦、浔、容、牢、白、廉、党、绣、常乐、郁林、藤、窦、义、禺、顺、琼、崖、儋、万安、振六十一州。开宝八年平江南,得升、宣、歙、池、洪、润、常、鄂、筠、饶、信、虔、吉、袁、抚、江、汀、建、剑十九州,江阴、雄远、建武三军。总太祖之世,灭国所得,都三府,一百三十七州,三军,一监。惟开宝五六年间废州十六(泷、勤、潘、罗、富、严、澄、峦、牢、党、绣、禺、顺、崖、思唐、常乐),故实际存者,除府及军监以外,仅一百二十一州耳。

---

① 《宋史·地理志序》谓得十五州,除所述十一州外,尚有蒋、锦、溪、叙四州。按此四州皆为土民所据,与羁縻州相仿佛,非流官所得治理,故未列入;且欧阳氏《新五代史·职方考》亦不言有此四州也。又本段多据《宋史·地理志序》,间有改正其与当时名称不合者,不一一注其出处矣。

五代置军,皆寄治于县,隶于州。① 宋初削藩镇兵权,支郡概直属京师,旧日之军遂亦渐与州府并列。太祖始基,沿袭于周之军有七:曰通远,曰定远,曰乾宁,曰保顺,曰德清,曰汉阳,曰天长。建隆以后,以势所需要,更置十二军(北海、平晋、保塞、光化、建安、永安、怀安、广安、梁山、高邮、云安、荆门),二监(富义、大宁),升军为州一(潍),降州为军一(义阳)。又其时府州折氏、灵州冯氏皆矢忠朝廷,入觐请命;②而麟州杨重勋亦于开宝五年内徙,③于是中枢威权所及又增三州焉。

综计太祖末年所有府、州、军、监:承于周者,府六、州一百五、军七;灭国所得者,府三、州一百二十一、军三、监一;自置者,军十二、监二;收于藩镇者,州三;由军升州一、由州降军一;都府九,州二百二十九、军二十二、监三,合府、州、军、监共二百六十三。惟《宋史·地理志序》、《玉海》及《宋会要稿》④皆云开宝九年凡有州二百九十七,与今核实之数相差三十有四,倘非讹误,则必并隶州之军监而言也。

太宗嗣位,太平兴国三年,陈洪进纳土,得漳泉二州;钱俶入朝,得杭、苏、越、湖、衢、婺、台、明、温、秀、睦、福、处十三州,衣锦一军;太平兴国四年灭北汉,得并、汾、岚、宪、忻、代、辽、沁、隆、石十州;⑤共得州二十五,军一。至夏州李氏之献地复叛,终成敌国,则不必计入矣。此就夺自割据诸邦者而言也。若夫置废升降,又应

---

① 《新五代史》卷六〇,页二〇下。
② 《宋史》卷二五三,页二上,页八上《折御卿传》《冯继业传》。
③ 《续资治通鉴长编》卷一三,页一〇上。
④ 《玉海》卷一八,页三一上,《宋会要稿》册一八九《方域》七之二五下。
⑤ 尚有宝兴一军,以其隶于五台山,非直属京师之行政区,故不计入。

据前列诸表，一为统计。大致太宗一朝，旧日之军升州者三（保、环及太平州），府降州者一（益），州降军者一（太平），置军三十四（永兴、威胜、平定、保安、广济、无为、涟水、广德、太平、邵武、岢岚、宁化、平塞、威虏、静戎、破虏、平戎、火山、南康、淮阳、乾宁、静安、永通、宁边、通利、南安、临江、顺安、定羌、威塞、清远、威远、镇戎、大安），置监一（大通），废州二（沁、隆），废军六（大安、平晋、永通、顺化、静安、天长），陷契丹州一（易），军一（平塞），①陷入夏人军三（威塞、威远、清远）。②总至道末，有府八、州二百五十四、军四十五、监四，府、州、军、监合共三百一十一而已。

真宗之世，置军四（静乐、庆成、宣化、清平），升军为州三（宪、真、廉），升州为府二（应天、江宁）。仁宗时置州一（丰），军二（北平、德顺），升州为府三（真定、成都、太原），废军三（北平、德清、永静），监一（大通）。英宗朝仅废一军（保顺）。盖当乾兴之际，共有府十，州二百五十五，军四十六，监四，合三百一十五。嘉祐之末，共有府十三，州二百五十三，军四十五，监三，合三百一十四。治平季年，州府及监皆同前朝，惟军减一为四十四，合共三百一十三耳。

神宗绍统，英年有为，既减州郡之数以便民，复开河、湟、溪峒而拓土，综十八年中，置州五（岷、河、沅、诚、兰），军三（远通、镇洮、南平），升军为州一（熙），升州为府一（颍昌），废州十（南仪、窦、壁、集、慈、乾、仪、蒙、春、复）军十二（庆成、通利、清平、宣化、广济、汉阳、江阴、光化、永康、涟水、高邮、荆门），复军一（永静），降

---

① 《宋史》卷九〇，页一五下，"雍熙四年易州陷于契丹。"平塞邻易州，当同时并失也。
② 三军或在灵州或在延州。《宋会要稿》册一八九《方域》七之二六上"淳化五年八月十九日以席鸡城寨为清远军……后废"。

143

州为军三(万安、昌化、朱崖)，监一(陵井)。迨元丰末，共有府十四，州二百四十四，军三十八，监四，合三百，盖较英宗时减少十有三焉。

哲宗初年，力反熙丰，亲政以后，又事绍述，以故前朝所废州军多复于元祐，河湟经营复兴于元符，大致新立州四(会、西安、湟、鄯)，军三(绥德、晋宁、定边)，复州二(慈、复)，军七(通利、广济、汉阳、光化、永康、高邮、荆门)，升州为府一(延安)。计有府十五，州二百四十九，军四十八，监四，合三百一十六，比之元丰又增十有六矣。

徽宗席父兄余业，纳蔡京丰亨豫大之说，不度德力，妄事开疆，所置虽多，废罢亦夥，计二十五年中，置州二十四(廓、辅、银、格、允、庭、孚、溪、观、镇、洮、溱、珍、播、承、祥、纯、滋、祺、亨、隆、兑、思、经)，置军十四(威德、怀远、武冈、延德、怀德、遵义、积石、通化、长宁、延宁、寿宁、震武、石泉、六安)，废州一十九(银、镇、溪、庭、允、从、清、隆、兑、祺、亨、滋、纯、祥、播、溱、承、孚、思)，复州一(醴)，废军六(威德、延德、寿宁、延宁、通化、遵义)，军升州四(巩、平、清、潘)，州升府二十二(兴仁、隆德、开德、河间、平江、镇江、中山、遂宁、平阳、寿春、济南、顺昌、兴庆、袭庆、潼川、信德、东平、庆源、襄阳、淮宁、庆阳、德安)。迨契丹覆败，又得燕山一府，易、涿、檀、顺、蓟、景六州。计宣和之末，有府三十八，州二百四十三，军五十二，监四，合三百三十七，盖有宋一代州郡之最高数字也。

靖康建炎之际，戎马生郊，江、淮、河、济皆为战场，直至绍兴十一年，南北和盟，始得喘息。综陷于金者，有开封、河南、大名、应天、袭庆、济南、东平、兴仁、颍昌、淮宁、顺昌、京兆、河中、庆阳、延安、凤翔、开德、信德、真定、庆源、中山、河间、隆德、平阳、太原、寿春、燕山二十七府,青、密、沂、登、莱、潍、淄、徐、济、单、濮、邓、唐、郑、滑、孟、蔡、汝、沧、冀、博、棣、莫、雄、霸、德、滨、恩、相、濬、怀、卫、洺、深、磁、祁、保、绛、泽、代、忻、汾、辽、宪、岚、石、隰、慈、麟、府、丰、陕、同、华、耀、邠、鄜、解、虢、商、宁、坊、丹、环、醴、秦、泾、熙、陇、巩、渭、原、河、兰、洮、会、廓、乐、西安、西宁、亳、宿、海、泗、涿、易、檀、顺、蓟、景、经九十一州,淮阳、广济、永静、信安、保定、安肃、永宁、广信、顺安、威胜、平定、岢岚、宁化、火山、保德、晋宁、定边、保安、绥德、镇戎、德顺、积石、震武、怀德二十四军,共失府州及军一百四十二。又在炎兴之际,计置军二①(盱眙、安丰),废军一(六安),复军二(大安、高邮),监升军一(桂阳),州升府五(临安、绍兴、德庆、静江、建宁),军升州一(承),废州六(平、观、承、龚、白、拱)。迨绍兴之末,共有府十六,州一百四十二,军三十一,监三,共一百九十二,较之宣和末几成十三与七之比。

孝光宁三朝,兴革甚少。大约淳熙之末,州升府四(隆兴、常德、宣德、崇庆),监升州一(隆),共有府二十,州一百三十九,军三十一,监二,综一百九十二,与绍兴末数同。绍熙之季,仅有三州升府(重庆、隆庆、庆元),余无改动,故军监数仍旧,仅州减三、府增三而已。洎乎嘉定,增置三军(天水、枣阳、寿昌),升建四府(嘉兴、安庆、英德、嘉定),于是府数较之淳熙增为二十七,州数减至一百三十二,军数增至三十四,监数依然为二,总为一百九十五,盖中兴以后,改变最少之时期也。

理宗嗣统,北有女真之扰,西有蒙古之师,荆襄汉沔,川中淮上已为四战之地,州军置废为数较多,而得此失彼,殊难统计。度宗

---

① 按置军不止二,惟有置而废、废而复者,故至绍兴末置而存者仅二军也。

之时,疆土日削,陵夷至于恭帝,遂奉表蒙古,稽颡北庭,且不旋踵而国亡,其他遂皆沦胥焉。

综有宋三百二十年中,以徽宗时为极盛,亦由此时而突衰,故疆域辽阔当推宣和之末。若夫南渡以后,所存州府,率属国初得自荆南、湖湘、后蜀、南汉、南唐、吴越、漳泉者,其承自后周之地,不沦陷者,盖甚少矣。

(原载《燕京学报》第二九期)

宋词科考

宋取士科目不一，其专为振拔代言人才者曰词科——词科者，宏词、词学兼茂及博学宏词，三科之通称也。南渡季世，又有词学一科，以所试较易，颇为学士大夫所轻；顾设置本意，与宏词等科相同，故亦附述焉。

宋世记词科之作，著称者有陆时雍《宏词总类》，[①]王应麟《词学指南》二书。《宏词总类》已失传。《词学指南》虽存，惟偏重肄习方法，于制度沿革，所述过简，不足窥一代之典则。不揣固陋，辄就参稽所得，连缀成篇，用请益于精熟天水一朝掌故者。

一　词科之沿革

宋代进士之试，初重诗赋。神宗熙宁二年，用王安石议，罢诗赋，代以经义。哲宗元祐四年，宣仁太后诏诗赋经义并行。但时仅六载，绍圣改元，诗赋又罢。当国者，以词章经义，截然两途，取士仅用经义，代言之人，日久将感缺乏。而于绍述议论鼎盛之际，又

[①] 《宋史》（光绪元年浙江书局刊本）卷二〇九，页九下，咸淳《临安志》（道光一二年汪氏重刊本）卷六六，页二〇上，曾引之。

不便更改熙宁法度。于是遂另谋补救之方,斟酌唐制,而有宏词科之立。《续国朝会要》述其经过曰:

> 绍圣元年五月四日,中书省言:"有唐随事设科,其名不一,故有词藻宏丽,文章秀异之属。……今来……纯用经术取士,其应用文词,如诏、诰、章、表、箴、铭、赋、颂、赦敕、檄、书、露布、诫谕之类,凡诸文体,施之于时不可阙者,在先朝亦尝留意,未及设科。"……诏别立宏词一科。……二年正月九日,礼部……拟立程试考校格。……二十八日,再立到考试格。①

关于宏词科设置之年岁,诸家所述,与《续国朝会要》颇有异同。同者有陈均、王应麟。陈氏曰:

> 绍圣元年……五月,罢进士习赋。立宏词科。明年,礼部立试格。②

王氏曰:

> 绍圣元年五月四日……立宏词科。二年正月二十八日,

---

① 《宋会要稿》(1936 年北平图书馆影印本),册一一二《选举》一二之二上,按:唐吏部试有宏词科或博学宏词科,以待选人候选期限未满者,试中即命以官。所试为赋、诗、论各一篇,制科有词藻弘丽等科,用以待非常之士。所试为策,间亦加试诗、赋。宋之词科,所试与唐吏部弘辞科及制科既皆不同而目的复异,仅名称有一二相同者。

② 《皇朝编年纲目备要》(日本影宋刊本)卷二四,页五下。

立试格九条。①

异者有洪迈、毕沅。洪氏曰：

绍圣二年始立宏词科。②

毕氏曰：

绍圣二年春正月……丙午,立宏词科。③

又有同而异者,则为马端临氏,其言曰：

绍圣元年罢制科……置宏词以继贤良之科。三省言……进士纯用经术,诸如诏诰章表……其文皆朝廷官守日用而不可阙。……二年,诏立宏词科。④

若是,宏词科之立果在何年乎？考之《续国朝会要》又曰：

绍圣元年……九月三十日,礼部状：鼎州桃源知县姚孳,汾州灵石县令楼异,乞就试宏词科。⑤

---

① 《玉海》(光绪十六年浙江书局刊本)卷一一六,页三四下。
② 《容斋三笔》(光绪二〇年皖南洪氏刊本)卷一,页一上。
③ 《续资治通鉴》(中华书局排印本)卷八四,页三下。
④ 《文献通考》(光绪二七年图书集成局排印本)卷三五,页八下。
⑤ 《宋会要稿》册一一二《选举》一二之三上。

由此条及前节所引《续国朝会要》推之,似宏词科立于绍圣元年五月,毫无疑义。其故有二。一、倘其年科尚未立,九月杪决不能有人请求应试。二、礼部初拟定之考校格式在二年正月九日,时破岁尚不及一旬,倘科尚未立,则建议、讨论,于数日中草出一种条例,亦为事理所难许。盖洪、毕二家皆以立格之年为置科之岁,故有小误;而马氏以钞撮不审,将一科之立,分为两年,殊未免荒谬矣。

宏词立科后,越十七年,至徽宗大观四年,又稍变更,改立词学兼茂科。《续国朝会要》曰:

> 大观四年五月十六日,诏:"绍圣之初,尝患世之学者,不复留意文词,故设宏词科。……然格法未至详尽,不足以致实学有文之士,可改立词学兼茂科。"①

南渡之初,进士复试诗赋,词科设置,已失意义,本可罢矣,顾非徒未罢,且加严试格,改立名目,于高宗绍兴二年易为博学宏词。《中兴会要》曰:

> 绍兴三年七月六日,都司言:工部侍郎李擢奏乞……绍圣宏词

---

① 《宋会要稿》册一二《选举》一二之六下。叶绍翁《四朝闻见录》(《知不足斋丛书》本)甲集页二○下谓:"制科词赋既罢,而士之所习者皆三经。所谓之经……惟用安石之说……于是皆不知典故,亦不能应制诰骈俪选。蔡京患之,又不欲更熙宁之制,于是始设词学科。"按:此说似不甚确。考绍圣立宏词科时,章惇独相,蔡京仅官权户部尚书,以职掌言,尚不在"患之"之地。迨改立词学兼茂科时,何执中秉政,京已免相,亦不在"患之"之位,盖蔡氏当徽宗时权倾天下,故谈者亦以设词科事归之焉。

与大观词学兼茂两科,别立一科……以博学宏词科为名。……从之。①

理宗嘉熙三年,时博学宏词举行已久,以试格较难,应举者少,遂有人主张稍降其等,别立一科与博学宏词并行。《续文献通考》曰:

> 嘉熙三年……臣傪奏:词科……试之太严,故习之者少。今欲博学宏词从旧之外,更降等立科,止试文词,不责记闻……其科目则去宏博二字,止称词学科。②

词学科行之三年而罢。景定元年复置,又四年遂废。③ 迄宋之亡,仅存博学宏词一科焉。

二　应试之资格及手续

宏词之立,仅许有出身人投文礼部,请求应试;见任官须受代

---

① 《宋会要稿》册一一二《选举》一二之一一上。李心传《建炎以来朝野杂记》(《适园丛书》本)卷一三,页六下,谓李擢之请立此科,乃为其子益能地步。殊未必然。盖进士之试,远易于词科。若为出身,应进士已可,固不必定由词科也。宋人好党同伐异,此或为不满于擢者所故造之谣欤?
② 卷三七,页一上(光绪二七年,图书集成局排印本)。
③ 《玉海》卷二〇一,页二上,《词学指南序》。

乃得与——有出身者,登进士第或上舍释褐①之谓也。时散官分"左""右"——若左迪功郎、右迪功郎之类——"左"为有出身人,"右"为由任子及杂流登进者。依例,散官冠"右"字者,自皆不得与试。惟熙宁六年九年两榜进士科第五甲,以文理不佳,皆赐同学究出身,后且置之"右"列。臣寮以其虽为"右"官,顾与门荫起家者终属有别,因以为请。诏该两榜进士科第五甲人之散官冠"右"字者,特许一体与于宏词之试焉。②

词学兼茂代宏词而兴,诸例率由旧章,仅增加宰臣执政官亲属不得与试一条,以杜流弊。至设博学宏词,制乃大改:③

1. 旧格应试仅限有出身者,今则不限有无出身命官,除归明、流外、进纳人及犯赃罪者外,并许应试。

2. 旧格许径投礼部请求应试者,今则必须先投所业三卷,其中就制、诰、诏、表、露布、檄、箴、铭、记、赞、颂、序等十二体,每体拟作二篇,共二十四篇,由朝廷付学士院看详,合格,然后召试。

3. 外官非见任,许径投礼部自陈。若见任,经所属投所业,应格,召试,然后离任。

盖资格限制,较前稍宽,由任子进者,亦得有机较艺词场;第手续则较为繁难矣。若词学一科,应试手续虽同于博学宏词,而资格则依宏词之制,非有出身者,皆不得与试云。

---

① 元丰以前,凡明经等科登第者亦谓之有出身。元丰以后,只存进士一科。继又有太学上舍出身之法。

② 《宋会要稿》册一一二《选举》一二之四上,述此事不甚明晰,今参以《宋史·选举志》所述。

③ 同上,《选举》一二之一一,并参《玉海》卷二〇一《词学指南序》及李心传《建炎以来系年要录》(仁寿萧氏刊本)卷六七,页一〇下。

三　考试之门类及准备

绍圣元年五月,宏词科立,明年正月九日,礼部始拟定试格十条,列考试之门类为十种:

1. 章表　依当时体式;
2. 戒谕　如当时戒谕风俗、百官之类;
3. 露布　如唐人《破蕃贼露布》之类;
4. 檄书　如司马相如《谕巴蜀檄》之类;
5. 赋　如唐人《斩白蛇》《幽兰》赋之类;
6. 颂　如韩愈《元和圣德诗》,柳宗元《平淮夷雅》之类;
7. 箴　如扬雄《官箴》《九州箴》之类;
8. 铭　如柳宗元《涂山铭》,张孟扬《剑阁铭》之类;
9. 序　如颜延之、王融《曲水诗序》之类;
10. 记　用四六体。

既而于同月二十八日,试格又变,去赋而为九种,并限:章表、露布、檄书皆用四六体,戒谕、颂、箴、序、记皆依古今体式,亦许用四六体;九种之中,除箴、铭限一百字以上外,余均限二百字以上。此格终宏词一科,遵行未改。① 洎词学兼茂科立,乃去檄书,

---

① 此段撮述《宋会要稿》册一一二《选举》一二之三上,陈均《皇朝编年纲目备要》卷二四,页五下云:"礼部立试格,赋如唐人《斩白蛇》《幽兰》……赋之类……"以下并未言重定试格去赋一门之事。是误以初定之格为后日奉行之式,疏谬之咎,谅难辞也。

增入制诏，①仍为九种，其体式字数，胥依旧格，仅新增之制诏，限用四六，字数必在二百以上。

绍兴博学宏词，本属斟酌宏词及词学兼茂而立者，故考试门类，大致系损益两科，惟改戒谕为诏，增诰、赞二体，并制、表、箴、铭、记、序、颂、檄、露布，共十二种。其中，记序皆限三百字以上，余限二百字以上；若文体，原有门类，一切依旧，新增二体，则准旧格颂序等例，许古今体式及四六②并用。至词学所试，门类多寡，皆同博学宏词，特文格低而去取宽耳。

词科试格既数有变更，其难易自不一致。大体言之，词学科，"止试文辞，不责记问"，四者之中，应属最易。宏词科所重，虽不仅在辞藻，惟较之词学兼茂及博学宏词二科，则尚不难；盖前者出题仅限时事或本朝故事，后二者则并及于历代史故事也。

四科难易，既不相同，应试准备，自亦有别。词学科之仅于文字技巧上用功者，姑不必论。若宏词科，则已非泛观博览，出入经史者无应选之望，然犹不若词学兼茂及博学宏词之须兼综今古也。今分述之。

一曰知古。代言之体，首重典雅；欲典雅，非博闻强记不为功。儒家之九经，乙部之十七史，子书之先秦诸作，其必须熟读固无论矣；即如《国语》《国策》《新书》《新序》《说苑》《汉纪》以及司马、孙

---

① 《宋会要稿》册一一二《选举》一二之六下，《玉海》卷二〇一，《词学指南序》及《文献通考》卷三三，页九上皆作"制诏"，惟《容斋三笔》卷一〇，页一上作"制诰"，不知孰是。"制诏"可视为一词，亦可视为"制"及"诏"二词；"制诰"亦然。今考之词学兼茂各次试题，有"制"而无"诏"，亦无"诰"，则知此处所云之"制诏"或"制诰"，皆为一辞，与绍兴博学宏词所试之"制""诏""诰"各为一辞者不同也。

② 《宋会要稿》册一一二《选举》一二之一一所云不甚详尽，今参《玉海》卷二〇四，页二二上，撮述之。

吴《兵法》、《尉缭》、《李靖问对》,均须详加涉猎,而于汉、唐典章制度,尤须精熟,以试官每乐用此两朝故事为题也。兹据《宋会要稿》及《词学指南》将历届词科试题,统计如下:

门类	题数	题　材
制	六十	本朝故事
诏	十二	本朝故事
露布	四	一晋故事,三唐故事
箴	十九	五先秦故事,十二汉故事,二本朝故事
记	六十九	十先秦故事,二十二汉故事,十七唐故事,二十本朝故事
颂	四十五	五先秦故事,十二汉故事,五唐故事,二十三本朝故事
诰	一	本朝故事
表	六十八	本朝故事
檄	三	一唐故事,二本朝故事
铭	三十二	十先秦故事,十四汉故事,二唐故事,六本朝故事
赞	二十七	一先秦故事,二汉故事,一三国故事,二唐故事,二十一本朝故事
序	五十三	七先秦故事,十四汉故事,一晋故事,二十唐故事,十一本朝故事

总共三百九十三题,题材用本朝故事者不计外,其用历代史故事者计一百六十七题,而七十六为汉故事,五十为唐故事,三十八为先秦故事,二为晋故事,一为三国故事。汉、唐故事为题,合共一百二十六,占历代史故事总数四分之三。所以如此者,盖因两代文化高,武功盛故耳。

二曰通今。因题材用时事或本朝故事,故"今"不可不知。所谓知者,非仅谙于典章之沿革,制度之兴废已也,即一器物之形制,一州郡之异称,亦须熟悉,方免曳白。叶绍翁述洪遵试博学宏词曰:

洪氏遵试《克敌弓铭》，未知所出。有老兵持砚水谓洪曰："即神臂弓也。"凡制度、轻重、长短，无不语洪。有司以为神。①

按：遵为是科首选；倘无老兵之好事，恐不但难居上列，且将有黜落之虞矣。至地名之重要，乃在制诰两类。宋时州有四等：曰节度州，如邠州为静难军节度治；曰防御州，如沂州为防御使治；曰团练州，如海州为团练使治；曰军事州，如坊州为刺史治。州名之外，更有郡称，如均州一称武当郡。又，国封有大小，如魏为大国，郑为次国，莱为小国。凡封国公及一字王者，大致初封为小国，晋为次国，再晋为大国。更有皇帝潜藩潜邸不封臣下之制，如英宗曾为巨鹿郡公，仁宗曾为庆国公，神宗曾为淮阳郡王，太宗曾为晋王，则巨鹿、庆国、淮阳、晋国，即不许再封臣下。凡此：州之等，郡之名，国之大小，以及何郡为潜藩，何国为潜邸，素日皆须熟记。不然，制诰之属，或为朝官外放，或为外官内召，或为换易节镇，或为互移州府，倘地名生疏，则每能伤文之格调，影响于取黜，甚至有足使人抱恨终身者。是固不可以琐细忽之也！

语云，"长袖善舞，多财善贾"，于词科之文亦然；盖非多读多记，不能臻于上乘，特此难以语于天资中下者耳。

四 考试

宋世进士有解、省、殿三试，制举有阁、殿二试，而词科仅一试。

---

① 《四朝闻见录》甲集，页二二上。

宏词之立,令每岁开科,于春试上舍日附试,不另立院。词学兼茂初亦依旧例。洎宣和五年,以尚书职方员外郎陈磷言,"设科既久,来者浸少,岁一试之,有司取必以备数……不无幸中"。乃诏每科场年于省试院附试,于是遂为三岁一科。此后相因未改。惟词学科则依宏词之法,每岁一试,第不附上舍或进士之试,而附于铨闱焉。

宏词试格初虽定为九种,但引试时则仅出四题,分作两场。题或就时事,或兼用本朝故事。如绍圣三年试题为:1.《太史箴》2.《代宰相以下谢赐重修都城记表》①3.《绍圣元会颂》4.《诫谕士大夫敦尚名节》:四者均为时事题。又如绍圣四年别试题,其一为《元丰新修尚书省记》,则为本朝故事题。词学兼茂之题数场数,皆同宏词,惟四题中必须有二题借拟历代史故事。如政和三年试题为:1.《资政殿学士授奉宁军节度使制》2.《尧大章颂》3.《新修六典序》4.《唐修文馆记》:第二第四皆为历代史故事题,余则时事题也。

博学宏词试格既由九增为十二,故题数增为六,场数增为三,且每场二题限一古一今——古,历代史故事之谓,今,时事或本朝故事之谓。如宝祐四年试题:②第一场为1.《昭庆军承宣使左金吾卫大将军荆湖北路安抚副使兼知鄂州授宁武军节度使龙神卫四厢都指挥使夔路安抚兼知夔州兼提领措置屯田兼控扼泸叙昌合四州边面加食邑食实封制》,2.《周山川图记》;第二场为1.《代皇子谢

---

① 刘弇《龙云先生集》(乾隆一三年龙云读书堂刊本)卷八,页一上,"重修"作"新修"。
② 《玉海》卷二〇四《辞学指南》,页二八上至三八下。以下两段皆系参考该书者。

御书孝经十六句表》,2.《尧衢室铭》;第三场为1.《天禧编御集序》,2.《汉华平颂》:每场前者皆为"今"题,后者为"古"题。至词学科则又为四题两场,今古不限,如嘉熙二年试题为1.《龙图阁学士太中大夫提举佑神观兼侍读授奉国军节度使提举万寿观兼侍读提领户部财用加食邑食封制》,2.《代史馆进高宗孝宗光宗宁宗正史并宁宗实录表》,3.《熙宁神臂弓铭》,4.《天圣广科目记》:四者皆为"今"题。又如景定四年试题中有《汉名马式铭》,则为"古"题矣。

应试为文,逐类皆有定式,如"制"之式为:

门下云云具官某云云于戏云云可授某官主者施行

"门下"之下,用对句两联隐括新旧除授,能包尽题意最佳,此下再用四或六句略说除授之意。"具官某"之下,一段称扬其品德劳绩,一段叙其旧任,一段说其新官。"于戏"之下,用数联对句,隐示戒勖。他如诰、诏、表、檄……各类之式,宋人集中,不乏其文,无庸赘述。至题亦必依式书写,虽无关宏旨者皆不许遗漏;不然,文虽佳亦难望录取。如淳熙八年先取到二名,内一名以第六篇《汉洛阳十二门记》题下漏写"限三百字以上",终被黜落,仅取莫叔光一人,即其例也。①

词科初附春试,继附省试,且间有附铨试者,向无单独试场,故一切条规,若监门、巡绰、封弥、誊录,率皆依所附者而行,如隆兴元年知贡举官洪遵等奏:

---

① 《宋会要稿》册一一二《选举》一二之二二下。

> 切见宏词卷仁义张字号,所撰讲武颂及露布等文字,冠绝一场;偶表制中有疵,因不敢(取?)。开拆,系左迪功郎前舒州怀宁县尉陈自修……①

所谓"仁义张"字号,其为封弥暗号,可不待言。

试卷由试官考校,中程者申三省看详。最后去取之权既操于宰辅,故每有合格而遭摈弃者。如庆元四年刘德秀等奏:

> 伏睹承直郎……陈晦……绍熙庚戌试博学词科……主司考校入等,即以合格试卷申尚书省进呈。不谓时相狃于私意,摘晦所试……以为犯……讳,遂尼其事,未与推恩,元亦不曾报罢。……于是诏陈晦与下等推恩……②

此一事也。咸淳《临安志》曰:

> 洪咨夔……登嘉泰二年进士第……应博学宏词科,有司奇其文。时相恶人以科目自致,报罢。③

此又一事也。顾亦有濒黜于主司而为宰相所特取者。叶绍翁曰:

> 真文忠公,留公元刚……俱以宏博应选。时李公大异校其卷,于文忠卷首批云,"宏而不博";于留卷首批云,"博而不

---

① 《宋会要稿》册一一二,《选举》一二之一四下。
② 同上,《选举》一二之二三下。
③ 卷六七,页一四上。

宏"：申都堂取旨。时陈自强居庙堂，因文忠妻父善相，识文忠为远器……二人俱置异等。①

惟此乃特举，非常例也。

五　等第及待遇

宏词初立分两等取人：词理俱优者为上等，词理次优者为次等。其待遇则：

> 上等循两资，次等循一资，承务郎以上比类推恩。②

宋制（元丰以后），从七品以下文官有选人及京官之分。自迪功郎起，上有修职郎、从政郎、从事郎、文林郎、儒林郎、承直郎共七阶，是为选人，皆从九品。自从九品之承务郎起，上有正九品之承奉郎、承事郎，从八品之宣义郎、宣教郎，正八品之通直郎、奉议郎，从七品之承议郎，共八级，是为京官。循资者，即由下阶转上阶之谓。如由迪功郎转修职郎为循一资，以二者相差一阶也。若由迪功郎转从政郎，以二者相差二阶，是为循两资。此为选人迁转之法。若京官则有出身与无出身，其制迥异。如承务郎有出身，循一资为承事郎，循两资为宣教郎；无出身则循一资为承奉郎，循两资方为承

---

① 《四朝闻见录》甲集，页一七下。
② 《宋会要稿》册一一二《选举》一二之二。

事郎。时应试者皆限有出身人，故循资亦须按有出身人循资之法，所谓"自承务郎以上比类推恩者"，即依京官迁转定格循资之谓也。

词学兼茂科之分等循资仍依往例，惟增：

> 随资任内外差遣，已系堂除人，优与升擢，内文理超异者，取旨除馆职。①

一条。宋制有官有差遣——官者指散官而言，如迪功郎之类；差遣者，指所任职事而言，如知州知县之类。"随资任内外差遣"者，即依其所循之资及旧日所任之差遣，另与以新差遣也。堂除者"都堂奏差"②之谓。其时京官选人铨叙皆由吏部，若有特殊勋劳，得由三省直接奏明委任，获差较候选于吏部为速，故热中者皆视堂除为捷径。"已系堂除人"，自属尝有劳绩者，既中词科，理应优遇，故明诏与以升擢也。宋世昭文馆、史馆、集贤院，总称三馆，向目为储材之地。凡本官、差遣之外，更带三馆职衔者曰馆职。元丰后，三馆皆废，而以秘书省代之，凡秘书省官，如校书郎、正字之类亦皆谓之馆职。馆职为文臣清贵之选，与明清之翰林院相仿佛，故诏书特令"文理超异者"得"取旨除馆职"焉。

博学宏词科，衡文分等，易二为三，曰上，曰中，曰下。其待遇则：

> 上等：有出身人转一官，选人与改官；无出身人赐进士及

---

① 《宋会要稿》册一一二《选举》一二之六。
② 赵昇《朝野类要》（《知不足斋丛书》本）卷三，页三下。

第:并免召试除馆职。中等:有出身人减三年磨勘,与堂除差遣;无出身人赐进士出身:择尤召试馆职。下等:有出身人减二年磨勘,与堂除差遣一次;无出身人赐同进士出身:遇馆职有阙,亦许审察召试。①

按:此次改易科名,任子亦得应试,故特标明有无出身之分。其时进士第一、二甲曰赐及第,第三甲曰赐出身,第四、五甲曰赐同出身。此盖以词科上等比一、二甲进士,中等比三甲进士,下等比四、五甲进士,故亦有赐及第、赐出身,及赐同出身之别。又其时官之迁转,皆有定年,任内劳绩过失,每年有"考",吏部覆查其"考"之优劣而缩展其迁转年限,是曰磨勘。如一官应四年一转者,倘"考"在优等,吏部可减其迁转之限一年——至第三年末即可迁转——是为减一年磨勘。反之,倘"考"列下等,吏部亦可增其迁转之限一年——须至第五年末方得迁转——是为展一年磨勘。所考之等既不同,故待遇亦有转官、减磨勘三年或二年之异也。

词学科不分等,凡中格者,即与堂除教授,已系教授资序及京官不愿就教授者,京官减磨勘,选人循一资。② 盖试既较易,待遇自不得不稍低矣。

有宋词科前后待遇,大致如上述,惟亦每有例外。如政和四年孙觌,宣和三年李公彦,皆以次等中科,依格,仅应循一资或与堂除差遣而已;既非上等,文理自难超异,不应除以馆职,惟二人皆特除秘书省正字。又如绍兴十二年,洪遵考列中等。遵系由任子进者,

---

① 《宋会要稿》册一一二《选举》一二之一一。
② 《续文献通考》卷三七,页一上。

依格仅应赐进士出身或召试馆职而已,惟高宗以其父皓陷于女真,特不由召试,即除秘书省正字。又如淳熙二年赵彦中考入下等,依格仅应减二年磨勘与堂除差遣一次而已,惟以系宗室,特超两资,由修职郎一跃而为文林郎。君主时代,法制虽立,在上者每可随意志而变通,此种特例,代有其事,不足怪也。

六　宏词登科官职录

宏词首科为绍圣二年,末科为大观三年,首尾共十五年。崇宁三、四两年,大观元、二两年未取人,故仅十一科。初定每科取录不得过五人。实际取及五人者仅两科,余取三人、二人、一人不等,十一科共取三十一人。

(一) 哲宗绍圣二年乙亥科——五人[①]

黄符　字信叔,抚州临川人。绍圣元年进士。以衡州司法参军应试,考入次等,循一资。官至秘书郎。[②]

罗畸　字畴老,南剑州沙县人。熙宁九年进士。以滁州司法参军应试,考入次等,循一资,除华州教授。历太学录,太常博士,秘书少监,以右文殿修撰出知庐州,改知福州,处州,卒。[③]

[①]　各科皆依名次排,未注出处各条皆系依《宋会要稿》册一一二。
[②]　光绪《抚州府志》,卷四二,页六下。陆心源《宋诗纪事补遗》(光绪一九年陆氏刊本)卷三〇,页九下,作金谿人。
[③]　同治《福建通志》卷一四七,页三七上及卷一八九,页一七上。

高茂华　字秀实,真定府元氏人,迁开封府祥符县。以开封县主簿应试,考入次等,循一资。官至承议郎。入元祐党籍。①

赵鼎臣　字承之,滑州韦城人。元祐中进士。以真定府户曹参军应试,考入次等,循一资。宣和中以右文殿修撰知邓州,入为太府卿。②

慕容彦逢　字叔遇,常州宜兴人。元祐三年进士。以瀛州防御推官知鄂州崇阳县事应试,考入次等,循一资,除越州教授。官至刑部尚书。③

(二) 绍圣三年丙子科——三人

林虙　福州福清人。元祐六年进士。以开封县主簿详定军马司敕例删定官应试,考入次等,循一资,迁太学正。历起居舍人,朝请大夫,秘阁修撰。④

刘弇　字伟明,吉州安福人。元丰二年进士。以宣德郎知嘉州峨眉县应试,考入次等,循一资,改奉议郎,太学博士。历秘书省正字,礼部参详官。终朝奉郎,秘书省著作佐郎,实录院检讨官。⑤

滕及　以昭庆军节度推官知舒州望江县应试,考入次等,循

---

① 陆心源《宋史翼》(光绪三二年陆氏刊本)卷二七,页二上。
② 陈振孙《直斋书录解题》(光绪九年江苏书局刊本)卷一七,页二八上。"韦城",赵鼎臣《竹隐畸士集提要》下作"卫城",恐误。
③ 《宋史翼》卷二七,页二下。
④ 同治《福建通志》卷一四七,页三七上。《宋史翼》卷四〇,页三下。
⑤ 李彦弼《宋故刘学士伟明先生墓志铭》(附《龙云先生文集》后),"循一资"系从《宋会要稿》册一一二《选举》一二之四下。《弇集》卷一二,页六下《谢中宏词启》作"减二年磨勘"。

一资。

(三) 绍圣四年丁丑科——正试四人,别试一人,共五人

吴兹　滁州全椒人。以陈州项城县令应试,考入次等,循一资。①

周焘　以宣义郎应试,考入次等,循一资。②

王孝迪　寿春府下蔡人。以杭州余杭县尉应试,考入次等,循一资。历官知庐州,拜中书侍郎,罢为资政殿学士,提举西京嵩山崇福宫。③

方叔震　兴化军兴化人。元祐六年进士。以瀛州防御推官知潭州湘潭县应试,考入次等,循一资,授从政郎,曹州教授。④

吴开　字正仲,滁州全椒人。以澶州司理参军应别试,考入次等,循一资。靖康初,为翰林学士承旨;二帝北狩,颇助金人为虐。高宗初,改龙图阁学士,提举江州太平观。寻夺职,永州安置。再贬南雄州居住。秦桧曾为开所荐。桧得政,赦开还,居赣上。⑤

---

① 光绪《安徽通志》卷一五四,页一〇下。
② 按:王偁《东都事略》(光绪九年淮南书局刊本)卷一一四,页三下,谓周敦颐子名焘,官宝文阁待制。又吴廷燮《北宋经抚年表》(开明书店《二十五史补编》本)页一〇〇,知扬州,及一一七,知成都府者均有周焘。又光绪《道州志》卷七,页四下谓:焘字通老,一字次元,元祐三年登第。不知即此登词科者否?
③ 《北宋经抚年表》页一〇三。《建炎以来系年要录》卷二二,页二下。
④ 同治《福建通志》卷一四七,页三上。
⑤ 光绪《安徽通志》卷一五一,页七上。王明清《挥麈余话》(《学津讨原》本)卷二,页三〇上,谓开为滁人,不敢还乡里,卜居赣上。《宋史翼》卷四〇,页一六下,谓开为汀州清流人。盖由赣上移寓,遂占籍者。

（四）元符元年戊寅科——三人

丘郲　和州人。元祐六年进士。以宣州泾县主簿应试,考入等。①

吉观国　通利军人。② 以江宁府右司理参军应试,考入等,除河中府教授。

王天倪　以辰州司理参军应试,考入等,除华州教授。

（五）元符二年己卯科——一人

谢懋　字彦章,邵武军建宁人。绍圣元年进士。以睦州司理参军应试,考入次等,循一资。历官宣德郎河北路提举常平。忤蔡京,左迁虢州通判,又责监漳州税。后通判潭州,召除主客郎中,假太常少卿接并高丽使,卒。③

（六）元符三年庚辰科——一人

葛胜仲　字晋卿,润州丹阳人。绍圣元年进士。以兖州教授应试,考入次等,循一资,除太学正。历官太常少卿,太子谕德,出

---

① 光绪《安徽通志》卷一五四,页一一上。
② 凌迪知《万姓统谱》（明汲古阁刊本）卷一〇五,页七上。
③ 同治《福建通志》卷一八三,页三〇上。

知汝州、湖州,卒。《宋史》卷四四五有传。①

(七) 徽宗建中靖国元年辛巳科——三人

晁咏之　字之道。以新信阳军司理参军应试,考入次等,循一资,除河中府教授。官至朝请郎,提点崇福宫。②

程量　以未授官进士应试,考入次等,依新进士应授官循一资。

孙宗鉴　以新颍昌府户曹参军应试,考入次等,循一资。

(八) 崇宁元年壬午科——三人

王云　字子飞,泽州人。以定州司法参军应试,考入次等,循一资。历官秘书省校书郎,起居舍人,中书舍人。靖康元年以给事中使金营,拜兵部尚书。又以资政殿学士副康王北使,至磁州,为乱民所杀。《宋史》卷三五七有传。

石悆　字敏若,太平州芜湖人。元符三年进士,未授官,应试考入次等,依新进士应授官循一资。后为密州教授。③

谢潜　汀州长汀人。绍圣四年进士。以前衢州司法参军应

---

① 按:此科仅胜仲一人,而《宋史》谓胜仲"试学官及词科皆第一"。措辞虽冠冕,而实可笑也。

② 晁公武《郡斋读书志》(光绪一〇年长沙王氏刊本)卷一九,页三九上。《宋史》卷四四四有《咏之传》,甚简而多颠倒。

③ 民国《芜湖县志》卷五〇,页一上,《直斋书录解题》卷一七,页二五上,《词学指南》皆作石悆,惟《宋会要稿》作石惎,恐误。

试,考入次等,循一资,调瀛州教授。入元祐党籍。更赦,历知古田、建阳、建宁、弋阳等县,终奉议郎。①

(九) 崇宁二年癸未科——二人

祝天辅　字德升,滑州人。以儒林郎新耀州教授应试,考入次等,循一资。②

杜林　以登州防御推官知会州新会县应试,考入次等,循一资。

(一〇) 崇宁五年丙戌科——二人

孙近　字叔诣,常州人。崇宁二年进士。以前衢州司理参军应试,考入次等,循一资。历官秘书少监,起居郎。以吏部侍郎直学士院,以吏部尚书兼权翰林学士。出知绍兴府。入为翰林学士承旨,拜参知政事,改提举洞霄宫,卒。③

王劼　温州永嘉人。元符三年进士。以通仕郎新虔州赣县令应试,考入次等,循一资。后官陕西提举常平。④

---

① 同治《福建通志》卷一四八,页三下。
② 按:赵鼎臣《竹隐畸士集》(《四库全书珍本》)卷一〇,页一五下《贺祝氏启》,谓"有如吾里,密迩王国……至乃阖郡无应书者累年,遂令后生益绝望于前辈……犹赖吾友再张我军"云云。赵为滑州韦城人,故知祝亦滑州人也。
③ 何异《宋中兴学士院题名录》(《藕香零拾》本)页二下及三下;陈骙《南宋馆阁录》(《武林掌故丛编》本)卷七,页三下及卷八,页四下。
④ 光绪《永嘉县志》卷一一,页一二上。

（一一）大观三年己丑科——三人

樊察　以将仕郎保安军司理参军应试,考入次等,循一资。

李靴　字彦渊,杭州富阳人,崇宁二年进士。以通仕郎越州余姚县尉应试,考入次等,循一资,授国朝会要所检阅,改官刊正谥法。出提举广州市舶。入为比部郎,迁吏部,除将作监。出为福建路提点刑狱,移江南东路,卒。①

李子奇　以登仕郎应试,考入次等,循一资。

以上三十一人,曾掌书命者有吴开、王云、孙近三人,官执政者王孝迪孙近二人。余二十七人,或仅至侍从,或位终不显。宋人目词科为登瀛;惟神山虽到,而能飞升者终不甚多也。若吴兹吴开兄弟,同年登科,或足为词林佳话欤？

七　词学兼茂登科官职录

词学兼茂首科为政和元年,末科为建炎二年,首尾共十八年。初为一年一科,宣和六年改三年一科,故十八年中仅十五科。初不得取过三人,政和二年改不得过五人,而及五人者仅一科,余则三人、二人、一人不等。通十五科共取三十六人。

---

① 咸淳《临安志》卷六六,页二〇上。

（一）徽宗政和元年辛卯科——三人

谭世勋　字彦成，潭州长沙人。以郴州教授应试，考入上等，除秘书省正字。历官中书舍人，礼部侍郎。张邦昌僭位，令权直学士院，称疾不起，卒。《宋史》卷三五七有传。

蔡经国　抚州临川人。以儒林郎应试，考入上等，改官，堂除差遣，赐名纯臣。①

俞授能　通州人。绍圣四年进士。以通仕郎应试，考入次等，循两资，堂除差遣。②

（二）政和二年壬辰科——五人

滕康　字子济，应天府宋城人。崇宁五年进士。以文林郎兴元府教授应试，考入次等，循一资，除秘书省正字。历官著作佐郎，起居舍人，中书舍人，翰林学士，端明殿学士，同签书枢密院事，提举明道宫，卒。③

卢益　以文林郎应试，考入次等，循一资，试辟雍博士。历官兵部侍郎，权直学士院，擢兵部尚书，除同知枢密院事，拜尚书左丞，力辞，予祠去。④

---

① 光绪《抚州府志》卷四二，页七下。
② 乾隆《通州直隶州志》卷一三，页三下。
③ 汪藻《浮溪集》（四部丛刊本）卷二六，页二三上，《滕子济墓志铭》。《宋史》卷三七五有传。
④ 《宋中兴学士院题名录》页一下，《建炎以来系年要录》卷一八，页二二下，又卷二一，页一八上。

李熙靖　字子安,常州晋陵人。以文林郎海州司理参军应试,考入次等,循一资,试太学正,迁博士。历官大常少卿,中书舍人。改显谟阁待制提举醴泉观。张邦昌欲污以伪命,不受,卒。①

薛仓舒　以奉议郎应试,考入次等,循一资,为太仆丞。

曹辅　字载德,南剑州沙县人。元符三年进士。以通仕郎应试,考入次等,循一资,充详定敕令所删定官。历官秘书省正字,监察御史,给事中,御史中丞,拜延康殿学士签书枢密院事。南渡后卒。②

(三) 政和三年癸巳科——一人

孙傅　字伯野,海州人。以文林郎隆德府司兵曹事应试,考入次等,循一资。历官秘书省正字,校书郎,监察御史,给事中,兵部尚书。拜尚书右丞,改同知枢密院事。靖康之难,死于女真。《宋史》卷三五三有传。

(四) 政和四年甲午科——三人

孙觌　字仲益,常州晋陵人。大观三年进士。以将仕郎应试,考入次等,循一资,除秘书省正字。历官侍御史,翰林学士。以献媚金人,初贬峡州,再谪岭表。召还,为吏部侍郎,兼权学士院。以赃罪斥提举鸿庆宫。③

---

① 《东都事略》卷一〇九,页七上。《宋史》卷三五七有传。
② 同治《福建通志》卷一七七,页一九上。《宋史》卷三五二有传。
③ 《直斋书录解题》卷一八,页五上。《中兴学士院题名录》页一下,又参觊之《鸿庆居士集》。

王志古　以通仕郎应试,考入次等,循一资,充国朝会要所检阅文字。

滕庚　字子端,康之弟。崇宁五年进士。以通仕郎陈州商水县丞应试,考入次等,循一资为文林郎,充九域图志所编修官。历秘书省正字,著作佐郎,终权太常少卿。①

(五) 政和五年乙未科——三人

胡交修　字己楙,常州晋陵人。崇宁二年进士。以儒林郎应试,考入次等,循一资,充编类国朝会要所检阅文字。历太常博士,起居舍人,中书舍人,以给事中直学士院,进刑部侍郎,翰林学士,迁尚书,后除端明殿学士知合州卒。②

李木　以将仕郎应试,考入次等,循一资。

张忞　字处文,镇江金坛人。政和二年进士。以将仕郎应试,考入次等,循一资。历官秘书省正字,校书郎,中书舍人卒。③

(六) 政和六年丙申科——三人

曹中　字德久,辅族弟,与辅同年登进士第。以宣义郎江宁府上元县尉应试,考入上等,循两资,除秘书省正字。历著作佐郎,出

---

① 周必大《益国文忠公集》(道光二八年欧阳氏刊本),《省斋文稿》卷二九,页一九上,《权太常少卿赠银青光禄大夫滕公神道碑》。"庚",《宋会要》误作"庾"。

② 孙觌《鸿庆居士集》(光绪二一年武进盛氏刊)卷四二,页二下,《宋故端明殿学士左朝散大夫致仕……赠左中大夫胡公行状》。《宋史》卷三七八有传。

③ 《京口耆旧传》(《守山阁丛书》本)卷七,页一四上。

知永州,以事罢,官至左朝奉郎。①

艾晟　字孚先,真州仪真人。崇宁二年进士。以宣教郎应试,考入次等,循一资。历秘书省校书郎,兼编修六典文字。出通判隰州,越州。终考功员外郎。②

王谌　字子信,阳羡人。元符中进士。以宣教郎应试,考入次等,循一资,书局差遣。③

(七) 政和七年丁酉科——三人

李正民　字方叔,扬州广陵人。政和二年进士。以迪功郎应试,考入上等,改官,除秘书省正字。南渡后,历中书舍人,礼部吏部侍郎,徽猷阁待制。④

薛嘉言　字献可,温州永嘉人。政和五年进士。以迪功郎应试,考入次等,循一资,书局差遣。历官知台州。⑤

宋惠直　字子温,太平州当涂人。崇宁二年进士。以文林郎应试,考入次等。循一资,书局差遣。历太常博士。周公望使金,辟以随行,卒于高邮僧舍。⑥

---

① 同治《福建通志》卷一七七,页二〇上。胡寅《斐然集》(《四库珍本》)卷二六,页八上,《左朝奉郎曹君墓志铭》,谓中登建中靖国元年进士。考建中靖国元年无进士科,似误。
② 《万姓统谱》卷九七,页一八下。
③ 《宋诗纪事补遗》卷八三,页八上。
④ 《四库全书总目》(大东书局本)卷五二,页三下,又卷一一六,页九上。
⑤ 光绪《永嘉县志》卷一五,页二上。
⑥ 光绪《安徽通志》卷二〇九,页二上。

（八）政和八年（即重和元年）戊戌科——三人

崔嗣道　以迪功郎新河中府河东县主簿应试，考入上等，循两资。

宇文彬　汉州绵竹人，元丰中进士。以奉议郎前高邮军教授应试，考入次等，循一资，与差遣。①

张守　字子固，常州晋陵人。崇宁元年进士。以从事郎前越州会稽县丞应试，考入次等，循一资，为详定《九域图志》编修官。历监察御史，起居郎，直学士院，迁御史中丞，改翰林学士，拜签书枢密院事，参知政事，权知枢密院事。《宋史》卷三七五有传。

（九）宣和元年己亥科——三人

陆韶之　字虞仲，杭州钱塘人。元符三年进士。以海州教授应试，考入次等，循两资，除敕令所删定官，会减员，改授大晟府按协声律，编集舒王遗文检讨官。历通判宣州，摄郡事。除太常丞，擢监察御史，未拜，卒。积官至朝奉郎。②

王俊　上虞人。大观三年进士。以从事郎新冀州教授应试，

---

① 民国《绵竹县志》卷一一，页一下。
② 张守《毗陵集》（《武英殿聚珍版丛书》本）卷一二，页五下，《朝奉郎陆虞仲墓志铭》。《宋会要稿》谓韶之应试时之官为"朝奉郎海州州学教授"，似误。盖由张守所撰墓志，知其积官仅至朝奉郎，则应词科时必不能为朝奉郎。考咸淳《临安志》卷六一，页八下，亦云韶之为"朝奉郎，海州州学教授"，与《宋会要稿》同。则知此误在宋时已然，非徐星伯辑《宋会要》时钞胥之咎也。

174

考入次等,循两资,除博士。①

李长民　字元叔,正民之弟。以迪功郎新泗州司士曹事应试,考入次等,循两资,除宗学博士,迁秘书省正字。南渡后历官司农寺丞,吏部郎,出知鄜州,入为大监。②

(一〇) 宣和二年庚子科——三人

范同　字择善,江宁府江宁人。政和五年进士。以从事郎前鄂州教授应试,考入次等,循一资。以附秦桧主和之议,建夺诸将兵柄之谋,不一年,由吏部员外郎,给事中,兼直学士院,除翰林学士,拜参知政事。后为桧所恶,嗾万俟卨攻出之,终知太平州。《宋史》卷三八〇有传。

刘才邵　字美中,吉州庐陵人。大观二年上舍及第。以通仕郎应试,考入次等,循一资。历校书郎,秘书丞,起居舍人,中书舍人兼权直学士院,终显谟阁直学士。《宋史》卷四二二有传。

---

① 光绪《上虞县志》卷四,页一下。
② 《南宋馆阁录》卷八,页五上。王应麟于《词学指南》中统计词学兼茂登科者有李氏兄弟相踵之言。余即疑正民、长民为昆季。继读《四库全书总目·大隐集提要》及《南宋馆阁录》,知二人皆籍扬州广陵,益知所疑之未误。追读正民子洪《芸庵类稿》(《四库全书珍本》)卷六,页二九下,《祭大监季父文》,知其曾知鄜州,而商务印书馆缩印之《湖北通志》卷一一一,页二六七六载长民于绍兴二十年知鄜州,于是向所疑者乃得释,知长民确为正民之弟也。又光绪《嘉兴府志》卷四四,页二四下,谓长民为嘉兴人,或南渡后流寓未返,与其兄正民之居海盐同一情形也。又《宋会要稿》册一一二《选举》一二之九,谓陆韶之、王俊、李长民皆"考入次等依格循两资",似亦有误,盖次等依格应循一资,若循两资乃破格,非依格。而依格循两资为考入上等之待遇,《会要》所云非"次"等,为"上等"之误,即"两资"为"一资"之误。以不知孰误,故仍原文,不与改正。

欧阳璙　临江军清江人。大观三年进士。以从政郎应试,考入次等,循一资。①

(一一) 宣和三年辛丑科——一人

李公彦　字元德,抚州临川人。元符三年进士。以承议郎新详定一司敕令所删定官应试,考入次等,循一资,特除秘书省正字。官至工部侍郎。②

(一二) 宣和四年壬寅科——一人

曾益柔　临江军清江县人。崇宁二年进士。以文林郎建州教授应试,考入次等,循一资。③

(一三) 宣和五年癸卯科——一人

秦桧　字会之,江宁府江宁人。政和五年进士。以迪功郎前密州教授应试,考入次等,循一资。后官宰辅,《宋史·奸臣传》有传。

(一四) 宣和六年甲辰科——二人

何抡　字抡仲,永康军青城县人。宣和三年上舍及第。以迪

---

① 同治《临江府志》卷一二,页六下。
② 《宋诗纪事补遗》卷三一,页五上。
③ 同治《临江府志》卷一二,页六上。

功郎应试,考入上等,循两资。历著作郎,秘书少监,出知邛州。①

袁植　字材老,常州无锡人。崇宁二年进士。以奉议郎应试,考入次等,循一资。历监察御史,左司谏。出守岳州,李允文反,遇害。②

(一五) 高宗建炎二年戊申——一人

袁正功　植弟。大观三年进士。以朝奉郎应试,考入次等,循一资。③

以上三十六人,名位不显或仅至从官者二十三人,曾掌内外制者有谭世勣、滕康、卢益、李熙靖、孙觌、胡交修、张悫、李正民、张守、范同、刘才邵等十一人,至宰执者有滕康、卢益、曹辅、孙傅、张守、范同、秦桧等七人。其中:滕康、庾,李正民、长民,袁植、正功,皆兄弟相踵登科,可称盛事矣。

八　博学宏词登科官职录 附词学科

博学宏词首科为绍兴五年,末科为开庆元年,首尾共一百二十五年。其间或开科而无录取,取人之科仅二十有五。制定每科取不得过五人,④但向无及四人者。故二十五科所取仅四十人,平均每科尚不及二人也。

---

① 《南宋馆阁录》卷七,页四上及八上。
② 光绪《金匮无锡合志》卷二三,页三上。
③ 同上,卷一七,页二四下。《建炎以来系年要录》谓:"词学兼茂科朝奉郎袁正功合格,诏减二年磨勘。"
④ 据《宋会要》所载,每有一科前诏取几人之时,似初虽定取五人,后又数有变更也。

177

（一）高宗绍兴五年乙卯科——二人

王璧　字炳文，四明人。宣和六年进士。以左修职郎新详定一司敕令所删定官应试，考入下等，减二年磨勘。历秘书省正字，校书郎，出通判福州。①

石延庆　字光锡，绍兴府新昌县人。绍兴二年进士。以迪功郎明州教授应试，考入下等，减二年磨勘，迁左修职郎。历左从政郎，左宣教郎，添差通判台州。官至左朝请郎。②

（二）绍兴八年戊午科——三人

詹叔羲　字仲和，信州玉山人。绍兴五年进士。以左迪功郎新鄂州武昌县尉应试，考入中等，减三年磨勘，与堂除差遣。历官监岳庙，荆南教授。③

陈岩肖　字子象，婺州金华人。以右迪功郎新平江府司理参军应试，考入下等，赐同进士出身。历官秘书少监，兼恭王府直讲，权礼部侍郎，官至兵部侍郎。④

---

　　① 《南宋馆阁录》卷八，页二上，又六上。《万姓统谱》卷四四，页二〇下作字子润。道光《宁梅府志》卷一七，页五下作慈谿人。

　　② 王之望《汉滨集》（《湖北先正遗书》本）卷一五，页八上，《故左朝请郎石君墓志铭》。

　　③ 同治《广信府志》卷七之一，页三上，及卷九之三，页五三下。

　　④ 《容斋三笔》卷一〇，页二上；《南宋馆阁录》卷七，页五下。"礼部侍郎"，何异《中兴东宫官僚题名》（《藕香零拾》本）页七上作"工部侍郎"，未知孰是。又《建炎以来系年要录》卷一二〇，页一上谓岩肖考入中等，又谓赐同进士出身。依例：中等赐进士出身，今云赐同进士出身，显系下等；《宋会要》是而《系年要录》非也。

王大方　处州丽水人。以左迪功郎新饶州鄱阳县东尉应试,考入下等,减二年磨勘,与堂除差遣。①

(三) 绍兴八年壬戌科——三人

洪遵　字景严,饶州鄱阳人。以右承务郎新提辖行在杂买务杂卖场应试,考入中等,赐进士出身,授秘书省正字。词科中选即入馆;自遵始。历起居郎,权直学士院,中书舍人,翰林学士,同知枢密院事,提举洞霄宫,卒。《宋史》卷三七三有传。

沈介　字德和,湖州德清人。绍兴八年进士,未授官,应试,考入下等,减应授官二年磨勘,除敕令所删定官。历秘书省正字,校书郎,秘书少监,权吏部侍郎。出知平江,成都,潭州。官至左中奉大夫,权兵部尚书。②

洪适　更名适,字景伯,遵之兄。以右承政郎新浙西提举茶盐司干办公事应试,考入下等,赐同进士出身,除敕令所删定官。改秘书省正字,进掌内外制,除端明殿学士签书枢密院事,进参知政事,遂拜相。丐祠,卒。③

(四) 绍兴十五年乙丑科——三人

汤思退　字进之,处州缙云人。以右从政郎新建州政和县令

---

① 《建炎以来系年要录》卷一二〇,页一上。
② 《南宋馆阁录》卷七,页四下,卷八,页二下,六下,一一上。《宋史翼》卷一二,页一五下。吴廷燮《南宋制抚年表》(开明书店《二十五史补编》本)页三九及四七。
③ 《益国文忠公集·平园续稿》卷二七,页一四上,《丞相洪文忠公神道碑》。《宋史》卷三七三有传。

应试,考入中等,赐进士出身,除秘书省正字。以秘书少监兼权直学士院。由礼部侍郎除端明殿学士签书枢密院事,进参知政事,遂拜相。思退依附秦桧,故升用甚速,南渡后误国诸人之一也。①

王曮　字日严,扬州广陵人。以右朝奉郎行太府寺主簿应试,考入中等,赐进士出身,授秘书省正字。前后以起居舍人及权礼部侍郎兼直学士院,除中书舍人。由给事中拜翰林学士,进承旨,改端明殿学士,予祠去。②

洪迈　字景卢,遵之弟。以右承务郎新两浙路转运司干办公事应试,考入下等,赐同进士出身,除敕令所删定官。历起居舍人,起居郎,中书舍人,兼直学士院。出知赣、婺等州。召同修国史,拜翰林学士,以端明殿学士致仕,卒。③

(五) 绍兴十八年戊辰科——二人

周麟之　字茂振,江宁人。绍兴十五年进士。以左迪功郎新常州武进县尉应试,考入下等,减二年磨勘。历秘省书正字,著作佐郎,

---

① 《南宋馆阁录》卷八,页六下,《中兴学士院题名录》页五上。《宋史》卷三七一有传。
② 《中与学士院题名录》页五上,六下,七下。《南宋馆阁录》卷八,页六下,一〇上,一三上。曮考入何等,《宋会要》未言明,惟《南宋馆阁录》谓为"博学宏词进士出身",知其系中等也。
③ 《中兴学士院题名录》页六下,八下。《南宋馆阁录》卷八,页三上。《宋史》卷三七三有传。《建炎以来系年要录》卷一五三,页一一下谓"左从政郎……汤思退,左朝奉郎……王曮……左承务郎洪迈……以博学宏词合格赐第"云云。按官冠"左"者皆为出身人,无庸再行赐第,"左"字显为"右"字传刻之误。

著作郎,起居舍人,中书舍人,翰林学士,官至同知枢密院事。①

季南寿　字元衡,处州龙泉人。绍兴五年进士。以左从政郎新婺州教授应试,考入下等,减二年磨勘。历秘书省校书郎,考功员外郎,改吏部员外郎兼庆王府直讲,除起居舍人。以直秘阁领宫观去。②

(六) 绍兴二十一年辛未科——二人

莫冲　字子中,开封人。绍兴十八年进士。以左迪功郎监潭州南岳庙应试,考入下等,减二年磨勘。历秘书省正字,校书郎,出知饶州。③

叶谦亨　字伯益,处州丽水人。绍兴十八年进士。以左迪功郎临安府钱塘县主簿应试,考入下等,减二年磨勘。历秘书省正字,校书郎,吏部员外郎,兼国史院编修,官至起居郎。④

(七) 绍兴二十四年甲戌科——二人

莫济　字子齐,冲之兄,绍兴十五年进士。以左从事郎新平江

---

① 《南宋馆阁录》卷七,页八下,一二上;卷八,页六下,一〇上。《建炎以来系年要录》卷一五七谓麟之为海陵人。今从《馆阁录》。

② 《南宋馆阁录》卷八,页三上。《中兴东宫官僚题名录》页六上。《容斋三笔》卷一〇,页二上谓"叶伯益季元衡至左右史",似南寿官仅至起居舍人也。

③ 《绍兴十八年同年小录》(《宋元科举三录》本)页四六上,作湖州归安人,《建炎以来系年要录》卷一六二,页八上,亦谓冲为归安人,盖南渡后著籍者。《南宋馆阁录》卷八,页四上,七下。

④ 《南宋馆阁录》卷八,页三上,七上,一一上,一三下。

府录事参军应试,考入下等,减磨勘二年,与堂除差遣一次。历秘书省校书郎,著作佐郎,礼部员外郎,宗正少卿,秘书监,一为中书舍人,两直学士院。①

王端朝　字季羔,开德府人,南渡,家溧阳。绍兴二十一年进士。以左迪功郎监潭州南岳庙应试,考入下等,减二年磨勘,与堂除差遣一次。历太学录,秘书省正字,宗正丞,提举两浙市舶,知永州,官至承议郎。②

(八) 绍兴二十七年丁丑科——一人

周必大　字子充,吉州庐陵人。绍兴二十一年进士。以左迪功郎应试,考入下等,灭二年磨勘,除建康府学教授。历太学录,秘书省正字,监察御史,起居郎,叠掌内外制,除参知政事,拜枢密使,遂登相位,以少傅致仕。③

(九) 绍兴三十年庚辰科——一人

唐仲友　字与政,婺州金华人。绍兴二十一年进士。以左迪功郎衢州西安县主簿应试,考入下等,减二年磨勘,堂除差遣。历

---

① 《中兴学士院题名录》页七上,八上。《南宋馆阁录》卷七,页三上,一二下;卷八,页三下。
② 景定《建康志》(嘉庆覆刊本)卷四九,页三八上。"端朝",《宋会要稿》遗"朝"字,《词学指南》误作"瑞朝"。"季羔",《南宋馆阁录》卷八,页七上作"季高"。
③ 楼钥《攻媿集》(《四部丛刊》本)卷九四,页二上,《少傅观文殿大学士致仕益国公赠太师谥文忠周公神道碑》。《宋史》卷三九一有传。

秘书省正字，著作佐郎，出知信州。官至江西提刑，为朱熹劾罢。①

（一〇）孝宗隆兴元年癸未科——一人

吕祖谦　字伯恭，婺州金华人。以右迪功郎新严州桐庐县尉主管学事应试，考入下等，赐同进士出身，继以又中同年进士上第，减二年磨勘，堂除差遣。历南外宗学教授，太学博士，秘书省正字，秘书郎，著作佐郎，著作郎，卒。《宋史》卷四三四有传。

（一一）乾道二年丙戌科——一人

鲁可宗　秀州海盐人。隆兴元年进士。以左迪功郎新绍兴府新昌县尉应试，考入下等，减二年磨勘，堂除差遣。终左修职郎，南外敦宗院教授。②

（一二）乾道五年己丑科——二人

姜凯　字德安，信州玉山人。以左迪功郎新筠州教授应试，考入下等，减二年磨勘，堂除差遣，历官宣教郎。③

---

① 《宋史翼》卷一三，页一一上。《南宋馆阁录》卷七，页一三上，卷八，页八上。《建炎以来系年要录》卷一八四，"西安县主簿"作"西安县尉"，未知孰是，姑从《会要》。朱熹劾唐，为南宋一小公案，是非殊难定也。

② 《周益国文忠公集》，《省斋文稿》卷三四，页一上，《直敷文阁致仕鲁公墓志铭》。鲁公名訔，可宗父也。《宋会要稿》作"右迪功郎"。可宗有出身，不应为"右"官，今改正。光绪《嘉兴府志》卷四四，页三〇上谓可宗官至太常卿，大谬。

③ 同治《广信府志》卷九之三，页五四上。"凯"《会要》误作"觊"。

许苍舒　字子齐,镇江府丹徒人。隆兴元年进士。以左从政郎新广德军教授应试,考入下等,减二年磨勘,堂除差遣。历校书郎,著作佐郎,权秘书丞兼太常博士,仓部郎官,卒。①

(一三) 乾道八年壬辰科——二人

傅伯寿　字景仁,泉州晋江人。隆兴元年进士。以左迪功郎新建昌军教授应试,考入下等,减二年磨勘,堂除差遣。历著作佐郎,著作郎,礼部吏部员外郎,以将作大监兼直学士院,除中书舍人,拜翰林学士,官至端明殿学士签书枢密院事。②

汤邦彦　字朝美,镇江府金坛人。以右迪功郎前临安府富阳县主簿应试,考入下等,赐同进士出身。历秘书丞,起居舍人兼中书舍人,擢左司谏。使金还,贬归乡里。③

(一四) 淳熙二年乙未科——二人

李巘　字献之,济州人。以承务郎监行在左藏库中门应试,考入下等,赐同进士出身。历国子监丞,秘书郎,著作佐郎,著作郎,起居舍人,起居郎,中书舍人,给事中,礼部侍郎,尚书,数直学士

---

① 《京口耆旧传》卷二,页九上。《南宋馆阁录》卷七,页九上,卷八,页四下。
② 同治《福建通志》卷一九二,页三九下。《中兴学士院题名录》页九下,一○上,一○下。《南宋馆阁录》卷七,页八下谓伯寿河阳人。盖亦南波时,卜居晋江者。
③ 《京口耆旧传》卷八,页六上。《容斋三笔》卷一○,页二上谓邦彦官止右史。右史即起居舍人,又似未尝为中书舍人者。

院,真除翰林学士,后以宝文阁学士知婺州。①

赵彦中　字大本,秦王廷美之后。乾道五年进士。以修职郎荆门军录事参军应试,考入下等,以系宗室,特循文林郎。历秘书省正字,校书郎,著作佐郎,起居舍人,起居郎,中书舍人。自为校书郎时即权掌内制,惟迄未真除翰林学士。②

(一五) 淳熙五年戊戌科——二人

周洎　字子及,台州临海人。乾道二年进士。以从政郎监建康府户部赡军东酒库应试,考入下等,减二年磨勘,与堂除差遣。历官太学正,国子监主簿,卒。③

倪思　字正父,湖州归安人。乾道二年进士。以从事郎筠州军事判官应试,考入下等,减二年磨勘,堂除差遣。历秘书郎,著作郎,将作少监,中书舍人,吏部侍郎,礼部尚书。自为著作郎即直学院。终宝文阁学士提举嵩山崇福宫。《宋史》卷三九八有传。

(一六) 淳熙八年辛丑科——一人

莫叔光　字仲谦,绍兴府山阴人。隆兴元年进士。以从政郎滁州教授应试,考入下等,减二年磨勘,堂除差遣。历秘书省校书

---

① 《中兴学士院题名录》页八下、九上。《南宋馆阁续录》(《武林掌故丛编》本)卷八,页一上、六下,卷九,页九下、一二下、一八下、一九上。
② 同上,页八上。《南宋馆阁续录》卷八,页一八上、二三下;卷九,页一上,页一二下。
③ 康熙《临海县志》卷八,页九上。

郎,秘书郎,著作佐郎,著作郎,起居舍人,权吏部侍郎兼秘书监。①

(一七) 淳熙十一年甲辰科——一人

李拱　字应辰,镇江府金坛人。乾道五年进士。以从政郎临安府临安县丞应试,考入下等,减二年磨勘,添差堂除差遣一次。后三年,卒。②

(一八) 淳熙十四年丁未科——一人

陈岘　字俦南,温州永嘉县人。以从事郎应试,考入下等,赐同进士出身。历秘书省正字,校书郎,秘书郎,著作郎,驾部员外郎,礼部员外郎,秘书少监,秘书监兼学士院权直,中书舍人,兵部侍郎兼直学士院。以显谟阁待制致仕。③

(一九) 光宗绍熙元年庚戌科——一人

陈晦　字自明,湖州长兴人。淳熙初赐童子出身。应试及格,时相以其所试《周五射记》用襄尺字疑为犯濮王允让偏讳,未与推恩。庆元四年,兵部尚书刘德秀等以为言,乃诏依下等赐同进士出

---

① 《南宋馆阁续录》卷七,页七上;卷八,页一下、七上、一八上、二四上。嘉泰《会稽志》(民国影嘉庆重刊本)卷一五,页二八下。
② 《京口耆旧传》卷九,页七上。
③ 真德秀《真文忠公文集》(《四部丛刊》本)卷四四,页一上,《显谟阁待制致仕赠通奉大夫陈公墓志铭》,《南宋馆阁续录》卷七,页七下"俦"作"寿"。

身。历秘书郎,著作佐郎。以礼部员外郎兼翰林权直,除殿中侍御史。①

(二〇) 绍熙四年癸丑科——一人

　　陈宗召　字景南,福州福清人。淳熙二年进士。以宣教郎新知池州贵池县应试,考入下等,减二年磨勘,与堂除差遣一次。历秘书郎,著作佐郎,起居舍人,起居郎,中书舍人,礼部侍郎,工部尚书致仕。自为著作佐郎时即兼掌内制,终且真除翰林学士焉。②

(二一) 宁宗嘉泰二年壬戌科——一人(《宋会要稿》未载)

　　陈贵谦　字益甫,宗召子也。以任子应试,考入次等,赐同进士出身。历秘书省正字,校书郎,秘书郎,著作佐郎。自著作郎出知安庆府。累迁礼部郎中,终提点江东刑狱。③

(二二) 开禧元年乙丑科——二人

　　真德秀　字景元,建宁府浦城人。庆元五年进士。以从事郎

---

① 《南宋馆阁续录》卷八,页八下、一九上,卷九,页一〇、一三下、一四下、二五下、二六上。《中兴学士院题名录》页一二上。
② 同治《福建通志》卷一七三,页一八下。《南宋馆阁续录》卷八,页八上、一八下;卷九,页九上、九下、一八下、二〇上。《中兴学士院题名录》页一〇上。
③ 同治《福建通志》卷一七三,页一九下。《南宋馆阁录》卷八,页三上、九下、一九下、二五下;卷九,页二下。

南剑州军事判官应试,考入下等,减二年磨勘,堂除差遣一次。历秘书省正字,校书郎,秘书郎,著作佐郎,起居舍人。出守数郡,入为中书舍人,礼部侍郎。自为校书郎时即掌内制,遂真除翰林学士,拜参知政事。以疾乞祠,卒。《宋史》卷四三七有传。

留元刚　字茂潜,泉州晋江人。以承事郎兼福州海口镇税盐仓烟火公事应试,考中下等,赐同进士出身。历秘阁校理,太子舍人,军器少监,起居舍人,皆兼掌内制。以忧去。服阕,知温州,赣州,予宫观,罢。①

(二三) 嘉定元年戊辰科——一人(《宋会要稿》未载)

陈贵谊　字正父,宗召子,贵谦弟也。庆元五年进士。以四川制置司书写机宜文字应试,入等。历秘书郎,司封郎官,起居舍人,中书舍人。自为司封,即兼掌内制,继擢礼部侍郎,刑部、礼部尚书。以端明殿学士签书枢密院事,进拜参知政事,致仕,卒。《宋史》卷四一九有传。

(二四) 理宗宝祐四年丙辰科——一人

王应麟　字伯厚,庆元府鄞县人。淳祐元年进士。以从事郎新扬州教授应试,入等,添差浙西安抚司干办公事。屡更馆职,兼

---

①　《南宋馆阁续录》卷九,页二下,一五上,二六下。同治《福建通志》卷一四九谓元刚为永春人。

掌内制,除中书舍人。官至礼部尚书兼摄吏部尚书。国亡,不仕。[1]

(二五) 开庆元年己未科——一人

王应凤　字仲仪,应麟之弟。宝祐四年进士。应试入等,历浙西安抚司干办公事,迁主管架阁文字,出为淮西制置司参议官。召为太常博士,未上,卒。[2]

以上四十人,名位不显或仅至从官者二十一人,曾掌内外制者有洪遵、洪造、汤思退、王曮、洪迈、周麟之、莫济、周必大、傅伯寿、汤邦彦、李巘、赵彦中、倪思、陈岘、陈晦、陈宗召、真德秀、留元刚、陈贵谊、王应麟等二十人,至宰执者有洪遵、洪造、汤思退、周必大、傅伯寿、陈贵谊等六人。其中,三洪、二莫、二王,皆兄弟登科,陈氏且父子兄弟前后相踵,允称科场盛事。若跻贵显者之较前两科为多,尤词林荣遇也。

附词学科

词学一科前后不过七年,开科者仅嘉熙二、三、四年及景定二、四年五次。[3] 既以所试较易为世所轻,故有关之记述亦少。今知由此途以进者二人,皆于嘉熙二年登科。曰林存,闽县人,端平二年

---

[1]　张大昌《王深宁先生年谱》(光绪一六年浙江书局《玉海附刻》本),页九上。《宋史》卷四三八有传。
[2]　同上,页二上、一○上、一二上、一三上、三八上。
[3]　据《词学指南》各科题目统计。

进士，历官佥书枢密院事，进同知枢密院事，兼参知政事，出知建宁、潭州。曰卢壮父，侯官人，嘉定十三年进士，曾知瑞州，以太常少卿直学士院，兼权给事中云。①

九　词科琐录

(一) 宋人不以词科为制举

宋法汉唐，亦设制举，初置三科，继增为六，再益为九，终仅为一。② 其所试为论为策，与词科之试应用文字者既异，而目的在拔取非常人才，与词科之为预储代言之士者亦殊。若引试之由皇帝亲策，与词科之仅由三省看详者，体制隆杀，更不可同日而语。是以宋人对二者每分别而言，不予相混。陈均曰：

> 绍圣元年……五月……立宏词科。……九月，罢制科。③

---

① 同治《福建通志》卷一五〇，页一六上，万斯同《宋大臣年表》(开明书店《二十五史补编》本)页三二。《南宋制抚年表》页四二。
② 乾德二年置贤良方正能直言极谏，经学优深可为师法，详闲吏理达于教化三科。景德二年置贤良方正能直言极谏，博通典坟达于教化，才识兼茂明于体用，武足安边，洞明韬略运筹决胜，军谋宏远材任边寄六科。天圣七年置贤良方正能直言极谏，博通典坟达于教化，才识兼茂明于体用，详明吏理可便从政，识洞韬略运筹决胜，军谋宏远材任边寄六科；又置高蹈丘园、沉沦草泽、茂材异等三科，通为九科。熙宁中罢。元祐初仅复贤良方正能直言极谏一科。绍圣又罢。南渡后复，亦仅一科，终宋之世未变。详《宋会要稿》及《宋史·选举志》。
③ 《皇朝编年纲目备要》卷三四，页五下，八上。

宋词科考

《南宋馆阁录》汤思退李垕题名曰：

> 汤思退字进之……博学宏词进士出身。……李垕字仲言……制科出身。①

叶绍翁曰：

> 哲宗……罢制科……设词学科。……孝宗……复制策，而词学亦不废。②

此皆宋人不以词科为制举之证。又淳熙元年四月十日诏曰：

> 朕惟制科之设所以待非常之才也。昔我仁祖临御，亲选天下士十有五人，崇论竑议，载在方策。……肆朕绍纂洪业，侧席茂异，深诏执事，搜聘来上。……十有三年于今，应书者盖鲜。岂朕详延之礼未至欤？③

考孝宗自登位以迄下此诏时，词科取人，共有四次。倘词科即可目为制科，则诏安得云"应书者盖鲜"？《宋史·选举志》及《文献通考》皆以制举与词科混列，而《宋会要稿》于宏词科之上亦冠以"制科"二字，致一代典制真相不明，故略辟之。

---

① 卷七，页一上，七上。
② 《四朝闻见录》甲集，页二一下。
③ 《宋会要稿》册一一一《选举》一一之三二。此类求制举人才之诏前后数下，姑举其一。宋人著述可证当世不以词科为制举者尚多，不仅此数条也。

（二）宋人视词科不若制举之重

宋人书中，不乏讨论制举之作，而论词科者盖寡，——此足为重制举不重词科之暗示。惟其不重之也，故有叶适之论，曰：

> 自词科之兴，其最贵者四六之文，然其文最为陋而无用！士大夫以对偶亲切、用事精的相夸，至有以一联之工而遂擅终身之官爵者。此风炽而不可遏七八十年矣。前后居卿相显人、祖父子孙相望于要地者，率词科之人也。其人未尝知义也，其学未尝知方也，其才未尝中器也，操纸援笔以为比偶之词，又未尝取成于心而本其源流于古人也，是何所取而以卿相显人待之，相承而不能革哉！……既……为宏词，则其人已自绝于道德性命之本统……陷入于不肖而不可救。……盖进士制科，其法犹有可议而损益之，至宏词则直罢之而已矣！①

罗大经述杨万里不习词科本末曰：

> 杨诚斋初欲习词科。南轩曰："此何足惜[习？]——盍相与趣圣门德行乎！"诚斋大悟，不复习，作《千虑策》，论词科可罢。②

---

① 《水心集》（《四部备要》本）卷三，页一二上。
② 《鹤林玉露》（1926年涵芬楼排印本）卷三，页五下。

盖宋自元祐以后,理学渐盛,一派学者群趋于性命道德之途,恶浮文之能淫蔽性灵,故对词科不惜以恶言相诋也。

(三) 宋人对词科之称谓

宏词、词学兼茂及博学宏词乃科目官称,学士文人每避用之而予以别名,最普遍者为"词科"。刘弇以绍圣丙子登宏词科者也,而陈振孙曰:

> 《龙云集》……卢陵刘弇……撰。元丰进士,绍圣词科。①

葛胜仲以元符庚辰登宏词科者也,而陈氏亦曰:

> 《丹阳集》……江阴葛胜仲……撰。绍圣四年进士,元符三年词科。②

是为宏词称词科之例。孙觌以词学兼茂入等者也,而陈氏又曰:

> 《鸿庆集》……晋陵孙觌撰。大观三年进士,政和四年词科。③

秦桧亦以词学兼茂入等者也,而罗大经曰:

---

① 《直斋书录解题》卷一七,页二五下。
② 同上,卷一八,页五下。
③ 同上,卷八,页五上。

> 秦桧少游太学……善干鄙事,同舍号为"秦长脚"……既登第,又中词科。①

是为词学兼茂称词科之例。汤思退由博学宏词赐第者也,而王明清曰:

> 汤举者,处州缙云人……其子即进之思退也。后中词科,赐出身,尽历华要,位登元台。②

真德秀以进士中博学宏词者也,而周密曰:

> 真文忠公……中词科,遂为世儒宗焉。③

是为博学宏词称词科之例。
　　词学兼茂间有称宏词者,孙介为其父觌《鸿庆集》书后曰:

> 先君以明经擢儒科,继举宏词为第一。④

觌所中为词学兼茂,而其子称为宏词。博学宏词亦有宏词之称。吕祖谦与曾德宽书曰:

---

① 《鹤林玉露》卷五,页一上。
② 《玉照新志》(1925年涵芬楼排印本)卷二,页三下。
③ 《齐东野语》(1926年涵芬楼排印本)卷一,页八上。
④ 《鸿庆居士集》卷末所附。

> 小三弟欲习宏辞,此亦无害。①

时科目为博学宏词,而吕氏称为宏词。此以宏词称诸科之例。

宏词及词学兼茂或有称为词学者,洪适草陈岩肖礼部员外郎制曰:

> 太上皇帝取祖宗词学之科,新其名,更其制,始许公卿大夫之世与登进士第者角其艺而选之。②

制草于孝宗时,太上皇帝即高宗,所谓"祖宗词学"盖泛指旧日两科而言。博学宏词亦有词学之称。叶绍翁曰:

> 余尝访真文忠公,席间偶叩以今岁词学有几人。③

时为嘉定七年,所谓"词学"乃指博学宏词而言。此以词学称三科之例。

博学宏词,亦有颠倒缩减,称为宏博者。韩元吉回周垧[洎]谢中宏词启曰:

> 窃以国家设科取士,虽均为罗海内隽杰之才;天子制度考文,盖将以备朝廷著作之选。故于茂异之次,别设宏博之名。④

---

① 《吕东莱先生遗集》(雍正元年敬胜堂刊本)卷四,页三二下。
② 《盘洲文集》(《四部丛刊》本)卷二一,页七上。
③ 《四朝闻见录》甲集,页二三上。
④ 《南涧甲乙稿》(《武英殿聚珍本丛书》)卷一二,页一五上。

楼钥回留元刚启曰：

> 中宏博之科，风闻令誉；陈治安之策，首见雄文。①

而岳珂记洪遵等词科之试亦曰：

> 绍兴壬戌，南宫试宏博科……②

皆以宏博简称博学宏词之例也。

博学宏词，亦有以之比附制举称为大科者，张端义曰：

> 周益公与韩无咎同赋词科，试《交趾进象表》，有"备法驾之前陈"，此无咎句也；益公止改"陈"字作"驱"字，遂中大科。③

此例甚少，以宋人不视词科为制举故。若夫谓词科为"异"为"殊"，④皆属泛称，无足述矣。

---

① 《攻媿集》卷六二，页一一上。
② 《愧郯录》(《四部丛刊续编》本)。卷八，页八下。
③ 《贵耳集》(《津逮秘书》本)卷上，页二四上。
④ 赵师𥲅《祭周必大文》曰："惟公学为儒宗，道觉先民……重擢异科，经踬英躔"，是称词科为异科之例。又邓从谏《祭周氏文》曰："呜呼公乎！道德四朝之老，文章百世之师，殊科异等以振奋……"是称词科为殊科之例。皆见《周益国文忠公集》附录。

196

十　结论

　　唐朱泚之变，陆宣公草赦令，诸军奉书，感泣思奋，力战平贼。说者谓：静难之功虽云出于爪牙，而激发士气殊多由于陆氏。可知学士草诏，未必皆依样葫芦，台阁之文亦每有足动人者，特视笔下之运用如何耳。

　　宋之设科以求代言人才也，道学之士，莫不以为过举。夫由实用观之，繁文缛辞，无补治道，固矣；第国家体制所关，朝廷应用文字，众目所瞻，亦有不容草草者，似不可以一偏之见而妄致讥评者也。顾所尚之文体，则不无可议者焉。

　　词科试格，侧重四六。六朝以还，四六佳者，不为不多。惟其末流，遗精华而取糟粕，重技巧而忽性灵，大势所趋，每致连篇皆为故典，累牍半属陈辞，而其弊以宋代徽钦以还庙堂之文为尤甚。今试取南渡后文集观之，见所谓制、所谓诏、所谓敕、所谓诰者，即就佳制而言，虽皆声和韵协，音节铿锵，言用事，已精当无疵，言对偶，亦亲切莫二，但细读之，每不免味同嚼蜡。往者常以水心叶氏诋諆四六为偏激，今乃与之颇有同感。此无他，其文实少动人者故耳。倘在设科之初，力矫昔日之弊，虽不必追西京之深厚温雅，亦宜效后世之委婉平实。乃不此之图，而推波逐澜，变本加厉，上以此取，下以此应，迷途茫茫，终莫能返，用致北门西掖之选，半属雕辞琢句之徒。涂画葫芦，虽未尽依旧样；草拟书命，实多愧于古人。汉魏不必论，即求其能及唐之陆氏者，已不可睹矣。

（原载《燕京学报》第二五期）

宋代制举考略

制举兴于汉,盛于唐,而余绪延及于宋;虽与贡举同为选士之典,犹分别而称,原有异也。汉世州郡岁举秀才孝廉,上于公府,后世称之为贡举。倘国有大事,皇帝思闻人所欲言,每特下制诏,令举贤良方正能直言极谏之士,以求时政阙失,询民间隐瘼,后世名之曰制举。盖贡举为常选,而制举则必待诏而行。迄于有唐,贡举既有明经进士等科,制举亦以目綮繁,多至百数。[①] 宋之贡举,初法于唐,后乃稍变;而制举亦较唐代多所损益,若方以汉之贤良,其相差几不可以道里计矣。

科举典籍,列朝具备;其专考制举沿革者盖少。第汉制尚简,关于贤良典故,《两汉会要》已足参考;而徐松《登科记考》,亦可窥唐制之梗概。惟有宋三百余年,制举情况,尚无专述可观。不揣固陋,略就暇晷参稽所得,排比成编,用请益于精熟天水一朝掌故者。

一 宋代制举之沿革及科目

宋太祖受周禅,武事之余,颇重文教,因于乾德二年正月诏设

[①] 王应麟《困学纪闻》卷一四,页一二下(光绪八年四川刻本)谓唐制举有八十六科。徐松《登科记考》凡例页七上(《南菁书院丛书》本)谓有百余科。今从徐说。

贤良方正等科,曰:

> 炎刘得人,自贤良之选;有唐称治,由制策之科。朕耸慕前王,精求理本,焦劳罔怠,寤寐思贤,期得拔俗之才,访以经国之务。其旧置制举三科:一曰贤良方正能直言极谏,二曰经学优深可为师法,三曰详闲吏理达于教化……自设科以来,无人应制。得非抱倜傥〔者〕耻局于常调,效峭直者难罄于有司,必欲直对朕躬,以伸至业?士有所郁,予能发焉。今后不限内外职官……黄衣布衣,并许直诣阁门,进奏请应;朕当亲试,以进时贤。所在明扬,无隐朕意!①

是为宋设制举之始。先是,周世宗显德四年十月,曾应张昭之请,斟酌唐制,置贤良方正能直言极谏,经学优深可为师法,详闲吏理达于教化三科。② 惟抵周之亡,迄无一人应诏。乾德之设制举,盖重申前朝之令,故诏词有"旧置制举三科……自设科以来,无人应制"之语,而所置科目,亦胥同于显德也。

太宗之世,制举无闻。真宗咸平时,既屡试应制陈言之士,复于景德二年七月,用盛度等议,损益旧令,增广制科,其诏曰:

> 朕纂绍丕图,宪章前古……尚虑耿介之秀,遗逸于丘园;高尚之姿,隐沦于屠钓。……傥进善之未周,或俟时而兴叹。今复置贤良方正能直言极谏,博通典坟达于教化,才识兼茂明

---
① 《宋会要稿》册一一一《选举》一〇之六。(北平图书馆影印本)
② 薛居正《旧五代史》卷一一七,页八下。(五洲同文书局石印本)

于体用，武足安边，洞明韬略运筹决胜，军谋宏远材任边寄等科……许文武群臣草泽隐逸之士，应此科目。①

是为景德六科。迨大中祥符元年，时方东封西祀，粉饰升平，以天书符瑞，夸示四夷，于是上封者言，"两汉举贤良，多因兵荒灾变；今受瑞建封，不当复设"②。因之六科一时悉罢。后此二十年间，迄未复置焉。

仁宗天圣七年闰二月，夏竦等请复制举，广其科目，以收贤才。于是下诏酌改景德之制，置贤良方正能直言极谏，博通典坟达于教化，才识兼茂明于体用，详明吏理可使从政，识洞韬略运筹决胜，军谋宏远材任边寄六科；又置高蹈丘园，沈沦草泽，茂材异等三科：是为天圣九科。③此后历二世，四十余年，制举从未罢废。虽景祐中，"宰相以贤良……多名少实，欲一切罢之"④，然以众意未同，迄未见诸施行。

神宗绍统，新党秉政，凡百事务，胥为更张，因"进士已罢辞赋，所试事业，即与制举无异；至于时政阙失，即士庶各许上封言事"⑤，遂于熙宁七年五月，将旧日贤良各科，并诏停罢。时庙堂之议，尚

---

① 《宋会要稿》册一一一《选举》一〇之一〇至一一，李焘《续资治通鉴长编》卷六〇，页一六上（浙江书局本），王应麟《玉海》卷一一六，页一八下（浙江书局本），马端临《文献通考》卷三三，页七下（图书集成公司本），皆与《宋会要稿》同。惟徐度《却扫编》卷下，页三上（《学津讨原》本），多详明吏理达于从政一科，而亦曰六科，其为误增甚明。又陈均《皇朝编年纲目备要》（卷七，页七下，日本影宋本）无武足安边而有详明吏理可使从政，亦误。

② 李焘《续资治通鉴长编》卷六八，页一六上至下。
③ 《宋会要稿》册一一一《选举》一〇之一六。
④ 刘敞《公是集》卷四一，页一二下至一四上（《武英殿聚珍版丛书》本）。
⑤ 李焘《续资治通鉴长编》卷二五三，页七下。

未全同，特以当轴者忌贤良对策，每过切直，推行新政，恐受阻害，废之之心，已非一日，故虽有冯京之异议，终不敌吕惠卿等之决心，①斯亦新旧凿枘之一端也。

哲宗初元，旧党得势，一切施为，力反熙宁，因之停罢方及十年之制举，又用刘挚等议，重为设置；②第所复者，仅贤良方正能直言极谏一科而已。③洎绍圣元年，哲宗亲政，修憾元祐，贤良之科，又被停废。④自是以还，三十余年，元祐之学，悬为厉禁，制举诸科，终北宋之世，遂不复置。

高宗南渡，士大夫以靖康之祸，归罪新党。于是绍圣以来之所是者，今多以为非；而昔之所非者，今多以为是。政事更张，胥含此意；而贤良方正能直言极谏一科，遂于绍兴元年正月，又得复置；⑤迄于南宋之季，百余年间，未再废焉。

二　书判拔萃博学宏词皆非制科

《宋史·选举志》于制举一节，杂叙书判拔萃及博学宏词，颇似二科亦属制举。第观宋代，虽偶有误称拔萃为制举之人，但为数綦少，余多视为单独一科，不与制举相混。至于博学宏词，则向无目为制举者。《宋史》一误再误，致一代典制，真相不明，是岂容不辨！

---

① 《宋会要稿》册一一一《选举》一一之一四。又《琬琰集删存》卷三，页二五下（1938年引得编纂处铅印本）。
② 刘挚《刘忠肃集》卷四，页一六下（《畿辅丛书》本）。
③ 《宋会要稿》册一一一《选举》一一之一五。
④ 同上，《选举》一一之一七。
⑤ 同上，《选举》一一之二〇。

考《宋会要》分列制举及书判拔萃于两部，可见二者不容混为一谈。又据诸书所记，若李焘《续资治通鉴长编》，陈均《皇朝编年纲目备要》，王应麟《玉海》，皆云太祖建隆三年八月即置书判拔萃，越二载，乾德二年正月，始设"制举三科"。夫书判拔萃不冠制举而独冠制举于三科者，是当时不以书判拔萃属之制举明矣。且陈均记仁宗临轩策士，有曰："天圣八年……六月亲试书判拔萃及武举。……秋七月，策制科。"①马端临述宋登科人数，亦云："天圣八年……制科二人，拔萃一人。……景祐元年……制科三人，拔萃四人。"②二氏皆以书判拔萃及制科并列，未予合而为一。余如吕祖谦述宋制举不列书判之科，③徐度记宋制举亦无拔萃之目：凡此种种，皆足为宋人不以书判拔萃为制举之明证。④ 徒以天圣七年增广科目，中有拔萃武举，后人不察，遂误列拔萃于制科之中，因是苗昌言条奏制举，乃立"天圣十科"⑤之号。讹谬相传，遂有《宋史》之舛误焉。

博学宏词，初曰宏词科，立于绍圣初元，本为预储两制人材而设，与制举之以振拔非常之士为目的者，用意迥异。故陈均记宏词及制科置罢曰："绍圣元年……五月……立宏词科。……九月罢制科。"⑥马端临记宋登科人数曰："绍圣三年……制科三人，宏词科八人。"⑦《南宋馆阁录》记汤思退、李㠓题名曰："汤思退字进

---

① 《皇朝编年纲目备要》卷九，页一五下。
② 《文献通考》卷三二，页九下。
③ 《历代制度详说》卷一，页二上（《续金华丛书》本）。
④ 《却扫编》卷下，页三下至四上。
⑤ 《文献通考》卷三三，页九下。十科者，乃并拔萃于上述天圣九科而言。
⑥ 《皇朝编年纲目备要》卷三四，页五下，又页八上。
⑦ 《文献通考》卷三二，页一〇上。

之……博学宏词进士出身。……李垕字仲言……制科出身。"①三者皆宏词制科并举,未尝相混:可知宋人本不视二科为一类。《宋史》久以芜杂乖谬著,今益可见其讹误之一斑矣。

三 应制举者之资格及看详事例

乾德之设制举也,以国基初造,需材孔殷,为广招徕,于资格之限制不得不宽,故其诏有"今后不限内外职官,前资现任,黄衣布衣"②,皆得与试之语。咸平之际,仕途渐狭,制举诸科遂诏禁以"贴馆职及任转运使者"③充选。馆者,昭文馆、史馆、集贤院之谓。宋世,三馆为储材之地,凡带馆职者,若直昭文馆、直史馆、直集贤院,以及集贤校理之类,率不数年即跻清显;而转运使监刺诸州,亦为重任,非浮沉于下僚者比,无须借制举以求登庸也。

天圣增益科目,于取士之途,虽广辟多门,而资格之限制,则较前加甚,其诏曰:

> 今复置贤良方正能直言极谏,博通坟典明于教化,才识兼茂明于体用,详明吏理可使从政,识洞韬略运筹决胜,军谋宏远材任边寄六科。应内外京朝官,不带台省馆阁职事,不曾犯赃,及私罪轻者,并许……应上件科目。……又置高蹈

---

① 卷七,页一上,又页七上(《武林掌故丛编》本)。
② 《宋会要稿》册一一一《选举》一〇之六。
③ 同上,《选举》一〇之七。

丘园,沉沦草泽,茂才异等三科。应草泽及贡举人非工商杂类者,并许……应上件科目。州县体量,实有行止,别无玷犯……转运使覆实,审访乡里名誉……其开封府委自知府审访行止……委实文行可称者,即……送尚书礼部……具名奏闻。①

非但旧日所禁者,不得应举,即带御史台、中书、门下、尚书三省职事者,亦皆屏于制科之外;且分职官布衣于两试,择材则更及乎私行,不似往昔之只竞短长于一日矣。

越四年,景祐初元,法又稍变。时仁宗亲政未久,乐事更张,以臣下建请酌改天圣之制,乃于二月下诏,曰:

> 贤良方正能直言极谏等六科,自今应京朝官,幕职州县官,不曾犯赃罪,及私罪情轻者,并许应。内京朝官须是太常博士以下,不带省府推判官、馆阁职事,并发运、转运、提点刑狱差任者。其幕职州县官,须经三考以上;其见任及合该移入沿边不搬家地分及川广福建等处者,候回日许应。高蹈丘园……三科,应进士诸科取解不获者不得应。②

盖其限制,一、凡职官须持躬廉谨;二、京朝官阶位须不在太常博士以上,且不兼各省判官,开封等府推官判官,又无三馆,龙图秘阁等职,更非各路监司;三、节度观察两使推官,各州府司士司法等参

---

① 《宋会要稿》册一一一《选举》一〇之一六。
② 同上,《选举》一〇之二一。

军,各县知县丞尉主簿,茬官须及三考;四、沿边及川广州县以情形特殊,向不许携眷赴任之地,见任官及应即输选者,须待任满;五、布衣必须乡举获隽。以上数资必须相合,始得与试。嗣以条例过严,举人裹足,不得不稍宽其制,因于庆历六年九月诏许幕职州县官不及三考亦得应举,①复于嘉祐二年九月制准"太常博士而下充台省阁职及提点刑狱以上差使选人,不限有无考第……并听奏举"②。终以所试较难,问津者迄不甚多也。

哲宗初政,仅复贤良,旧日成规,势须更易。于是职官布衣既合为一试,幕职州县官未经考者亦得与于考试。③ 洎高宗再设制科,其诏书有"不拘已仕未仕命官不拘有无出身"④皆得应试之语,惟特申严择材以行之旨,不许犯赃私罪人充数而已。此后百余年间,条贯迄无更变,绍兴之令,遂奉行至有宋之亡焉。

至于应制举之事例,初亦甚简,后乃渐繁。乾德之设三科,既令州郡举送,复任怀材抱器者,自行荐达,并许直诣阁门,进其所业,⑤以须召试。洎乎景德,法令稍更,初之许直诣廷对者,至是必须先经中书门下,试其可否,以名奏闻,然后御试。盖"考其否臧必先于公府,刈其翘楚乃扬于王庭"⑥;古制如斯,今应遵守。惟自荐之制,则仍率由旧章,因而不改。夏竦为丹阳主簿《上章圣皇帝乞应制举书》,其辞曰:

---

① 《宋会要稿》册一一一《选举》一〇之二五。
② 同上,《选举》一一之五。
③ 同上,《选举》一一之一五。
④ 同上,《选举》一一之二一。
⑤ 同上,《选举》一〇之六。
⑥ 同上,《选举》一〇之一一。

若陛下必择狂夫之言，思纳愚者之虑，垂旒下拱，渴待忠谠，则臣愿以贤良方正能直言极谏科召赴明试。……若陛下以枕石漱流为达，则臣世居市井；若陛下以金榜丹桂为材，则臣未忝科第；若陛下以鸠杖驼背为德，则臣始逾弱冠；若陛下以荷戈控弦为勇，则臣生本绵弱；若陛下令臣待诏公车，条问急政，对扬紫宸，指陈时事，犹可与汉唐诸儒，方辔并轨而较其先后。①

大言不惭，殊非谦以自牧之道。特以国家典制如斯，世风随化，甚至南面者"再三激赏"②，是无怪众人之金不以为非矣。

天圣之际，条格渐多，应举者不论有官无官，皆须缴进策论五十首，且诏：

应内外京朝官……乞应……科目……所业……委两制看详。如词理优长，具名闻奏……差官试论……合格即御试。……草泽及贡举人……乞应科目……所业本州看详。委实词理优长，即上转运使……选有文学再行看详。其开封府委自知府……选有文学佐官看详。委实文行可称者，即以文卷送尚书礼部委判官看详，选择词理优长者，具名闻奏……差官试论……合格即御试。③

此外更限自荐者仅有官人许直诣阁门，布衣应诏则须在本贯投状。

---

① 《文庄集》卷一六，页一上至三上（《四库全书珍本》初集）。
② 吴处厚《青箱杂记》卷五，页三上至下（涵芬楼铅印本）。
③ 《宋会要稿》册一一一《选举》一〇之一六。

其事例之繁杂,较初设科时之简易,真不啻霄壤之别也。

庆历六年,宰相贾昌朝与参知政事吴育不和,以育才识兼茂登第,遂兼恶及贤良方正等科;停罢既势有未能,裁抑乃不容稍缓;因用监察御史唐询之议,奏准禁止自举,凡应制科者,率须由人论荐,①不得投牒妄请。从此自荐之制遂废。惟识拔真材,本属难事,荐人应选,亦岂易言。范仲淹一世伟人,其《举丘良孙应制科状》②有"学术稽古,文辞贯道"之语,而欧阳修《论举馆阁之职劄子》③乃有丘氏"偷窃他人文字,干谒权贵以求荐举"之奏。欧阳公久以忠谠知名,其言当非无据。夫以范公之明,尚不免见欺于人,则碌碌者当更不必论列;而制举必须由人举送始得应试之能否胜于自荐,则殊为疑问矣。

神宗而后,制举两废两复,其应试资格虽已由严而稍宽,第投报程序,则依仍天圣、庆历旧贯,迄于宋室之亡,二百余年,未尝一加更易焉。

四　考试上——阁试

周显德中设制举,由吏部掌其事,其布衣则须先由州府考试,方得解送。④宋初置三科,废布衣州府之试,许一体与命官直诣阁门,进其词业,自请应举;看详合格,即与殿试。盖以斯典久废,其

---

① 刘攽《彭城集》卷三八,页一上至二上(《武英殿聚珍版丛书》本)。
② 《范文正公集》卷一八,页五上(岁寒堂刊本)。
③ 《欧阳文忠公全集》卷一〇一,页六下(《四部备要》本)。
④ 《文献通考》卷三三,页七下。

事不得不易也。迨真宗时制即稍变,《宋会要稿》曰:

> 咸平三年四月十五日赐应制举人林陶同进士出身。陶既试学士院,不及格。帝方欲招来俊茂,故特奖之。①

可知当时已增学士院一试。至景德增科,又申命由"中书门下先加程试,如器业可观,具名闻奏"②然后临轩亲策。惟学士院为掌诏令机关,中书门下又大政所从出,皆不宜于考试场所;故天圣七年遂改差官试于秘阁③——秘阁者,庋藏图籍之所也。自是以后,因而不改;故宋人记述,每有阁试之辞。至孝宗乾道中,始又命应制举人就试于中书焉。④

咸平学士院之试,其制不详。景德中书门下程试则为论六首,一日完成。⑤ 迄于南渡,无论试于秘阁,试于中书,皆未更易。惟六论字数则自天圣之后,每首限五百字以上,方为合格。⑥ 其论题范围,主为九经、兼经、正史,旁及七书、《国语》《荀子》《杨子》《孟子》《管子》《文中子》等书;正文之外,群经亦兼取注疏。⑦ 如嘉祐六年秘阁试题:一曰《王者不治夷狄》,出《春秋》隐公二年《公羊传》何休注;二曰《刘恺丁鸿孰贤》,出《后汉书》卷六七《丁鸿传》及卷六九《刘恺传》;三曰《礼义信足以成德》,出《论语·子路》篇"樊

---

① 《宋会要稿》册一一一《选举》一〇之七。
② 同上,《选举》一〇之一一。
③ 《宋史》卷一五六,《选举志》页一七下(浙江书局本)。
④ 岳珂《愧郯录》卷一一,页八上(《学海类编》本)。
⑤ 《文献通考》卷三三,页七下。
⑥ 《宋会要稿》册一一一《选举》一〇之一六。
⑦ 同上,《选举》一一之一九,又一一之二一。

迟学稼"章包咸注;四曰《形势不如德》,出《史记》卷六五《吴起传赞》;五曰《礼以养人为本》,出《汉书》卷二二《礼乐志》;六曰《既醉备五福》,出《毛诗·大雅·生民之什》"既醉"章郑玄笺。① 六题之中,三经,三史,三正文,三笺注;而首论为经——此则隐示尊儒崇道之意,为历科所遵行,未之或改者。若论题之必采义疏与否,向由试官裁定:主宽易者,每多避而不取,好艰深者,常故务用隐僻。迨元祐七年始明令毋于正义出题,②绍兴二年亦下诏权罢疏义。③洎孝宗初政,雅志求贤,更命并传注而废之,④以诱多士。第为时不久,法又再变。淳熙五年,既以臣僚之请,复用注疏;⑤后七年,又用李巘之言,只取正文。⑥ 二十年中,制度数易,亦可见士大夫意见之纷歧,持衡者之毫无定策矣。

至阁试六题,又有明数暗数之分。岳珂曰:

绍圣元年阁试《舜得万国之欢心论》,出《史记·乐书》:"舜弹五弦之琴,歌南风之诗而天下治。夫南风之诗者,生长之音也,舜乐好之;乐与天地同意,得万国之欢心,故天下治也。"此谓暗数。《谨事成六德论》,出《毛诗·皇皇者华》笺注。此谓明数。⑦

---

① 苏轼《东坡后集》卷一〇(端方刻《七集》本)及苏辙《栾城应诏集》卷一一(《四部丛刊》本)皆有六论。
② 《宋会要稿》册一一一《选举》一一之一九。
③ 同上,《选举》一一之二二。
④ 李心传《建炎以来朝野杂记》卷一三,页二上(《函海》本)。
⑤ 同上,页六下。
⑥ 《宋会要稿》册一一一《选举》一一之三七。
⑦ 《愧郯录》卷一一,页七上。

盖直引书之一二句,或稍变换句之一二字为题者为明数;颠倒书之句读,窜伏首尾而为题者为暗数。明数尚易知,暗数则每扑朔迷离,令人难明究竟,故季焘诮之,谓"类于世之覆物谜言"①。旧制,六题明暗相参,暗数多不过半。洎淳熙四年秘阁之试,典试者承近习贵珰之旨,故难其考,皆出暗题,致无人及格。② 嬖近之意,以为阁试不入等即不能殿试,可免举人对策直言相攻;其用心可谓毒而且巧。第士大夫不思为国求材,反甘为佞幸及阉人鹰犬,岂不大可痛心也哉!

阁试所试各论,文中必须述题之出处,又须全引题之上下文。其不知题之出处者,自不得为"通",即知出处而不全引上下文亦为"粗"而不得为全通。③ 旧制,六论以四通为及格。迨淳熙中,因已废注疏出题,阁试过易,增为五通。④ 是后未再增减。试卷"通",足合格,又须分等。等有五,而虚其一二两等,第三等即为上,及第四等即得召试。惟景祐前后,此制稍变,张方平《举朱寀充馆阁职名》曰:

> 臣等昨奉敕差赴秘阁考试制举人等,内有应贤良方正能直言极谏科国子监直讲朱寀,所试六论,考中第四等下。据旧制,阁试第四等下并预廷对。只因景祐中年第四等人数稍多,报罢之。以此寀承近例,不得召试。⑤

---

① 叶绍翁《四朝闻见录》丙集页三五上至三六下(《知不足斋丛书》本)。
② 李心传《建炎以来朝野杂记》卷一三,页六上。
③ 岳珂《愧郯录》卷一一,页七下。
④ 李心传《建炎以来朝野杂记》卷一三,页三下。
⑤ 《乐全集》卷三〇,页四下至五下(《四库全书珍本》初集)。

可知第四等又分上下。景祐以前，及第四等下者即得召应殿试，至景祐以后必第四等上始能对应廷策也。

咸平学士院，景德中书门下之试，所差试官不详。天圣以后秘阁，及乾道以后中书诸试，典试之官，有前执政，如皇祐元年之丁度，①皇祐五年之高若讷，②皆从参知政事罢任不久。有风宪官，如景祐五年之晏殊，③庆历二年之贾昌朝，④皆现任御史中丞。有两制官，如天圣八年之盛度，⑤熙宁三年之司马光，⑥皆现任翰林学士；元祐三年之彭汝砺，⑦绍圣元年之朱服，⑧皆现任中书舍人。有馆职，如景祐元年之王举正，⑨时方直集贤院，皇祐五年之杨察，⑩时方直史馆。有尚书省官，如元祐三年之苏辙，⑪时方为户部侍郎；绍圣元年之刘定，时方为左司郎中。⑫更有时差事务繁冗之三司使，⑬如嘉祐二年之张方平是也。盖试官之点派，必皆选文学知名之士，初不限官阶之大小，特主试者资历稍崇峻耳。

试官之中，有主试，有参详；此外更差监封弥，监誊录，及对读，监门，巡铺等官。如淳熙四年中书之试，所差官有：

① 《宋会要稿》册一一一《选举》一一之一。
② 同上，一一之二。
③ 同上，一〇之二二。
④ 同上，一〇之二四。
⑤ 同上，一〇之一八。
⑥ 同上，一一之一二。
⑦ 同上，一一之一五。
⑧ 同上，一一之一九。
⑨ 同上，一〇之二一。
⑩ 同上，一一之二。
⑪ 同上，一一之一五。
⑫ 同上，一一之一九。
⑬ 同上，一一之五。

中书舍人钱良臣为制举考试官,太常少卿兼崇政殿说书齐庆胄,左司谏萧燧并为参详官,宗正寺主簿胡南逢为监封弥官,大理寺主簿陈资深为监誊录官,武学谕王蔺为对读官。①

其制多仿贡举。至试官之数,皆视应制举人多寡而定,淳熙四年七月中书后省奏曰:

> 昨来召试止系李垕一名,宣差制举考试官一员,参详官一员。今召试四人,稍多,欲于参详官内,增差一员,比附省试差知等举〔举等〕官例。②

考历次阁试,试官有时四人,有时三人,有时二人,而以四人时为多;若二人则只天圣八年及乾道七年两次,三人亦仅淳熙四年及十三年两次而已。

阁试虽不若贡举礼部试之严,惟试官选派,亦皆至"临期特降御笔点差",至引试前一日,即宣押入院,然亦有"锁院引试"限于一日者。③ 此无他,恐不肖者舞弊也。

五　考试下——御试

宋人谓阁试及格曰"过阁"。制举人过阁,即由皇帝亲试,故曰

---

① 《宋会要稿》册一一一《选举》一一之三三。
② 同上。
③ 同上。

"御试"。又以御试多在崇政殿或集英殿,故又称"殿试"。乾德初设三科,仅有御试,"试策一道,以三千字以上,取文理俱优,当日成者为入等"①。此制历南北两宋,相沿不改。惟有时文虽字数不足,亦可例外录取,如景祐元年,张方平对策不及三千言,特擢为秘书省校书郎知昆山县是也。②

御试策题,多由两制拟呈皇帝择选,③亦常命宰相代撰。④ 其题初颇伤于繁冗,如咸平四年四月贤良制策曰:

> 传曰:"三皇步,五帝骤;三王驰,五霸骛。"斯则皇帝王霸之异世,其号奚分?步骤驰骛之殊途,其义安在?称诏之旨,临御之方,必有始终,存诸典故。加以姬周始之三十六王,刘氏承之二十五帝,受授之端,治理之要,咸当铨次,务究本原。而又周有乱臣,孰为等级;秦非正统,奚所发明?勒燕然之石者,属于何官?剪阴山之虏者,指于何帅?十代之兴亡足数,九州之风俗宜陈。辨六相之后先,论三杰之优劣。渊骞事业,何以始于四科?卫霍功名,何以显于诸将?究元凯之本系,叙周召之世家,述九流之指归,议五礼之沿革。六经为教,何者急于时?百氏为书,何者合于道?汉朝丞相,孰为社稷之臣?晋室公卿,孰是廊庙之器?天策府之学士,升辅弼者谓谁?凌云阁之功臣,保富贵者有几?须自李唐既往,朱梁已还,经五

---

① 《宋会要稿》册一一一《选举》一〇之六。
② 此据《宋会要稿》册一一一《选举》一〇之二三。惟《续资治通鉴长编》卷一一四,页一八下谓吴育所对不及三千字,特擢之。按此科育入第三等,为制举上第,似不应以字数不足者充其选。故从《会要》。
③ 同上,一〇之一三。
④ 同上,一一之二二。又岳珂《愧郯录》卷一一,页九下。

代之乱离,见历朝之陵替。岂以时运之所系,教化之未孚耶?或者为皇家之驱除,开我朝之基祚耶?是宜考载籍之旧说,稽前史之遗文,务释群疑,咸以书对!①

支离琐碎,颇类今日大学入学试验之国学常识。以此取士,而曰能得非常之人,宁非奇谈?故在当时,有识之士,已多加非难。天圣八年五月范仲淹《上时相议制举书》曰:

> 今朝廷……兴复制科……斯文丕变,在此一举。然恐朝廷命试之际,谓所举之士皆能熟经籍之大义,知王霸之要略,则反屏而弗问。或将访以不急之务,杂以非圣之书,辨二十八将之功勋,陈七十二贤之德行,如此之类,何所补益?盖欲肆其所未至,误其所常习,不以教育为意,而以去留为功。……如此则制科之设足以误多士之心,不足以救斯文之弊。……愿相府……昌言于两制,如能命试之际,先之以六经,次之以正史,该之以方略,济之以时务,使天下贤俊翕然修经济之业,以教化为心,趋圣人之门,成王佐之器,十数年间,异人杰士必穆穆于王庭矣。②

而继此更有直上封事言制科策题者,李焘曰:

> 皇祐元年……上封者言……近来御前所试策题,其中多

---

① 《宋会要稿》册一一一《选举》一〇之八。杨亿《武夷新集》卷一二(《浦城遗书》本)有咸平四年四月制策二道,与此不同。至八月之制策,则系用亿所拟者。

② 《范文正公集》卷九,页一上至二下。

典籍名数,及细碎经义,乃是又重欲采其博学,竟不能观其才用,岂朝廷求贤之意耶？乞将来御试策题中,止令关治乱,系安危,用之则明昌,舍之则危弱,往古之已试,当今之可行者十余条,限三千字以上。或所对文理优长,识虑深远,其言真可行于世,其论果有补于时者,即为优等。若文意平常,别无可采者,即为末等。……所有名数及细碎经义,更不详问。如此则不为空言,可得实效。①

自此封事进达后,随即下诏,命撰策题官,"先问治乱安危大体,其余所问经义名数,自依旧制。"②以是嘉祐二年制策曰：

方今庶务小康,至化犹郁；兵戎虽戢,馈饷颇劳；学校虽兴,礼让殊鲜。官冗而浮食者众,民疲而失职者多。阴阳爽和,眚沴间作；经渎弛于常道,淫雨溢于旧防。赋调尚繁,昏垫靡息。岂朕明有未烛,德有未孚？致咎之来,在予为惧！自昔继体守文之君,承前圣之烈,藉累世之资,致囷空之隆,腾颂声之美。惟建武中兴,极修文德；正观特起,骤致太平。岂天时之协符,将人事之胥济？功业迟疾,奚其不同？侧席求怀,望古盈愧。……今公卿大夫,与朕总万略,美风俗,而吏治未甚淳,民德未甚厚,豪右逾制,奸猾冒禁,以至守宰之任,循良罕闻,厨传侈于使客,徭役迫于下贫,始有愁叹之声,未弭郁堙之气。岂躬化之弗类,而图治之匪章欤？昔晁错举于贤良,公孙

---

① 《续资治通鉴长编》卷一六七,页六上至下。
② 同上。

对以文学,深陈政道,并先术数。仲父治国之器,内史诏王之柄,咸重格训,将安设施?至于《春秋》之称一元,《洪范》之推九类,何行而正其本,何施而建其极?①

其设题发问,颇有两汉之旧,较之咸平四年制策,真改善多多矣。

乾德、咸平诸科制策是否一题,其制不详。天圣增复九科,贤良茂才同试异策,迨景祐元年又合而为一。②洎五年六月用详定科场条贯所言,乃诏:"贤良方正能直言极谏,博通典坟明于教化,才识兼茂明于体用,及茂材异等四科并同试策题;详明吏理可使从政,洞识韬略运筹决胜,军谋宏远才任边寄凡三科,各为策题。"③惟应后三科者綦少,且无一过阁与殿试者,故今所见景祐以后策题胥为前四科制策焉。

对策之制,必须"先引出处,然后言事"④。引出处者,引原策题之谓也。如熙宁三年孔文仲策曰:

> 对:臣伏惟陛下下明诏,降清问,讲求万事之统。……臣诚愚暗不知大体,惟陛下省纳焉。圣策曰:"在昔明王之治天下……"臣闻天下之术有大小,而人君用之有先后。……圣策曰:"朕承祖宗之业……"此见陛下虚心访道至诚……臣尝闻

---

① 胡宿《文恭集》卷二九,页一上至二下(《武英殿聚珍版丛书》本)。
② 《宋会要稿》册一一一《选举》一〇之一八至二二,天圣八年贤良何咏,茂材富弼,同试异题。景祐元年,贤良苏绅,体用吴育,茂材张方平同题。
③ 《宋会要稿》册一一一《选举》一〇之二三,作景祐五年。《续资治通鉴长编》卷一二二,页四上,及《玉海》卷一一六,页三七下,皆作宝元元年。考此诏下于六月,至十一月方改元宝元,故从《会要》称景祐五年。
④ 《宋会要稿》册一一一《选举》一一之二二。

之……明欲被于万物,化有孚于四方,未有不自治心始也。……圣策曰:"盖人君即位必求端于天下而正诸己。……"此见陛下畏天饬己恐惧修省之盛德也。臣闻……①

　　大致除首尾外,皆分段逐引题文,然后发挥己意;不如是则不能入选。此制当真宗时已然,②至南渡未改,第不知乾德时如何耳。

　　御试差官典试,亦如阁试,有两制,有侍从,资序高低不一,其人数亦不全同。如乾德四年八人,咸平四年八月七人,景德二年③四人,天圣以后,则率六人。其职务分配,景德以前不详,天圣八年始创历科遵行之例,试官分初考制策官,覆考制策官,及详定编排官,皆为二人。④盖全依贡举殿试之制。惟有时因诸官意见纷歧,亦每临时差官重定,嘉祐六年司马光《论制策等第状》曰:

　　　　臣近蒙差赴崇政殿后覆考应制举试卷,内圆毡两号所对策辞理俱高。……臣与范镇同议,以圆为第三等,毡为第四等,详定官已从覆考。窃知初考官以为不当,朝廷更为之差官重定,复从初考,以毡为不入等。⑤

此次于六试官之外,另行差官,本出于不得已,乃特例,非永制。至封弥誊录亦与阁试无异,上所引司马光奏章,"圆毡两号"盖即封弥暗

---

① 《舍人集》卷一,页四上至二三下(《豫章丛书》本)。
② 景德四年,夏竦登贤良第,其对策已如此。见《文庄集》卷一二,页一上。
③ 《宋会要稿》册一一一《选举》一○之六,又一○之九,又一○之一二。
④ 《续资治通鉴长编》卷一○九,页八上。
⑤ 《司马温公文集》卷七,页九上至一○上(康熙四七年夏县署刊本)。

号,是亦可见宋代考试制度之一斑矣。

御试制举,为国家大典,故上自宰执,下至带职庶僚,皆须陪侍。①欧阳修参知政事时有《崇政殿试贤良晚归》诗曰:

> 槐柳凄凄禁籞长,初寒人意自凄凉。凤城斜日留残照,玉阙浮云结夜霜。老负渔竿贪国宠,病须樽酒送年光。归来解带西风冷,衣袖犹沾玉案香。②

御试皆一日完结,故大臣率须平明即入,抵晚方还;若有职司者则更不必论矣。王珪有《被诏考制科呈胡武平内翰》三首,其一曰:

> 奉诏金门草圣题,平明趋过殿西墀。宫床赐笔宣名早,赭案焚香上策时。时论只应收俊杰,皇心非不监安危。玉堂词客承恩久,几度曾来醉御卮。③

两诗并睹,犹依稀可见当年情景也。

制举目的,既为拔取非常之材,国家待遇自不能不较贡举为优异。故景德三年有令开封府待投牒制举人以客礼之诏;④而殿试时,更为举人"于殿廊张幕为次,垂帘设几,大官赐膳,酒酿茶菽无不毕供"⑤。洎天圣而后,其制渐坏。景祐元年,宋庠《上贤良等科廷试设

---

① 《宋会要稿》册一一一《选举》一一之三〇。
② 《欧阳文忠全集》卷一四,页一下。
③ 《华阳集》卷三,页七下(《武英殿聚珍版丛书》本)。
④ 《续资治通鉴长编》卷六二,页四下。
⑤ 宋庠《元宪集》卷三,页一上(《湖北先正遗书》本)。

次劄子》,请复旧制曰:

> 窃见近者试制策举人并武举人于崇政殿,皇帝陛下亲跸,留神永昼,严门异席……诚见圣心覈真伪进英豪之审也。然臣以谓有司……苟从便易,乖戾旧章……甚不称求贤之意。伏睹贤良方正苏绅等就试之日,并与武举人杂坐庑下。洎擿辞写卷皆俯伏甎上。自晨至晡,讫无饮食。饥虚劳瘁,形于叹嗟。虽仅能成文,可谓薄其礼矣。又况武举人等,才术肤浅,流品混淆,挽弩试射,与兵卒无异;使天子制策之士,并日较能,此又国体之深讥者也。……伏愿申诏近臣,检详旧史,作为定式,付于攸司。……仍乞或有武举杂科,不令同日就试。①

奏上,即诏"御试制科举人,自今张幕次于殿庑,仍令大官给食。武举人以别日试之"②。惟有时仍难尽满人意,故李觏庆历二年应茂材异等下第《寄祖秘丞》诗曰:

> ……旷日及孟秋,皇慈始收试。崇崇九门开,窈窈三馆秘。主司隔帘帷,欲望不可跂。中贵当枨闑,搜索遍靴底。呼名授之坐,败席铺冷地。健儿直我前,武怒足防备。少小学贤能,谓可当宾礼。一朝在槛阱,两目但愕眙。③

牢骚满腹,情见乎词,是所谓优礼者,亦不过尔尔。

---

① 宋庠《元宪集》卷三,页一上(《湖北先正遗书》本)。
② 《续资治通鉴长编》卷一一四,页二一下。
③ 《直讲李先生文集》卷三五,页七上(《四部丛刊》本)。

御试亦分五等,上二等向不授人,第三等即为上第。其等第由初考官拟定,覆考官加以审核,然后由详定官编排。如元祐五年御试贤良,《宋会要》述其经过曰:

> 王普所对策,初考第四等次,覆考第四等,详定从覆考。司马梲初考第五等,覆考第四等次,详定从初考。王当初考第五等,覆考不入,详定从初考。①

倘详定官与初覆考意见过为不同,亦每临时差官编排,如上引司马光《论制策等第状》所述,即属于此种情形者。

御试中等,常有因故被摈弃者。郑獬《荐汪辅之状》曰:

> 臣伏见守京兆法曹参军……汪辅之,进士出身,应才识兼茂明于体用科,策试已中选,为台官沈起妄有弹奏,遂不蒙朝廷恩。②

李焘述辅之被弹之故曰:

> 嘉祐四年八月乙亥,御崇政殿试应才识兼茂明于体用科……汪辅之……入等。监察御史里行沈起言其无行,罢之。③

是因行检不修被斥者。王珪《邵安简公亢墓志铭》曰:

---

① 册一一一《选举》一一之一九。
② 《郧溪集》卷一二,页一〇上(《湖北先正遗书》本)。
③ 《续资治通鉴长编》卷一九〇,页七上。

公讳允……应贤良方正科……试崇政殿,除建康军节度推官。会有欲中伤宰相者,遂密言公与连姻,命遂中格。人莫知所以然。盖宰相张士逊子娶邵氏,邵偶与公同姓耳。宰相既不能自辨,公亦无言而去。①

是为人误认与宰相连姻被斥者。按宋代贡制两举,皆有避亲嫌之例。惟此本无亲,而妄遭摈弃,则未免可惜矣。

六 科分及待遇

汉策贤良,唐试制举,向无定期;宋初亦然。故乾德二年四月初试之后,四年五月又试,中间仅隔二年。此后停三十四年,至咸平四年乃又开科,且于四月八月,一年两试。至庆历六年,始更变旧章,诏制科并随贡举,于是贤良之选,遂亦有固定年岁。惟月日则仍无定:如皇祐五年为八月十五日,治平元年为九月十二日,熙宁三年为九月二十四日;元祐六年为九月八日,②前后相差,至有在一月以上者;特其时均为秋季耳。

宋代制举之诏虽数数下,而御试则仅二十二次,③入等者不过四十一人。今表列登科诸人于下,并附等次科目及官职焉。

---

① 《华阳集》卷三七,页一九上。
② 《宋会要稿》册一一一《选举》一〇之二五。又一一之二、一一之一〇、一一之一二、一一之一六。
③ 乾德四年、皇祐五年均曾亲策制举,但无及格者,故表中仅列二十科。

年月	科名	姓名	等第	原官	迁官
乾德二年五月	贤良方正	颖贽		博州军事判官	著作佐郎
咸平四年二月	贤良方正 同上 同上	查道 王曙 陈越	四 四次 四	秘书丞 定国军节度推官	右正言直史馆 著作佐郎 将作监丞
咸平四年八月	贤良方正 同上 同上 同上	何亮 孙暨 孙仪 丁逊	四次 四次 四 四	秘书丞 怀州防御推官 舒州团练推官 成安县主簿	太常博士 光禄寺丞 光禄寺丞直集贤院 同上
景德二年九月	贤良方正 同上	钱易 石待问	四次 四次	光禄寺丞 广德军判官	秘书丞 殿中丞
景德四年闰五月	贤良方正 同上	陈绛 夏竦	四次 四次	著作佐郎 丹阳县主簿	右正言 光禄寺丞通判台州[一]
天圣八年七月	贤良方正 茂材异等	何咏 富弼	四 四次	太常博士	祠部员外郎通判永兴军 将作监丞知长水县
景祐元年六月	贤良方正 才识兼茂 茂材异等	苏绅 吴育 张方平	四次 三	太常博士 大理寺丞	祠部员外郎通判洪州 著作佐郎直集贤院通判湖州 校书郎知昆山县
景祐五年七月	贤良方正 同上	田况 张方平	四 四次	太子中允 校书郎	太常丞通判宣州[二] 著作佐郎通判睦州
庆历二年八月	才识兼茂	钱明逸	四次	殿中丞	太常丞通判庐州
庆历六年八月	贤良方正	钱彦远	四	太常博士	祠部员外郎知润州
皇祐元年八月	贤良方正	吴奎	四	殿中丞	太常博士通判陈州
嘉祐二年八月	才识兼茂	夏噩	四	明州观察推官	光禄寺丞

222

续表

年月	科名	姓名	等第	原官	迁官
嘉祐四年八月	才识兼茂 贤良方正	陈舜俞 钱藻	四 四	明州观察推官 宣德县尉	著作佐郎 校书郎无为军判官
嘉祐六年八月	贤良方正 才识兼茂[三] 同上	王介 苏轼 苏辙	四 三 四次	著作佐郎 福昌县主簿 渑池县主簿	秘书丞知静海县 大理评事签书凤翔判官公事 校书郎商州军事推官
治平元年九月	贤良方正 同上	范百禄 李清臣	三 四	著作佐郎 和川县令	秘书丞 秘书郎
熙宁三年九月	贤良方正 同上 同上	吕陶 孔文仲 张绘	四 三 四次	太常博士 台州司户参军 太庙斋郎	升一任堂除差遣 发赴本任 判司部尉
元祐三年九月	贤良方正	谢惊	四次		赐进士出身除初等职官
元祐五年九月	贤良方正 同上 同上	王普 司马槱 王当	四 五 五	左宣德郎知合江县 河中府司理参军	迁一官除签判差遣 赐同进士出身堂除初等职官 堂除簿尉
绍圣元年九月	贤良方正 同上 同上	张咸 吴俦 陈旸	五[四] 五 五	剑南西川节度推官华州州学教授 左通直郎	宣德郎签判差遣 升一任与堂除 初等职官堂除
乾道七年十一月	贤良方正	李屋	四		制科出身

[一]《宋会要稿》未言通判台州事,此据王珪《夏文庄公竦神道碑》(《华阳集》卷三五,页五上)。又司马光《涑水纪闻》卷三,页七上(涵芬楼铅印本),谓竦应制举登科,拜大理评事,通判台州。秩满,迁光禄丞,直史馆。恐不甚确。

[二]范纯仁《范忠宣公集》卷一六,页三下(岁寒堂刊),《太子太保宣

简田公神道碑》谓以著作佐郎举贤良,迁太常丞,通判江宁府。王安石《临川集》卷九一,页一下(《四部丛刊》本),《太子太傅致仕田公墓志铭》,同范文。

[三]《宋会要稿》谓二苏应贤良方正科。沈遘《西溪集》卷五,页八上(浙江书局本),有《应才识兼茂明于体用科新授河南府渑水县主簿苏辙可试秘书省校书郎充商州军事推官制》。

[四]《宋会要稿》谓三人皆入第三等。唯毕沅《续资治通鉴》卷八四,页一上至下(中华书局《聚珍仿宋》本),谓列第五等。由各人升擢观之,以《续通鉴》为是。

据上表,可得统计如下:一、布衣登科者七人:陈越、富弼、张方平、谢悰、王当、陈旸、李屋,余三十四人均为职官。二、再登科者一人,张方平。三、策及三等者四人:吴育、苏轼、范百禄、①孔文仲。② 四、兄弟登科者四人:钱明逸、钱彦远及苏轼、苏辙,而二苏又同一年。五、父子登科者三人:钱易及彦远兄弟。六、一族登科者四人:钱藻及钱易父子。若尤为世所称道者,则孙暨、孙仅皆状元及第又登制科是也。

又据表,每有应诏者资格同,对策等第同,而迁擢不同者。如夏竦、苏辙,同以县主簿应诏,同以第四等次登科,而竦则擢光禄寺丞通判台州,辙仅迁校书郎商州军事推官;两者相较,相差一级。又如富弼、谢悰同以布衣应诏;同以第四等次登科,而弼则授将作监丞知长水县,悰仅赐进士出身,除初等职官:二人待遇,亦不一致。抑又何哉?此无他,前后制度不同故耳。

----

① 《宋会要稿》册一一一《选举》一一之一一,谓百禄列四等。考范祖禹《资政殿学士范公墓志铭》(《范太史集》卷四四,页二下,《四库全书珍本》)谓百禄策入三等,以不为宰相所喜,故仅迁一官。盖试官定为三等,后又改为四等也。

② 苏颂《中书舍人孔公墓志铭》(《苏魏公集》卷五四,页一上至二下,道光壬寅刻本)言文仲策为当道所恶,不得推恩。王闢之《渑水燕谈录》卷六,页三下(涵芬楼铅印本),及其他宋人记述,叙此事者无甚多,亦新旧之争一段公案也。

考宋待制策登科者，若布衣则照进士之例：策入三等者视进士第一人，四等视第二第三人，四等次视第四第五人，且有时更加优遇。如大中祥符元年贡举，进士第一人释褐授将作监丞，第二第三人并授大理评事，皆与通判差遣；第四第五人并授节度观察两使推官。① 而陈越、富弼一入四等，一入四等次，均由布衣直授将作监丞，几如进士第一人及第：此皆属破格者。

至对有官人登制科者，则依等第升擢：入三等者多与超擢，入四等者，率升一资，入四等次者稍与迁转；惟有时亦不守典则。如钱易、石待问均列四等次，而一由光禄寺丞擢秘书丞，一由广德军判官迁殿中丞，依《宋史》②所述迁转之制，二人皆升两资。此不循常制之例也。

宋以三馆为储材之地。太宗时，进士第一第二人初及第即有授馆职者。③ 真宗时，制举登科，亦常即授直史馆或直集贤院之类。其后制虽稍变，但"进士第三人以上及第者，并制科及第者，不问等第，只一任回"④尚可与馆职之试，待遇虽低而未甚低也。迨仁宗末年乃大杀其制。

初，嘉祐二年，定间岁贡举之法。朝议以科举烦数，高第之人倍众，擢任恩数，宜损于旧，于是三年闰十月下诏曰：

> 高第之人，日常不次而用，若循旧例，终至滥官，甚无谓

---

① 李焘《续资治通鉴长编》卷六八，页一四下。
② 卷一六九《职官志》页一上至下及页一六。
③ 端拱二年进士第一人陈尧叟，第二人曾会，释褐即为光禄寺丞直史馆。见李焘《续资治通鉴长编》卷三〇，页一二上。
④ 欧阳修《文忠全集》卷一一四，页六上，《论馆阁取士劄子》。

也。自今制科入第三等与进士第一除大理评事,签书两使幕职官,代还升通判,再任满试馆职。制科第四等与进士第二第三除两使幕职官,代还改次等京官。制科入第四等次与进士第四第五除试衔知县,代还迁两使职官。①

此较旧制,约降一等。迄神宗时,新政渐兴,又与减损,熙宁二年十二月诏曰:

> 今后制科入第三等,进士第一人及第者,第一任回,更不与升通判差遣,及不试充馆职,并令审官院依例与差遣。②

比之嘉祐,又降一等。洎哲宗初政,诸事多反熙宁,制科待遇,又同嘉祐,③惟增第四等次赐进士出身,第五等间赐同进士出身耳。

高宗重置贤良,旧章多加改订,命"凡策列四等以上赐制科出身,第五等赐进士出身,不入等亦加恩与簿尉差遣"④。盖较元祐以来之制,又稍整齐画一。是后终宋之世,未再更变焉。

其他关于制科待遇之琐细记录,尚有足述者:一曰:召试馆职,必须有人荐送。张方平赋性孤介,不事造请,第二次制举登科后,通判任满,以无举主,未得召试,⑤是其一例。二曰:召试馆职,制科出身者可用策论代诗赋。叶梦得曰:

---

① 李焘《续资治通鉴长编》卷一八八,页一四下。
② 《宋会要稿》册一一一《选举》一一之一二。
③ 同上,《选举》一一之一五,有元祐六年七月诏书,与嘉祐三年诏同。
④ 同上,《选举》一一之二二。
⑤ 张方平《乐全集》附王巩所撰《行状》。

> 祖宗故事……制科一任回，必入馆，然须用人荐，且试而后除。进士声律固其习，而制科亦多由进士，故昔试诗赋一篇。唯富郑公以茂材异等起布衣……既召试，乃以不能为诗赋恳辞；诏试策论各一首。自是遂为故事。制科不试诗赋自富公始。至子瞻复不试策而试论三篇。①

三曰：制科出身，可免远官。李焘曰：

> 嘉祐八年十二月己卯，诏以国子博士陈舜俞制科第四等，著作佐郎安焘……进士第三人，与免远官，自今著为例。②

四曰：制科出身，为记注候选之人。李焘又曰：

> 治平元年十二月丙午……上问修起居注选何等人。中书对近例以制科，进士高等，与馆职有材望者兼用。③

凡此皆为言掌故者，不可不知也。

七　宋人对制举之称谓及意见

制科之设，本为拔取非常之材，故历朝辄重视焉；宋代甚至有

---

① 《石林避暑话录》卷二，页一下（涵芬楼铅印本）。
② 《续资治通鉴长编》卷一九九，页一七下。
③ 同上，卷二〇二，页一五下。

录御试策卷进御及焚于陵庙之举。欧阳修曰：

> 真宗尤重儒学，今科场条例皆当时所定。至今每亲试进士，已放及第，自十人以上御试卷子，并录本于真宗影殿前焚烧。制举登科者亦然。①

其制至南渡未改。《宋会要》曰：

> 御试举人唱名毕，其正奏名进士第一甲策文并写作册进御，并进德寿宫，及焚进诸陵。今李垕策文，伏乞指挥。诏依例修写。②

此在上者之重视也。又宋人多称制举为大科。盖其考试，远较进士明经为难，非博闻强记者弗敢轻试，故大之也。富弼祭范仲淹文曰：

> 某昔初冠，识公海陵……未知学文，公实教之；肇复制举，我惮大科，公实激之。③

范纯仁祭富弼文曰：

> 呜呼我公，一代师臣……策中大科，王佐之资。④

---

① 《归田录》卷二，页一下（涵芬楼铅印本）。
② 册一一一《选举》一一之二九。
③ 《范文正公集》附《褒贤集》卷一，页一七下。
④ 《范忠宣集》卷一一，页六下。

陈师道赠苏轼兄弟诗并注曰：

> 大科异等固其常。注，东坡兄弟皆应贤良科。①

此大科一词之见于诗文者。王铚曰：

> 夏英公……官丹阳主簿，姚铉作浙漕，见其人物文章，荐试大科，遂知名。②

文莹曰：

> 钱子高明逸，始中大科，知润州。③

吴处厚曰：

> 江南李觏通经术，有文章，应大科，召试第一。④

邵伯温曰：

> 富韩公初游场屋，穆伯长谓之曰："进士不足以尽子之才，当以大科名世。"……范文正公……曰："有旨以大科取士……

---

① 《后山诗注》卷一，页九下（《四部丛刊》本）。
② 《默记》卷中，页五上（《学海类编》本）。
③ 《湘山野录》卷下，页八上（《学海类编》本）。
④ 《青箱杂记》卷七，页三下。

已同诸公荐君矣。"又为另辟一室,皆大科文字。①

此大科一词之见于诸家笔记者。至南渡后,更有用诸章奏者。《宋会要》曰:

> 监察御史潘伟言,制举以待非常之才。……既号大科,欲孚众望,必乡评共许,士行无瑕,无愧斯名,始可应举。②

盖英宗与吴奎问答,已有称制举为大科之事。③ 上既如此,自无怪臣下之靡然从风矣。

宋人既以重视制举,称为大科,而亦间予各种科目以简称,如贤良方正能直言极谏科,有时简称贤科。《文庄集序》曰:

> 繇文章,取贤科,位宰执……在本朝有郑国文庄夏公。④

又多称为贤良。刘敞曰:

> 吴君长文……以明经选于礼部,调……广信军判官……举贤良,对策直言。⑤

---

① 《邵氏闻见录》卷九,页一上(涵芬楼铅印本)。
② 册一一一《选举》一一之三四。
③ 李焘《续资治通鉴长编》卷二〇九,页八下。
④ 夏竦《文庄集》前所附。
⑤ 《公是集》卷五三,页一五下,《翰林学士吴君前夫人赵氏墓志铭》。

曾巩曰：

> 职方郎中维……举贤良，不就。①

吕祖谦曰：

> 乾德二年，贤良，颖贽。②

若茂材异等科，则简称茂材。李觏曰：

> 今兹窃幸诏举茂材，州郡不明，以妄庸人充赋。③

王辟之曰：

> 眉山苏洵少不喜学。……年二十七始发愤读书。举进士，又举茂材，皆不中。④

惟亦有称他科为贤良者。如李觏应茂材异等科，而萧注与觏书，⑤有"足下应贤良，预第一人召试"之语。又如汪辅之应材识兼茂明于体用科，而郑獬《留别汪正夫》诗⑥有"正夫方举贤良"之注。是

---

① 《元丰类稿》卷四二，页一下，《虞部郎中戚公墓志铭》（《四部丛刊》本）。
② 《历代制度详说》卷一，页二下。
③ 《直讲李先生文集》卷二五，页四上，《上吴舍人书》。
④ 《渑水燕谈录》卷四，页六下。
⑤ 《直讲李先生集》卷二，页六上，附萧书。
⑥ 《郧溪集》卷二六，页一一下。

盖以贤良为诸科之首，故以之混称他科耳。

以上乃对科名本身而言。若对应举人，亦每好用简称。如登贤良方正能直言极谏者，每被呼为贤良。蔡襄回范百禄启曰：

> 伏审入造明庭，恭承大问，擢升异等，光骇众闻。伏以贤良秘丞，学臻本原，言有闻域。①

吴处厚曰：

> 公（夏竦）举制科，庭对策罢，方出殿门，遇杨徽之。见其少年，遽与语曰："老夫他则不知，唯喜吟咏，愿丐贤良一篇，以卜他日之志。"②

韩元吉回李垕启曰：

> 大廷发策，尽循天圣之规；多士响风，复见元光之旧。……伏以贤良学士，奥学自于家传，敏识殆其天赋。③

而登才识兼茂明于体用科者，亦称贤良。曾慥曰：

> 夏噩贤良家藏李太白墨迹十八字。④

---

① 《蔡忠惠集》卷二七，页四下（乾隆四年逊敏斋刊）。
② 《青箱杂记》卷五，页二下。
③ 《南涧甲乙稿》卷一二，页一五上（《武英殿聚珍版丛书》本）。
④ 《高斋漫录》页一一下（《墨海金壶》本）。

至应举未第者,常亦以其所应科目呼之。如韩琦有《送邵亢茂材南归》诗①,李觏有《送陈次公茂材》诗②,黄公度有《和韵陈贤良华表》诗③,韩元吉答李塾书④称为"贤良李君",邵、陈等均举制科报罢者也。若欧阳修与李觏书⑤,不称茂材而呼为"贤良先生",或亦如科名之以贤良一词概诸科之意乎。

由宋人之称制举为大为贤,足可见其重视之至矣;惟亦有一二特识之人,不甚以为然者。蔡襄曰:

> 今之取士,所谓制科者,博学强记者也。⑥

司马光曰:

> 国家虽设贤良方正等科,其实皆取文辞而已。⑦

叶梦得曰:

> 制科……程试既不过策论,故所上文亦以策论中半;然多犹未免场屋文辞。⑧

---

① 《安阳集》卷四,页四下(乾隆四年安阳县署刊本)。
② 《直讲李先生文集》卷三五,页一三上。
③ 《莆阳知稼翁集》卷四,页八上。南城李氏刻《宋人集》乙编本。
④ 《南涧甲乙稿》卷一三,页二五上。
⑤ 《欧阳文忠全集》卷一五〇,页二上。
⑥ 《蔡忠惠集》卷一八,页二上,《国论要目》。
⑦ 《司马温公文集》卷五,页一一下,《论选举状》。
⑧ 《石林避暑话录》卷四,页三上。

胡寅曰：

> 制策亦空言取人……应科者既未必英才，而发问之目往往摘抉微隐，穷所难知，务求博洽之士，而直言极谏之风替矣。①

盖重之者多以其难于尝试，轻之者率病其徒取空言。唯其不以空言为然也，故每有思求实效者。司马光《乞行制策劄子》曰：

> 臣窃以国家本置六科，盖欲以上观朝政之得失，下知元元之疾苦，非为士人设此以为进取之阶也。臣昨差覆考应试举人所试策，窃见上等三人，所陈国家大体，社稷至计，其间甚有可采者。伏望陛下取正本留之禁中……以为徽戒；副本下之中书，令择……而行之，使四方之士，皆知朝廷求直言……非以饰虚名，乃取其实用也。②

第朝野上下，视制举为士人进身之一阶已久。大廷试策，不过观其记诵，察其辞藻；至于用其所言，则早不存于君相意念之中。故虽大声疾呼，亦安能发当道者之聋，振秉钧者之聩哉！

八　结论

自来法度，鲜有一成不变者；制举亦然。宋世贤良诸科，虽远

---

① 《文献通考》卷三三，页五上。
② 《司马温公文集》卷六，页一五下。

规两汉,第究其内容,则迥非昔比。汉策贤良,非有大事,不诏不举;至宋则浸假如贡举之例,辄有定期:此其不同者一。汉策贤良,所问多属时政,即征引典册,仅亦借古鉴今;宋题琐细,多问典章名数,或竟与时政无干:此其不同者二。汉策贤良,亲试以前无繁絮之考试,而对策字数亦无限;宋制则非徒有阁试或省试之故为刁难,而策文不至三千字以上者不予录取:此其不同者三。汉策贤良,称旨者每得不次之升擢;宋人布衣高第者,位不过八品,官不过州倅,职官登科亦仅迁转两资,即为优遇:此其不同者四。汉策贤良,目的每在旁求直言;宋廷只重文采,直言者反常遭摈斥:此其不同者五。盖汉策贤良,出于求治之衷;宋举制科,流宕所及,徒为读书人多开一进身之径而已:此其所以深为有识者所讥也。

窃谓,宋人之推崇制举可谓至矣,誉为拔取非常之材,称为期待杰出之士。其意以为制举所持以取士之策论,远超于贡举之诗赋帖经,谓既可由策以观其识,复可借论以察其学,识学兼优,真材斯得,不似诗赋等之徒取虚文也。殊不知,能言者未必能行,而笃行者又每不好多言。策论衡材,亦不过取其言之是否成理,至能否力行,则决非由几千文字所得体识。是以夏竦由贤良方正登科,而负奸邪之称;汪辅之以材识兼茂应诏,乃有轻薄之诮:则所谓制举以策论取人,亦不过尔尔;而不察实际,妄为推崇者,亦可以休矣!

(原载《史学年报》第二卷第五期)

中国历代官制简述

1961年冬,应北京大学中文系古典文献专业的"中国文化史讲座"之约,讲述中国历代官制。当时并没有讲稿。事后,同志们要求把所讲的撮要写出来,因于百忙中草成此篇,其组织和内容,与原来所讲的略有增删。

中国的官制,从秦始皇时候起,才有了比较严密的制度,秦统一以前的两三千年,就不然了。所以我想先将远古到战国末年的官制发展情况,略予介绍,然后再将秦汉直到清末的官制分为三个题目来谈。这三个题目是:一、中枢机构;二、中央各部门;三、地方机构。

一 先秦官制的发展

"官"是管理事务的人。在原始共产社会时期,已经有官,并且还有分工。及至进入奴隶社会,国家出现,这时的官,性质与原来不大相同,他不仅是管理事务人员,而且还是统治阶级压迫被统治阶级的爪牙了。因此,官在人民心目中变成了可怕、可厌、可恨的家伙。

中国述说官制追溯最远的,似乎要属郯子。他是郯国(现在的山东郯城一带）的国君，于鲁昭公十七年（公元前526年）访问鲁国，叔孙昭子问到传说中少昊氏以鸟名官的事，郯子回答道："吾祖也，我知之。昔者黄帝氏以云纪，故为云师而云名；炎帝氏以火纪，故为火师而火名；共工氏以水纪，故为水师而水名；大皞氏以龙纪，故为龙师而龙名。我高祖少皞挚之立也，凤鸟适至，故纪于鸟，为鸟师而鸟名。"接着他列举各种"鸟"的职务。这段话自然是属于传说，其中可能夹杂着"图腾"的成分，但也可以反映原始社会已经有了官的分工。

讲黄帝以后的"唐虞盛世"，一般都以《尚书·尧典》作依据，它曾提到司徒、司空等等的官职。但这篇文章是后人所写的，不能说是实际情况。夏代官制，不大清楚。商代官制，因为甲骨文的发现，再参稽诗书的记载，大致可知道一些。

就中国历史的发展阶段来说，商代之为奴隶社会，似乎没有什么疑问。它的官制，可以分为技术和事务两类。前者如史、卜之属，是有文化的；后者如臣、仆、宰之属，是由奴隶选拔出来的。而其时奴隶首领，每能掌握大权，如伊尹本来是"媵臣"，可是他敢于而且能够一度废掉汤孙太甲。这种情形，在中国史上并不是绝无仅有的。

周代官制，从前多从《周礼》（又称《周官》或《周官礼》）的说法，认为它是"周公致太平之书"。其实它基本上是战国时期的作品，其中若干官名虽是早已有之，但在西周，并没有那种系统严密的组织。所以要明了西周官制，我们只能依据诗、书和金文中一些零星材料。大体说来，西周除沿袭商代的若干官号，如师、保、傅、史、卜、宰、仆等等之外，在后世所常见的如司徒、司马、司空、司寇、宗伯等等，在那时都已有了。

春秋时期,周王室的官制大致没有什么变动。至于诸侯列国,由于互相并吞,有的国灭亡了,有的国扩大了,而扩大的国,土地、人民既然增加,旧的官制不能适合需要,自应有所添改。但就典籍记载来看,当时添改的不过是中下级官吏,至于掌握大权的高官,并没有什么改变,而且还分为两大系统,一是齐鲁等国,一是宋楚等国。前者是周的封国。它们和周王室一样,辅国君发号施令的人都是"卿",并没有特别专名,如司马、司寇之类。至于宋为商后,楚的存在当周兴之前,它们并不采用周制,如宋的太宰、大司马,楚的令尹、大司马,都是对掌文武二柄的。不过卿也好,太宰、令尹、大司马也好,都有一个共同点,就是都用出身于公族的。这种现象,可说是原始社会的氏族成员共同参与政治的遗留。

战国时期,只剩了七个大国和一个微不足道的卫。各国的地盘更大了,不但中央机构有变更的必要,就是地方也急需加以增改。就中央机构来说,在秦开始确立了丞相(尊重一些的称相国)制度,同时"国尉""将军"等称号也出现了。本来"相"这一辞,在春秋时已屡见不鲜,如管仲相齐桓公之类,而齐后来又有"左相""右相"。但管仲之"相"是动词,意为辅佐,并不是称号;而左、右相则可以认为是一种称号了,但它并不能明确表示出君王的威权,至于"丞相"的意义就不同了。因为"丞"与"承"通,"丞相"就是承君王之旨,辅理国政的意思。这样,虽说"丞相礼绝百僚",但他是承君王的意旨来处理事务的。一般以为到秦始皇才进一步抬高了君王威权,这种看法自然不错,可是在秦始皇之前,他的祖宗已经开始朝着抓权的方向走了。再就地方机构来说,秦、魏等国已确立了郡县制度。本来春秋时期,地方单位已有邑、县之称,邑县长官在鲁称宰,在晋称大夫,在楚称公。战国初期,由于领域扩大,于是在内地称县,县有令,以民政为主;边地称郡,郡有守,以军事为主;守和令在当时并不见得有上下之分。迨中期以后,有些郡,人口加多,生产随之增长,因而民政也重要起来,这才将郡内划分为县,至此郡辖县的制度才确定下来。到战国末期,内而中央,外而地方,秦的官制,大体上已接近统一以后的情形,为秦始皇整齐官制铺平了道路。

二 秦至清末官制的发展

中枢机构

秦灭六国,成为中国历史上第一个统一的大国。领域空前地扩大,一切事务,远非王国制度所能处理,因而在官制上需要加以全盘调整。其中枢,也就是发号施令的总枢纽,是以丞相府、太尉府和御史大夫寺三个机构组成的。丞相掌行政(若有二人时,加"右""左"字样,以右为上。二世时又一度有中丞相),太尉掌军政,御史大夫一方面是皇帝的秘书处长,一方面管监察(御史是史的一种,类似机要秘书,地位不高。秦创"御史大夫"一辞,意思是统率秘书的人)。

西汉初年,仿照秦制(汉改以左丞相为首),但文帝以后,太尉并不常置,而自武帝时起,丞相地位虽高,权力则渐缩小,皇帝常常通过内廷保管文书的尚书署亲自裁决庶政,有时更加给宦官以"中书令"的称号,也使他们与闻政务。因此,从昭帝时起,在皇帝年幼不能处理国政时，每用重臣、外戚，加上"大司马大将军"或别的头衔来领尚书事。到成帝时，尚书署的首长尚书令改用士人（以往是宦官），而"署"也渐以"台"来代替，于是尚书台遂发展成为皇帝的机要秘书处，不但丞相的职权被它夺去很多，就是御史大夫的秘书处长职务也不复存在了。此时，一些从儒家经典中钻出来的官僚们，很不以秦制不师古为然，因而提议恢复古制，以大司马、大司徒、大司空三个官号来代替丞相、御史大夫和早已不设置的太尉（这是哀帝时候。成帝时一度更改，仍留丞相）。这样一改，大司马和太尉、司徒和丞相职务上还属相通；可是大司空是主水土之官，和御史大夫职务毫不相干，后者的秘书处长职务也由尚书令代替了，还没关系，但它的监察职务怎么安排呢？这只好将其属员"中丞"留下来，专司监察。于是"御史台"一辞出现，而在中国官制发展史上专门的监察机构才算树立起来。

东汉初年，根据西汉末年制度，名义上的宰相是"三公"，或称"三司"（因为三个官都带"司"字。在光武帝中期，又去掉"大"字，将大司马改为太尉。又配合"三才"，太尉是"天公"，司空是"地公"，司徒是"人公"。东汉末年黄巾起义，张角兄弟之称"天公将军"等，是有其渊源的）。不过，他们只是办些例行公事，至于发号施令则归于尚书台。其长官称尚书令，副手称尚书仆射（若是二人则分别加"左""右"字）。东汉末年，曹操为了掌握大权，曾一度恢复丞相、御史大夫，到了魏初，又改从东汉原制。不过这时三公的权更小了，迨晋代的"八公"（太宰、太傅、太保、太尉、司徒、司空、大司马、大将军）名称出现，这些高官几乎皆属空衔。而在魏初，尚书台也变成外围，成了执行的机构，至于发号施令，则归诸中书省。

本来在曹操为魏王时，曾在其"国"中设立秘书令，掌出发教令。曹丕称帝后，因汉代的尚书台权势太大，成了实质上的宰相府，于是就把王国制度中的秘书令改为中书监、令。监是第一首长，令是第二首长。公署通称中书省，而尚书台渐渐也多称之为尚书省(三国时，蜀汉的官制并不固定，如诸葛亮为丞相，继他掌政的蒋琬称大司马，后来费祎、姜维都称大将军。吴的官制，有丞相、大司马等等，但与后世官制发展关系不大，不再申述)。

晋代一遵魏制，中书监、令地位虽不很高，职务则很亲重，故有人目中书省为"凤凰池"。由于中书省权势日大，皇帝有些不放心，于是遂有南北朝时期侍中参预大政的办法。

侍中从秦时就有了，地位很低。西汉中叶以后，皇帝才渐将这个头衔加在所喜欢的官员的本衔之上。至于没有别的官号，只称侍中的，地位也高起来。到东汉中遂设置侍中寺(晋时称为门下省)。南北朝时管的事务扩大，侍中乃成为省的长官，掌"尽规献纳，纠正违阙"。凡属重要政令，皇帝每要征取侍中的意见，以集思广益，并钳制中书省的越分行动。中枢官制从东汉以来变化到这般地步，"三省制"事实上已经存在，只待遇机加以调整而已。

隋文帝代周以后，就确立了内史省取旨、门下省审核、尚书省执行的三省分权制度(隋代避用"中"字，改中书省为内史省。废中书监，只存内史令。又改侍中为纳言，唐初又改从旧名)。以内史令、纳言和尚书令为宰相，间或以别的官加"参掌机事"名号，行宰相之职。

唐承隋制，也以三省长官为宰相，但因太宗曾当过尚书令，后来就空着它不再授人，而以尚书省的副长官——左右仆射为宰相。高宗以后，左右仆射渐渐不能参决大政，成了听令执行的官员，虽在玄宗时一度改称左右丞相，也只具空名而已。这是制度之一变。

太宗时，中书令、侍中因为位分较高，常常用旁的官加上"参议朝政""参预朝政""参议得失""参知政事"之类，作为实际上的宰相。自高宗以后，则以"同中书门下平章事"或"同中书门下三品"（中叶后改为二品）行宰相事，这是制度之再变。三省本是各有公署的，但后来各公署，除尚书省外，只是副首长以下办公的地方，至于成为宰相的侍中、中书令或同中书门下平章事等官，居常同在政事堂讨议国政。堂初设于门下省，后移于中书省，又称"中书门下"，表示它是联合组织。这两个不同性质机构的长官们既在一起办公，而正式长官——侍中、中书令又不常置，于是审核一层当无必要，这样，门下省的审查职责，实际就落到给事中的肩上了。这是制度的三变。三省制度经过这几次改变，中枢机构事实上只有一个混合体的中书门下，到了宋代遂简称为"中书"（三省名称在高宗、武后和玄宗时候曾有几度改变：尚书省称中台、文昌台；中书省称西台、凤阁、紫微；门下省称东台、鸾台、黄门）。

五代时期，在沿袭唐制之外，又有枢密院参与大政，首长称枢密使或知枢密院事。本来在唐代宗时就设置内枢密使，用宦官充任，掌承受章奏，很类似西汉中叶以前的尚书令。但在德宗以后，宦官抓到了兵权，内枢密使的职权就扩大了。朱梁时代改用士人，并改称崇政使。后唐又改称枢密使，但不用宦官。充当这个官的，大体都是皇帝的亲信，地位虽不及宰相之尊，权势则非常之大。所掌的初不限于军事，但到后周则渐渐不预民政，于是遂开宋代"中书、枢密对掌文武二柄"的先河。

宋代中枢官制的变化，不但确定中书、枢密的"二府"制，各"府"的组织较前朝有所不同，而且中书也经过了几度更改。最初中书只有加同中书门下平章事（间有加同中书门下二品的）的宰相，太祖时又增加"参知政事"作为副相。初起宰相人数并不固定，少者一人，多者三人；参知政事也是如此。到神宗改官制，确定宰相二人，首相称"尚书左仆射兼门下侍郎"，次相称"尚书右仆射兼中书侍郎"。参知政事确定四人，名称改为门下侍郎、中书侍郎、尚书左丞、尚书右丞。徽宗时，改尚书左、右仆射为太宰、少宰，余无变动。南宋初年，又将尚书左、右仆射的名称恢复，而将其所兼的门下、中书侍郎一律改为同中书门下平章事，至中书、门下侍郎以及尚书左、右丞则仍改为参知政事。孝宗时又将尚书左、右仆射同中书门下平章事的名称改为左右丞相。从此到宋末没有再变。至于枢密院，除了枢密使、副使之外，又增置签署和同签署（英宗后改为"书"）枢密院事。有时以知枢密院事和同知枢密院事来代替使和副使（上述各官，宋人习惯合称之为"宰执"，宰是宰相，执是执政，除了三二个宰相外，其余的参知政事以及枢密院的高官都是执政）。拿旧制比较来看，宋代的枢密院很有些像秦代的太尉府。但秦代没有兵部，提不到侵权问题，宋则不然，枢密院号称"本兵"，它侵去兵部的权是很多的。

与宋前后并立的辽金和灭宋的元朝，其官制有些共同特点，就是对汉人的防闲和夹杂着奴隶社会甚至氏族时期的残余，而辽代尤为突出。它的中央官制分为南北两面，南面官仿照唐制是用以位置汉人的，但实际上并没有什么权，一切政柄都操在北面官手里。其中枢机构是北、南宰相府（这是第一次将"宰相"定为正式官名。而"南宰相"是属于北面官的系统，并不是南面官），作宰相的，不出皇族耶律氏和后族萧氏，而且权势也比宋的宰相为大。辽虽然也有北、南枢密院，但其职务分别类似宋的兵、户二部，和宋的枢密院不大相同。

金代官制多仿于宋而加以变通。中枢机构名为尚书省,首长是尚书令,率以皇族或外戚充任。次为左右丞相,率以女真贵族充任。次为平章政事,次为左右丞,次为参知政事,汉人或有机会与于其选。至于枢密院则与宋制无大差别。

元代参照金制,但尚书省曾有几度置废。大政总汇于中书省,其首长为中书令。世祖以后不常置,置则率以皇储兼领。其次为右、左丞相(元以右为上),多以蒙古人充任;其次为平章政事、左右丞、参知政事,杂用蒙古、色目、汉人,但汉人至平章政事的极少。关于枢密院,制度虽与金、宋相似,可是为了防止泄漏军事机密,汉人是不许参与的。

明初本用元制,有中书左右丞相等官。洪武中废中书省,由皇帝直接处理国政,而指派翰林院等文翰机关选调几个官员掌草拟诏谕,加以殿阁大学士头衔,是为内阁之始。所以内阁实质上是皇帝的秘书处。但这时的学士仅只承旨办事,到成祖时,才简拔几个所喜欢的学士入直文渊阁,参预机务,和太祖时已不同了。不过这些学士们,官位并不高,权势还很小。仁宗以后,特别是到英宗初年,学士们多是四五朝元老,官位很高,而且皇帝幼小,他们权势和以往遂大不相同,俨然成为宰相。可是太祖曾有子孙不许设置丞相之诏,后人为了避免违制之罪,所以称大学士们为"辅臣",首席的称为"元辅"或"首辅"。这些实质上的宰相,在弄权方面,比起从前的丞相反倒方便些,因为丞相向不直接草诏,而大学士却要"票拟批签"(票是纸片,票拟就是用一张纸拟旨)。这件事向由首辅执笔,因此明代中叶以后,抢作首辅的丑事,屡见不鲜。

清初有内秘书院、内弘文院、内国史院,后来仿明制改为内阁,其大学士职务也大率相同。表面上满汉各半,实则汉大学士只是陪衬。而在有议政大臣时，即满大学士之权也不如明代之大。迨军机处成立后，内阁大学士更无多职任了。

军机处源于雍正年间的军机房，当时因为对西北用兵，设置本是专为处理军务的。到乾隆年间遂发展成军机处，派满汉大臣为军机大臣（资格轻的为军机处行走、学习行走等），几乎每天要见皇帝，有什么命令，直接用军机大臣名义发下，称为"廷寄"。而外边章奏也直达皇帝，不再经由内阁。于是内阁大学士们只做些例行公事。用东汉制度来比，军机处很似尚书台，而内阁大学士则有类位尊而不重的三公。这种办法一直沿袭到宣统三年，才告废止。那时为敷衍立宪运动，成立了所谓内阁，有总理大臣一人、协理大臣满汉各一人。但行之不到半年，武昌起义就爆发了。

总上所述，从秦至清的中枢机构，其变化大致可分为四个阶段：即由丞相、御史大夫制到三公制为一阶段；由三公失权，尚书台代起以及陆续出现中书、门下省为一阶段；由三省制的确立及其发展为一省制为一阶段；由一省制到内阁以及军机处的兴起为一阶段。这种制度的一变再变，里面都含有一个中心问题，那就是皇帝要抓权。至于清末的新内阁制，则又当别论了。

上面提过，中枢机构是发号施令的总部，号令都是用文字来表达的，自然要有草拟制诏的官，现在附带提一提。

秦及西汉，诏令大多通过丞相、御史大夫颁下，即由丞相属员拟好发出。御史大夫虽有秘书处长的职务，但所做的率属行政工作，如"受公卿奏事"之类，并不大管草诏的事，偶有下丞相、御史的制诏，并看不出有专官管理。到西汉中叶尚书台渐为政务总汇，草诏的事渐由尚书郎担任。三国曹魏则改属之秘书监、令。南北朝时又归于中书舍人（初称"通事舍人"），其制至唐中叶以前，无大改变。唐玄宗立翰林院，招集各色各样的人，如下棋的、绘画的等等，作为政暇消遣之所，也找些诗文名家，假以学士之号，来谈论文艺，偶然叫他们代拟诏令，后遂发展为单独机构，名为"翰林学士院"，专掌重要诏令。其一般诏令，乃属之中书舍人。于是演成"内制""外制"之分（内制是翰林学士拟的，外制是中书舍人拟的）。这时的翰林学士院实际是皇帝的机要秘书处。五代到宋，一承唐制，只是宋代间或不命正官，以"知制诰"或"直舍人院"代替中书舍人，以"直学士院"或"翰林权直"代替翰林学士，辽南面官也有中书舍人、翰林学士，但职位远不如北面官"林牙"（契丹语译音）之亲重。金、元都没有中书舍人，文诰之事，金多归之翰林学士院，元则属之翰林国史院。明初袭元制，但直称翰林院，追废中书省后，内阁大学士成为"票拟"谕旨的专官，翰林官的职务减轻很多。清初沿明制，但自军机处成立后，重要诏旨都归军机大臣或由大臣交给军机章京草拟颁发，内阁大学士只管些例行上谕而已，成为闲员了。

中央各部门

甲　行政机构

秦的中央行政机构有十几个，重要者九，所以后来有"九卿"之称。第一称奉常，"掌宗庙礼仪"，是古代巫卜的综合体。第二称郎中令，"掌宫殿掖门户"，统辖侍卫皇帝的诸郎，等于侍从武官长。第三称卫尉，"掌宫门卫屯兵"，是禁卫军军长。第四称太仆，"掌舆马"，是皇帝车马的总管理员。第五称廷尉，"掌刑辟"，类似最高法院院长。第六称典客，"掌归义蛮夷"，是招待少数民族来朝的官吏。第七称宗正,"掌亲属",是管理皇族(包括公主)事务的人员。第八称治粟内史,"掌谷货",是租税赋役的总管理官。第九称少府,"掌山海池泽之税,以给供养",是宫廷的总务处。后来发展成为机要秘书处的尚书台,原来是少府的属官。除九卿外,还有掌京师治安的中尉、掌营建宫室的将作少府等列卿。总观秦的九卿,除了廷尉、治粟内史和典客外,其余六卿,职务多是属皇帝私人方面,很少及于国政的。

汉代沿秦制,惟名称多有更改。如奉常改太常,郎中令改光禄勋,典客改大鸿胪,治粟内史改大司农(一度称大农令),中尉改执金吾,将作少府改将作大匠。诸卿职务多有增减,尤其到东汉,少府所掌,部分归入大司农,组织大为缩小。而自尚书台发展后,卿的职务不但被夺,即地位也越来越差了。

尚书署发展成台后,事务增多,在汉成帝时,遂派尚书四人,分曹治事。东汉至南北朝,曹增到二十多,于是合并三四个曹,成为一部,部或五或六,还没有定制。隋代仿周礼六官才定为吏、民、礼、兵、刑、工六部,部有四司。唐沿隋制,惟在高宗时为避太宗讳,改民部为户部。从此直到清末,六部制基本未变,司则间有增减。部的首长称尚书,副首长称侍郎,司的正副首领称郎中、员外郎。吏部掌官吏的铨叙和中下级官吏的选派,户部掌户口、租税的政令,礼部掌祠祀、礼仪、考试的政令,兵部掌军事和军器的政令,刑部掌司法行政,工部掌土木工程的政令。本来诸卿在秦汉时期是政务兼事务官,迨六部制立,他们只是事务官,一切须听部令,其职权之缩小,不问可知。

诸卿职权,不仅受了六部侵削,有的更是由于新的机构之设置而被分去。如光禄勋在秦汉本为重任,但到曹魏,皇帝侍从改归武卫将军等统率,它就成了冷署,渐变为大宴时安排筵席的衙门(从南北朝时改称光禄卿,明清称光禄寺卿)。又如卫尉,在秦汉时,地位仅次于光禄勋,也是从曹魏时起,卫士属于武卫将军,它渐变为管理军用器物的机关。又如少府,在秦汉时是个繁剧之司,可是三国以后,其职务分别为殿中、门下省所夺,沦为管理织染之署(隋后改称少府监)。又如大司农,在东汉时它本分得少府一部分职权,迨南北朝时,新设的太府寺又把它从少府得来的职权抢了过去,成为司农管仓廪、太尉管金帛的制度。又如太仆,南北朝以后,皇帝的车驾,不在职掌之内了,但将养军马之责担在肩上,却还不是闲曹。至如太常、廷尉(隋以后改称大理,到清末未变)、鸿胪、将作大匠,算是没有多大变动,而宗正从金元特别是明清两朝,改为宗人府,以亲郡王领其事,看来气势反倒巍峨了。

秦汉以及南北朝以来增置的诸卿,虽然间或有所并省(如东晋初和南宋初),但皆不久即恢复。到了明代,才裁减为六个,即太常、光禄、鸿胪、大理、太仆等寺卿(在南北朝以后,都加"卿"字,明清则称"寺卿")和宗人府。其司农、太府归于户部,因此户部直接管理起仓库,以政务官而兼事务官了。清沿明制,二百六十年没有大的更改,但在光绪末年,因为实行新官制,除了大理寺升格为大理院外,其余的一律撤销名义,而将其职务分于各部(如太仆并入陆军部)。从此两千多年来的九卿制遂告结束。至于明清所习称的九卿,实际是拼凑的(即吏、户、礼、兵、刑、工六部,加上都察院、通政司、大理寺,所谓"六部都通大"的首长号为大九卿),与秦汉之制已不相同了。

清末新官制,实开端于咸丰十年(1860年)总理各国通商事务衙门的设立,它是办理对外交涉的机构。光绪二十七年(1901)以后,由于帝国主义的要求,改为外务部,并且列于各部之上。此后为了办理骗人的"新政",陆续增设和改变几部,到宣统三年春,新内阁成立,共有外务、民政、度支、陆军、农工商、法、学、邮传和理藩九部,部有大臣、副大臣以代替旧日的尚书、侍郎。此外,还有海军衙门和军谘府(即参谋本部)。这种组织就是北洋政府国务院的蓝本。

以上所述是中央行政机构变化的概况。大体上可以说是诸卿制和六部制的转化。在诸卿制时期,设官分职多属于皇帝私人事务。这是封建社会初期的现象。到六部正式成立,其职掌则属国政,即诸卿所管的也多不是皇帝私人事务。这是封建社会成熟时期的现象。至于中央行政机构,自然不仅是诸卿六部,如国子监、秘书监等等,还有很多,但其重要性终不太大,不再详谈。

乙　监察机构(附谏官)

提到监察制度,人们很容易联想到"铁面御史"。其实御史本是君王的机要秘书,战国时,秦赵渑池之会,双方各有御史记录当时所发生的事情,可为明证。但淳于髡对齐王问,说御史执法在场不敢放量饮酒,这个御史似乎已带有监察性质了。

秦始皇统一后,立御史大夫以副丞相,一方面掌天下文书,一方面掌监察,西汉沿袭其制。所以这时的御史大夫寺,还带有外廷秘书处的职务,不是单纯的监察机构。西汉末年,宰相变易名称,为三司制。御史大夫改为与原来职务毫无关系的大司空。其秘书处职务已由尚书台代替,至监察职务,则别立御史台,保留其原来的助手——御史中丞,以司其事。到这时,单纯的监察机构才算树立起来。此后由东汉以至南北朝,大体都相沿袭(东汉末,曹操为丞相,又恢复御史大夫,但在曹丕称帝后,又回到原来体制。又元魏时，御史中丞改称中尉）。至其组织，则秦时只有御史，汉改称侍御史，又选其中管理文书者，号治书侍御史。晋以后，为殿中侍御史，并偶置检校御史。御史既为监察之员，掌纠正官邪，号称"天子耳目"。魏晋以后，且许风闻言事，不必提出实在证据。御史虽为中央官，但在秦时即派出监郡，谓之监御史，简称为监。汉魏以后，御史派出巡视之制仍然存在。

隋世，因避讳关系改御史中丞为御史大夫，并改检校御史为监察御史，专掌出外巡察。

唐代御史台也以御史大夫为长，而将治书侍御史改为御史中丞为之副（改名也因避讳）。下分三院：一曰台院。侍御史属之，资历浅者称"侍御史内供奉"，其职务不但管内外监察，并且和门下省的给事中、中书省的中书舍人，分值朝堂，受理冤讼，当时谓之"三司"。二曰殿院，殿中侍御史属之，资历浅者也加"内供奉"三字。其职务主要纠察朝会时失仪和随驾检举非违。三曰察院，监察御史属之，资历浅者称"监察御史里行"，并偶尔添设员外监察御史或试监察御史。其职务虽也掌内外监察，但以对外为主（武后时乱改官制，曾一度改御史台为肃政台，并分为左右）。

五代及宋大致沿袭唐制。惟宋则御史大夫向不除科，御史中丞成了实际上的台长，而"内供奉"也都废除，只"里行"之制，间或有之。

辽的南面官也有御史大夫等官，但实际无所事事。金元御史台都有大夫、中丞为之长贰，下有侍御史、治书侍御史、殿中侍御史和监察御史。已往的御史台，监察权及于全国，至元代则因有江南、陕西二行御史台，其中央的御史台，职掌所及就不是全国了。

明初曾仿元制，至洪武十五年，改御史台为都察院，以左右都御史、左右副都御史、左右佥都御史为之长贰。下依当时省区（正名为布政司），设十三道监察御史（明末定为十五道）。这些监察御史虽规定"察纠内外百司之官邪"，但以所冠道名为主。又常就其中选员带着原衔出外巡按或监察的。至于地方上有较重要的事故发生，则派"都"字号的带衔出发，所以《明史·职官志》将总督、巡抚都列于都察院系统之下，而不视为地方大吏。

清初沿明制，至乾隆十三年裁佥都御史，而右都御史和右副都御史又分别成为总督、巡抚的兼衔，在中央的只有左都御史、左副都御史执行职权。至监察御史，到清末有二十二道，这是因为省区增加的缘故。

以上是御史台发展的大概。下面再略述谏官制度以及"台谏"的合流。

谏官始于秦，称谏大夫，后改称谏议大夫，掌论议讽谏。魏晋以后，又有散骑常侍，地位略高，也掌侍从规谏。北齐以散骑常侍、谏议大夫，皆属集书省，隋时并属门下省。

唐代有左、右二散骑常侍，分属门下、中书二省，但以官高，不常除授，故谏议大夫事实上成为头号谏官。此外又置左右补阙、左右拾遗，也分属门下、中书二省，资历轻者都加"内供奉"三字。

宋初承唐制，但改补阙为司谏，拾遗为正言。这些谏官们徒有其名，多领他职，不务正业。于是另置谏院，以知谏院、同知谏院掌谏议之事。到神宗元丰改革官制，才废谏院，正式以左右谏议大夫、左右司谏、左右正言分隶门下、中书二省，专供谏职。

辽仿唐制，南面官也有谏议大夫、补阙、拾遗等官，不过并没什么作用。金采宋辽之制，置谏院，有左右谏议大夫、左右司谏、左右补阙、左右拾遗等官。元不设谏官。

明初,曾置谏院,有谏议大夫、司谏、正言,但不久即废,而以给事中之官兼领监察谏职,于是从宋以来"台谏"职权混淆不清的现象,到此时遂初步合流了。

"台"指御史台,其对象为内外百官;"谏"指谏官,其对象为皇帝。台谏职权原本不同。但御史纠劾,有时不免夹杂谏诤的话,于是弹文类于谏草。谏官纳谏,牵涉到用人时,常常要列举其人的劣迹,因而谏疏近于弹章。这样,台谏职权就弄得混了。其现象在宋时已极显露,并曾几度下诏厘正,但终于没见大效。明太祖可能是鉴于这个症结,才索性把两职合而为一,以免互相纠缠罢?

给事中之官始于秦,是大夫、博士等加官,掌备顾问。汉代给事中有左右曹,分别审核尚书奏事。魏晋以至南北朝,才有专官,其职责则大致相似。唐代以给事中属门下省,专掌封驳(凡诏令下到门下省,给事中认为不相宜的,得说明理由,退驳回去)。宋沿唐制,无大改变。辽南面官门下省也有给事中,但备员而已,无何职责。金之给事中为内侍寄禄官,其职大异。元以给事中掌修起居注,也和古制不同。到明太祖废谏院以后,因为对于十三布政司有十三道监察御史去监察,而对吏户礼兵刑工六部的监察,不愿专属之都察院,于是将给事中分为吏户礼兵刑工六科,分别稽核六部事务(还分别附带监察六部以外的各机构),并付以"侍从规谏、补阙拾遗"的谏职。这种"一身而二任焉"的给事中,地位虽不高,但由于他们有驳正六部违失之权,所以权势很大。明代公私文书虽常以"科道"并称(科是各科给事中,道是各道监察御史),但道在中央,威风比之科则略逊一筹。清沿明制,但在明代,六科是独立的,至清世宗雍正元年,将六科隶于都察院,于是科道表面上成为一家。

以上是谏官制度以及台谏合流的发展概况。

按监察制度是我国政治制度史上一大特点。这个制度是统治阶级内部矛盾的一种表现,皇帝因为对百官不放心,怕他们营私舞弊,影响他的统治,才设置监察机构,专事纠弹,"以儆官邪"。但凡事有利即有弊,监察制度也是如此。作御史的不一定都是"铁面无私",其中有意气用事的,有假公济私的,还有以"天子耳目之司"为权奸鹰犬的。如南宋初年,大卖国贼秦桧,看到某人不合己意,每示意给台官提出弹劾,就是一例。其实,即使"铁面无私",所纠举的也未必都对。如宋神宗初年,才发表主张变法的王安石为参知政事,御史中丞吕诲就上章弹劾,连王安石的死对头司马光都感到惊讶。就做人来说,吕诲还可算作端直一流的,就是因为顽固,拼命反对王安石上台。幸亏宋神宗锐意改革,没有被这篇弹文所动摇,王安石才得展其抱负。假如碰到无定见的皇帝,恐怕"熙宁变法"未必能成为历史上的名辞了。不过,由于这个制度的存在,使官员们不敢放胆为非作歹,它对巩固统治上,并不能说没有起一定的作用。

地方机构

秦时地方机构是郡县二级。郡的行政长官为"守";主军事的为"尉";掌监察的为"监御史",简称为"监"。这是中枢机构的缩影。其边郡或不设守,而以尉行守事。一郡辖若干县,大县的长官称"令",小县的长官称"长",各有尉掌治安工作。郡守及县令、长之下都有丞,类似办公室主任。惟郡丞秩位低于郡尉,而县丞地位则略高或等于县尉。

汉郡制沿于秦,只是后来将郡守改作太守,郡尉改作都尉。至于属国都尉,则在新发展的少数民族地方有之,具有半独立的地位。边郡多无丞而代以长史。东汉初,略有改变,各郡都尉均裁撤,军民两政,统归太守,在必要时,可临时增设都尉。汉代地方上层机构还有诸侯王国,简称为"国"。其时王国的境土很广(如齐王有七十余县),而体制多仿中央,有丞相以辅王,有内史掌行政,有中尉主军事,也有郎中令、太仆等相当于中央九卿的官。到文帝时,渐感觉到诸侯王们尾大不掉,便采取分封办法,即在一个王死后,就原来境土,将他的儿子都封为王,各据若干县,以杀其势。或借口某王犯法,轻者削掉几县,重者收走一郡。迨景帝时七国叛乱平后,这种政策更加紧推行,不但诸侯王的境土小了,失掉反抗中央的凭借,而且还减损其体制。如为避免与中央官名雷同,将王国的丞相改名为相;或留王国各官的原名,而将中央的官名改变,如将郎中令改为光禄勋之类。这时,诸侯王的"国土"已不过一郡的大小。后来又实行"推恩"之制,就是除了王的长子继承王位外,其余诸子,都封为侯,于是王的权力更小了。接着索性将王国的内史裁撤,而以相理行政。所以西汉中叶以后的公私文件,常见有"郡国守相"之辞。诸侯王,经过这几次改动,实际已是空有高位,毫无实权了。

汉代的县制虽多沿于秦,但也有变动。如列侯的食邑称"侯国",长官称"相";公主封地称"邑",长官为"令";有少数民族的地方称"道",长官为"长"。至于丞、尉,不论县、邑、道、侯国,都是一样,只秩位高低不等。而大县的尉也不止一个,如曹操曾为洛阳北部尉,就是一例。

秦的郡监制度,汉初没有采用。惠帝时虽又派御史监郡,但多不称职,文帝时乃改由丞相派属员到各郡巡视。武帝时,汉兴已百年,土地渐渐集中,大地主在乡里既为非作歹,而郡国大吏也多不遵守法令。这种情形自然会引起人民的不满,因而影响到皇帝的统治。于是将全国划分为十几个大监察区,叫作州,又称为部,每州派一个刺史。"以六条问事,非条所问即不省"。第一条是"强宗豪右,田宅逾制,以强凌弱,以众暴寡"。这一条是制裁大地主的。第二条是"二千石不奉诏书,遵承典制,背公向私,旁诏守利,侵渔百姓,聚敛为奸"。第三条是"二千石不恤疑狱,风厉杀人,怒则任刑,喜则任赏,烦扰苛暴,剥截黎元,为百姓所疾,山崩石裂,妖祥讹言"。第四条是"二千石选署不平,苟阿所爱,蔽贤宠顽"。这三条是为制裁郡国守相(他们秩位都是二千石)之贪赃枉法,苛暴偏私的。第五条是"二千石子弟恃怙荣势,请托所监"。这一条是为制裁少爷们乱搞的。第六条是"二千石违公下比,阿附豪强,通行货赂,割损正令"。这一条是为制裁郡国守相和大地主勾结的。刺史秩仅六百石,地位并不高(六百石等于中级县令),但他所监的郡国守相,都秩二千石。为什么采取这以卑临高的办法呢?揆其用意,大概是因为他们入仕途年代较浅,世故不深,顾虑较少;而年纪又当壮盛,朝气犹存,敢于破除情面,放手去作。成帝时,改刺史为"牧"。哀帝初,又改归原制,不久复称为牧。东汉光武帝再改称刺史。此后直到东汉末年,因为干戈扰攘,因人而施,有的称牧,有的仍称刺史。但这时不论牧和刺史,都掌兵权,已不是单纯的监察官了。

从魏晋以至南北朝末年,地方行政的郡县制度,大体上无甚变动,只是县的长官一律称令,"国"的长官,后来改称内史,至于公国、侯国的长官则称相,到隋统一后才一律取消。至于称州牧者多是国都所在之地,外州则率称刺史。不过,因为这三百多年,基本上处于分崩状态之下,没有战事的年月很少,于是刺史多加上"使持节都督某某等州诸军事"或"持节监某州诸军事"或"假节督某州诸军事"的头衔,并加将军之号(太守也多加将军号),权势很大,至于不加将军的,当时称为"单车刺史",大率都是庶族的人,高门甲第者是不屑于干的。

在东晋初,北方地主阶级纷纷南迁,为了保持封建集团,多聚居一处,并不改原来地方名称,如南兖州、南兰陵郡之类,于是出现了许多"侨置州郡"。后来为赏军功,又分置不少州郡,到北周末年,已有州二百一十,郡五百零八,其江南的陈室州郡,尚不包括在内。到隋初,将郡取消,只有州县两级。州的长官,除雍州称牧外,余均称刺史。又聚若干州为一军区,长官称总管。刺史、总管都加"使持节"。但此时之州刺史,实际等于从前的太守,而总管虽仍然冠以"使持节",其威势也远非昔比。因为这样一变,州的僚佐,也酌采近制,与汉郡不同。炀帝时改官制,以郡代州,长官复称太守,并增通守以为之副,其余也略有更动。至于县,长官一律称令,其下增主簿一官。

唐初,改郡为州,玄宗天宝间,一度改州为郡,但不久又改郡为州。在称州的时候,长官是刺史,在称郡的时候,长官是太守,其职权和佐贰,没有什么大动,仅通守一官裁掉了。至于首都或陪都所在的州,率改为府,有尹和少尹等官。其军区总管,改称都督,僚属和州相仿佛。都督中有加"大"字者,例归亲王遥领,事务由长史代行。县级设官,和隋相同。惟唐代又恢复了对地方的监察制度,初行于太宗贞观八年(公元634年),派卿监分途巡察各州,得罢免或升擢地方官吏,称为黜陟使。后又派员四出,号巡察使。高宗以后，根据全国所分的十道，每道派高级京官一人，有时称巡察使，有时称按察使，有时称采访处置使，名称变动频数，到改称观察使，才算大体固定下来。而这时节度使权力已很大了。

节度使本是临时差使，始于中宗时候，其职权类似晋以后的使持节都督某某等州诸军事。本来唐代虽有军区的都督，但只管一般军政，职任不重，所以才创出节度使这个官号来，而且并不设在内地。到安史之乱前夕，边郡已有十来个节度使，所节制的兵员，多的七八万，少的三五万。安禄山兼范阳、卢龙、河东三镇节度，手下的兵约二十万，而且都是精锐，所以敢于造反。迨这次叛乱结束后，河北、河东都授予安史部将，而内地也分置节度使以位置有功的官员，于是演成"藩镇之祸"，弄得中央号令有时"不出国门"。

节度使都带京官和御史大夫衔，又兼观察使以及营田、度支、处置等使，集军政、民政、财政和监察诸权于一身，简直是个土皇帝，其威风远远超过前朝的使持节都督。节度使有时置副手，称节度副使，其下属于幕僚的有行军司马、参谋、掌书记、判官、推官等等；属于军事的有都知兵马使、兵马都指挥使、都头等等，组织相当庞大。这些幕僚和军官，也是差使，都兼带检校京官衔（如杜甫就是以检校工部员外郎为剑南节度参谋）。节度也偶尔有大使，和大都督一样，由亲王遥领，而以副大使知节度事代行职权。在节度使之外，有的州或置防御使，或置团练使，也都是差使，地位略高于刺史。从唐末以迄五代，刺史大率皆用武人，于是遂启宋代以刺史为武职虚衔之制。

五代和前后并立的十国，制度基本沿袭于唐，到宋代就大不同了。宋的地方行政也是两级，基层是县，设官与唐无大差异，但有时派京官为县的首长，称知某某县事，简称"知县"，体制比一般县令要高贵些。县之上，有州、府、军、监四级。自宋太祖行罢藩镇政策后，不但节度使逐渐成为空衔，就是防御使、团练使、刺史也不领本州之事，州政都派京官带原衔前去管理，称"知某州军州事"，简称知州。所谓"军"是指厢军（地方军队），所谓"州"是指民政。其僚属，属于军政方面的有掌书记、观察支使（只限节度州）、判官、推官（节度州判官，以京官充者称"签书判官厅公事"）；属于民政方面的，则沿唐制，有各曹参军。至于长史、司马，根本无所事事，多用以位置被贬谪的大臣。府本沿袭于唐，除京府外，其职权、组织与州并没有分别。军也始于唐，但那时的军只管一部分军队，不理民事。宋代于沿边或冲要地区设置好些军，其规模小的，例由知县兼军使；大的则派京官（武的居多）带原衔去管，称知某军，地位等于小州，有的也辖一两县。监多属矿区，小的由州府兼管，大的派京官带原衔称知某监，地位也等于小州。凡军监的僚佐都少于州府。州府的副手称通判，始于太祖。在这两级行政机构之外，又有监察区，叫作路。不过，在宋代中央集权深入的政策下，这种组织的职权既不同于汉代刺史，也不同于唐代的采访处置使或观察使了。

宋代每路有转运司，长官为转运使、副使、判官，一方面监察吏治，一方面收纳州、府、军、监所交纳的赋税，送至中央。又有提点刑狱司，长官为提点刑狱和同提点刑狱（由武官充任），掌稽考一路的司法案件。后来又增设提举常平司，长官称提举某路常平公事，专管常平仓或兼茶盐专卖之事（徽宗时一度设提举学事司，掌一路学校的政令，不久即罢）。以上都叫作"监司"。又有"帅司"，长官称经略安抚使或安抚使，并兼驻泊兵马都部署（后改总管）或兵马都钤辖，例以当路所在知州或知府充任。这种帅司的辖境，有的和监司同，有的并不一样，如河北监司分东西两路，而帅司则分四路。帅司除军事外，也要受监司的稽查。

辽的地方行政基层之县，设官仿唐。京都所在之地称府，有尹、同知、少尹等官。州府僚佐，略似宋而较简。辽有五京，各有留守司，有留守、同知留守、副留守等，分别兼府尹、同知、少尹，总揽军民诸政，各为一个大行政区，权任很重。辽也有地方监察官，但不常置。至于转运使，则只管收纳租税，不足称为监司。

金代州县与辽制相似。府则有总管府、散府之别。总管府除本府民政外，兼掌所辖各地的军政，散府则只管民事。府官大致沿于辽，惟总管府则率以府尹、同知、少尹分别兼总管、同知总管、副总管。诸京也设留守等官兼府尹事，表面上与辽相同，但职权不似辽制之大。金转运使职同于辽，也够不上监司地位。因此曾一度以按察使兼转运使，以重其权。至于按察使，初本称提刑使，职务类于宋的提点刑狱，到章宗时才改为按察使。金末大乱，曾临时在外地设行尚书省，俾得便宜行事，其制到元代就成了比较固定的行中书省了。

元代府、州、县制和金相似，只是在州制上，废掉节度、防御、团练等使，大州一律称尹，小州称知州，而县令也改称尹。又因为防闲汉人、南人，无论总管府、散府以及州县，各置达鲁花赤一员，基本上以蒙古人充任。各级达鲁花赤的品秩虽分别与总管、府尹、州尹（或知州）、县尹相同，但权势是比较大的。在府州县之上有两种道：一种是掌军民之政的宣慰使司，有使、同知、副使等官。这种道并不普遍。另一种是掌稽查司法的肃政廉访司（初名提刑按察司），有使、副使、佥事等官。这种道几遍全国，分别受中央的御史台、江南行御史台和陕西行御史台的领导，完全是监察机构。在诸道之上为行中书省，体制类似中央的中书省，也有丞相、平章政事、左右丞、参知政事等官。元末，在北方，曾前后设立几个中书分省，那是为了军务紧急，便于行事，并非固定制度。

明代府、州、县的长官一律改称知府、知州、知县，惟京都所在的府尹之称仍其旧。其佐贰，府有同知、通判、推官，州有同知、判官（后简化为州同、州判），县有县丞、主簿，而无尉。府无总管府和散府之分，惟州则有直隶州和散州之别。"直隶"是直接归布政使司领导的，地位略等于府。散州则属于府。府及直隶州之上为道，道员例派布、按两司的僚佐领之。本来明初曾沿袭元的行中书省制，到洪武九年（1376）才改为承宣布政使司，简称布政司，长官有左右布政使，佐贰为参政、参议。制度虽然改了，但习俗上仍称为"省"。在一省中，除了负民政责任的布政司外，还有都指挥使司，和提刑按察使司，因此，在明代省级最高机构有都、布、按三司之称。都指挥使司长官称都指挥使，佐贰为同知、佥事，是掌卫所政令的。提刑按察使司简称按察司，长官称按察使，佐贰为副使、佥事，是掌司法事务的。布、按两司的佐贰，本与长官同在省城，后来将一省划为几个小监察区，名为道，有"守"、"巡"之分，大致由布政司参政、参议派出者为守道，由按察司副使、佥事派出者为巡道。此外又有些没有地盘的专职道员，如督粮道、提学道等等，不再详述。

除了小监察区外，又有以省为单位的大监察区，仿照汉代刺史制度，派监察御史前往稽查，号为"巡按某处监察御史"，简称巡按。这是差使，并非地方官员。不过巡按官阶较低，只能办理例行公事，遇有重要事件发生，每须派中央大员去办，于是有巡抚（有的称抚治）制度的树立。始于成祖永乐年间，初本为临时差使，到宣宗以后乃渐渐固定下来,且为便于执行职权,加上副都御史或佥都御史和兵部侍郎以及提督军务或赞理军务头衔。终明之世,巡抚始终不算正式地方官,前后变革既多,巡区也没有一定标准,有及于一省的,有不及一省的,有只辖几省边区的(如南赣巡抚辖江西南安、赣州,广东南雄、韶州,福建汀州,湖南郴州等六府州)。巡抚职权到后来渐大,但遇有军事问题发生,牵连到几省的,巡抚无能为力,因而又有总督(有的称总理或总制)制度的产生,始于景帝景泰年间,初设于北边,嗣设于沿海和内地。其加衔以兵部尚书或侍郎为主,又因赋与监察权,另加都御史名号。自从有了总督,巡抚遂渐似总督的副手,而不设巡抚的地方,其职名率由总督兼领。

　　清代县级设官,无异于明,仅佐贰多所并省,州也有散州和直隶州之分,但明代散州多有属县,清则不然(乾隆以后)。府官后来裁掉推官,而同知、通判又多派出去"分防"(在府境内),遂渐渐形成一个行政单位,名之为"厅"。又在有特殊情形的地方(主要是少数民族聚居地),设州置县都不相宜,于是也成立一厅,派同知或通判为长官。厅也有散厅和直隶厅,后者与直隶州不同,它很少辖有属县。府以上的道依然保留。不过明代的道员是差使,本身没有品级,完全看他所带的是什么衔,如带布政司参政衔的道员是从三品,带按察司佥事的道员则是正五品,而清自乾隆以后,取消兼衔,道员一律定为正四品。这样,道员就不是差使而是实官了。至于省级高官,因为卫所制的废止,都指挥使司随之裁撤。布、按两司虽一仍旧贯,而布政使只留一员。布政使在明代本处于省长的地位,所以有"藩司"或"方伯"等等别称,但在清代乾隆以后,总督巡抚成为固定的"封疆大吏",布政使遂失去行政上的独立性而类似民政财政两厅的厅长了。

清初曾沿袭明代监察御史巡按制度,康熙后乃不派遣。至总督巡抚最初也变动不常,到乾隆时才固定下来,大致合两三省设一总督,每省设一巡抚,其无巡抚省分,例由总督兼理。总督例加兵部尚书兼察院右都御史衔,巡抚例加兵部侍郎兼都察院右副都御史和提督军务衔(总督、巡抚都是简称,后更简化为"督抚",其全衔,总督是"总督某某等处地方军务",巡抚是"巡抚某处地方")。经过这样一变,总督巡抚遂成为正式地方官,而巡抚乃等于省长兼军区司令,总督成了大军区的总司令了。

清末改官制,道、府以下变动很小,省级则颇有增改,如按察使改为提法使,裁提督学政,设提学使,而东三省因地势重要,将旧日的旗营军管制改为内地省制,总督且加钦差大臣头衔,以示隆重。

综上所述,二千余年来地方官制,郡县两级,名称上虽然有些更改,组织也不甚相同,但实质上变动并不算大。至于地方高级机构则不然,不仅名称、组织常有更动,就是实质上的变化也极大。

以上就是中国历代官制沿革的大致情况。

(据原稿排印。《光明日报》1962年4月25日"史学"
双周刊第236号所发表的曾有删节)

汉代官俸质疑

一 汉代秩俸之石与斛的问题

(一) 引论

汉代官吏等级——秩,是用米谷数量来分的,如"秩万石","秩中二千石"等等;而在按级颁发俸禄米谷时,则用斛来计算,如秩万石者,岁给四千二百斛,秩中二千石者岁给二千一百六十斛。"石"是衡的单位,"斛"是量的单位。一种制度,用了两种不同系统的单位,弄得名实相乖,在当时或许因为习俗相沿,不会有什么麻烦;但到了后世,年淹代久,真相不明,却不免要把人搅糊涂的。

这种名实相乖的现象,在宋代以前,似乎没有人理会,如三国时魏人如淳《汉书注》说:

> 律:真二千石月得百五十斛,岁凡得千八百石耳;二千石月得百二十斛,岁凡得一千四百四十石。

又如唐初颜师古,依据《汉书·百官公卿表》注,"二千石月俸一百二十斛,中二千石月俸一百八十斛"一段话,解释"中二千石"意义说:

> 汉制:秩二千石者,一岁得一千四百四十石,实不满二千石也。其云中二千石者,一岁得二千一百六十石,举成数言之,故曰中二千石。中者,满也。

由如、颜二人注释来看,可以知道他们都把斛和石混为一谈了。如淳去汉未远,而且很可能生于东汉末叶,他因囿于当时习俗,不去注意斛和石的本来的区别,是无足责的。颜师古生于汉亡后三百多年,习俗已不相同,而也和如淳一样的"囫囵吞枣",这位"班孟坚忠臣",恐怕难免千虑一失之讥的。

到了宋代,考据之学渐渐地发展起来,因而有人注意汉代这种名实相乖的制度。叶梦得说:

> 名生于实,凡物皆然。以斛为石,不知起自何时,自汉以来始见之。石本五权之名,汉制,重百二十斤为石,非量名也。以之取民赋禄,如二千石之类,以谷百二十斤为斛,犹之可也。若酒言石,酒之多少本不系谷数,从其取之醇醨,以今准之,酒之醇者,斛已取酒七斗或六斗,而醨者多至十五六斗。若以谷百二十斤为斛,酒从其权名,则当为酒十五六斗;从其量名,则斛当谷八九十斤:进退两无所合。

叶氏这段话,已经很明白地指出衡(权)和量混用之名实不相符了。

但他的本意在阐述这种名实不符之不合理,而不在讨论汉代秩俸之名实相乖,对我们的启发还不算大。

清初,顾炎武也理会到这个问题。他是见过叶氏文章而加以引用的,可是他的见解则比叶氏较为深入,他说:

> 古时制禄之数皆用斗斛……皆量也。汉承秦制,始以石为名……是以权代量。然考《续汉·百官志》所载之数,则大将军、三公奉月三百五十斛,以至斗食月奉十一斛,又未尝不用斛。则所谓二千石以至百石者,但以为品级之差而已。

顾氏这段话,最为突出的,是指出汉代官秩之"石"只是定等级的虚名,与实际得到的米谷数量没有关系,这诚然是发前人所未发,我们不能不佩服他识力之卓越。但是,顾氏这个"发见",所根据的,乃是汉代秩俸名实已经脱节的现象,是片段的;而且对于这名实相乖的内容,他也没有说明,所以还不能打破这整个的闷葫芦。

清代乾隆嘉庆年间,"汉学"大盛,名家辈出,赵翼是其中佼佼者之一。他在杂考文字里,也提到汉代秩俸之石和斛的问题,他说:

> 石本权衡之数也。……石乃权之极数……斛乃量之极数。乃俗以五斗为斛,两斛为石,是以权之极数为量之极数,殊属歧误。然汉时米谷之量已以石计,如二千石、六百石之类,未尝以斛计。……按古时一石重一百二十斤,与一斛之数不甚相远,汉……官秩之名与所得俸之实数,多寡微有不同,然大略不外乎一斛为一石,盖古时十斗为斛,一斛即是

一石。

赵氏这段话,实际并没有解决什么问题,不但没有解决问题,而且因为他肯定地说重一百二十斤的"石""与一斛之数不甚相远",反而把问题弄得大扞特扞。考据之学,一般规律,应当是后来居上,而赵氏这条考据则是后来居下了。

近三十年来,也有人研究过这个问题,如瞿宣颖的《汉代风俗制度史·官俸》一节和褚道庵的《两汉官俸蠡测》一文,都曾谈到石和斛的关系,但其内容,大致没有能超过顾炎武和赵翼的范围,为了避免冗赘,此地不再予以引述。

由以上所征稽的各家说法,我们可以看到:关于汉代秩俸之名实相乖的问题,从宋代才开始被人注意,并且逐渐有了比较深入的解释,但还没有很正确的解释。这也难怪,本来问题是太复杂了,仅从一方面着手,无论如何也是弄不清楚的,假如打算把它弄清楚些,我想,最好从三方面去梳理,就是:一、先查考清楚汉代石和斛的数量比例;二、再比较汉官秩俸之名实相乖的程度;三、从历史上寻究石斛混用的缘故,这样,虽不敢说一定能达到十分正确的地步,但总比只顾一面要好些的。

(二) 石和斛的数量比例

西汉度量衡制度是用黍子作基础的,量制是从一百粒黍子为一铢起,累进至二万四千铢,就是二百四十万粒黍子为一斛。衡制也是从一百粒黍子为一铢起,累进至四万六千零八十铢,就是四百六十万零八千粒黍子为一石。现为清晰起见,分别将量制和衡制的进位规则，列表于下：

量制　1 斛=10 斗=100 升=1,000 合=2,000 龠=24,000 铢
　　　　=2,400,000 黍
　　　　1 斗=10 升=100 合=200 龠=2,400 铢
　　　　　　=240,000 黍
　　　　　　1 升=10 合=20 龠=240 铢=24,000 黍
　　　　　　　　1 合=2 龠=24 铢=2,400 黍
　　　　　　　　　　1 龠=12 铢=1,200 黍
　　　　　　　　　　　　1 铢=100 黍

衡制　1 石=4 钧=120 斤=1,920 两=46,080 铢=4,608,000 黍
　　　　1 钧=30 斤=480 两=11,520 铢=1,152,000 黍
　　　　　　1 斤=16 两=384 铢=38,400 黍
　　　　　　　　1 两=24 铢=2,400 黍
　　　　　　　　　　1 铢=100 黍

根据上面量制和衡制的数量表，可以知道斛和石的比例是：

2,400,000 黍（斛）∶4,608,000 黍（石）=25∶48

换句话说，就是一斛黍子的重量几乎是一石的二分之一；倒转过来说，也就是一石黍子的容量，几乎等于两斛。由此可以了然，赵翼所说"一石重一百二十斤与一斛之数不甚相远"，和"大略不外乎一斛为一石"，以及"一斛即是一石"，都是不对的。

赵翼的说法，已不合于西汉量制和衡制的实际情形，而于东汉量制和衡制的实际情形，尤属大相径庭。东汉的量制和衡制，都比西汉缩小，据吴承洛的考订，大致东西汉这两种制度的变化比例是这样的：

量制　东汉 0.1981∶西汉 0.3425

267

衡制　东汉 0.4455∶西汉 0.5165

由这两条数字，可以看出来，东汉量、衡二制之小于西汉，并不是一致的，量制的缩小程度比衡度是大得多的。约略来说：东汉一斛约等于西汉的

$$0.1981 \div 0.3245 = 0.58(-)$$

百分之五十八斛弱，也就是五斗七升多些；而东汉一石则约等于西汉的

$$0.4455 \div 0.5165 = 0.86(+)$$

百分之八十六石强，也就是（120 斤〔一石〕×0.86＝103.2 斤）一百零三斤多些。我们把西汉斛和石的比例数（25∶48），来用东汉斛和石较西汉缩小的比例数，核计一下：

$$25 \times 0.58 ∶ 48 \times 0.86 = 1.45 ∶ 4.128$$

这个新比例数（1.45∶4.128）就是东汉斛和石的比例数。由之可以看出，在东汉时候，一斛黍子的重量几乎缩小到一石的三分之一；转过来说，一石黍子的容量几乎近于三斛了。所以赵翼"一斛为一石"的说法，是放之两汉皆不准的。

（三）秩俸名实相乖的程度

东汉官秩是沿袭西汉末期而略加变更的，自万石下至百石。共十六级，西汉在成帝阳朔二年五月以前，曾经有过八百石、比八百石、五百石，没有比五百石的记载，但就二千石下至二百石之间都有"比"秩来推测，恐怕会有这一秩的，这样，加上东汉的十六级，西汉官秩，大致在一个时期有过二十级。

关于每秩的俸禄，颜师古于《汉书·百官公卿表》中曾予详细注明，现在分列于下：

秩级	月俸	年俸	秩级	月俸	年俸
万石	350斛	4200斛	四百石	50	600
中二千石	180	2160	比四百石	45	540
真二千石	150	1800	三百石	40	480
二千石	120	1440	比三百石	37	444
比二千石	100	1200	二百石	30	360
千石	90	1080	比二百石	27	324
比千石	80	960	百石	16	192
六百石	70	840			

这个注释,自唐宋以迄元明,一千多年来,一向没有人怀疑它并非西汉的制度,直到清代乾隆嘉庆年,王鸣盛才提出异议,他说:

> 至于西京官奉之例,前书不见,而颜师古注乃于百官公卿表题下详述其制。今以李贤所引《续〔汉书·百官〕志》细校之,内惟比六百石,颜云六十斛,李贤云五十五斛,此为小异,而其余一概相同,夫颜师古所述,前汉制也,李贤所引,后汉制也,何相同乃尔?且光武纪文于增百官奉之下即继云"其千石以上减于西京旧制,六百石以下增于旧秩"。今以校颜注,则是千石以上建武固毫无所增,而六百石以下仅有比六百石一条不同。而如颜说,则建武反减于西京五斛,何云增乎?此必师古失记建武增奉之事,直取《续汉志》以注《百官表》,以后汉制当前汉制也。要之,颜与李贤同时,所见《续汉书志》本与刘昭所据之本,传录参差,未知孰是;而西京官奉之制则已无可考。

王氏这段话,诚然是发了颜氏之覆,其读书精细处颇不亚于顾炎武之指出"石"不过是定等级的虚名,但他直截了当地说颜氏"以后汉制当前汉制",似乎还不无问题。关于这点,留待下面再讲。现在姑就颜氏注释,再将各秩所得俸禄,由斛数折成一百二十斤的石数,列为二表,以示汉代秩俸名实相乖的程度。

表一 （以西汉斛和石的比例数——25:48 为准。这不是认为它是西汉所行过的制度，而是为参照比较。）

秩	年俸（斛）	年俸（斛折成石）	秩石与奉石之比	备注
万石	4200	$\left(4200\times\dfrac{25}{48}=\right)$ 2187.5	(2187.5÷10000=）0.22(-)	实得石数约当秩石之百分之二十二
中二千石	2160	$\left(2160\times\dfrac{25}{48}=\right)$ 1125	(1125÷2000=）0.56(+)	四种二千石之平均比为（0.56+0.47+0.38+0.31）÷4=0.43 即此种二千石实得石数约当秩石之百分之四十三
真二千石	1800	$\left(1800\times\dfrac{25}{48}=\right)$ 937.5	(937.5÷2000=）0.47(-)	
二千石	1440	$\left(1440\times\dfrac{25}{48}=\right)$ 750	(750÷2000=）0.38(+)	
比二千石	1200	$\left(1200\times\dfrac{25}{48}=\right)$ 625	(625÷2000=）0.31(+)	
千石	1080	$\left(1080\times\dfrac{25}{48}=\right)$ 562.5	(562.5÷1000=）0.56(+)	二种千石之平均比为（0.56+0.5）÷2＝0.53 则此种二千石实得石数约当秩石之百分之五十三
比千石	960	$\left(960\times\dfrac{25}{48}=\right)$ 500	(500÷1000=）0.5	
六百石	840	$\left(840\times\dfrac{25}{48}=\right)$ 437.5	(437.5÷600=）0.73(-)	二种六百石之平均比为（0.73+0.63）÷2=0.68(+) 即此种六百石实得石数约当秩石百分之六十八
比六百石	720	$\left(720\times\dfrac{25}{48}=\right)$ 375	(375÷600=）0.63(+)	

续表

秩	年俸(斛)	年俸(斛折成石)	秩石与俸石之比	备 注
四百石	600	$\left(600 \times \dfrac{25}{48}=\right)312.5$	$(312.5 \div 400=)0.78(+)$	二种四百石之平均比为(0.78+0.7)÷2=0.74 即此种四百石实得石数约当秩石百分之七十四
比四百石	540	$\left(540 \times \dfrac{25}{48}=\right)281.25$	$(281.25 \div 400=)0.7(+)$	
三百石	480	$\left(480 \times \dfrac{25}{48}=\right)250$	$(250 \div 300=)0.83(+)$	二种三百石之平均比为(0.83+0.77)÷2=0.8 即此种三百石实得石数约当秩石之百分之八十
比三百石	444	$\left(444 \times \dfrac{25}{48}=\right)231.25$	$(231.25 \div 300=)0.77(+)$	
二百石	360	$\left(360 \times \dfrac{25}{48}=\right)187.5$	$(187.5 \div 200=)0.94(-)$	二种二百石之平均比为(0.94+0.84)÷2=0.89 即此种二百石实得石数约当秩石之百分之八十九
比二百石	324	$\left(324 \times \dfrac{25}{48}=\right)168.75$	$(168.75 \div 200=)0.84(+)$	
百石	192	$\left(192 \times \dfrac{25}{48}=\right)100$	$(100 \div 100=)1$	百石秩实得石数为百分之百

表二 （以东汉斛和石的比例数——1.45∶4.128 为准）

秩	年俸（斛）	年俸（斛折成石）	秩石与奉石之比	备 注
万石	4200	$\left(4200\times\dfrac{1.45}{4.128}=\right)1475.3$	（1475.3÷10000＝）0.15（-）	实得石数约当秩石百分之十五
中二千石	2160	$\left(2160\times\dfrac{1.45}{4.128}=\right)758.7$	（758.7÷2000＝）0.38（-）	四种二千石之平均比为（0.38＋0.32＋0.25＋0.21）÷4＝0.29 即此种二千石秩实得石数约当秩石百分之二十九
真二千石	1800	$\left(1800\times\dfrac{1.45}{4.128}=\right)632.3$	（632.3÷2000＝）0.32（-）	
二千石	1440	$\left(1440\times\dfrac{1.45}{4.128}=\right)505.8$	（505.8÷2000＝）0.25（+）	
比二千石	1200	$\left(1200\times\dfrac{1.45}{4.128}=\right)421.5$	（421.5÷2000＝）0.21（-）	
千石	1080	$\left(1080\times\dfrac{1.45}{4.128}=\right)379.4$	（379.4÷2000＝）0.38（+）	二种千石之平均比为（0.38＋0.34）÷2＝0.36 即此种千石秩实得石数约当秩石百分之三十六
比千石	960	$\left(960\times\dfrac{1.45}{4.128}=\right)337.2$	（337.2÷1000＝）0.34（-）	
六百石	840	$\left(840\times\dfrac{1.45}{4.128}=\right)295.1$	（295.1÷600＝）0.49（+）	二种六百石之平均比为（0.49＋0.42）÷2＝0.45 即此种六百石秩实得石数约当秩石百分之四十六
比六百石	720	$\left(720\times\dfrac{1.45}{4.128}=\right)252.9(+)$	（252.9÷600＝）0.42（+）	

续表

秩	年俸（斛）	年俸（斛折成石）	秩石与奉石之比	备 注
四百石	600	$\left(600\times\dfrac{1.45}{4.128}=\right)210.8(-)$	$(210.8\div400=)0.53(-)$	二种四百石之平均比为（0.53＋0.47）÷2＝0.5 即此种四百石秩实得石数约当秩石百分之五十
比四百石	540	$\left(540\times\dfrac{1.45}{4.128}=\right)189.7(-)$	$(189.7\div400=)0.47(+)$	
三百石	480	$\left(480\times\dfrac{1.45}{4.128}=\right)168.6(+)$	$(168.6\div300=)0.56(+)$	二种三百石之平均比为（0.56＋0.52）÷2＝0.54 即此种三百石秩实得约当秩石百分之五十四
比三百石	444	$\left(444\times\dfrac{1.45}{4.128}=\right)156(+)$	$(156\div300=)0.52(-)$	
二百石	360	$\left(360\times\dfrac{1.45}{4.128}=\right)126.5(+)$	$(126.5\div200=)0.63(+)$	二种二百石之平均比为（0.63＋0.57）÷2＝0.6 即此种二百石秩实得约当秩石百分之六十
比二百石	324	$\left(324\times\dfrac{1.45}{4.128}=\right)113.8(+)$	$(113.8\div200=)0.57(-)$	
百石	192	$\left(192\times\dfrac{1.45}{4.128}=\right)67.4(+)$	$(67.4\div100=)0.67(+)$	百石秩实得约当秩石百分之六十七

由上面两个表,可以看出汉代的:

一、秩石和实际得到的石数,差别是多么大,名实相乖的现象多么显著。还有一点,东汉的石是比西汉又缩小了些的,则名实相乖的程度,东汉更要深些。

二、秩石和实际得到的石数,其差别率是随秩而异的,大致秩高的,差别大些,低的,小些。就第一表来看,各秩所得的,百石秩是十成,二百石秩约八成九,三百石秩约八成,四百石秩约七成四,六百石秩约六成八,千石秩约五成三,二千石秩约四成三,万石则仅二成二。就第二表来看,各秩所得的,百秩约六成七,二百石秩约六成,三百石秩五成四,四百石秩约五成,六百石秩四成六,千石秩三成六,二千石秩约近二成九,万石则更降至一成五。这种情形,无异给我们一种启示,就是在东汉时期,低级官吏的俸禄虽说加了,但由于量衡制度都较西汉为小,实际所得到的,恐怕仍然要比西汉末期为少。

三、秩石和实际所得到的石数,其差别率既是秩高者大,秩低者小,则在调整厘定新俸制的时候,不能不说是有一套通盘计划的;而名实相乖的程度,也由之愈来愈大,渐而至于完全脱节,弄得秩石遂如顾炎武所说的"但以为品级之差而已"的虚名,但秩石之为虚名,是逐步形成的,并非开始就是如是。这一点似乎应当注意,不可以后来的变制而认为它初期也是一样。

除了以上三点之外,还有一个疑团,在第一表中,百石秩实际所得为百分之百的问题,须要提出来讨论;上面于申述王鸣盛话后,所说"留待下面再讲"的,就是指此而言。第一第二两表,秩石和俸斛的数字都是依据颜师古的注释,而这注释,经王鸣盛指出是东汉的制度,这点并没有问题,有问题的是,东汉这种制度是完全和西汉末期不同呢,抑或有些相同的地方呢？若说完全不同,为什么用西汉石和斛的比例数来核计各秩实得的石数,百石秩所得的,不多不少,"恰如其分"呢？是偶合吗？怎么会合的那么巧？恐怕不见得是偶合。既不是偶合,就会有其原因。关于这个疑团,我想不外两种解释:

第一,或许东汉量衡制度在初年还和西汉一样,所以百石秩实际所得的恰为十成。假如这个"或许"不错的话,问题自然解决了,无如情形并非如此,东汉量衡制度原是沿袭新室,并不是自己改缩才异于西汉的,因此,这个解释是"此路不通"。

第二,或许西汉末期增加低秩俸禄时,曾经有意识地把百石秩俸提高到名实相符的地步,作为标准。东汉调整官俸没有变动,只将秩高的分别降低一些。但这也不符于汉光武帝时更改官俸"千石以上减于西京旧制,六百石以下增于旧秩"的办法。所以这个"或许",虽不像第一个解释之"此路不通",但想搞通它也是十分不易的。

我们知道,汉代文献流传于后世的是非常不全的,而流传下来的记述又每有讹夺,若想解决汉代的某些问题,常常会碰到阻碍,所以,关于这个疑团,我只是提出来,以待日后解决。

(四) 汉代石斛混用的根源

汉代混用石、斛的现象,不仅在秩俸方面如此,就是在旁的方面也是如此。这种记载,《史记》《汉书》中自然是数见不鲜,而一般文章里也是常常可以遇到，现在举几个例：

1.《史记·平准书》："汉兴……米石至万钱……漕转山东粟……岁不过数十万石。……通西南夷……负担馈粮，率十余钟致一石。(《汉书音义》曰，'钟，六石四斗'）……"

2.《史记·河渠书》："河东守番系言，漕从山东西，岁百余万石，更砥柱之限，败亡甚多。……穿渠引汾……度可得五千顷……度可得谷二百万石以上。……"

3.《汉书·高祖纪》："二年……六月，关中大饥，米斛万钱。"

4.《汉书·宣帝纪》："元康四年……比岁丰，谷石五钱。"

5.《汉书·食货志》上："赵过为搜粟都尉，过能为代田……二牛三人，一岁之收常过缦田晦一斛以上，善者倍之。……元帝即位……二年，齐地饥，谷石三百余……"

6.《汉书·赵充国传》："今张掖以东，粟石百余……金城、湟中谷斛八钱……臣所将吏士、马牛食，月用粮谷十九万九千六百三十斛，盐千六百九十三斛，茭藁二十五万二百八十六石……弛刑、应募及淮阳、汝南步兵与吏士私从者，合凡万二百八十一人，用谷月二万七千三百六十三斛，盐三百八斛。"

7. 应劭《汉官仪》："大将军、三公，腊，赐钱各三十万，牛肉二百斤，粳米二百斛。"

8. 开通褒斜道石刻："永平六年，汉中郡以诏书……通褒斜道……凡用钱百四十九万九千四百余斛粟。"

就这八条来看，大致可以了然于汉代石斛混用之一斑，而其中最为显著的，则为《赵充国传》中之粟以石计、谷用斛量（原文是引用赵充国奏议的）。至其下文提到人马给养，谷盐需要若干斛，茭藁需要若干石，这个"石"，当然是衡的单位，因为茭藁只能用秤来称，不能用斗斛去量的。由此，我们可以推想，汉代对于"石"的概念，似乎是有两种：一种是衡制一百二十斤为一石之石，一种是斛的别称，而这种别称是由历史上沿袭下来，相习成俗的。

"石"，固然是衡制的一个单位，它和斛之为量制单位，截然不同。但古代计算谷粮，怎么能够肯定地说，一定要用斗斛来量而绝不会用钧石去称呢？我们知道，在前些年，我国各地，对于米麦还有用斗用秤的两种办法。以今方古，不见得古人就那么死心眼，毫不变通。

石和斛的数量，在西汉，固然差别很大，一石约近于两斛的容积；但它们在很早的时期，是否也有这样大的差别，则颇成问题。本来，度量衡制度，几千年来是常在变动的，而这种变动，有时各走各的路，并不互相看齐。我们知道东汉缩小量衡，量制缩小是比衡制缩小的程度大得多的——这不是很好的例证吗？因此，我想，在古代某个地区，可能有过石和斛数量相等或接近相等的情形，人们因而通融办理，把石和斛弄得一而二、二而一了。

由于量衡制度有了局部的混淆现象，于是在汉代以前，就出现了一些以石计谷，以衡入量的人，现在略举几个例证：

1.《管子·禁藏》："食民有率，率三十亩而足于卒岁，岁兼美恶，亩取一石，则人有三十石，果蓏素食当十石，糠秕六畜当十石，则人有五十石，布帛、麻丝、旁入奇利未在其中也。"

2.《管子·山权数》:"高田十石,闲田五石,庸田三石,其余皆属诸荒田……民之能明于农事者,置之黄金一斤,直食八石;民之能蕃育六畜者,置之黄金一斤,直食八石;民之能树艺者,置之黄金一斤,直食八石。"

3.《墨子·号令》:"某县某里某子,家食口二人,积粟六百石;某里某子家食口十人,积粟百石。"

4.《墨子·杂守》:"斗食终岁三十六石,参食终岁二十四石,四食终岁十八石,五食终岁十四石四斗,六食终岁十二石。斗食食五升,参食食三升小半,四食食二升半,五食食二升,六食食一升大半。"

5.《韩非子·内储说》:"吴起为魏武侯西河之守……置一石赤菽东门之外,而令之曰:'有能徙此于西门之外者,赐之。'"

6.《韩非子·外储说》:"田婴令官具押券斗石参升之计。王自听计,计不胜听。"

以上所引,墨子、韩非都是战国时人。管子虽非战国时人,但这书大部分是在战国时候撰成的,其中所反映的,自然也多属于战国时的情形。由这三种书所说的来看,可以知道,以石计谷、以衡入量的现象,在战国时候,已有些地方是存在了。

"石"既可以用来计谷,官吏的俸禄自然也可以用石来分,不必固执于用斛的方式。因此,以石定秩的办法,在战国时期也个别的出现,《墨子·号令》:

> 侯三发,三信,重赐之;不欲受赐而欲为吏者,许之二百石之吏。……有能入深至主国者,问之审信,赏之倍他侯;其不欲受赏而欲为吏者,许之三百石之吏。

《战国策·燕策》：

> 燕王哙既立……大信子之……收印,自三百石吏而效之子之。子之南面行王事。

以上二条,都是战国时候已有以石定秩的证据。

秦在战国,以商鞅变法奠定了富强基础,"事不师古""唯利是图",似乎是秦的一贯政策,它喜用客卿,这些"游说之士"自然会把别的国的制度介绍进来,因而以石定秩的办法,在六国灭亡以前就已为秦所采用了,《史记·秦始皇本纪》：

> 十二年……秦人六百石以上,夺爵,迁;五百石以下,不临,迁,勿夺爵。

秦既采用以石定秩的办法,自然也会以石计谷,所以在始皇四年,有"纳粟千石,拜爵一级"的记载。

秦由称王发展到称帝,对于旧日制度,都有过整齐划一的措施,以石定秩之系统化,恐怕就是在这大变革的时候完成的,由《史记·秦始皇本纪》

> 三十一年……赐黔首里六石米、二羊。始皇为微行咸阳,

> 与武士四人俱,夜出,逢盗兰池,见窘,武士击杀盗,关中大索二十日,米石千六百。

一段记载,知道那时仍是沿用以石计谷的,提到这里,有一点应当注意,就是在这时候,斛已和计重的石,数量上已大有差别了,所用代斛计谷的"石"和计重的石,已经不是一样东西,仅是从习俗上沿用其名罢了。

秦亡以后,汉的统治者虽然对秦,特别是对秦始皇,咒骂、攻击无所不用其极,但它的制度,多方面是沿于秦旧的、系统化的以石定秩的制度,它是承继过来了;用石代斛计谷的习俗,它也没有抛弃,于是造成了汉代石斛混用的现象。

总之,汉代石斛混用之根源,大致起于战国,那时有的地区或许除了用斛量以外,也用石来称米谷,而某一时期,石和斛的数量有过相等或接近相等的情形,因而渐渐将石变成斛的别称,后来虽然在另个时期,石和斛的数量已各有升降,但社会上用久了,"习惯成自然",也就不会有人无事生非地去作"正名"的勾当,甚而有的统治者把这不正的名拿来,用以定他的爪牙——官吏等级。秦代统治者采用了这个以石定秩的办法,秦代社会上也流传着以石代斛计谷的习俗,这种制度和习俗到了汉代都一股脑儿搬过来,因而石斛混用的办法就更根蒂深固,而"石"既分化——一个代表一百二十斤,一个代表十斗,也就不能再合了。

(五) 结论

汉代石斛混用,不但在官吏秩俸上如此,即社会上也普遍地存

在着这种现象。到了后世,年代淹久,真相不明,因而人们对之有种种误解,经过这次梳理,大致有如下的解释:

1. 汉代法定制度,石和斛的数量相差很大,其用以代斛计谷之"石"和衡的单位之"石",是名同实异的,凡"石"被用以代斛表明米谷数量时,它的数量仅是意味着等于一斛的数量,并不是等于一百二十斤——衡制中"石"所代表的重量。

2. 以石定秩,初期自然是名实相符,颁给俸禄也不致减成折发,但到后来,由于量衡制度变易,以及个别的实际情况,如财政困难之类,于是名实逐渐脱节,在东汉时,秩石几乎成了定品级的虚名了。

3. 斛石混用大致起于战国时期,秦沿袭了这个制度和习俗,又传到汉代,而在汉代以前石已经分化为二了。

二　汉代颁俸方式的问题

(一) 西汉的俸钱和俸谷

西汉官俸制度,王鸣盛曾说过,"已无可考"。这句话不能算错,但并不十分正确;因为还有些零星记载,提到几种官吏的俸给数目,我们借之未尝不可以窥得一斑,只是难见全豹罢了。现在先把有关西汉官俸数目的记载,条录于下,然后再加以讨论。

1.《史记·外戚世家》索隐:"又有真二千石者,如淳云:'……《汉律》:真二千石俸月二万',按是二万斗也,则二万斗

亦是二千石也。"〔按:《索隐》这个考语是不对的,所谓月俸二万是二万个钱,不是二万斗米。〕

2.《汉书·宣帝纪》如淳注:"律:百石,奉月六百。"

3.《汉书·成帝纪》如淳注:"律:丞相、大司马大将军,奉钱月六万,御史大夫奉月四万也。"

4.《汉书·东方朔传》:"侏儒长三尺余,奉一囊粟,钱二百四十;臣朔长九尺余,亦奉一囊粟,钱二百四十。"(时东方朔待诏公车)

5.《汉书·贡禹传》:"至,拜为谏大夫,秩八百石〔按实为比八百石〕奉钱月九千二百,廪食太官,又蒙赏赐四时杂缯、绵絮、衣服、酒肉、诸果物,德厚甚深;疾病,侍医临治。……拜为光禄大夫,秩二千石〔按实为比二千石〕奉钱月万二千,禄赐愈多……"

6. 卫宏《汉旧仪》:"元朔二年以上郡西河为万骑太守,月奉二万,绥和元年省大郡万骑员,秩以二千石居。"

除了这六条以外《汉书·盖宽饶传》曾有司隶校尉"奉月数千"一语,因为这个数字太不明确,所以舍而不取。

由这六条,我们可以知道万石、真二千石、比二千石、比八百石、百石,五个等级的俸制和一个未补缺——待诏公车人员的津贴数目。西汉官秩在末期前共二十级,那么我们所知道的只是四分之一。

由这六条,我们可以看到,这种颁俸办法——律,大概只武帝以后所行的,高、惠、文、景之世未必如此,因为六条中涉及的几个人和年代,都没有在武帝以前的。

由这六条，我们可以理会，除了东方朔所领津贴有钱有粟外，其余都是发钱，并没有提到搭放米谷，这是什么缘故呢？我想可以有两个解释：一是为调剂关中和边郡的粮荒，一是因现钱充足，而钱的用处又比较米谷活便。

关中是西汉首都——长安所在地，宫庭、官吏、兵士的消耗量，自然比外郡大得多，米谷出产经常不足供给，不能不仰给漕运；但漕运是非常艰难的，有时未必能达到足用的额数，这由《汉书·沟洫志》可以知道得很清楚。至于边郡，户口一向不多，劳动力自然也少，而敌人闯入，又不能不屯重兵，不能不聚粮草，"食之者众，生之者寡"，米谷的供给也是个大问题。由于这种原因，官俸发放给钱而不给米，当然可以省却好些麻烦，但是，关中和边地都算起来也不过二三十郡，比起全国的百三郡国，只是四五分之一，在其他四五分之三四的地方，并不是缺米少粮〔荒年是另外一件事〕的，何以官俸也给钱不给米谷呢？所以，这个解释，只符合于局部情况而不符合于全部情况，理由虽有，但不充分，不是完全足取的。

现钱充足问题，须看当时是否有这种现象。据记载，在武帝以后，官府所铸成的现钱，的确不少。《通典·食货门》说：

> 孝武帝……专令上林三官铸钱既多……宣帝时，贡禹言，"……宜罢采珠、玉、金、银、铸钱之官，毋复以为币。……租税禄赐皆以布帛及谷，使百姓壹意农桑。"议者以为交易待钱，布帛不可尺寸分裂。禹议亦寝。自孝武帝元狩五年三官初铸五铢钱，至平帝元始中，成钱二百八十亿万余云。

由这段话，我们可以了然，汉代自武帝以后，钱是十分充裕的。既然有了这雄厚的资本,又加上为了使用方便,同时更可顺便照顾到防备关中和遥地粮荒,他又何乐而不"与人方便,自己方便",以钱折发俸给呢?所以这个解释,我想大致是近于真相的。

由这六条,我们还可以窥出俸给等级的大概,为了容易比较,先在下面作个简表:

万　　石(丞相大司马大将军)　　　60000

?　　石(御史大夫)　　　　　　　40000

真二千石(万骑太守)　　　　　　　20000

比二千石(光禄大夫)　　　　　　　12000

比八百石(谏大夫)　　　　　　　　9200

百　　石　　　　　　　　　　　　　600

根据这个简表,我们可以看出:百石和万石,就秩来说是(100∶10000＝)1∶100,就俸钱来说,也是(600∶60000＝)1∶100;这最低级和最高级,名和实,在表面上,可算是完全相符。百石和比二千石,就秩来说是(100∶2000＝)1∶20;就俸钱来说也是(600∶12000＝)1∶20;比二千石和万石,就秩来说是(2000∶10000＝)1∶5;就俸钱来说也是(12000∶60000＝)1∶5;这最低级和中高级,中高级和最高级,名和实,在表面上,也可算是完全相符。除了这三级互比以外,若将其余二级互比或和这三级任何一级互比,秩和俸钱的比例,没有一桩名实相符的,而且有的俸钱还要高出它的比例数。[如:比八百石和百石,就秩来说是(800∶100＝)8∶1,就这个比例数来说,比八百石俸钱当是百石的八倍,应得(600×8＝4800)四千八百,但它实际得到的是九千二百。]从这种情形来看,大致在某次调整秩俸的时候,曾经有意识的,以百石、比二千石和万石三秩为基础,不变更它们的比例数,那就是说,增减都按照秩数的比例,而将其余各级,都量予提高,因而才有上面所看出来的现象。

提到这里,连带着发生一个问题,就是:百石、比二千石和万石,三级各所得到的折俸,这钱是否能合于它们应得俸谷的数量?比方说,百石月俸六百钱,每年七千二百钱,这七千二百钱是否恰合于一百石(或斛)的谷价?

关于这个问题,我的意见是:碍难置答。缘故是我们并不知道西汉谷价的真实情况;而且西汉年代那么长(二百十四年),谷价不知道要有多少次的涨落,我们就是从记载中知道一些谷价数字(如汉初米石万钱,宣帝时谷斛五钱),但都是片段的,而且又很少是正常的(如汉初因大乱之后,米粮既缺,钱币又劣,奸商操纵,以至奇贵,宣帝时,因为连年丰收,社会安定,所以谷价奇贱),我们也难"窥其全豹",自然,我们不妨从记载中钩稽一下,来探索西汉正常时谷价的近似值,例如由下列各条:

  1.《汉书·食货志》:"元帝即位……二年,齐地饥,谷石三百余,民多饿死。"

  2.《汉书·赵充国传》:"宣帝……让充国曰:'……边兵少,民守保不得田作,今张掖以东粟石百余……转输并起,百姓烦扰。……'充国叹曰:'……金城、湟中谷斛八钱,吾谓耿中丞籴二百万斛谷,羌人不敢动矣。'"

  3.《汉书·冯奉世传》:"永光二年……是岁时比不登,京师谷石二百余,边郡四百,关东五百,四方饥馑。"

我们可以知道"粟石百余"已是贵了,那么,每斛(或石)谷价总应在一百钱以内,才算正常,但是,一百钱以内,"内"到多少呢,八九十也在一百以内,六七十也在一百以内,就是四五十、二三十又何尝不在百钱以内呢？我们能用这个很不明确的数字——一百钱以内来计算俸谷的折价吗？恐怕是不能的。假如我们把百石每年所领的折俸——七千二百钱,来用一百去除,得的商数,恰好是七十二钱,就用这个数字作为规定折俸钱时谷价,可以不可以呢？这很难说不可以。不过,这种"削足适履"的方法,倒果为因,终究不大妥当,所以,关于这个问题,我想最好还是姑作悬案。

  另外,我另提出一个问题,顺便在此讨论,据《后汉书》所说,东汉光武帝建武二十六年曾经"诏有司增百官奉,其千石以上减于西京旧制,六百石以下增于旧秩"。这个记载是否可靠呢？倘若可靠,则所谓增减,其程度又是如何呢？为解决这个问题,我们可以把上面的简表,和前面"秩俸名实相乖的程度"一节中三处所记秩俸同异表的"颜氏栏"(简称颜表)比较一下。据简表万石和百石年俸的差别是百与一之比,而就颜表来看,万石与百石年俸的差别则是4200：192,约为百与四又七分之四之比。又据简表,比二千石和百石年俸的差别是二十与一之比,而就颜表来看,比二千石和百石年俸的差别则是1200：192,约为二十与三又五分之一之比。根据这种比例数的变化,我们可以看出六百石以下年俸的是增加不少,而千石以上年俸确也削减很多。既然如此,则《后汉书》这一条记载自不必怀疑它不可靠了。我们再可以查一查"千石以上"所减的相互程度如何。据简表,万石和比二千石年俸的差别是五与一之比。假如建武调整秩俸,增减皆依照这个比例的话,则万石年俸若定为四千二百斛,比二千石应定为八百四十斛,但据颜表,比二千石年俸是一千二百斛,多增了三百六十斛,而使这两秩年俸之比由西汉的五与一比,变成七与二之比(4200∶1200)。由此,我们对建武调整秩俸办法又可以作进一步的了解,就是:千石以上,秩较低的减的较少,秩较高的减的较多。至于六百石以下增俸办法,可能是秩较低的增的较多,秩较高的增的较少,因为不如此不能贯串原则。可惜,这六百石以下俸给数,我们只有简表中百石年俸一条可以比较,证佐太孤,不能作肯定的论断。

最后,我再就这次调整官俸的办法,追究一下它所以采取"哀多益寡"的原因。汉光武帝之下诏改革俸制,很清楚是为了适应低级官吏要求的。低级官吏为什么有这要求呢?自然,封建时代,做官的大多数都希望钱多,提高待遇不会有什么人反对,但这不成理由,缘故是,制度行了下来,没有特殊原因,是不能随便要求更动的。那么,这次低级官吏之要求增俸的要紧理据是什么呢?这一点,我想很可能于东汉量衡制度的缩小有密切关系。

(二) 东汉官俸半钱半谷的问题

《后汉书·百官志》有"凡诸受奉皆钱谷各半"一句话,在这句话以外,既没有提到为什么不照西汉后期完全折钱的办法,而搭放米谷,也没有说明"钱谷各半"到什么程度,这自然难免令人莫名其妙。现在把这问题提出来,讨论一下。

提到东汉颁发俸给,为什么不完全用钱,而要部分的搭放米谷,这一问题,可以从两方面看,而且还得参考西汉后期颁俸之完全用钱的原因。这两方面,一是,米谷的情形是否已有改变?二是,钱的情形是否也有不同?

东汉时期筹划俸谷是较西汉容易多了。它建都雒阳,离东方产谷区较近,漕挽也较方便,除非遇到普遍的荒年,米谷供给是不成问题的。因此,它对官俸搭放米谷,从客观条件上来看,是作得通的。

东汉时期的铜钱似乎是较西汉为少。西汉铸的五铢钱虽然超过二百八十亿万,但经王莽销毁,流传到东汉的已为数有限,而后来又没有赓续不断地去铸,钱的藏储量似不会十分充盈,不过这一点还不够,另有货币不稳的一种原因,《通典·食货门》说:

> 后汉光武除王莽货泉。自莽乱后,货币杂用布帛金粟。建武十六年,马援上书曰:"富国之本在于食货,宜如旧铸五铢钱。"帝从之,于是复铸五铢钱,天下以为便,及章帝时,谷价贵,县官经用不足,朝廷忧之。尚书张林言:"今非但谷贵,百物皆贵,此钱贱故尔。宜令天下悉以布帛为租,市买皆用之,封钱勿出。如此,则百物皆贱矣。"帝用其言,少时复止。和帝时,有上书言"人以货轻钱薄,故致贫困,宜改铸大钱"事下四府、群僚及太学能言之士。孝廉刘陶上议曰:"当今之忧不在于货,在乎民饥。盖民可百年无货,不可一朝有饥,故食为至急也。议者不达农殖之本,多言铸冶之便;或欲因缘行诈,以贾国利。国利将尽,取者争竞,造铸之端于是乎生。盖万人铸之,一人夺之,犹不能给;况今一人铸之,则万人夺之乎?夫欲民殷财阜,要在止役禁夺,则百姓不劳而足。陛下欲铸钱齐货以救其弊,此犹养鱼沸鼎之中,栖鸟烈火之上。"帝竟不铸钱。

由这一段话,我们又可以看出币制之不稳定,都用钱来颁放俸给,大大小小的官儿，都是要吃亏的。

根据这几个理由，大致可以了然东汉颁俸为什么要钱谷各半了罢？

至于"钱谷各半"到底"半"到什么程度？这个问题，很难作全面的回答。因为从各种记载来看，东汉颁俸方法，改变恐怕不只一次，有的时候可能"半"到五与五之比，有的时候也可能"半"为六与四之比，而我们所能知道的只有延平元年（公元一○六）所行的办法——大致是七与三之比——，文献少征，何从知道那些"半"的程度呢？幸而还有荀绰好事，留下一段略有阙疑的记录，使我们得以知道这钱谷各"半"的情形之一斑。荀绰《百官表注》说：

> 汉延平中，中二千石奉钱九千，米七十二斛；二千石月钱六千五百，米三十六斛；比二千石月钱五千，米三十四斛；一千石月钱四千，米三十斛；六百石月钱三千五百，米二十一斛；四百石月钱二千五百，米十五斛；三百石月钱二千，米十二斛；二百石月钱一千，米九斛；百石月钱八百，米四斛八斗。

"延平"是殇帝年号，只有一年，无所谓"中"，殇帝在这年八月就死掉了，以后是安帝继统，这套办法的规定是在殇帝生前或是死后，又或是旧日成例，都不得而知，好在这些都是无关宏旨的，可以不必理它，我们只就这套办法来研究一下好了。

为了寻得"钱谷各半"的程度，应当把东汉的官俸等级、谷数和延平这套办法互相对照，作一个表，表中具列：一、秩，二、月俸谷数，三、延平办法的钱谷数，四、月俸谷数和延平办法谷数的比例。表如下：

秩	月俸(斛)	实得钱谷(延平办法) 钱(文)	实得钱谷(延平办法) 谷(斛)	原俸谷与实得谷之比
中二千石	180	9000	72	180∶72＝5∶2
二千石	120	6500	36	120∶36＝10∶3
比二千石	100	5000	34	100∶34＝50∶17
千石	90	4000	30	90∶30＝3∶1
六百石	70	3500	21	70∶21
四百石	50	2500	15	50∶15＝10∶3
三百石	40	2000	12	40∶12＝10∶3
二百石	30	1000	9	30∶9＝10∶3
百石	16	800	4.8	16∶4.8＝10∶3

从这个表可以看出，九项中，二千石、六百石、四百石、三百石、二百石和百石，这六秩每月实得的谷数，各都等于名义上月俸谷数的十分之三，只有中二千石、比二千石和千石三秩，各都多于十分之三，这是个奇怪的现象。中二千石，职位较高，或许当时略予优待外，其余比二千石、千石，职位都低于二千石，而比例数反而大了起来，似乎不大合理。恐怕荀绰所记的数字，些微有点错误(这错误不一定是荀绰的，可能是后世辗转传钞弄错的，也可能是荀绰所根据的原记述就错的)，现在逐条勘对一下，看看它们是不是有错误或矛盾的地方。

先从百石月俸和他每月实得的钱谷来算。据上面的表，百石实得谷数合月俸原额十分之三，那么他另得的钱应合原俸谷数的十分之七。百石月俸原额十六斛，十分之七是十一斛二斗，折钱八百文，谷价当是按每斛 $\frac{800}{11.2}=\frac{500}{7}$ 文计算的。$\frac{500}{7}=71.424785$ 文，谷价自然不会有这样零碎的小数，因为铜钱绝不能分成小碎块来花，那时每斛谷可能在七十钱左右，但用七十钱一斛计算，则发钱时要有零数,如 70×11.2 = 784,不如用 $\frac{500}{7}$ 计算,比较整齐。现在就用这个数 $\left(\frac{500}{7}\right)$ 作标准来计算各秩的俸钱俸谷。

1. 中二千石,每月额俸一百八十斛,实领钱九千文,谷七十二斛,就俸钱来算,九千钱合谷一百二十六斛 $\left(9000\div\frac{500}{7}=126\right)$ 等于额俸谷的十分之七。他应再领额俸十分之三的谷,就是五十四斛,但他实得七十二斛,多领十八斛。再就实领的谷数来算,七十二斛合额俸的五分之二,他另领的钱应当等于额俸五分之三,就是一百零八斛的谷价,约合七千七百一十四文 $\left(108\times\frac{500}{7}\right)$,但他实领九千文,多出一千二百八十六文。这种情形,都不合理,有没有错误,不敢断定,但我总疑心它有错误,并且可能是谷数不对,因为钱数九千,是合于钱七成的趋势的。

2. 二千石,每月额俸一百二十斛,实领钱六千五百文,谷三十六斛。就俸钱来算,六千五百钱合谷九十一斛 $\left(6500\div\frac{500}{7}=91\right)$,等于额俸谷的四分之三强。他应再领额俸四分之一的谷就是二十九斛,但他又实领三十六斛,多领七斛。再就实领的谷来算,三十六斛合额俸的十分之三,他应另领的钱应当等于额俸十分之七,就是八十四斛的谷价,合六千文 $\left(84\times\frac{500}{7}\right)$,但他实领六千五百文,多出五百文,这种情形,也不合理，恐怕也有错误，其错误可能是钱数不对，因为谷数三十六斛是合于谷占三成的迹象的。

3. 比二千石，每月额俸一百斛；实领钱五千文，谷三十四斛，就俸钱来算，五千钱合谷七十斛 $\left(5000\div\dfrac{500}{7}\right)$，等于额俸谷的十分之七，他应再领额俸十分之三的谷，就是三十斛；他实得三十四斛，多领四斛，再就实领的谷数来算，三十四斛合额俸的五十分之十七，他另领钱应是等于额奉五十分之三十三，就是六十六斛的谷价，约合四千七百一十四文 $\left(66\times\dfrac{500}{7}\right)$，但他实领五千文，多出二百八十六文。这种情形，也不合理，似乎也有错误，其错误可能是谷数不对，因为钱数五千文正合于钱七成的迹象的。

4. 千石每月额俸九十斛；实领钱四千文，谷三十斛，就俸钱来算，四千文合谷五十六斛 $\left(4000\div\dfrac{500}{7}\right)$，等于额俸谷的四十五分之二十八。他应再领额俸四十五分之十七的谷，就是三十四斛，但他实得三十斛，少领四斛。再就实领的谷数来算，三十斛合额俸的三分之一，他当另领的钱应等于额俸三分之二，就是六十斛的谷价，约合钱四千二百八十五文，但他实领四千文，少了二百八十五文，这更不合理，显然有错误，因为不会单对千石这样苛刻，钱谷都不足额的。若钱七谷三的比例来算，他应得的钱是四千五百文，谷二十七斛。

5. 六百石，每月额俸七十斛；实得钱三千五百文，谷十一斛，就俸钱来算，三千五百钱合谷四十九斛 $\left(3500\div\dfrac{500}{7}\right)$，等于额俸的十分之七,他应再得额俸十分之三的谷,就是二十一斛。而他实得的正是二十一斛,恰合钱七谷三的比例。

6. 四百石,每月额俸五十斛;实得钱二千五百文,谷十五斛。就俸钱来算,二千五百文合谷三十五斛$\left(2500÷\dfrac{500}{7}\right)$,等于额俸的十分之七,其再应领的谷是额俸的十分之三,就是十五斛,而他实领的正是十五斛,恰合钱七谷三的比例。

7. 三百石,每月额俸四十斛,实得钱二千文,谷十二斛。就俸钱来算,二千文合谷二十八斛$\left(2000÷\dfrac{500}{7}\right)$,等于额俸的十分之七;其再应领的谷是额俸的十分之三,就是十二斛,而他实领的正是十二斛,也恰合钱七谷三的比例。

8. 二百石,每月额俸三十斛,实得钱一千文,谷九斛,就俸钱来算,一千文合谷十四斛$\left(1000÷\dfrac{500}{7}\right)$,等于额俸的十五分之七,他另领的谷应是额谷的十五分之八,就是十六斛,但他实得九斛,少七斛。再就俸谷来算,九斛合额俸的十分之三,另领的钱应等于额俸的十分之七,就是二十一斛的谷价,合一千五百文$\left(21×\dfrac{500}{7}\right)$,但实得一千文,少五百文,这尤不合理,显然有错误,这样的低级怎样也不至这般苛待的,就钱七谷三的比例说,他实得的谷数是合的,不合的是钱数,我们从六百石四百石三百石钱数之各差五百来看,二百石当是一千五百文,这正合于钱七成之数,所以这俸钱一千文由哪方面说都是不合的。

就以上各条综合来看，百石、三百石、四百石、六百石四秩所实得的钱数，都合乎钱七成谷三成的比例的；中二千石、比二千石二秩，钱合而谷不合；二千石、二百石二秩，谷合而钱不合；千石一秩则一无所合，现在依照钱七谷三的比例，试拟一个表：

秩	月俸（斛）	实得（延平元年）		依钱七谷三比例应得	
		钱	谷	钱	谷
中二千石	180	9000	72	9000	54
二千石	120	6500	36	6000	36
比二千石	100	5000	34	5000	30
千石	90	4000	30	4500	27
六百石	70	3500	21	3500	21
四百石	50	2500	15	2500	15
三百石	40	2000	12	2000	12
二百石	30	1000	9	1500	9
百石	16	800	4.8	800	4.8

这个表可能被批评为："泥于钱七谷三之见，未免胶柱鼓瑟。"是的，但我终觉得荀绰所记不合理的地方大多，甚且有的错误显然，所以就探讨所见，拟出这个表来，自不敢信为完全合于实际，但此荀绰所记，或许"虽不中不远矣"。

经过以上一番探讨，对于东汉颁俸之"钱谷各半"的"半"法，大致我们可得到这样一个概念：其所谓"半"，只是一部分的意思，并不一定是五与五之比。

（三）总结

汉代的颁俸方式，东西汉是不相同的：

1. 西汉有的时期,百官俸给可能是钱谷匀发,但后期则似乎全部折钱;东汉一代则大致是钱谷兼放。

2. 西汉后期所以完全折钱,大概一部分由于米谷供给稍难,而最大原因则是铜钱充足,而且钱比谷用来也方便。东汉之所以改用钱谷并发办法,一则是米谷供给容易,一则是铜钱不太充裕而且币制不很稳定,受俸的人乐得领些米谷,略有保障。

3. 西汉在一个时期还部分的保持秩和俸的比例,如百石秩所得到俸钱恰为万石秩的百分之一;至于这钱是否合到秩所标明的谷数,如百石秩俸钱能否真合到一百石(或斛)的谷价,则不得而知。东汉初年改变俸制,有原则的提高低级、降低高级的待遇,致秩和俸的比例,一点也不能保持,因而秩石制度到此才成为定品级的虚名。

4. 东汉颁俸之"钱谷各半",其"半"只是一部分的意思。

论宋太祖收兵权

一 小引

宋太祖惩于唐末以来之兵祸,欲奠定长治久安基础,登位不久,即有"杯酒释兵权"与罢藩镇之举。世之学者,对于此事,往往有三种不正确之见解:

一、以为"杯酒释兵权"即罢藩镇;

二、以为罢藩镇必具旋乾转坤之力;

三、以为宋太祖已完成罢藩镇之政策。

是皆蹈陶靖节读书不求甚解之覆辙者也。请分别论之。

二 论杯酒释兵权

宋太祖之"杯酒释兵权",即罢宿将典禁兵,与罢藩镇乃截然二事。盖以今日兵制衡之,禁兵殊似中央军,藩镇之兵则近于地方团队也。考世人之所以多混二事为一谈者,实亦有故。司马光曰:

太祖既得天下……召〔赵〕普问曰:"天下自唐季以来……

兵革不息，苍生涂地，其故何也。吾欲息天下之兵，为国家建长久之计，其道何如？"普曰："陛下之言及此，天地神人之福也！唐季以来，战斗不息，国家不安者，其故非他，节镇太重，君弱臣强而已矣。今所以治之，无他奇怪也，惟稍夺其权，制其钱谷，收其精兵，天下自安矣。"语未毕，上曰："卿勿复言，吾已喻矣！"[1]

此段问答，胥为罢藩镇张本。在太祖"吾已喻矣"之言已下，依行文逻辑，自应接叙罢藩镇步骤。乃光则曰：

> 顷之，上因晚朝，与故人石守信、王审琦等饮酒酣，上屏左右谓曰："我非尔曹之力不得至此，念尔之德无有穷已。然为天子亦大艰难，殊不若为节度使之乐——吾今终夕未尝敢安寝而卧也！"守信等皆曰："何故？"上曰，"是不难知！居此位者，谁不欲为之！"守信等皆顿首曰："陛下何为出此言！今天命已定，谁敢复有异心！"上曰："不然。汝曹无心，其如汝麾下之人欲富贵者何？一旦以黄袍加汝之身，汝虽欲不为，不可得也。"皆顿首涕泣曰："臣等愚不及此，惟陛下哀怜，指示以可生之途。"上曰："人生如白驹之过隙，所以好富贵者，不过多积金银，厚自娱乐，使子孙无贫乏耳。汝曹何不释去兵权，择便好田宅市之，为子孙立永久之业，多置歌儿舞女，日饮酒相欢，以终其天年。君臣之间，两无猜嫌，上下相安，不亦善乎？"皆再拜谢曰："陛下念臣等及此，所谓生死而肉骨也！"明日，皆称疾

---

[1] 《涑水纪闻》卷一，页六上—下（1919年上海涵芬楼排印本）。

请解军权。上许之……更度易制者使主亲军。

此段皆属"杯酒释兵权"之经过，与首段毫无关涉。仅最末：

> 其后又置转运使、通判，主诸道钱谷；收选天下精兵，以备宿卫。

数语为罢藩镇之一部分措置，与首段微有照应耳。自司马光将二事合述而未分清眉目，加以朱熹辑《五朝名臣言行录》，[①]于赵普建议罢藩镇下，又完全钞录司马光之文，于是遂造成后人错误观念，以为"杯酒释兵权"即罢藩镇矣。

罢宿将典禁兵之议，亦发自赵普。今存宋人杂记中，对于此事，似以王曾所述为最早。曾曰：

> 太祖创业，在位历年，石守信……等犹分典禁兵如故。相国赵普屡以为言，上力保庇之。普又密启请授以他任。于是不得已，召守信等曲宴，道旧相乐。因谕之曰："朕与公等昔常比肩，义同骨肉，岂有他哉？而言事者进说不已。今莫若自择善地、各守外藩，勿议除替。赋租之入，足以自奉，优游卒岁，不亦乐乎？朕后宫中有诸女，当约婚以示无间，庶几异日无累公等。"守信等咸顿首称谢，由是高、石、王、魏之族，俱蒙选尚，各归镇，几二十年。贵盛奕赫，始终如一。前称光武能保全功

[①] 卷一，赵普言行录第二条（《四部丛刊》本）。

臣,不是过也。①

曾记太祖令诸将解兵权之言辞,与司马光所述,正诡大异。孰为实录,莫得而知。惟李焘叙此事则采司马光《记闻》之说;其记赵普请罢石守信典禁兵之议,又详于王曾《笔录》。焘之言曰:

> 石守信、王审琦等皆上故人,各典禁卫。普数言于上,请授以他职。上不许。普乘间即言之。上曰:"彼等必不吾叛,卿何忧?"普曰:"臣亦不忧其叛也,然熟观数人者,皆非统御才,恐不能制伏其下。苟不能制伏其下,则军伍中万一有作孽者,彼临时亦不得自由耳。"上悟。于是召守信等饮酒。②(以下即引司马光之文。)

按赵普非特建夺石守信等兵权之议,且尝力阻符彦卿之内召。司马光记其事曰:

> 太祖欲使符彦卿典兵。赵韩王屡谏,以谓彦卿名位已盛,不可复委以兵柄。上不听。宣敕已出,韩王复怀之请见。上迎谓之曰:"岂非以符彦卿事耶?……卿苦疑彦卿何也?朕待彦卿至厚,彦卿岂能负朕也?"韩王曰:"陛下何以负周世宗!"

---

① 《王文正公笔录》,页一〇上(《学津讨原》本)。文中所云高、石、王、魏之族俱蒙选尚者,指高怀德尚太祖妹燕国长公主,石守信子保吉、王审琦子承衍、魏仁浦子咸信,分尚太祖女延庆、昭庆、永庆三公主而言。惟魏仁浦并非禁兵将领,曾随笔述之,不甚合也。
② 《续资治通鉴长编》卷二,页一〇下——一一下(光绪七年浙江书局刊本)。

上默然,遂中止。①

由各种记述观之,似罢宿将典禁兵,初非太祖本意;其所以终归实现者,端由赵普之怂恿。盖太祖英明过人,春秋尚富,不必对石守信等有所疑忌耳。

尝考五代之际,政治上之大患有二:曰腹心之患,即禁兵;曰肢体之患,即藩镇。赵普之所以力主罢宿将典禁兵与夫设计罢藩镇者,无非为免此二患以求平治而已。为明了禁兵之所以为患腹心,势须略悉其组织及左右时局之经过。

禁兵之称,见于史册甚早。汉之南北军,唐之六军诸卫,皆禁兵也。朱温篡弑,唐室禁兵过半解散,而以镇兵充其任,此后历唐、晋、汉、周,大致皆祖梁制,略予变通。石林叶氏曰:

> 自梁起宣武军,乃以其镇兵……置在京马步军都指挥使,而自将之,盖于唐六军诸卫之外,别为私兵。至后唐明宗改为侍卫亲军……其后遂不废。殿前军起于周世宗,是时太祖为殿前都虞候。初诏天下选募壮士送京师,命太祖择其武艺精高者为殿前诸班。……自有两司,六军诸卫渐废,今但有其名。则两司不独为亲军而已,天下之兵柄皆在焉。②

---

① 《涑水纪闻》卷一,页一〇上,符彦卿自后唐以来即享盛名,后周末为天雄军节度使,镇大名,封魏王,宋初加守太师。周世宗符后及宋太宗懿德符后皆彦卿女。赵韩王即赵普。《宋史·石守信传》所述亦大致似司马光《记闻》之言。

② 叶梦得《石林燕语》卷六,页一上至二上(宣统三年长沙叶氏刊《石林遗书》本)。按,朱温降唐,授宣武军节度使,后兼领四镇,终移唐祚。故叶氏谓"梁起宣武军"。宣武军为汴州军号。

叶氏所述,颇为赅简,惟脉络尚嫌不甚分明。按殿前班直本属侍卫亲军司,惟较其他诸班,地位差为亲近而已。周世宗之所以别设殿前司者,盖以侍卫亲军渐趋腐败,欲分置精练之师以挽颓风,且可使二司互相钳制也。五代除梁以外,唐、晋、汉、周初为一系,侍卫亲军自建立以来,迄于周代已二十余年,朝气早失,此由周世宗对侍臣之言可以知之。其言曰:

> 侍卫兵士,累朝已来,老少相半,强懦不分。盖徇人情,不能选练。……兵在精不在众,宜令一一点选,精锐者升上军,怯懦者从安便……①

周之禁兵自世宗变更组织,屡加整顿后,不久即成劲旅。用能于三四年内,大启土宇,南至江表,北收瀛、莫。即宋太祖之所以几于混一华夏,亦莫非承周世宗整军经武之余绪也。

后唐以来,禁兵只侍卫亲军一司;比殿前班独立后,遂为二司。侍卫亲军司员兵较多,其长官为侍卫亲军马步军都指挥使,次为侍卫亲军马步军副都指挥使,再次为侍卫亲军马步军都虞候,下分二衙,曰马军,曰步军,各有都指挥使,副都指挥使。殿前司员兵较少,但精壮则过于侍卫亲军司。其长官为殿前都点检,次为副都点检,再次为殿前都指挥使,副都指挥使及都虞候。自侍卫亲军马步军都指挥使至殿前都虞候,皆为高级将领。典掌禁兵,乃一种差使,故号"军职",因之各将领率加虚衔,如检校太尉、检校司徒之类,又皆遥领外镇节度使,外州防御使、团练使、刺史,用示等级,其

---

① 王溥《五代会要》卷一二,页一二上(光绪一二年江苏书局刊本)。

最高者,则莫不兼节度使。如宋太祖受禅前,即以检校太尉充殿前都点检兼归德军节度使。归德军为宋州军号,故登位后即以宋为国号焉。

五代禁兵,本藩镇军队所蜕变,其旧日"兵骄逐帅,帅骄叛上"之习,尚未涤除。以故各朝兴亡,多视禁兵向背。如射死唐庄宗者,禁兵小校从马直指挥使郭从谦也。① 唐闵帝之败,由于侍卫亲军马军都指挥使安从进潜通潞王,与夫侍卫亲军马步军都指挥使康义诚之投戈解甲也。② 汉高祖之立,多倚禁兵拥戴,因其曾领侍卫多年也。③ 周太祖代汉,参谋翊赞者王殷、郭崇、曹英等,皆禁兵将领也。④ 至陈桥兵变,宋太祖黄袍加身,则更属禁兵之卖主求荣矣。

宋太祖受禅前夕,禁兵两司高级将领:殿前司,都点检为其本人,副都点检慕容延钊,都指挥使石守信,都虞候王审琦;侍卫亲军司,马步军都指挥使李重进,副都指挥使韩通,都虞候韩令坤,马军都指挥使高怀德,步军都指挥使张令铎。除太祖不计外,八人之中,慕容延钊为太祖素所"兄事",⑤石守信、王审琦各为太祖义社十兄弟之一,⑥且皆属殿前司系统,是其沆瀣一气,可以想见。若侍卫亲军中,李重进留镇淮南,韩令坤远戍成德,高怀德随太祖北征(太祖为北面行营都部署,高怀德为北面行营马军都部署)。当时

---

① 薛居正《旧五代史》卷二四,页一一下(百衲本)。
② 同上,卷四五,页八下;又卷四六,页四下。
③ 同上,卷九六,页六下。汉高祖于晋时由侍卫亲军马军都指挥使,升马步军都虞候,又升马步军都指挥使。
④ 同上,页一一下。王殷时为侍卫亲军步军都指挥使,郭崇、曹英则中级将领。
⑤ 脱脱《宋史》卷二五一,页四下(百衲本)。
⑥ 李攸《宋朝事实》卷九,页二六下(《武英殿聚珍版丛书》本)。

留京师与太祖不协者只一不得军心之"瞠眼"韩通耳。(张令铎不知随军北征抑系留于开封。但以仁厚著名之人，不足为患。)故在六军旋自陈桥之际，石守信、王审琦已先接获密报，暗作准备，即使韩通不为王彦升所杀，亦不能有碍于太祖之"大志"也。

陈桥之事，虽云太祖典兵数年，素得军心，实亦由于将校士卒，受传统影响，逐旧迎新，贪图富贵之故。是以太祖于即位之翌日，即优赏"内外马步军士"币帛官爵，[1]一周后又晋禁兵高级将领军职，以石守信为侍卫亲军马步军副都指挥使，张令铎为马步军都虞候，张光翰为马军都指挥使，赵彦徽为步军都指挥使；高怀德为殿前副都点检，王审琦为殿前都指挥使，皇弟光义(即太宗)为殿前都虞候。嗣于又一周后，免李重进之侍卫亲军马步军都指挥使，以韩令坤代之，且擢慕容延钊为殿前都点检。[2] 张光翰、赵彦徽初皆侍卫亲军之中级将领(张、赵分为虎捷左右厢都指挥使)，对太祖素极融洽，而赵彦徽又尝为太祖所兄事者。[3] 惟终因二人本非殿前司系统，故在同年秋季即以韩重赟、罗彦瓌分别代之为侍卫马步二军都指挥使。[4] 韩重赟亦为太祖义社十兄弟之一，[5]罗彦瓌则部下爱将，于受禅之际，最为热诚翊戴者也。[6] 继于明年三月，又以石守信代韩令坤为侍卫亲军马步军都指挥使，或亦因韩非亲信乎？

---

[1] 《续资治通鉴长编》卷一，页四上。
[2] 同上，页一五下及一六下。
[3] 《宋史》卷二五〇，页一六下《韩重赟传》。
[4] 同上，页二〇上《罗彦瓌传》。
[5] 《宋朝事实》卷九，页二六下。
[6] 《宋史》卷二五〇，页一九下《罗彦瓌传》曰："太祖自陈桥入，归公署，见宰相范质等。未及言，彦瓌挺剑而前曰：'我辈无主，今日须得天子！'质等由是降阶听命。"(百衲本)

宋太祖既借部下之力,于俄顷之间,龙飞在天,则对此惯于翻覆之禁兵,自不能不存有戒心。故于赵普一再请罢禁兵宿将时,初尚犹豫,终乃听从,于是遂有"杯酒释兵权"之举。实际在此举前四阅月,殿前都点检慕容延钊已罢军职,出镇山南西道,且裁撤都点检一缺;①而石守信升侍卫亲军马步军都指挥使后,所遗副都指挥使亦未除人也。兹为清晰计,特将太祖登位前夕至"杯酒释兵权"后不久之禁兵两司高级将领变迁,列表于下:

司	高级将领职衔	太祖将代周时	太祖受禅后	建隆元年冬	建隆二年三月②	建隆二年九月后
侍卫亲军司	马步军都指挥使	李重进	韩令坤	韩令坤	石守信	缺
	副都指挥使	韩通	石守信	石守信	缺	缺
	都虞候	韩令坤	张令铎	张令铎	张令铎	缺
	马军都指挥使	高怀德	张光翰	韩重赟	韩重赟	刘光义
	步军都指挥使	张令铎	赵彦徽	罗彦瓌	罗彦瓌	崔彦进
殿前司	都点检	赵匡胤	慕容延钊	慕容延钊	缺	缺
	副都点检	慕容延钊	高怀德	高怀德	高怀德	缺
	都指挥使	石守信	王审琦	王审琦	王审琦	韩重赟
	都虞候	王审琦	赵光义	赵光义	赵光义	张琼

"杯酒释兵权"之时期,《续资治通鉴长编》列于建隆二年七月庚午(初九日),《宋史·石守信传》则云在乾德初。二者所述,相差年余。惟《宋史》王审琦、张令铎、罗彦瓌等传,曾有建隆二年罢职出镇之文。是乾德初之说,其为谬误,似无疑义。至太祖计罢诸宿将典禁兵之经过,前已叙及,无庸再赘。当诸将之请解职也,仅高怀德、王审琦、张令铎、罗彦瓌等四人分别出为归德、忠正、镇安、

---

① 《续资治通鉴长编》卷二,页五上。
② 至七月中杯酒释兵权时,禁军高级将领人事无异动。

彰德等军节度使,①余若韩重赟反升殿前都指挥使,②赵光义于后数日兼开封尹,其殿前都虞候始由张琼越级擢补,③而石守信之侍卫亲军马步军都指挥使,初尚以天平军节度使遥领,至建隆三年九月始表请解除,④特有名无权耳。

尝思宋太祖用赵普之计,去腹心之患,杜五代以来禁兵作乱之源,其术盖不只一端：如以资浅(张琼)才庸(韩重赟)之代宿将,为取其易制也；殿前都副点检及侍卫亲军都指挥使副罢后即不再补人(石守信之补韩令坤缺为暂时措置),为降低将领位望也；侍卫亲军自无兼统之人,马步军遂渐裂为二司,为分其势也。故在"杯酒释兵权"后,禁军高级将领即不用杰出之才；而殿前司与侍卫马军司及侍卫步军司,"三衙"鼎立,浸且为有宋一朝之永制焉。

三 论罢藩镇

宋太祖用赵普计,罢藩镇,结束百余年来乱局,使人民知有生之乐,自属一大政绩。惟唐末与宋初,藩镇兵力,已迥乎不同,中央兵力,亦大有差异,故誉宋太祖之罢藩镇为有大功于黎庶则可,若谓其运旋乾转坤之力以从事此举,似未见其可也。

唐代藩镇之祸起于天宝末载。安史败覆,余孽尚多。朝廷无力敉平,乃各分与河北数州,赐以官号,假以旌麾。同时立功将帅,

---

① 《续资治通鉴长编》卷二,页一一下,及《宋史》卷二五〇,页二〇上。
② 《宋史》卷二五〇,页一五下。
③ 《续资治通鉴长编》卷二,页一二下。
④ 同上,页一一下及卷三,页一〇上。

亦多拥有节旄，专制一方。此后每更一番大变故，即多一批节度使；大者跨州连郡，小者亦兼数城。其中魏博、镇冀、卢龙、淄青、横海、宣武、彰义、泽潞八镇之私相传袭，或十余世，或四五世，王命之所不能加，固无论矣。即其他诸军，亦每弁髦法令，肆意鸱张也。德、宪之时，中央局势，尚未坏至极端，故偶能略振国威。比穆、文以还，宦寺并权，党争炽烈，官贪吏黩，彝章大紊，禁卫诸军，徒知供阉人驱策，上胁乘舆，下殃百姓，求其戡乱定难，已等于缘木求鱼。黄巢乱后，全国鼎沸，扰攘至于昭宗之世，土豪盗贼，乘时割据，益以新旧连率，互争雄长者，约三十余处：

1. 定难军　节度使李思恭、思谏兄弟，据今陕、甘、宁三省边区，根据地在夏州；

2. 陇右　节度使李茂贞，据渭水中游，根据地在凤翔；

3. 静难军　节度使王行瑜，据泾水中上游，根据地在邠州；

4. 镇国军　节度使韩建，据渭水下游，根据地在华州；

5. 剑南西川　节度使王建，据今四川西部，根据地在成都；

6. 剑南东川　节度使顾彦朗、彦辉兄弟，据今四川东部，根据地在梓州；

7. 忠义军　节度使赵德諲、匡凝父子，据今湖北西北及河南西南部，根据地在襄州；

8. 荆南　节度使张瓌、成汭，据今湖北西部，根据地在江陵府；

9. 武昌军　节度使杜洪，据今湖北中部，根据地在鄂州；

10. 武贞军　节度使雷满、彦恭父子，据今湖南西北部，根据地在朗州；

11. 武安军　节度使周岳、邓处讷、刘建锋、马殷，据今湖南大部，根据地在潭州；

12. 清海军　节度使刘隐,据今广东大部,根据地在广州;

13. 威武军　节度使王潮、审知兄弟,据今福建,根据地在福州;

14. 镇南军　节度使锺传、匡时父子,据今江西大部,根据地在洪州;

15. 威胜军　节度使董昌,据今浙江东部,根据地在越州;

16. 镇海军　节度使钱镠,据今浙江西部及江苏东南一小部,根据地在杭州;

17. 淮南　节度使高骈、杨行密,据今江苏及安徽中南部,根据地在扬州;

18. 武宁军　节度使时溥,据今江苏及安徽北部;

19. 平卢军　节度使王敬武、师范父子,据今山东中东部,根据地在青州;

20. 泰宁军　节度使宋瑾,据今山东中部一小部,根据地在兖州;

21. 天平军　节度使朱宣,据今山东西部,根据地在郓州;

22. 义昌军　节度使卢彦威,据今河北东南及山东西北部,根据地在沧州;

23. 卢龙军　节度使刘仁恭、守光父子,据今河北北部及察哈尔南部,根据地在幽州;

24. 义武军　节度使王处存、郜父子,据今河北中部偏西,根据地在定州;

25. 成德军　节度使王镕,据今河北西部偏南,根据地在镇州;

26. 天雄军　节度使罗弘信、绍威父子,据今河北山东河南三省边区,根据地在魏州;

307

27. 昭义军　节度使孟方立、迁兄弟,据今河北省西南部及山西东南一小部,根据地在邢州;

28. 河东　节度使李克用,据今山西中北部,根据地在太原府;

29. 护国军　节度使王重荣、珂父子,据今山西西南及陕西东部一小部,根据地在河中府;

30. 彰义军　节度使秦宗权,据今河南东南部,根据地在蔡州;

31. 宣武军　节度使朱温,据今河南中东部,根据地在汴州。

其时南迄岭表,北抵塞外,东暨于海,西至陇坂,几无一片净土,唐欲不亡,岂可得哉!

唐亡前夕,群魔经二十年之吞噬,存者之不逾半数,用开五代诸国窃号自娱之局,而以砀山朱温势力为尤大,故能终移唐祚,肇兴梁室。五代初年,为患烈而久之河北诸镇,卢龙、义武已见并于朱邪,魏博、横海则折而入于朱氏。余若割据鲁、豫、陕、陇者,亦率隶于梁之领域。洎后唐灭梁,下迄晋、汉,中朝兵力日强,新藩镇虽因武夫得时,有增无减,骄蹇之气亦未稍杀,但根柢浅露,难敌庙堂,较之唐代外重内轻情形,已迥乎不同。迨周世宗继统,整军经武,励精图治,禁兵悍勇,远胜前朝,藩镇势焰,早已非复当年。宋太祖承其余绪,加以英明足使人畏,宽厚可使人怀,废罢藩镇之事,其时只问有此决心否耳,不在能行不能行也。况其威稜既足以收荆湖,灭后蜀,吞南汉,并南唐,又何难于撤彼专制三五州之藩镇!而藩镇又孰敢螳臂当车,方命圮族乎? 是以平李筠、李重进后,在罢藩镇过程中,只一义武节度使孙行友因疑畏谋变,稍动步骑以迫胁之,[①]此后即未再有为罢藩镇而发兵之举;以视昔日于撤换节度

---

① 《宋史》卷二五三,页一二下《孙行友传》(百衲本)。

使时之费种种周折,其难易相较不可同日而语矣。

宋太祖遭逢时会,不动声色,从容清扫百余年来藩镇之患,事非甚难,时则较久。盖减削藩镇之权,非特未完成于其生前,即藩镇之撤除净尽,使节度使仅为虚衔,亦远在其身后也。考唐末以来,藩镇之所以恣睢暴戾且敢公然叛变者,端以恃有土地、人民,把持财赋以治甲兵耳。故赵普对太祖揭櫫三大纲领——夺其权柄,制其钱谷,收其精兵——以弱其势。良以藩镇倘无作乱之资与犯上之力,然后自不敢不俯首就范也。

削夺藩镇之权,其术不只一端,惟最要者则为添置通判与罢领支郡二事,余如遣京官带原衔出知外县①以隆位望,俾藩镇有所顾忌,则无多影响者也。通判之置始于建隆四年,李焘曰:

> 夏四月……乙酉,始命刑部郎中贾玭等通判湖南诸州。②

时以湖南初入版图,"伪命官"势难尽废,故权派京官为通判以相监视。比乾德三年平后蜀,新收各州亦置通判,继且诏:

> 应荆湖西蜀伪命官见为知州者,令逐处通判或判官……凡本州公事并同签议,方得施行。③

---

① 《续资治通鉴长编》卷四,页一三下,建隆四年六月"庚戌,命大理正奚屿知馆陶县,监察御史王祐知魏县。……常参官知县,自屿等始。……时符彦卿久镇大名,专恣不法……故特选强干者往莅之,其后右赞善大夫周渭亦知永济,彦卿郊迎。渭揖于马上,就馆始与彦卿相见,略不降屈……"。盖县令固为节度使府尹属吏,但京官为知县,微有王人性质,体制自高于普通县令也。
② 同上,页七上。
③ 《宋会要稿》卷八七《职官》四七之二(1926年北平图书馆影印本)。

追削藩镇权之政策实施后,遂于各地府州,亦仿川、湖之制,依事务繁简,置通判二员或一员不等。此种新官,以己身负特殊使命,于是难免有恃权骄纵之举,因之乃又下诏戒谕;然忿争之事,固仍时有所闻。欧阳修曰:

> 国朝自下湖南,始置诸州通判,既非副贰,又非属官,故常与知州争权。每云:"我是监郡,朝廷使我监汝!"举动为其所制。太祖闻而患之,下诏书戒励,使与长吏协和;凡文书非与长吏同签书者,所在不得承受施行。自此遂稍稍戢。然至今州郡往往与通判不和。往时有钱昆少卿者,家世余杭人也。杭人嗜蟹。昆尝求补外郡,人问其所欲何州。昆曰:但得有螃蟹无通判处则可。①

由欧阳氏所述,可知初年通判地位之雄峻,更可知因有通判,藩镇权减削如何矣。惟通判只牵掣而已,尚无碍藩镇辖境之大也,缘是更进一步而削其支郡。

支郡者,非节度使所直接治理之州也。如山南东道节度使辖襄、均、房、复四州,节度使驻襄州,均、房、复三州各有防御使,团练使或刺史,处理州务,但须秉命于节度使,是为支郡。兹举一例。开宝六年,南汉初平,潘美以山南东道节度使为南面行营都部署权知广州,修缮南海龙神祠宇,其《大宋新修南海广利王庙碑铭》碑阴题名为:

---

① 《归田录》卷二,页八下(1919年上海商务印书馆排印本)。

> 推诚宣力同德翊戴功臣,山南东道节度,襄、均、房、复等州观察处置兼三司水陆发运桥道等使,南面行营兵马都部署,广南诸州计度转运使,权知广州军府事,市舶使,金紫光禄大夫,检校太保,使持节襄州诸军事,襄州刺史,兼御史大夫,上柱国,荥阳郡开国侯,食邑二千户,食实封二百户潘美。①

此百十一字中,自"山南东道"至"桥道等使"二十七字。又自"使持节"至"兼御史大夫"十七字,共四十四字,皆为山南东道节度使固有之官衔;因带"襄州刺史",故襄州为其驻节之地,亦即直接治理之州;均、房、复三州,以只在其"观察处置"之下,并非直接治理,故为支郡也。

罢藩镇支郡,事在太宗初年,但太祖于平割据诸国后,即令新收各州直隶京师,早已肇其端矣。太宗之罢藩镇支郡,导因于赵普与高保寅之争。李焘曰:

> 上初即位,以少府监高保寅知怀州。怀州故隶河阳,时赵普为节度使。保寅素与普有隙,事颇为普所抑。保寅心不能平,手疏乞罢节镇领支郡之制。乃诏怀州直属京,长吏得自奏事。②

赵普本为造谋削夺藩镇势力之人,今乃首被罢领支郡,亦可谓作法自毙者矣。高、赵争后,继又有虢州刺史许昌裔控诉保平节度使杜

---

① 陆耀遹《金石续编》卷一三,页六上(光绪癸巳上海醉六堂石印本)。
② 《续资治通鉴长编》卷一八,页一六下。

审进阙失事(保平节度使辖陕、虢二州),诏右拾遗李瀚往察之。瀚回奏曰:

> 节度领支郡多俾亲吏掌其关市,颇不便于商贾,滞天下之货。望不令有所统摄,以分方面之权,尊奖王室,亦强干弱枝之术也。①

于是太宗纳其言,于太平兴国二年八月戊辰,诏静难(邠、宁)、彰化(泾、原)、保大(鄜、坊)、彰武(延、丹)、保平(陕、虢)、山南东道(襄、均、房、复)、武胜(邓、唐)、镇宁(澶、濮)、归德(宋、亳)、天平(郓、济)、横海(沧、德)、彰信(曹、单)、平卢(青、淄)、泰宁(兖、沂)、永清(贝、冀)、武成(滑、卫)、成德(镇、深、赵)、定武(定、祁)等十八军节度所领支郡皆直属京。惟宋在太宗时,全国节度使不下三十余,至他镇之在何时罢领支郡,则不详知矣。②

减削藩镇势力,除置通判及去支郡外,尚有制钱谷与收精兵二术。制钱谷政策初行于乾德三年三月,李焘曰:

> 自唐天宝以来,方镇屯重兵,多以赋入自赡,名曰留使、留

---

① 《续资治通鉴长编》卷一八,页一六下。
② 同上,页一七上及《宋会要稿》册八〇《职官》三八之二皆云在太宗此诏后"天下节镇无复领支郡者"。又云"按,此时已尽罢节镇所领支郡矣,而《实录》兴国七年五月辛亥又书诏以泾州直属京,不知何也。今削去不著,然更须考之"。考,太平兴国二年所罢领支郡之节度,连同河阳三城计之,只十九镇,尚有十余未见于明令,不能谓:"天下节镇无复领支郡者。"又《实录》太平兴国七年五月诏以泾州直属京,泾字恐讹,因泾州为彰化军节度本郡,非支郡也。《续资治通鉴长编》及《宋会要稿》误以太平兴国二年已罢所有节镇支郡,故未细思"泾"为误字,且以为不合事实,于是"削去不著",是又曾一误矣。

州,其上供殊鲜。五代方镇……率令部曲主场院,厚敛以自利。其属三司者,补大吏临之,输额之外,辄入己;或私纳货赂,名曰贡奉,用冀恩赏。上始即位,犹循常制。……及赵普为相,劝上革去其弊。是月申命诸州,度支经费外,凡金帛以助军实悉送都下,无得占留。……时方镇阙守帅,稍命文臣权知所在场院,间遣京朝官廷臣监临;又置转运使,为之条禁,文簿渐为精密;由是利归公上,而外权削矣。①

至太平兴国二年正月,太宗又禁藩镇回图贸易。李焘曰:

五代藩镇多遣亲吏往诸道回图贩易,所过皆免其算。既多财,则务为奢僭,养马至千余匹,童仆亦千余人。国初,大功臣数十人,犹袭旧风。太祖患之,未能止绝。于是诏中外臣僚,自今不得因乘传出入,赍轻货邀厚利,并不得令人于诸处回图与民争利。②

盖自太祖设转运使以综揽各州钱谷后,藩镇遂不能把持地方财赋;自太宗禁藩镇回图贸易后,其垄断之途亦绝;财不过雄,当难觊觎非分矣。

收精兵之事始于乾德三年八月。其法"令天下长吏择本道精兵骁勇者,籍其名送都下,以补禁旅之阙。又选强壮卒定为兵样,分送诸道。其后以木梃为高下之等,散给诸州军,委长吏都监等召

---

① 《续资治通鉴长编》卷六,页八上。
② 同上,卷一八,页一下。

募教习,俟其精练即送都下"。① 按,选择诸道精兵填补禁旅,实始于周世宗。特世宗之意,只为增强禁兵力量以实现其统一之念;宋太祖之为此举,目的则多在弱藩镇之势耳。

藩镇势权,经太祖太宗两朝之削减,所余已属无多,然当宁者终不能释然于怀,而以耆宿受疑忌为尤甚。故太祖对资格深于己者之藩镇,皆设法撤换之,或用腹心将校相代,或以文臣出知军州。如开宝二年十月:

> 己亥,上宴藩臣于后苑。酒酣,从容谓之曰:"卿等皆国家宿旧,久临剧镇,王事鞅掌,非朕所以优贤之意也。"前凤翔节度使兼中书令王彦超喻上指,即前奏曰:"臣本无勋劳,久冒荣宠,今已衰朽,乞骸骨归丘园,臣之愿也。"前安远节度使兼中书令榆次武行德,前护国军节度使郭从义,前定国军节度使白重赞,前保大节度使杨廷璋,竞自陈攻战阀阅及履历艰苦。上曰:"此异代事,何足论也!"庚子,以行德为太子太傅,从义为左金吾卫上将军,彦超为右金吾卫上将军,重赞为左千牛卫上将军,廷璋为右千牛卫上将军。②

良以五人者,或显名于石晋之世,或秉节于郭周初年,发迹皆早于宋太祖,用不能久安其位也。太宗师太祖故智,太平兴国二年,所撤藩镇亦伙。如天平军节度使石守信,武胜军节度使张永德,定国军节度使冯继业,镇宁军节度使刘廷让,定武军节度使祁廷训,

---

① 《续资治通鉴长编》卷六,页一一下。
② 同上,卷一〇,页一五下。

横海军节度使张美,安远军节度使向拱,或移之散地,或授以闲缺。谅亦因七人资历较深,而石守信、刘廷让又本太祖之义社兄弟乎!

世人因习闻宋太祖罢藩镇,以为当其末年,节度使皆已沦为虚衔,凡各州府率用他官权知,节度使例不得莅治本任。此种观念,殊为误谬。盖由各书考之,非特太祖时,即在太宗时,藩镇亦未撤除净尽。如淳化二年所立北岳庙碑末地方官题名:

> 忠果雄勇宣力功臣、定武军节度、定州管内观察处北平军等使、金紫光禄大夫、检校太保、使持节定州诸军事、定州刺史、兼御史大夫、上柱国、兼驻泊马步军都部署、清河郡开国公、食邑四千二百户、食实封六百户张训。①

知太宗即位已十六年,张训尚能以定武军节度使定州刺史官于本镇也。又如石守信子保吉:

> 保吉……尚太祖女延庆公主。……景德……二年改镇安军节度。未几,自治所来朝,愿奉朝请,从之。四年,部民上治状,乞还镇所。诏奖谕之,仍从其请。大中祥符初从东封……还镇。……明年……卒,年五十七。保吉在陈州,盛饰廨舍,以迓贵主。……初守信镇陈,年五十七卒,及保吉继是镇,寿

---

① 《金石续编》卷一三,页九上,《大宋重修北岳安天王庙碑铭》。定武军在定州。

亦止是。谈者异之。①

是更知直至真宗继统十年,寰宇州府,依然有由本镇节度使直接治理者。特此后知府知州之制乃普遍化耳。

宋太祖罢藩镇,更有一事应注意者,即五代以来之夏州定难军李氏及府州永安军折氏,资格虽深,并未被废是也。李氏在太宗朝曾一度内属,后终叛乱,且蚕食灵州朔方军,迨仁宗时,遂为夏国。折氏直至北宋末年,仍世有府州,官名虽不必为节度使,但专制一方则自若也。

四 短结

宋太祖收兵权,为我国历史一件大事,其有功于人民,自不待言。但其所收之兵权,有内外之分。内为罢宿将典禁兵,即世人所熟知之"杯酒释兵权"是也。外为撤罢藩镇,先创种种法制以减削其权势,继则免资格深者,授以虚官,而用他官权知节镇所在州府。此种政策之完成盖已在真宗之世。至于太祖罢藩镇之所以未费大力,端以宋初中央势力雄厚,远非唐代可比;而节度使自五代以来,势渐衰弱,已不敢抗衡朝廷矣。

内外兵权之收,群书皆言计出赵普。赵普一学究耳,然能谋深

---

① 《宋史》卷二五〇,页四下《石保吉传》。镇安军在陈州。吴廷燮《北宋经抚年表》第一卷为宋太祖建隆元年至太宗太平兴国二年四十三藩镇表,体例杂驳,姑不必言。其中有两点可议者:一、遥领之节镇一律列入,未加说明;二、误会太平兴国二年罢藩支郡即普罢藩镇(百衲本)。

虑远如此，亦不可谓非人杰。若其天性忮刻，睚眦必报，且使秦王光美不得其死，为人固多有可议者。第过不掩功，况过又率属私行，而功则在生民与社稷乎？

(原载《燕京学报》第三四期)

宋辽交聘考

宋辽①对峙百六十五年，初未尝不欲相吞噬也，而力皆未能，不得不互戢野心，通和订盟以相安。于是国君序昆仲，信使通往还，甲子两周，疆场无警。而其周旋聘问之仪，揖让进退之节，较之各朝尤多创举，制度规程颇有可述。爰参稽众作，②连缀成篇，用窥一时礼文之梗概。

一　宋辽之邦交

宋太祖初立，日从事吞并割据诸邦，无暇北顾；而辽当穆、景二宗相继在位，国势中衰，亦无力南侵；故两朝仅小有争扰，并无大战。如是者十六年，乃有通和之举。

---

① 辽之国号前后数易。今依《辽史》命名之例，除引用文字照原文称为契丹外，余一律称之为辽。

② 辽人著述少，失佚又多，今所余之一鳞半爪，多无助于研究宋辽交聘之事，故取材半属宋人文集笔记。惟宋辽平等互待，一切聘问礼文，大致相仿，由宋之如何待辽，即可窥辽之如何待宋；是以虽无辽人著述为依据，亦无大碍也。宋神、哲二宗时，曾相继有《华戎鲁卫信录》之纂辑，于两朝交聘一切仪文，载之綦详。曾肇《曲阜集》(《豫章丛书》本)卷四，页二八下《赠司空苏公墓志铭》及李焘《续资治通鉴长编》(光绪七年浙江书局刻本)卷五〇九，页一五上皆述《华戎鲁卫信录》编制经过；惜书早已失佚，不得依据矣。

初，宋太祖开宝七年（即辽景宗保宁六年），十一月，辽涿州刺史耶律琮致书宋知雄州孙全兴曰：

> 琮滥受君恩，猥当边任。臣无交于境外，言则非宜；事有利于国家，专之亦可。切思南北两地，古今所同，曷常不世载欢盟，时通贽币。往者晋氏后主，政出多门，惑彼强臣，亡我大义；干戈以之日用，生灵于是罹灾。今兹两朝，本无纤隙。若或交驰一介之使，显布二君之心，用息疲民，重修旧好，长为与国，不亦休哉！琮以甚微，敢干斯义；远希通悟，洞垂鉴详。①

全兴以闻。太祖命答书许和。于是翌年三月，辽先遣克妙骨慎思②使宋；继于七月，宋亦遣郝崇信、吕端使辽，是为两朝正式通聘之始。第仅四载而邦交裂。

---

① 《宋会要稿》（1936年北平图书馆影印本）册一九六《蕃夷》一之二上。《辽史》（1916年上海涵芬楼影印本）卷八，页四上云：保宁六年"三月，宋遣使请和，以涿州刺史耶律昌术加侍中与宋议和。七年春正月甲戌，宋遣使来贺"。讲和之议，据《宋会要稿》所言（《续资治通鉴长编》等书所述同）似发动自辽，而据《辽史》所言又似发动自宋。惟据耶律琮致孙全兴书辞，此议之动自辽，可能性较大。讲和当先遣使互聘，然后方能及于贺正之事。今《辽史》于宋遣使请和，派人与之议和下，未书交换聘使，即书正月宋使来贺，于理殊有不合。此盖辽人饰辞，元修《辽史》因之未改耳。又耶律琮，《辽史》作耶律昌术。盖"昌术"为在其本国之名，而"琮"则系用于对外官书上之名。此例甚多，可于后附之国信使副表中见之。

② 此据《宋会要稿》册一九六《蕃夷》一之二下。《宋史》（1926年上海涵芬楼影印本）卷三，页七上，"妙"误作"沙"，《续资治通鉴长编》卷一六，页四下，浙江书局刻时改"克妙骨慎思"为"克卜茂固舒苏"；而《辽史》卷八，页四下作"郎君矧思"，则又在其国内所用之译名也。

宋太宗太平兴国四年（即辽景宗乾亨元年），五月，灭北汉——北汉，辽向视为屏蔽者也。故于太宗出师之际，即遣使相质问；迨太原攻围之顷，又遣兵相牵掣。太宗久有意于燕、云，今以辽公然援敌，有所借口，遂于太原陷后移师东下。降涿、易，逼幽州；城几破矣，而辽将耶律休哥以铁骑至。高梁河一战，宋师大败。辽人乘势进犯，缘边州军因少宁日。

翌年三月，辽攻雁门，为宋所败。十月，又攻瓦桥，大掠而归。越二年，辽景宗崩，圣宗立，年幼，宋以有机可乘，遂弃数年来之防御策略而取攻势。

雍熙三年（即辽圣宗统和四年），三月，太宗遣将分道北犯。曹彬克新城涿州，田重进降飞狐灵丘，潘美下寰朔云应。嗣彬以粮尽退师，为辽所蹑，败于岐沟。潘美所获诸城，亦不能守，骁将杨业且于是役捐躯焉。

其年十一月，辽亦分道南侵：西攻代州，为张齐贤所败；东由太后萧氏统率，大破宋将刘廷让于君子馆。游骑四出，扰及邢德、魏博以北，胥遭蹂躏。宋以辽势尚不可侮，遂又改攻为守，饬吏固边。此后十余年，辽数次南侵，西自府谷，东迄淄齐，咸受其祸。至真宗景德元年（统和二十二年）两国乃复通和。

先是，咸平二年（统和十七年），十月，真宗以辽师深入，亲御之于大名。迨景德元年九月，辽圣宗及太后萧氏又大举南下，驻跸阳城淀。真宗用寇准计，北幸澶州，以壮军势。时两国失和已二十五年矣，辽人虽颇有所获，顾得不偿失，而太后年老，亦厌兵革。宋降将王继忠窥其隐，动以通和之利。辽帝颇是其言，遂遣人遗书宋莫州守将石普。普以闻于朝。宋乃先遣曹利用诣辽军，辽继遣韩杞

至宋营,往反揩商,订约如下:①

一、宋岁助辽"军费"银十万两,绢二十万匹,于白沟交割;

二、两朝交界城池可依旧保存修葺,惟不得新有创筑;

三、盗贼逋逃,彼此无得停匿。

并约宋帝以叔母礼事辽太后,辽帝以兄礼事宋帝。② 是即所谓澶渊之盟。

此后,两朝庆吊互通,星轺相属者百十八年。虽仁宗庆历二年(即辽兴宗重熙十一年)宋以辽人威胁,岁币银绢各增十万;神宗熙宁八年(即辽道宗大康元年),宋以辽人之请,河东失地七百余里;但大体而言,双方尚属相安。迨徽宗宣和四年(即辽天祚皇帝保大二年),宋人败盟,两朝邦交,乃复破裂。

宋之岁遗辽以巨额金帛,本非甘心,而燕云收复,又为一般士大夫所难忘。洎徽宗政和四年(即辽天祚皇帝天庆四年),女真崛兴,辽帅屡败,于是宋与金订海上之盟,对辽起夹攻之议,因丁宣和四年,出师北伐,冀消素恨,而复土疆。越二年而辽亡。惟又二年,宋亦因女真之逼,几陨社稷焉。③

综一百六十五年中,两朝和平时期为百二十二年,其失和者仅四十三年而已。

---

① 叶隆礼《契丹国志》(嘉庆二年扫叶山房刻本)卷二〇,页二上《澶渊誓书》。
② 《辽史》卷一四,页六上。按一般著述,除《辽史》外,皆只谓辽以兄礼事宋。一似宋虽年损二十万金帛,但得获"兄"之地位,亦未始不足以自豪。实则不尽然。当订约时,辽太后萧氏实操大柄,辽圣宗虽以兄礼事宋真宗,而真宗则须以叔母礼事辽太后,此由后日国书中可以窥知,非《辽史》故为饰词也。
③ 本章除加注者外,大致取材于陈邦瞻《宋史纪事本末》(光绪二四年湖南思贤书局刊《五朝纪事本末》本),卷一三及二一。

321

二 使节之选派

(一) 使节之名目

宋辽初和,即通庆吊;澶渊盟后,信使益频。准其任务,盖有下列十二种:

1. 贺邻邦皇太后、皇帝或皇后正旦者,曰贺正旦国信使,简称正旦使或贺正使;

2. 贺邻邦皇太后、皇帝或皇后生辰者,曰贺生辰国信使,简称生辰使;

3. 以本朝皇太后或皇帝崩逝告邻邦者,曰告哀使;

4. 以本朝大行皇太后或皇帝遗留物馈遗邻邦者,曰遗留礼信使或称遗留国信使,简称遗留使;

5. 以本朝新皇帝即位告于邻邦者,曰皇帝登宝位国信使,简称告登位使;

6. 奠祭邻邦大行皇太后或皇帝者,曰祭奠国信使,简称祭奠使;

7. 吊慰邻邦皇太后或皇帝者,曰吊慰国信使,简称吊慰使;

8. 贺邻邦新皇帝登位者,曰贺登位国信使,简称贺登位使;

9. 贺邻邦皇太后受册者,曰贺册礼国信使,简称贺册礼使;

10. 答谢邻邦吊贺者,曰回谢礼信使,简称回谢使;

11. 普通聘问或有所报告要求于邻邦者,曰国信使,俗称泛使;

12. 答聘或因邻邦请求而遣人有所磋商者,曰答谢国信使,亦称回谢使。

正旦生辰二使皆每年互遣,泛使则无定期,余皆因事选派,亦无固定年月。又告哀仅遣一使,泛使亦有时与之同,其他则有正有副,而正使通称大使。又使皆有随员以助琐事,依其职位分上、中、下三等,是为三节人从,约在百人之数。① 今将两朝所遣使副姓名官位,就所知者,分列四表,附于篇末,用便参考。

(二) 使副之选择

宋遣国信使副,例由中书枢密会同审择,进名请旨。惟间不遵彝典:或听臣下妄自陈乞,或由内廷徇私点派;致韩琦尝有断禁干求出使之请,张方平亦上遣使勿从内降之奏。② 但由后附四表观之,宋之大使,太半皆知名士,且多传于《宋史》,可知当时并非完全不加选择;特副使中似颇有勋戚子弟滥竽充数者,故皇祐元年御史陈旭奏曰:

> 比岁入国副使,多不择人,或缘内降指挥。魏公佐前入国为上节,今乃为副使,恐取轻敌国。③

盖奉使出疆,所获赏赐不少。大使职责綦重,择人不敢不慎;副使

---

① 《续资治通鉴长编》卷六四,页八下。
② 《续资治通鉴长编》,卷一二三,页七下,"宝元二年三月壬子,'韩琦言:乞国信使副委中书枢密选择进名,若有臣僚辄敢陈乞,望赐严断',从之"。张方平《乐全集》(《四库全书珍本初集》)卷二一,页一三下,"朝廷……比来遣使,多出恩泽。……徇臣下之小利,轻国家之大计……伏乞此后……审择。"
③ 同上,卷一六七,页五上。

任务较轻,或难免有徇情之举,俾恩幸得与霑利益乎?

辽之遣使,审择司于何人,文献无征,难明究竟。惟其政治组织,尚多沿袭部族旧规,大权所在,不出帝室后族,故所遣使节,仅副使为庶姓臣僚,大使则皆耶律及萧两氏,此由后附四表,可以窥知。至选择专对之材,似亦颇加审慎,是以宋仁宗赞之,有"辽所遣使来奉中朝皆能谨恪"①之语,而路振亦谓辽自"通好已来,岁选人材尤异聪敏知文史者以备南使"②也。

(三) 使副之官位

国信使副,例为一文一武。惟辽亦有时俱以武臣充选,如统和二十四年,圣宗所遣贺宋正旦使耶律信宁为广德军节度使,副使王式为右金吾卫将军是也。若使副之孰文孰武,两朝又颇不同。

宋初遣使,文武先后,并无定例。据后附四表,如开宝八年聘辽大使西上阁门使郝崇信乃武臣,副使太常丞吕端乃文臣。而同年贺辽主正旦大使校书郎直史馆宋准则为文臣,副使殿直邢文度则为武臣。迨翌年贺辽主生辰大使东上阁门使田守奇复为武臣,副使右赞善大夫房彦均复为文臣。此在太平兴国中尚然。洎澶渊盟后,制乃画一:大使皆用文,副使皆用武,惟报哀使率以武人应选:百余年间,相因不改。

若辽则不然。其所遣者,大使少非武臣,副使乃多文吏。据后附四表,总四百余次之交聘,以卿、监、尚书、详稳、伊离毕充大使者

---

① 《续资治通鉴长编》卷六四,页九上。
② 江少虞《皇朝事实类苑》(1916年武进董氏《涌芬室丛刊》本)卷七七,页一〇下,所引路振《乘轺录》。

仅十余人，以武职兼林牙充大使者，亦不过四十余人，此可觇其国俗之尚武矣。

至使副官位高低，两朝亦不一致；大体言之，辽所遣者，皆较宋使官高。据后附四表，辽之大使，最低者为诸卫大将军，诸州观察使，第为数甚少；最多者乃属诸卫上将军，各镇节度使，甚至伊离毕、枢密副使或签书枢密院事之执政大员亦有秉节出疆者。其副使资序，最低每不在诸司副使之下，大都为诸卫大将军，诸州观察、防御、团练等使，大卿监或少卿监带馆阁职事之流；间有派遣签署枢密院公事或节度使时，但仅一二见，并非常例。

宋之大使，多为郎中、员外郎或少卿监等五六品官，低者至派校书郎、太常博士等七八品京职；若三四品之尚书、侍郎及以清贵著称之翰林学士，虽偶亦奉使，但前后仅二十余次，至两府执政则未闻有入国者。其副使多为诸司使副兼阁门祗候或通事舍人之类，位高者亦不过为诸州刺史或团练使，若政和元年童贯以武康军节度使为贺辽生辰副使，乃以别有所图，故不惜破格也。

宋以自居中朝，不欲遣大臣使"虏"，惟使副官阶过低，难免邻封不满，故"凡……使人入蕃，必随所居官小大加借以遣之……以……绥远人"①。宋使副前后不下八百人，所假官阶势难一一考得，今略举数例，以见一斑：

甲　大使假官

1. 开宝八年，正旦使、秘书省校书郎直史馆宋准假朝请大夫少府监。②

---

① 岳珂《愧郯录》（《知不足斋丛书》本）卷六，页一三下。岳氏谓此制乃自景德以来如此，大谬。考开宝初与辽通使，即有假官之制，不始自澶渊盟后也。

② 《宋会要稿》册九〇《职官》五一之一上。

2. 太平兴国二年,正旦使、监察御史李渎假太府卿。①

3. 景德二年,正旦使、职方郎中直昭文馆韩国华假秘书监。②

4. 天禧元年,正旦使、太子中允直龙图阁冯元假谏议大夫。③

5. 天圣三年,正旦使、度支副使兵部郎中姜遵假太仆卿。④

6. 宝元元年,正旦使、右司谏直集贤院韩琦假太常少卿直昭文馆。⑤

7. 庆历元年,正旦使、权盐铁判官工部郎中张沔假谏议大夫。⑥

8. 庆历二年,生辰使、太常丞直集贤院张方平假起居舍人知制诰。⑦

9. 至和二年,贺登位使、翰林学士吏部郎中知制诰史馆修撰欧阳修假右谏议大夫。⑧

10. 元丰二年,生辰使、右正言知制诰李清臣假龙图阁直学士。⑨

---

① 《宋会要稿》册九〇《职官》五一之四六下。
② 尹洙《河南文集》(《四部丛刊》本)卷一六,页五上《韩公墓志铭》;《宋会要稿》册九〇《职官》五一之四九上误作"假秘书丞"。
③ 宋祁《景文集》(《湖北先正遗书》本)卷六二,页七下《冯侍讲行状》。
④ 《景文集拾遗》(《湖北先正遗书》本)卷二一,页一〇上《姜副枢行状》。
⑤ 韩琦《安阳集》(乾隆四年安阳县署刻本)附《忠献韩魏王家传》卷一,页一一下。
⑥ 刘敞《公是集》(《武英殿聚珍本丛书》本)卷五三,页一〇下《张公墓志铭》。
⑦ 《乐全集》附录页八上。
⑧ 欧阳修《文忠全集》(《四部备要》本)附《欧阳文忠年谱》页六下。
⑨ 晁补之《鸡肋集》(《四部丛刊》本)卷六二,页二〇下《资政殿大学士李公行状》。

乙　副使假官告哀使附

1. 开宝八年,正旦副使、殿直邢文度假右卫率府率。①
2. 太平兴国二年,正旦副使、阁门祗候郑伟假右千牛卫将军。②
3. 景德二年,正旦副使、衣库副使兼通事舍人焦守节假西上阁门使。③
4. 景德二年,生辰副使、右侍禁阁门祗候郭盛假西上阁门使。④
5. 嘉祐三年,吊慰副使、六宅副使雍规假六宅使荣州刺史。⑤
6. 元丰八年,遗留副使、内殿承制骞育假供备库使。⑥
7. 元祐八年,遗留副使左藏库使郝惟立假西上阁门使。⑦
8. 乾兴元年,告哀使、崇仪副使薛贻廓假引进使。⑧

宋之官制,有散官、职事官、检校官、勋、爵之别,遣使假官,亦皆有之;如景德二年贺辽太后生辰使副:

> 开封府推官太子中允直集贤院孙仅假金紫光禄大夫检校左仆射卫尉卿上柱国乐安郡开国侯食邑一千二百户为契丹国母生辰使;右侍禁阁门祗候康宗元假西上阁门副使金紫光禄大

---

① 《宋会要稿》册九〇《职官》五一之一上。
② 同上,册九〇《职官》五一之四六下。
③ 同上,册九〇《职官》五一之四七上。
④ 同上,册一九六《蕃夷》一之三五上。
⑤ 同上,册九〇《职官》五〇之四七下。
⑥ 同上,册二五《礼》二九之五九下。
⑦ 同上,册二九《礼》三五之七上。
⑧ 同上,册一九六《蕃夷》二之一上。

夫检校兵部尚书兼御史大夫上柱国东平郡开国侯食邑一千户副之。①

金紫光禄大夫为散官,官名上冠检校二字者为检校官,卫尉卿及西上阁门副使为职事官,上柱国为勋,而开国侯则为爵。又宋官有带职及佩鱼之制。职者馆阁学士、直学士、特制及校勘、校理之类,皆为文臣荣选。宋初遣使,假官未必带职。天圣四年,孔道辅始请假官外,各令兼带本职;②至元丰三年始明令"文臣奉使元带馆职者并带职。"③若"鱼"乃章服一种。宋制"自学士以上赐命带者例不佩鱼……奉使契丹……则佩"④,事已,乃与所假官爵阶勋,一并去之。惟曾充国信使副之人倘与南来辽使有所酬酢,若依原官相见,殊为不便,故大中祥符二年有:

> 先充北朝国信使副……每有北朝人使到阙,并令依所借服色官位称呼立班坐宴。⑤

之诏。顾凡事日久未有不泄者。宋所遣使,原衔低于辽使官位,已不必言,即所假者亦不比辽使为高。故熙宁六年,辽生辰使耶律宁等曾有烦言,并乞稍差高官。⑥虽神宗当时有俯允所请之意,而由后附四表观之,知并无若何更改也。

---

① 《宋会要稿》册九〇《职官》五〇之四七上。
② 《续资治通鉴长编》卷一〇四,页二六下。
③ 同上,卷三〇七,页一七上。
④ 欧阳修《归田录》(1925年上海涵芬楼排印本)卷二,页四下。
⑤ 《续资治通鉴长编》卷七二,页一七下。
⑥ 同上,卷二〇四,页四下。

三　国书之体制

(一) 两国君后之互相称谓

　　国信使副必携本国君后致邻邦君后之国书，以昭大信。国书中两国君后相互之称谓，前后不同。初通和时，辽致宋之国书盖于叙事之前冠以"大契丹皇帝谨致书于大宋皇帝阙下"等字样；而宋致辽之国书则冠以"大宋皇帝谨致书于大契丹皇帝阙下"等字样。当时国书虽已不存，惟由景德元年誓书[①]及后日国书，可窥知其相互称呼，大致如是。迨景德以还，制乃稍变。

　　澶渊之盟，辽帝以兄礼事宋帝，于是后人遂多以为宋辽永为兄弟之国者。实则不尽然。考两朝继统之君，由宋人著述，知系伯叔祖孙，昭穆相序，并非凡宋帝皆为兄，辽主皆为弟；其相互称谓，乃以君王本身为单位，并非以国为单位者。而宋真宗之所以得为兄，乃因年齿较长之故，非辽自承国际地位不如宋，故尔自屈为弟也。

[①] 据《皇朝事实类苑》卷二九，页二上所载，知景德和盟国书，实依太祖朝体制者。《契丹国志》卷二〇，页二上《澶渊誓书》，宋誓书冠辞为"惟景德元年，岁次甲辰，十二月庚辰朔，七日丙戌，大宋皇帝谨致书于〔大〕契丹皇帝阙下"。辽誓书冠辞为"惟统和二十二年，岁次甲辰，十二月庚辰朔，十二日辛卯，大契丹皇帝谨致书于大宋皇帝阙下"。又：景德初通聘使，曾以南朝北朝互称，王曾力争其非，后乃改正。迨皇祐四年，辽之国书又擅去国号，自称北朝，而称宋为南朝，以为如此方合兄弟之义；经宋驳复，始复依旧。事见：《续资治通鉴长编》卷五八，页七二下，卷一七二，页一一上；司马光《涑水纪闻》(1926年上海涵芬楼排印本)《逸文》页一下；王辟之《渑水燕谈录》(1926年上海涵芬楼排印本)卷二，页二下，及《乐全集》卷三九，页三三上《韩综墓志铭》。

李焘纪辽使之言曰：

> 嘉祐八年四月辛巳，命契丹贺乾元节使保静军节度使耶律谷等进书莫梓宫……朝廷未知契丹主（按即道宗，时宋英宗方登位）之年。〔周〕沆从容杂他语以问。使者出不意，遽对以实。既而悔之……曰："今复兄事南朝矣。"①

由此可见，倘辽主年长于宋主，则必不肯甘心为弟。幸通盟以后，诸帝同行辈者，辽皆幼于宋，故宋常能保持"兄"之地位，今列表于下，以明两朝君王昭穆之序：

次第	宋帝（生卒依公元）	辽帝（生卒依公元）	次第
1	真宗（968—1022）	圣宗（971—1031）	1
2	仁宗（1011—1063）	兴宗（1016—1055）	2
3	英宗（1032—1067）	道宗（1032—1101）	3
4	神宗（1048—1085）		
5	哲宗（1076—1100）		
	徽宗（1082—1135）	天祚皇帝（1085—1128）	5

表中次第数码同者为同行辈，数码相差一者，为伯侄或叔侄，差二者为伯祖侄孙或叔祖侄孙。

据表：辽兴宗于宋仁宗为弟，故致仁宗书冠辞为"弟大契丹皇帝谨致书于兄大宋皇帝阙下"。② 宋仁宗于辽道宗为伯父，故致道宗书冠辞为"伯大宋皇帝致书于侄大契丹圣文神武睿孝皇帝阙下"。③ 宋

---

① 《续资治通鉴长编》卷一九八，页七上。
② 《契丹国志》卷二〇，页三上《关南誓书》。
③ 王珪《华阳集》（《武英殿聚珍版丛书》本）卷一九，页一上《皇帝贺契丹正旦书》。

英宗于辽道宗为兄,故致道宗书冠辞为"兄大宋皇帝致书于弟大契丹圣文神武睿孝皇帝阙下"。① 宋神宗于辽道宗为侄,故致道宗书冠辞为"侄大宋皇帝谨致书于叔大辽圣文神武全功大略聪仁睿孝天祐皇帝阙下"。② 宋哲宗于辽道宗为侄孙,故致道宗书冠辞为"侄孙大宋皇帝谨致书于叔祖大辽圣文神武全功大略聪仁睿孝天祐皇帝阙下"。③ 辽道宗致宋仁英神哲四宗书,称谓如何无文献可征,惟由宋诸帝致辽之国书,可推知其亦必自称为侄、为弟、为叔、为叔祖,而称宋帝为伯、为兄、为侄、为侄孙也。

以上乃就两朝皇帝而言。若皇后、皇太后或太皇太后亦有时通庆吊,国书上自应有适当称谓。礼,叔嫂不通问,兄公与弟妇自更无通问可言。故两朝帝后同行辈者,例不直接致书,即遣使,亦由皇帝转达,④其行辈长者,则依世俗之称,如辽道宗母太后萧氏于宋二宗为弟妇,于宋英宗为叔母,于宋神宗为叔祖母;故英宗致书冠辞为"侄大宋皇帝谨致书于妌大契丹慈懿仁和文惠纯孝广爱宗天皇太后阙下",⑤神宗致书冠辞为"侄孙大宋皇帝谨致书于叔祖

---

① 王珪《华阳集》卷一九,页二上《皇帝贺契丹皇帝正旦书》。
② 同上,卷一九,页四下《回大辽贺同天节书》。
③ 苏颂《苏魏公集》(道光二二年苏氏刻本)卷二六,页八下《皇帝回大辽皇帝贺龙兴节书》。
④ 《续资治通鉴长编》卷一八七,页一七上,嘉祐三年八月,"辛卯……周湛为契丹国母生辰使……朝廷以契丹母(即兴宗后,道宗母)上(指仁宗)弟妇行也,礼不通问,敕使者但遗书契丹,传达礼物"。又庞元英《文昌杂录》(《雅雨堂丛书》本)卷六,页四上,"太皇太后生辰,上节名曰坤成,有司检故事,北朝当遣使。嘉祐二年虏母听政,宗真(即辽兴宗)之妻,于仁宗为弟妇,即难通问。是时遣国信使即致书洪基(即辽道宗)云,'请侍次闻达'。……当时以为得礼。今洪基,英宗皇帝之弟也,于太皇太后亦难通问,朝廷方采用嘉祐故事,无以易焉"。
⑤ 《华阳集》卷一九,页二下《皇帝贺契丹皇太后正旦书》。

母大辽慈懿仁和文惠纯孝显圣昭德广爱宗天皇太后阙下"①是也。至宋章献明肃皇后(真宗后)与辽圣宗萧后为姒娣,其通聘时,国书上如何相称,则不得知矣。

(二) 国书格式举例

使节名目不一,国书措辞自异。惟格式,大致皆首段为互相称谓之冠辞,中段叙事,末段为使副衔名;少有不同者。今分国书为二类:曰致书,曰回书。各举例以明之。

致书者,由本国使副携呈邻邦君后之书也。又可分为三种:一直接致书,即一国君后直接致邻邦君后之书。如元祐中宋哲宗贺辽道宗正旦国书之式:

> 正月一日,侄孙大宋皇帝谨致书于叔祖大辽尊号皇帝阙下:岁历更端,方春阳之发育;邻邦继好,宜寿祉之绥将。善颂所深,名言曷既。今差左朝散大夫守秘书少监上护军河东县开国男食邑三百户赐紫金鱼袋吕希绩,供备库使上骑都尉赞皇县开国男食邑三百户李世昌,充正旦国信使副。有少礼物,具诸别幅。专奉书陈贺,不次。谨白。②

---

① 《华阳集》卷一九,页四上《回大辽皇太后贺同天节书》。按当时对于称谓颇有讨论,或言自称重侄而称彼为太母,后乃用侄孙叔祖母之称,事见《续资治通鉴长编》卷二〇八,页一下。
② 范祖禹《范太史集》(《四库全书珍本初集》)卷三〇,页一五下《皇帝贺大辽皇帝正旦书》。

二曰转达之书，即一国母后嘱皇帝代致书邻邦皇帝者，如元祐中宣仁圣烈太后崩，哲宗转致遗留物与辽道宗国书之式：

> 十月一日，侄孙大宋皇帝谨致书于叔祖大辽尊号皇帝阙下：闵凶如昨，荼苦至深。奉慈幄之遗言，达宝邻之永信，特驰使介，往致物仪。今差龙图阁直学士左朝散大夫上护军河东县开国子食邑五百户赐紫金鱼袋吕陶，西京左藏库副使兼阁门通事舍人上骑都尉太原县开国伯食邑七百户郝惟立充大行太皇太后遗留礼信使副。其礼物具诸别幅。专奉书，不次。谨白。①

亦有一国皇帝致书邻邦皇帝请代致意于其母后者，如嘉祐中宋仁宗请辽道宗代贺其母正旦国书之式：

> 伯大宋皇帝致书于侄大契丹尊号皇帝阙下：岁籥更端，物华蕃始，想极亲闱之奉，举迎邦祉之休。欢笃善邻，礼申常聘，庶因晨夕，为道诚悰。今差某官充皇太后正旦国信使副。有少礼物，具诸别幅。专奉书披述，不宣。白。②

三曰附候之书，即遣使贺邻邦帝或后时，附书致意于其后或帝。此种国书格式，一时难觅佳例，暂请阙疑。

回书者，由来使携回呈其君后之书也。亦可分为三种：一曰直接回书，即一国君后直接回谢邻邦君后之书。如嘉祐中仁宗回谢

---

① 范祖禹《范太史集》卷三〇，页一四下《皇帝达大行太皇太后与大辽皇帝遗留物书》。
② 《华阳集》卷一九，页一下《皇帝请契丹皇帝达皇太后正旦礼物书》。

辽道宗遣使贺生辰书之式：

> 伯大宋皇帝致书于侄大契丹尊号皇帝阙下：乾阳正月，纪兹载诞之辰；邻聘修欢，贶以千龄之祝。书言既缛，礼币兼丰，感著之私，敷陈罔罄。今彰圣军节度使萧供等回，专奉书陈谢，不宣。白。①

二曰转达回书，即一国母后嘱皇帝代回谢邻邦皇帝之书。如元祐中宣仁圣烈太后嘱哲宗代谢辽道宗遣使贺生辰书之式：

> 侄孙大宋皇帝谨致书于叔祖大辽尊号皇帝阙下：执炬乘时，遘亲闱之诞日；占书讲信，钦邻国之彝仪。已恭达于慈颜，俾复修于报礼，其为感怿，未易敷宣。今差保静军节度使萧寅等回，专奉书陈谢，不宣。谨白。②

亦有一国皇帝回书邻邦皇帝请代致谢于其母后者。如嘉祐中仁宗回辽道宗请代谢其母后遣使贺生辰书之式：

> 伯大宋皇帝致书于侄大契丹尊号皇帝阙下：寿节届期，邻欢悖契，仍导柔慈之旨，过申延祝之言。兼厚物容，用增刻著，颙希侍次，达此惊诚。今左监门卫上将军耶律倜等回，专奉书陈谢，不宣。白。③

---

① 《欧阳文忠全集》卷八七，页三下《皇帝回契丹皇帝贺乾元节书》。
② 《苏魏公文集》卷二六，页七上《皇帝达太皇太后回大辽皇帝贺坤成节书》。
③ 《欧阳文忠全集》卷八七，页三下《皇帝回契丹皇帝达皇太后贺乾元节书》。

三曰回附候书，即得邻邦帝后附带问候时所致答谢之书。如元祐中辽道宗遣使贺宋宣仁圣烈太后生辰，附书问候哲宗，其回书式：

> 玉律回秋，宝邻修好，因乘轺之使介，窥温溢之书词。方履初凉，克绥繁祉，更祈颐护，用协愿言。①

盖宣仁圣烈太后生辰为七月十一日，故书中有"玉律回秋"及"方履初凉"之句。又倘国母格于礼法不能直接与邻国皇帝通书时，则回谢附候亦由皇帝转达。如元祐中辽遣使贺哲宗诞辰，附书致问宣仁圣烈太后，哲宗转达谢意之书式：

> 诞节届期，承远驰于信使；荣函示好，兼致问于慈闱。寻因省侍之间，具达讲修之意。永言感怿，靡待文陈。②

按丧葬、正旦、吊贺邻邦帝后之使，各皆同时派遣。对帝对后，既有专使，自有国书，无庸附带问候。惟生辰月日，帝后少能相同，必依诞期，分别命使致贺，而为礼貌周全计，于是贺帝诞者附候于后，贺后诞者附候于帝，故上引宋回谢辽附候之书，皆属于生辰使者。附候之礼创于澶渊盟后，李焘纪其原起曰：

> 景德二年二月癸卯，命……孙仅为契丹国母生辰使。……国母书外，别致书问候国主而已。自是至国母卒，皆然。③

---

① 《苏魏公文集》卷二六，页七下《皇帝回大辽皇帝问候书》。
② 同上，页九上《皇帝达太皇太后回大辽皇帝问候书》。
③ 《续资治通鉴长编》卷五九，页一一上。

惟贺登位贺册礼,亦只限于帝或后一人,依例应有附候之书,其体制若何,今无例证可寻;第以理度之,当与生辰使附候之书无甚差异也。

四　礼物之名色

遣使必媵礼物,所以敦睦谊也;惟告哀使无之。礼物以贺生辰者为最丰腆,正旦及其他贺吊次之。两朝初和,辽使所将者,大致不外袭衣、金带、玉带、鞍马、散马,间有白鹘、弓箭等物,数量多寡,初无定例。[①] 宋致辽者无所闻。第由后日礼物推之,盖为金银器具及衣、带之属。迨澶渊盟后,乃渐有常规,今分述之。

(一) 生辰礼物

宋景德二年即辽统和二十三年,两朝互遣生辰使副。此后辽致宋礼物不外:刻丝花罗御样透背御衣七袭,紫背貂鼠翻披或银鼠鹅顶鸭头纳子,涂金银装镶金龙水晶带,锦绿帛皱皮靴,金玦京皂白熟皮鞋靴,细锦透背清平内制御样合线缕机绫共三百匹,涂金银龙凤鞍勒金线绣方鞯二具,白楮皮黑银鞍勒毡鞯二具,绿褐楮皮鞍勒海豹皮鞯二具,白楮皮里筋鞭一条,红罗金银绣云龙红锦器仗一副,黄桦皮楮皮弓一,皂雕翎觚角龙头箭十,法清法曲面曲酒二十壶,蜜山果十束梲,椀蜜渍山果十束梲,皮列山梨柿四束

---

① 《宋会要稿》册一九六《蕃夷》一之二下。

梡,榛栗松子郁李黑郁李子面枣楞梨棠梨二十箱,面粳穈梨十椀,
茉萸白盐十椀,牛羊野猪鱼鹿腊二十箱,御马六匹,散马二百匹。
而宋致辽者为:金酒食茶器三十七件,衣五袭,金玉带二条,乌皮
白皮靴二绚,红牙笙笛觱篥拍板,鞍勒马二匹,缨复鞭副之,金花
银器三十件,银器二十件,锦绮透背杂色罗纱绫縠绢二千匹,杂采
二千匹,法酒三十壶,滴乳茶十斤,岳麓茶五斤,盐蜜果三十罐,
干果三十笼。

  以上所举为常例之物。惟辽每好故示殷勤,额外馈赠宾铁刀、
海东青之类,且遣庖人持本国异味于宋主诞节前一日就禁中造食
进御。① 宋亦间更易一二例物,②或间致本国名产如二浙髹漆书柜
床椅之属,③用答辽之厚意焉。

(二) 正旦等使礼物

  景德以后正旦使副所呈礼物,辽为:御衣三袭,鞍勒马二匹,散
马百匹。若皇太后亦通使,其礼物则有:御衣,缀珠貂裘,细锦,刻
丝透背合线御绫罗绮纱縠,御样果实,杂炒腊肉等凡百品,及水晶
鞍勒,新罗酒,青盐。宋为:金花银器三十件,杂色绫罗纱縠绢二千
匹,杂采二千匹。④ 盖两朝礼物名色,皆不及贺生辰者之半数。

  祭奠礼物,辽为:金香奁,瓶盏注椀茶合匕筋银鼠裘,金龙带御

---

  ① 《契丹国志》卷二一,页一上。按《宋会要稿》册一九六《蕃夷》一之五六上
误将生辰礼物放于正旦之下。
  ② 《续资治通鉴长编》卷三五九,页六下:元丰八年,"太皇太后送辽国生辰礼
物,水晶鞍辔以玉、鞋袜以靴代之"。
  ③ 徐梦莘《三朝北盟会编》(光绪三四年刻本)卷一,页二下。
  ④ 《契丹国志》卷二一,页一下。

衣五袭,涂金鞍勒马三匹,刻丝器仗弓矢,火烛等物。吊慰礼物,辽为:素罗绫,白毛绫氀黑彩播丝绢布万五千匹;太后通使,另致珠珥杂宝璎珞,玉钏袭衣。① 宋致辽者无考。惟其回谢吊慰礼物则为:御衣三袭,银装衣箱一,鞍辔三,鞭一,璎珞二,龙脑滴乳茶三十斤,酒二十瓶,银器二千两,金器三百两,锦绮透背色罗纱縠绢衣着三千匹,御马二匹,金带一。若太后通使,则无金带而加靴二。② 辽回谢吊祭礼物,为御衣,文犀带,名马,弧矢之属。③ 告登位礼物,宋为袭衣金器,辽贺登位礼物为御衣鞍马。④ 若宋贺登位及辽告登位之礼物皆无所考。

泛使所赍礼物,因使命之性质而异。如辽征西夏回,遣使告宋,所馈者为掠获之马三百匹,羊二万口,九龙车一乘;⑤而普通有所请求之使则为袭衣鞍马等物。宋报谢者亦只袭衣金银器丝帛之属。第辽间致例外之物,如元符二年辽泛使萧德崇等所呈礼物,除定例外,别有辽帝所亲御之玉带及珠子系腰。⑥ 宋以其用意勤厚,故回谢使亦于例物外,附致真珠蹩金闹装鞍辔⑦以为答礼焉。

(三) 遗留物

国遭新丧,在位之君必以大行帝后所用衣饰什物,致馈邻邦帝

---

① 《宋会要稿》册一九六《蕃夷》二之一一下。
② 同上,二之一七上。
③ 同上,二之四下。
④ 同上,一之一二下。
⑤ 同上,册一九六《蕃夷》二之一六下。
⑥ 《续资治通鉴长编》卷五〇七,页九上。
⑦ 同上,卷五〇九,页六下。

后,是为遗留物。其品量无定,大致偏重珍玩。如辽圣宗母太后萧氏崩,致宋之物为:玉钏,琥珀璎珞,玛瑙瓶盘,犀玉壶,良马等品。①而宋真宗崩,致辽之物为:金饰玳瑁饮食灌器,象牙㧓,车渠注埦,碧车渠琥珀杯,白玉翠石茶器,衣五袭,通犀碾玉带,金饰玳瑁乐器,金饰七宝玛瑙鞍勒马,玉鞭,锦彩三千匹,及御酒名果等物。②惟曾经御用之物,未必皆完整精致,故遗留物间亦取诸库藏以充数,如宋哲宗述宣仁圣烈太后遗留物之事曰:

太皇太后性……俭约……珍宝玩好,一未尝有。所送北朝遗留物,乃取于奉宸库。③

盖礼物关系国家体面,故不肯草率从事也。

五　使节之接送

(一) 星轺之路径

邻使入境至都,轺车所经,各有定路,惟皆必过白沟——白沟者,宋辽两朝之界河也。河旁各置驿,皆因河为名。辽使入宋自白沟起,南行为雄州,再南经莫州、瀛州、冀州、贝州(后改名恩州)、大

---

① 《宋会要稿》册一九六《蕃夷》二之四上。
② 同上,二之一三上。
③ 同上,册七九《职官》三三之七下。

名府、澶州、班荆馆而至东京；此景德以还所定路线也。元丰三年河决澶州，四年，又决小吴埽。① 国信旧路，为水所阻，遂改就西道，②由白沟经雄、莫、瀛而趋赵州，再南历邢州、磁州、相州、滑州、③至班荆馆归于旧路。此后未再更易。

宋之帝后，少出都城，受礼之处率在东京；仅太平兴国四年，太宗亲征北汉，于临城县接见辽使④为例外耳。若辽则不然。其俗好渔猎，帝后居处，年每数徙，故受礼之处不一：若燕京，若中京，若上京，若长泊，若靴淀，若炭山，若神恩泊，若云中淀，若木叶山，若广平淀，若西凉淀，若混同江，若北安州，若九十九泉：皆为宋使尝至之地。⑤ 星轺所经，不皆可考，述所知者。

---

① 《宋史》卷一六，页二下，页四下。

② 《续资治通鉴长编》卷三三一，页四上，元丰五年十月"吴安持等言：……去年朝旨，国信旧路以河决不通，今已改就西路，候过界移牒照会"。

③ 周煇《清波别志》(《知不足斋丛书》本)卷下，页一七上。《续谈助》(《粤雅堂丛书》本)卷二所录王璹《北道刊误》及《跋语》。

④ 《续资治通鉴长编》卷三〇，页四上。

⑤ 景德二年，孙仅等至燕京(见《续资治通鉴长编》卷五九，页一一下)。大中祥符元年路振等至中京(见《续谈助》卷三，页一上《乘轺录》)。大中祥符六年，查道等至长泊(见《宋会要稿》册一九六《蕃夷》二之八上)。大中祥符九年张士逊等至上京(见《续资治通鉴长编》卷八八，页四上)。天禧四年宋绶等至木叶山(见《续资治通鉴长编》卷九七，页一三上)。庆历四年余靖至九十九泉(见《欧阳文忠全集》卷二三，页五上，《余襄公神道碑铭》)。皇祐三年，曾公亮等至靴淀(见《续资治通鉴长编》卷一七一，页三下)至和六年王拱辰等至混同江(见《续资治通鉴长编》卷一七七，页五上)。治平四年陈襄等至神恩泊(见陈襄《神宗皇帝即位使辽语录》，1937年北平文殿阁书庄排印《契丹文通史料七种》页六五)。元符二年，辽帝受礼于云中甸(见《续资治通鉴长编》卷五一五，页一八下)。余若宋使至炭山，西凉淀，北安州事见《契丹国志》卷二四，页一上所引王沂公《行程录》。"西凉淀"《宋会要稿》册一九六《蕃夷》二之六下所引作"西京淀"，"长泊"作"屯泊"，似误。至广平淀受宋使礼，则据《辽史》卷三二，页五上《冬捺钵》条。

宋使入辽,自白沟起,北行为新城县,再北经涿州,良乡县,而至燕京。若往中京则自燕京东北行,经顺州、檀州,出古北口(亦称虎北口),历新馆,卧如来馆,柳河馆,打造部落馆(简称打造馆或部落馆)、牛山馆、鹿儿峡馆(简称鹿儿馆或鹿峡馆),铁浆馆,富谷馆,通天馆,遂至中京。① 若往上京,则自中京北行,历临都馆,松山馆,崇信馆,广宁馆,姚家寨馆,咸宁馆,保和馆,宣化馆,长泰馆,遂至上京。② 若往长泊,则自中京东北行,经殺獐河馆,榆林馆,讷都乌馆(亦称饥乌馆),香山子馆,遂至长泊。③ 若往木叶山,则在香山子馆与往长泊之道分,经水泊馆,张司空馆,遂至木叶馆。④ 若往神恩泊,则在广宁馆与往上京之道分,历会星馆,咸熙馆,黑崖馆,三山馆,赤崖馆,柏石馆,中路馆,而至神恩泊。⑤ 若往炭山,则自燕京北行,经清河馆,出居庸关,历雕窠馆,赤城口,望云县,遂至炭山。⑥ 余若往靰淀等处之使路,则不得知矣。

---

① 《宋会要稿》册一九六《蕃夷》二之六下。
② 同上,二之九上。
③ 同上,二之一六。又曾公亮《武经总要》(《四库全书珍本初集》)前集卷一六下,页三〇下。
④ 同上,二之九下。
⑤ 陈襄《使辽语录》页六五。
⑥ 《武经总要》前集卷一六下,页二七上。考:刘敞《彭城集》(《武英殿聚珍版丛书》本)卷三五,页六上《刘公行述》曰:"公讳敞……充北朝……生辰国信使。契丹遣其臣马祐来迎。行自幽州,东北入古北口……山路诘曲缭绕……行千余里乃……至柳河。公问祐曰:'松亭直北趋柳河,径易,不数日至中京,何不行此?'敌人本欲以山路迂回使中国信其阻远;常讳秘之,不使汉使知。及得公问,惊谢曰,'实然。然自通好以来置驿如此,不敢改也。'"按:辽之所以故令使路纡回,恐非皆为示人以疆土险远。盖自燕京东趋松亭,道虽平坦,但潞县三河间地势低下,秋夏多苦水患,倘定为使路,难免常受阻碍,反不若出古北口之便也。

341

（二）伴使之选派

邻使及境，例遣人相接，是为接伴使；至都，另易人相伴，是为馆伴使；回程，复派人相送，是为送伴使。使皆有副，而接伴往往即充送伴。此则两朝皆无差异。

宋之接、送、馆伴使副，大致同国信使副，皆以文官充大使，武官充副使，且用假官带职之法，以慰远人。李焘曰：

> 凡契丹使及境，遣常参官、内职各一人，假少卿监、诸司使以上接伴。……及畿境……令台省官、诸司使馆伴。①

所谓"常参官""少卿监"及"台省官"皆文职，而"内职"及"诸司使"则武吏也。惟初通和时，并无定制，如：开宝八年，辽使南来，东上阁门副使郝崇信以武臣充接伴②即其一例；特此制行之不久耳。

辽之接送馆伴，盖亦以宗室或后族充正使，以庶姓职官充副使。如：大中祥符元年宋遣路振贺辽主生辰，辽之馆伴使为龙虎大将耶律照里，副使为起居郎邢祐。③ 治平四年，宋遣陈襄告登位，辽之接送伴使为泰州观察使萧好古，副使为太常少卿杨规中；馆伴使

---

① 《续资治通鉴长编》卷六〇，页七上。司马光《涑水纪闻》卷九，页四上，"宝元二年……契丹使萧英……入见。……以右正言知制诰富弼假中书舍人充接伴"。《欧阳文忠全集》卷二九，页二上《刘君墓志铭》："君讳立之……为司勋员外郎……假太常少卿接伴契丹使者，遂送之。"盖假官不限于卿监。
② 《宋会要稿》册一九六《蕃夷》一之二上。
③ 《皇朝事实类苑》卷七七，页七上。

为太傅耶律弼,副使为太常少卿杨益诫。① 元丰五年,宋遣庞元英贺辽主正旦,辽之接伴使为耶律筠,②副使为王仲渊。③ 元丰六年,宋遣吴安持贺辽主正旦,辽之馆伴使为耶律仪。④ 此仅四例,不足概其余。然由国信使节之必以萧及耶律两姓充大使,则知伴使一差,庶姓之仍须为副,似可能也。

接送馆伴使副,职责虽不若衔命出疆者之重,但语默动止,稍不合度,亦足贻讥辱国,故选择仍不得不慎。李焘曰:

> 工部郎中陈若拙接伴契丹贺正旦使。若拙言辞鄙近……命太子中允直集贤院孙仅代之。⑤

又惧伴使简慢轻率,或致邻使之不欢也,故告诫不厌其烦。乾兴元年四月诏曰:

> 接送契丹使,自今并须慎重礼貌,稳审言语;不得因循,别致猜疑。⑥

宋既如斯,辽亦宜然,特无文献,可征考耳。

---

① 陈襄《使辽语录》页七二。
② 《文昌杂录》卷一,页一一下。
③ 同上,卷三,页六下。
④ 《续资治通鉴长编》卷三四三,页三上。
⑤ 同上,卷六四,页八下。
⑥ 《宋会要稿》册七八《职官》三六之五五下。

（三）地方长吏之迎送邻使

邻使入境至都，星轺所历，州县长贰，皆须迎送，以敦睦谊。惟首都尹牧及陪都留守，以官位崇峻，例差佐贰代行，不亲出也。宋治平四年陈襄北使，还上语录，述辽方官吏迎送之仪节曰：

> 臣襄等……五月……十一日……过白沟……行次，有易州容城县尉董师义，涿州新城县尉赵琪，归义县尉王本立，道傍参候。……十二日，到涿州，知州太师萧知善及通判吏部郎中邓愿郊迎，并饮于南门之亭，酒十一盏。十三日，知善等出饯，酒五盏。……将次良乡县，本县尉南应，范阳县尉梁克用，道傍参候。……十四日……过……桑乾河，……燕京副留守中书舍人韩近郊迎，置酒九盏。……燕京留守耶律仁先送臣等酒食。……十六日，近出饯，酒五盏。……十七日，到顺州，有怀柔县尉刘九思道傍参候，知州太傅杨规正郊迎，置酒七盏。……十八日，规正出饯，酒五盏。……到檀州，有密云县尉李易简道傍参候，知州常侍吕士林郊迎，置酒七盏。……十九日，士林出饯。……二十八日，至富谷馆，中京留守相公韩回遣人送臣等酒果。……六月一日至中京，副留守大卿牛玹郊迎，置酒九盏。……三日，玹出饯，酒五盏。……十五日，……臣襄等入见……国……母。……回程……七月一日，至中京，大定府少尹大监李庸郊迎，置酒九盏。……三日，出饯，酒五盏。……十二日，到檀州，知州给事中李仲燕郊迎，置酒五盏。十三日，仲燕出饯，酒五盏。……将到顺州，知州太傅杨规正

郊迎,置酒五盏。十四日,规正出饯,酒五盏。……至燕京,析津府少尹少府少监程冀郊迎,置酒五盏。……留府送臣等生饩折绢绫罗等。……十六日,冀出饯,酒七盏。……十七日到涿州,知州太师耶律德芳及通判吏部郎中邓愿郊迎,置酒五盏。……十八日,德芳等出饯,酒九盏。……十九日至……白沟。①

辽之地方官迎送宋使既如斯,则宋之地方官迎送辽使自亦宜然。惟辽人无记述流传于世若陈襄所录之详尽耳。

首都尹牧与失陪都留守既以位望崇峻,不便亲行,而为礼貌周全,例以书状由佐贰代致邻邦使副借示欢迎。如强至有代北京留守迎辽贺正人使书四通,分致辽太后、皇帝所遣使副,今举其致左番使副(皇太后所遣)二书,用见②一斑:

> 玉琯肇和,谨王春之此始;宝邻修睦,严使节之斯来。星传载驱,天祺参响。(致左审大使)
> 岁历更端,春祺备合。协邻讲好,交修礼意之勤;将币相仪,登贰使华之选。沍寒云冒,福祚其蕃。(致左蕃副使)

又如刘挚有开封府迎辽生辰国信使启曰:

---

① 陈襄《使辽语录》页六五—七七。
② 《祠部集》(《武英殿聚珍版丛书》本)卷三二,页五上《代留守侍中契丹贺正旦人使三幅书》。文题虽未言为北京留守,但辽使至东京所经者仅北京大名府有留守,故知所谓留守为北京留守也。

>奉将聘节,来会庆辰。涉春夏之清和,勤川途之跋涉,茂惟嘉祉,休有善祥。①

使副得书,例须致答,方不失礼。杨杰有回辽燕京留守书曰:

>恭持信币,甫届陪都,方修汗竹之仪,特辱荣函之贶。竦钦谦挹,徒切感铭。②

韩琦亦有使副回辽中京留守状,今举其副使答书一则:

>获贰使轺,嗣修时聘。届名城之甚迩,沐芳翰之见临。为礼至优,感怀增厚。③

他若请筵有书,答谢有状,宋人文集中每多其例,不遍举矣。

地方官吏迎送宴请邻使,虽云聊尽地主之礼,无甚重要,第揖让进退,国体攸关,亦不能漠然视之;且中华为礼义所出,尤难草草,故宋于熙宁六年正月特定辽使所经州军佐贰暂时移调干员之制,其诏曰:

>辽使所过州军通判,令河北都转运司体量,如有年高精神

---

① 《忠肃集》(《畿辅丛书》本)卷九,页七上《开封府迎国信使启》。按此文稍长,惟细味其言,乃三书混而为一,盖钞刻时疏忽所致。
② 《无为集》(《湖北先正遗书》本)卷一一,页六上《回燕京留守三幅书》。
③ 《安阳集》卷三九,页五上。

心力不逮之人,权暂对移,使过界依旧。①

又定辽使所经州军,长吏出缺,由邻郡官摄行礼仪不预郡政之制。继又以韩粹彦之请,更令摄官得按举"接送人使……违慢阙误"②之员。盖种种立法,无非为免贻讥辱国也。

六　使节之待遇

邻使来聘,沿途赐宴,赐茶药,赐酒果;就馆,赐什物,赐生饩;朝见,赐衣物,赐器币;回程,又赐宴,赐酒果;礼文甚为繁缛。今分述之。

(一) 往返沿途之待遇

接伴使副与邻邦使副相见后,即以君命赐筵于入国首驿,用示慰劳。陈襄述辽沿途待遇之情形曰:

> 五月十日到白沟驿,十一日接伴使副……萧好古……杨

---

① 《续资治通鉴长编》卷二五三,页八下。
② 赵鼎臣《竹隐畸士集》(《四库全书珍本初集》)卷一七,页三下《韩公行状》:"公讳粹彦。……为正旦接伴使,建言聘使所过州守将或缺,则邻郡官摄行其礼,而不预郡政,吏人易之,或因以阙误。请凡摄者皆领郡如真。"又《续资治通鉴长编》卷四九六,页一八下,元符元年乙亥诏:"辽使经过,如遇知州病患事故,差到权迎送人使官,应本州接送人使有违慢阙误,许权官举按勘断。从接伴使韩粹彦请也。"

规中……请相见。臣等即时过白沟……至于北亭,规中以其君命赐筵,酒十三盏。……至新城县驿,有入内左承制宋仲容来问劳。……到燕京……有西头供奉官韩资道赐臣等酒果,东头供奉官郑嗣宗赐筵,三司使礼部尚书刘云伴宴,酒十三盏。……到檀州,有入内供奉官秦正赐臣等汤药各一银合子。……至中京……有左承制韩君祐赐臣等酒果,东头供奉官郑全翼赐筵,度支使户部侍郎赵微伴宴,酒十一盏。……至中路馆……有左班殿直阁门祗候李思问赐臣等酒果,左承制刘达赐筵,酒十一盏。……至顿城馆,有左承制阁门祗候祁纯古来问劳。……辞……至腰馆,有右承制鲁溥赐臣等酒果,左承制韩君卿赐筵,翰林学士给事中王观伴宴。……至中京……有东头供奉官阁门祗候王崇彝赐……筵,左承制阁门祗候王绥赐酒果,度支使左丞李翰伴宴,酒十一盏。……至燕京……有东头供奉官阁门祗候马世章赐……筵,西头供奉官刘侁赐酒果,步军太傅伴宴,酒十一盏。……到涿州……有东头供奉官阁门祗候郝振来问劳。……至北沟,有东头供奉官阁门祗候马世延来赐……筵,酒九盏。①

宋待辽使,亦如辽待宋使之制,入界,即就驿赐御筵;②至雄州,赐抚

---

① 陈襄《使辽语录》页六五—七七。
② 宋祁《景文集》卷三五,页三上《雄州白沟驿传抚宣问契丹贺乾元节人使兼赐御筵口宣》。

问;①至贝州,赐茶药;②至北京,赐御筵;③至班荆馆再赐御筵,酒果。④ 使回,于班荆馆赐御筵酒果,⑤于北京赐御筵⑥于贝州无所赐,而于瀛州赐御筵,⑦最终至雄州白沟驿赐御筵抚问。⑧ 此就故道而言。若元丰四年以后,北使南来,别行西道,则改于赵州赐茶药,于相州赐御筵;归途复赐御筵于相州。⑨ 盖以赵州代贝州,以相州代北京也。至奉诏抚问及押赐茶药酒果御筵之人,率由管勾国信司选差内职,参范祖禹《太史集》卷三一,即可知矣。

凡赐燕劳,皆有敕旨,由押赐者口宣。抚问、御筵、酒果、只用一敕,若茶药,以赐使副间有不同,每用二敕。今举五例,以见一斑。

1. 辽使过界赐御筵口宣 卿等践修久好,冲涉祁寒,兴言行役之勤,用锡燕休之礼。体兹眷宠,懋乃使华。今差某官某赐卿等御

---

① 宋庠《元宪集》(《湖北先正遗书》本)卷三〇,页五上《雄州抚问贺正旦人使口宣》。
② 同上,卷二七,页七下《赐契丹贺正旦使萧传到贝州茶药诏》《赐契丹贺正旦副使韩志德到贝州茶药诏》。
③ 《景文集》卷三五,页三下《北京赐契丹贺乾元节使副御筵口宣》。
④ 郑獬《郧溪集》(《湖北先正遗书》本)卷一〇,页二上《班荆馆赐大辽贺正旦人使到阙御筵口宣》;卷一〇,页八上《班荆馆赐大辽贺正旦人使到阙酒果口宣》。
⑤ 《元宪集》卷三〇,页一四上《赐贺正旦人使回班荆馆御筵》;卷三〇,页一二下《赐乾元节人使回班荆馆御筵酒果》。
⑥ 《景文集》卷三三,页三上《赐契丹贺正旦人使回北京御筵口宣》。
⑦ 王安石《临川集》(《四部丛刊》本)卷四八,页一二上《赐大辽贺正旦人使却回瀛州御筵口宣》。
⑧ 胡宿《文恭集》(《武英殿聚珍版丛书》本)卷七七,页一五上《雄州赐却回北使御筵口宣》,《白沟驿赐却回北使御筵并抚问口宣》。
⑨ 苏轼《东坡内制集》(匋斋刻《东坡七集》本)卷六,页三下《赵州赐辽使茶药等诏》;卷六,页四下《相州赐辽使御筵及却回御筵口宣》。

筵,兼传宣抚问,想宜知悉。①

2. 辽使至雄州遣使抚问口宣　卿等奉将末命,来致遗仪。驰原隰以良劳,次沟封而云始;用伸抚谕,宜体眷存。②

3. 贝州(即恩州)或赵州赐大使茶药口宣　岁历更端,使轺讲好,眷星霜之凤驾,有荐剂之荣颁。绥乃冲和,副兹优渥。今差入内内侍省内侍殿头冯说往赵州,赐卿茶药,具如别录,至可领也。③

4. 同上赐副使茶药口宣　使华将命,介绍展仪,眷言行役之勤,宜有恩颁之厚。尚绥乃履,以副予怀。今差入内内侍省内侍殿头冯说往赵州,赐卿茶药,具如别录,至可领也。④

5. 班荆馆赐酒果口宣　卿等已竣使事,言趣归程,方饮饯于都门,宜宠颁于燕品。少勤履跋,式示见章。⑤

奉使者于受邻邦君后抚问燕劳后,例有表状,由押赐者转呈,用谢厚意。今亦举五例以见一斑。

1. 宋使过界受御筵谢表　将命乘轺,讲邻欢而惟旧;及疆授馆,蒙郊劳之至优。丰腆肴觔,溥霈皂隶。荷惠慈之加厚,在诚意以深铭。⑥

2. 至新城受抚问谢表　候人在道,方申入境之仪;使者传言,遽拜问行之志。……窃以肃将国命,敦结邻欢,属寒律之载严,荷温辞之曲谕。仰怀见眷,第极感铭。⑦

---

① 《范太史集》卷三一,页六下《白沟驿赐大辽贺正旦人使御筵口宣》。
② 《文恭集》卷二七,页五下《雄州抚问遗留人使口宣》。
③ 《范太史集》卷三一,页一二上《赵州赐大辽贺正旦大使茶药诏》。
④ 同上,《赵州赐大辽贺正旦副使茶药诏》。
⑤ 《苏魏公集》卷二五,页五下《班荆馆赐大辽贺坤成节人使回程酒果口宣》。
⑥ 杨杰《无为集》卷四,页一五上《白沟谢御筵状》。
⑦ 同上,卷一一,页五上《新城谢抚问表》。

3. 至燕京受赐酒果谢表　拭玉申欢,受书将命。顾都城之所历,承醴齐之载加,仍兼笾实之珍,益甚使轺之宠。仰怀恩锡,第极悚感。①

4. 至檀州受赐茶药大使谢表　宠赉有加,感悚弥至。……窃以聘仪为重,敢怀蒙犯之劳;药剂称珍,曲示慰安之礼。仰恩辉之下暨,顾行色以增和,上戴慈仁,弥深感服。②

5. 同上副使谢表　猥荷鸿私,曲颁灵剂。……伏以邻欢讲好,获参为介之行;上药均和,遽沐蠲痾之赐。载钦惠贶,徒积兢铭。③

又宋使以冬季至中京者,例有衣裘之赐,韩琦有《中京谢皮褐衣物等表》曰:

> 只膺恩检,就赐珍裘,被宠兼常,抚躬增惕。……伏念宝邻胥协,信币交修,属寒律之方严,眷使轺而加念,或颁官服,盖示至慈,逮兹驺隶之行,亦均轻暖之赐。钦承厚礼,实感丹悰。④

盖北地祁寒,故特加锡赉以示眷注之深也。

(二) 就馆及朝见后之待遇

辽使至宋东京皆馆于都亭驿。宋使入辽,以受礼不恒其处,故

---

① 《安阳集》卷三九,页三上《燕京谢赐酒果状》。
② 同上,《澶[檀]州谢汤药表》。
③ 同上,《副使谢表》。
④ 同上,卷三九,页三下。

馆待之所，亦随六飞所止，由客省司其事。若使副待遇，两朝大同小异。陈襄述至神恩泊受辽待遇之情形曰：

> 六月……十五日，黎明……臣等自顿城馆二十里诣帐前，引至客省。……合门舍人……引臣等……入见……致国书……置酒五盏，仍赐臣等衣带及三节人有差。十六日，有东头供奉官李崇赐臣等生饩。……十七日赴曲宴，酒九盏。馆伴使副差人赍诏赐臣等生饩及三节人有差，臣等依例恭受，致表。十八日，有右班殿直阁门祇候韩贻训赐臣等酒果，右班殿直阁门祇候马初赐筵，太尉夷离毕萧素伴宴，酒十三盏。……十九日，有西头供奉官韩宗来赐臣等签食并酒。……馆伴使副差人赍诏，赐臣等生饩，及三节人有差，臣等恭受致表。……二十，有供奉官阁门祇候耿可观赐臣等酒果，韩宗赐射弓筵，枢密副使太师耶律格伴宴，酒十三盏。……赐臣等弓马衣币，及三节人有差。……辞……授臣等书信，赐衣各三对，及弓长[马？]衣币，各三节人有差。①

宋待辽使，据叶隆礼所记云：

> 契丹……使……至都亭驿，各赐金花银器、锦衾褥。② 朝见日，赐……衣……带……银器。……就馆，赐生饩。……遇立春，各赐金涂银缕幡胜、春盘。又命……就玉津园伴射，赐

---

① 陈襄《使辽语录》页七五—七六。
② 由《范太史集》卷二九，页一二下，知所赐者为：银钞锣、唾盂、盂子、锦被褥等盥漱卧具。

来使银饰箭筒弓一,箭二十;其中的,又赐窄袍衣五件,金束带鞍勒马。在馆遇节序则遣臣赐设。辞日,长春殿赐酒,五行,赐……银器彩帛。将发,又赐银瓶合盆钞罗等。①

其中幡胜,春盘,辽亦有之;韩琦北使,有《谢春盘幡胜状》,②可为明证。至金花银器、锦衾褥,乃宋之特例,为辽所无。若就驿之赐御筵,赐酒果,赐绢花,叶氏略而未言;吾人由宋人文集中可知其梗概也。③

朝见及朝辞赐物,为使臣大宗收获。辽使朝见,宋之所赐,④大使为:金涂银冠,皂罗毡冠,衣八件,金钴鞢带,乌皮靴,银器二百两,彩帛二百匹;副使为皂纱折上巾,衣七件,金带,象笏,乌皮靴,银器一百两,彩帛一百匹,鞍勒马各一匹;上节十八人,各练鹊锦袄及衣四件,金涂银带一,丝鞋,银器二十两,彩帛三十匹;中节二十人,各宝照袄及衣三件,金涂银带一,丝鞋,银器十两,彩帛二十匹;下节八十五人,各紫绮袄衣四件,金涂银带一,银器十两,彩帛二十匹。迨朝辞,又赐大使盘球晕锦窄袍及衣七件,银器二百两,彩帛二百匹;赐副使,紫花罗窄袍及衣六件,银器一百两,彩帛一百匹;并加金束带杂色罗锦绫绢百匹。三节人从,赐紫绫花绵锦袍及银

---

① 《契丹国志》卷二一,页二上《宋朝劳赐契丹人使物件》。
② 《安阳集》卷三九,页四上。
③ 《范太史集》卷三一,页八下——一一上,有《赐大辽贺兴龙节人使朝见讫归驿御筵口宣》,《就驿赐大辽贺兴龙节人使内中酒果口宣》,《赐大辽贺兴龙节人使朝辞讫归驿御筵口宣》。《文恭集》卷二七,页一○下,有《玉津园赐北使弓箭御筵口宣》,《正月一日北使入贺毕就驿赐花酒果口宣》。若生辰大燕特赐绢花,则见蔡絛《铁围山丛谈》(《知不足斋丛书》本)卷一,页二二下。
④ 《宋会要稿》册一九六《蕃夷》一之三六下;《契丹国志》卷二一,页二上。

器彩帛。辽赐宋使细目不详,惟其地产马,故赏赉以马为大宗,观孙仅等北使还,得马五百余匹,①即可知矣。

上所举乃常制,间有例外加赐者,李焘述熙宁九年辽使耶律英争珠子事曰:

> 馆伴所言:……耶律英……等使人来言:"昨萧熹郭谏回谢,蒙赐珠子及银合。今不蒙赐。非为爱物,恐损体例。"臣等语之以恩赐出自特旨。……而英等再以为言。诏……婉顺谕之。②

此为宋额外馈使之例。若方偕北使,以善饮获名马之赐,③则为辽不依常格之例矣。

其生饩亦有定物。宋赐辽者:④大使为:粳粟各十石,面二十石,羊五十,法酒糯米酒各十壶;副使为,粳粟各七石,面十五石,羊三十,法酒糯米酒各十壶。辽赐宋使生饩,亦不外羊酒之类,是以韩琦《谢生饩状》有"牢积在庭"⑤之语,而强至《谢生饩状》亦有"饩牵并赐"⑥之言也。顾使副留居例不能过十日。⑦ 而赐宴,赐筵,赐酒,赐果,在十日内决不能食尽若许羊酒米面,所余者将之回

---

① 《续资治通鉴长编》卷五九,页一一下。
② 同上,卷二七八,页三上。
③ 蔡襄《忠惠集》(雍正一二年逊敏斋刊)卷三三,页五上,《光禄少卿方公神道碑》:"公讳偕……使契丹,其主致大金瓢属之曰:'此所以侑劝也。'公不辞,酌之。契丹大惊,遗以名马,号其器为方家瓢。"
④ 《宋会要稿》册一九六《蕃夷》一之三七上,《契丹国志》卷二一,页二下。
⑤ 《安阳集》卷三九,页四下。
⑥ 《祠部集》卷一八,页一八下。
⑦ 《续资治通鉴长编》卷二六一,页七上。

国,酒及米面固可捆载以行,若羊则势须驱策,不便殊甚。故大中祥符二年十二月己丑,宋变通饩羊颁给之法,下诏曰:

> 所赐契丹使饩羊,如闻在道驱牧,颇亦劳止;宜就雄州给之。

第不知辽赐宋使饩羊亦由斯道否耳。①

使副射弓之制,创自初通和时,后遂为例。射弓例有陪伴之人,宋之伴射者向由"殿前马步三司轮差"并"借观察承宣之官,环卫四厢之职",②以重体制;惟西府大臣倘为武人出身者,亦有时参与,如王德用于皇祐末以枢密使与辽使共射,即其一例。③射弓例有赏赐;即因故罢射,"例物"亦须颁给。范祖禹曾草赐辽使不射弓例物口宣曰:

> 卿等并膺艺选,来属使华。适当彻乐之辰,难举射侯之礼,特加赉予,以示眷勤。今差……罗宿赐卿等射弓例物,想宜知悉。④

其与不罢射异者,仅中的之赏可省免耳。

馆中赐设,皆由执政押宴,故刁约北使诗有"押宴伊离毕"⑤之

---

① 《续资治通鉴长编》卷七二,页一九下。
② 赵昇《朝野类要》(《学海类编》本)卷一,页一七下。
③ 王辟之《渑水燕谈录》卷二,页六下。
④ 《范太史集》卷三〇,页九下《赐大辽贺兴龙节人使不射弓例物口宣》。
⑤ 沈括《梦溪笔谈》(《四部丛刊·续编》本)卷二五,页七上。

句——伊离毕者辽之参知政事也。惟亦间用有重望之大臣,《张方平行状》曰：

> 公……乞赴青州。对下,上(神宗)遣近珰就班次宣谓：卿可候过正旦朝辞。次日,中批俾就都亭驿押赐辽使御筵。都亭驿宴常以两府官,未尝有外官主之。上曰：卿旧望……不与新近者同。①

若欧阳修使辽,道宗以其名重,使尚父燕王萧孝友等四人押宴②则尤为破格矣。

邻使朝见朝辞,例赐宴,酒五行。若国有丧,可用茶代,如嘉祐八年七月十八日,辽使辞于紫宸殿,英宗以在谅闇,③元丰六年十二月二十八日,辽使见于崇政殿,神宗以鲁国大长公主丧,皆只命坐赐茶,④即其二例。又,宴必伴以乐,但有国丧,乐亦可彻。如元丰七年正月五日以鲁国大长公主在殡,紫宸殿宴辽使,仅酒七行,不作乐是也。⑤

大宴邻使,皇帝例御正殿。倘因事故,如景祐元年四月丙午章

---

① 《乐全集·附录》页三九上。
② 苏辙《栾城集》(《四部丛刊》本)卷二三,页二上《欧阳文忠公神道碑》谓押燕者为宗应宗熙萧知足萧孝友四人,前三人未暇考其仕履；若萧孝友,据《辽史》卷八七本传,知其时正为尚父燕王也。此事王辟之《渑水燕谈录》卷二,页四下,韩琦《安阳集》卷五〇,页七下《故观文殿学士太子少师致仕赠太子太师欧阳公墓志铭》皆曾载,第不若《神道碑》之详耳。
③ 《续资治通鉴长编》卷一九九,页三下。
④ 庞元英《文昌杂录》卷四,页一七下。
⑤ 同上,卷五,页一上。

献明肃太后未逾小祥，①嘉祐元年正月朔，仁宗以疾，②元丰七年四月庚辰，神宗以女丧，③皆曾命宰臣就都亭驿赐宴。又康定元年正月朔日食，富弼请罢宴以答天谴，辽使可就馆赐食，未被采纳。旋闻辽曾行之，④迨嘉祐三年正月朔日食，乃用富氏之议焉。⑤

邻使就馆，凡赐御筵，赐酒果，以及各种锡赉，皆有敕旨，受者亦有答章，体式文辞，率如沿途赐物谢表之制，不再举述矣。

七　仪注

邻使朝见、朝辞、宴享、上寿、告哀、吊祭、告登位、致遗留，以及为邻邦帝后发哀成服，两朝各有常仪。初通和时之仪制，不可得知，今述澶渊盟后所行者。虽百余年间不无微变，但大致则仿佛也。

（一）正旦或生辰使朝见之仪

辽贺宋正旦或生辰使节至东京就馆，先由阁门吏领导习仪于驿。朝见之日，宋帝御殿，宰执以下分班起居讫，馆伴使副入就位，东面立。次接书匣阁门使升殿立。次通事入，就位。阁门舍人引

---

① 《续资治通鉴长编》卷一一四，页一三下。
② 司马光《涑水纪闻》卷五，页五上。
③ 《续资治通鉴长编》卷三四五，页三上。
④ 范纯仁《忠宣集》（宣统元年岁寒堂刊）卷一七，页三下《富公行状》。
⑤ 《续资治通鉴长编》卷一八八，页一四下。

辽使副捧书匣入,当殿前立,礼物抬列殿下。阁门使从东阶降至辽使位,揖使跪进书匣,侧身搢笏跪接,舍人受之。辽使立,阁门使执笏捧书匣升殿进呈,授内侍都知,都知拆书以授宰臣,宰臣枢密以书进呈讫,遂抬礼物出。舍人与馆伴使副引辽使副至东阶下,阁门使下殿,揖引同升至御前,由大使跪传辽帝问宋帝万福,通事传译,舍人当御前鞠躬传奏讫,揖起辽使。宋帝宣阁门使回问辽帝万福,辽使跪奏,舍人当御前鞠躬传奏讫,遂揖辽使起,引降阶至位,西面鞠躬立。舍人当殿通"北朝国信使某官某祗候见",随引辽大使当殿大起居,依本国礼拜舞。继出班谢面天颜,归位。继舍人赞"拜",辽大使舞蹈讫,出班谢沿路赐御筵茶药及传宣抚问,复归位。舍人又赞"拜",辽大使舞蹈讫,跪听舍人宣敕赐物,逐句应"喏"。宣毕,起。又拜舞讫,舍人赞"祗候",引辽大使出。次,舍人通"北朝国信副使某官某祗候见",随引辽副使起居拜舞,其谢赐等仪并如大使。副使出,次通事及舍人引辽上节分班入,合班大起居。拜舞讫,舍人宣敕赐物,受者跪受,逐句应"喏"。宣毕,起。又拜舞讫,舍人赞"各祗候",遂分班引出。次引差来通事以下从人分班入,合班两拜,奏"圣躬万福",又拜呼"万岁"。舍人宣敕赐物,受者跪领,逐句应"喏"。宣毕乃起,又两拜。舍人赞"各祗候",遂分班引出。次宰执以下分班起居,散出,朝罢。是为辽正旦或生辰使节朝见之仪。①

宋贺正旦或生辰使节至辽就馆,阁门吏来,仅言仪注大概,不强演习。朝见之日,辽帝御殿,宰执以下起居讫,应坐大臣上殿就位立。宰相奏宋使并从人榜子讫,就位立。阁门舍人引宋使副入,

---

① 《宋史》卷一一九,页一〇上。《铁围山丛谈》卷三,页一七上。

丹墀内面殿立。阁门使下殿受书匣,宋使跪授,阁门使摺笏立接,上殿,鞠躬奏讫,授枢密开封,宰相读讫。引宋使副上殿立。大使少前跪,起居讫,起复位。辽帝宣问:"南朝皇帝圣躬万福?"宋大使少前跪奏:"来时圣躬万福。"起,引下殿,丹墀内面殿立。引进使引礼物入,列殿前,即抬出。舍人揖宋使副退于东方,西面鞠躬。舍人通"南朝国信使某官以下祗候见",随揖使副出班谢面天颜,舞蹈五拜,毕。继出班谢赐御筵汤药远接抚问,舞蹈五拜,毕。舍人赞"各祗候",引出归幕。阁门使传宣赐对衣金带。继勾三节从人入见,舍人赞班首姓名以下"再拜",不出班,奏"圣躬万福"。舍人赞"再拜",皆拜称"万岁"。舍人赞"各祗候",引出。舍人传宣赐衣。是为宋正旦或生辰使节朝见之仪。①

(二) 正旦或生辰使朝辞之仪

辽使毕事回国,朝辞日,宋帝御内殿,赐宴,毕,宰臣以下侍近升殿侍立。辽使副并先出,三节人从两拜呼"万岁"讫亦出。继舍人引辽使副入,西面揖躬,舍人当殿通"北朝国信使某祗候辞",遂引辽大使当殿两拜,出班致恋阙辞,归位,又两拜,讫。宣敕赐物,跪受,拜舞讫。赞"好去",遂引出。次引副使致辞受赐拜舞如前仪亦出。次引三节人从分班入。舍人宣敕赐物,受者跪领,逐句应"喏"。宣毕,拜,起,又两拜,呼"万岁"。赞"好去",分班引出。其使副各服所赐再引入,当殿两拜呼"万岁"讫。赞"祗候",引升殿,

---

① 《辽史》卷五一,页四下,《铁围山丛谈》卷三,页一七上,陈襄《使辽语录》页七七。

当御前立。宋帝宣阁门使授旨传语辽帝。舍人揖使副跪,阁门使传旨,通译讫,揖使副起立。阁门使御前擂笏于内侍都知处奉授回书。舍人揖使副跪,阁门使跪分付讫,揖起。下殿西出。是为辽贺正旦或生辰使节朝辞之仪。①

宋使至辽,辞日,辽帝御殿,百官起居讫。中书令奏宋使朝辞榜子,毕,臣僚侍立。舍人引宋使副入,丹墀内鞠躬。舍人鞠躬通"南国信使某官某以下祗候辞"。再拜,不出班,奏"圣躬万福"。再拜,出班,致恋阙辞,讫,又再拜。赞"各祗候",使副鞠躬。宣徽使宣敕赐物,宣毕,大使少前,俯伏跪,擂笏。阁门使授别录。赐物过毕,俯起复位立。继副使受赐如亦之。赞"谢恩",舞蹈五拜。赞"上殿祗候",舍人引使副上殿就位,立。引三节从人入,赞"谢恩",再拜。随赐宴。宴毕,从人起谢先出,使副继起,拜呼"万岁"。下殿,舞蹈五拜,赞"各上殿祗候",分上殿立,大使少前跪受回书毕,起立,躬揖。起居毕,下殿丹墀内并鞠躬,舍人赞"各好去",遂出。是为宋贺正旦或生辰使朝辞之仪。②

(三) 庆贺大宴邻使之仪

邻使朝见朝辞皆赐宴,礼文甚繁,而不若曲宴之甚。宋曲宴辽使,至期,使副以下服所赐至殿门外,并侍宴臣僚祗候。俟殿中排办齐楚,宋帝升座鸣鞭,宰执以下分班入,辽使副缀上将军班。班首呼"圣躬万福"。舍人赞"各就坐",两拜,随呼"万岁!"分班上

---

① 《宋史》卷一一九,页一三下。
② 《辽史》卷五一,页一〇上。

殿。倘宋帝抚问辽使副,舍人即引下殿,赞"两拜",随拜呼"万岁",乃返坐次。继舍人通事引辽上中节入,东西立,赞"两拜就坐",随分引赴两廊下。继舍人引辽下节人从入,赞"两拜",随拜呼"万岁"。赞"就坐",引赴两廊下。次赞教坊以下"两拜",班首奏,"圣躬万福!"又赞"拜"。两拜,随呼"万岁"。赞"各祗候"。次引看盏二人稍进前,赞"拜",两拜,随呼"万岁"。赞"上殿祗候"。分东西上殿立。有司进茶床,内侍酹酒,阁门使殿上御前鞠躬奏进酒。宴起,宰执以下及辽使副降阶,舍人赞"两拜",搢笏舞蹈。赞"各祗候",分班出。次辽上中节人从合班拜谢舞蹈讫,分引出。次辽下节人从合班拜谢呼"万岁"讫,分引出。次教坊使以下拜呼"万岁",随出。班绝,礼终。是为宋宴辽使之仪。①

辽宴宋使,至期,辽帝御殿,侍宴臣僚入,宋使副缀翰林学士班。舍人鞠躬通班首姓名以下起居,七拜,谢宣召赴宴,致词讫,舞蹈五拜,毕,赞"各上殿祗候!"舍人引臣僚使副上殿就位,立,继勾宋三节人从入,起居,谢赐宴,两廊立,二人监盏,教坊再拜,各上殿祗候。大臣进酒,舍人阁门使赞拜行酒。酒一行毕——两廊人从行酒如初——殿上行饼茶毕,教坊致语,揖臣僚使副及廊下从人皆起立,鞠躬候赞"拜",即分班拜呼"万岁"。歇宴,辽帝起入阁,臣僚使副下殿还幕。继内赐花,从人亦得赐,簪花毕,各引回原位。辽帝复坐,臣僚使副鞠躬听赞"拜",即拜称"万岁",各就坐。两廊从人亦如之。继行茶,行酒,行膳,行果。酒九行,曲声绝,两廊从人先起,拜称"万岁"。赞"各好去",遂出。继殿上臣僚使副皆起,赞"拜",皆拜称"万岁"。赞"各祗候",皆下殿。契丹班先谢宴出。

---

① 《宋史》卷一一九,页一二上。

次汉人并宋使副班谢宴,舞蹈五拜。赞"各好去",皆出。是为辽曲宴宋使之仪。①

(四) 告哀及发哀仪

宋开宝中,定为外国发哀之礼。凡告哀使至,先命有司择日,②设次于内东门之东北隅。至日,皇帝素服,命官摄太常卿及博士赞礼。俟太常卿奏请,即向其国而哭,五举音而止。皇帝未释服,告哀使朝见,不宣班,不舞蹈,不谢面天颜。引当殿,先两拜,奏"圣躬万福",继两拜,随呼"万岁",或增赐茶药及传宣抚问即出班致谢,然后退出。洎大中祥符二年,辽太后崩问至,即辍朝七日,候告哀使至,皇帝释常服,服素服,白罗衫,黑银带,素纱软脚幞头,其举哀等仪一遵开宝之礼。惟增文武百僚进名奉慰事。③ 此后凡遇北丧,发哀之仪,相因不改,仅仁宗时于辍朝外,增禁在京及河北沿边音乐七日耳。④

辽为宋发哀之仪,其日,皇帝素冠服,臣僚皂袍鞓带,宋告哀使奉书入,立丹墀内,西上阁门使下殿受书匣,上殿鞠躬开封,授宰相,读讫,皇帝举哀。舍人引使者上殿,俯跪,附奏起居,讫,俯兴,立。皇帝宣问南朝皇帝"圣躬万福"? 使者跪奏:"来时皇帝圣躬万福。"退,下殿,于丹墀西面东鞠躬,通事舍人通"使者名某祗候见",

---

① 《辽史》卷三一,页八上。
② 按接见告哀使而择日,颇不合理,刘敞曾论其非。见《公是集》(《武英殿聚珍板丛书》本)卷三三,页一一下《论契丹告哀》。
③ 《宋史》卷一二四,页一下,《续资治通鉴长编》卷七二,页二一上。
④ 《续资治通鉴长编》卷一一〇,页一一下。

再拜,不出班,奏"圣躬万福"! 又再拜,出班谢面天颜,再拜。又出班谢远接抚问汤药,再拜。赞祇候,引出,就幕次宣赐衣物。引从人入,通名拜奏"圣躬万福",出就幕赐衣如使者之仪。又引使者从人分班入谢恩,继赐宴,礼毕。此仪注大略也。① 若宋真宗崩,辽帝令三京饭僧为祈冥福,②则与宋禁乐之意相同,皆为故示勤厚而已。

(五) 祭奠吊慰之仪

邻邦告哀,即遣使祭奠吊慰。辽使祭吊宋帝后之仪,至日,所司预于别殿设大行帝后神御坐,又于稍东设御坐。祭奠吊慰使副并素服入,陈礼物于庭。两府大臣并立殿下,再拜讫,升殿,分东西立。礼直官阁门舍人赞引使副等诣神御坐前阶下,俟殿上帘卷,并举哭,殿上皆哭。再拜,讫,升诣神御坐前上香奠茶酒,祭奠大使跪读祭文,毕,降阶复位,又举哭,再拜讫,稍东立。俟皇帝升坐,两府大臣起居毕,升殿侍立。舍人引使副朝见,皇帝举哭,左右皆哭,吊慰使则升殿进书。讫,宣敕赐诸使及从人衣物,退诣客省待茶待酒,礼毕。③

宋使吊祭辽帝后之仪,至日,皇帝服素服御菆涂殿,使副等至幕次,宣赐素服皂带。更衣讫,百官入班立定,先引祭奠使副捧祭文入,殿上下臣僚并举哀。至丹墀,立定。西上阁门使下殿受祭文,上殿启封,置于香案,哭止。祭奠礼物陈列殿前。使副上殿至

---

① 《辽史》卷五〇,页五上。
② 同上,卷一六,页七上。《续资治通鉴长编》卷九八,页一二下言:"设真宗灵御范阳悯忠等寺,建道场百日,下令国中犯真宗号,悉易之。"
③ 《宋史》卷一二四,页三下。

363

褥位立,大使近前上香,退,皆再拜,大使又近前跪奠酒三,教坊奏乐。退,皆再拜,中书二舍人跪捧祭文,引大使近前俯伏,跪读讫,举哀。使副下殿立定,哭止。礼物担床出毕,引使副旁立,勾吊慰使副入,与祭奠使副同见大行帝或后灵,再拜,出归幕。继皇帝别殿坐,服丧服,百官依位立,吊慰使副奉书匣入。阁门使下殿受书匣上殿,开读讫,引使副上殿传达吊慰,讫,退下。俟礼物过毕,引使副旁立,勾祭奠使副入,与吊慰使副同见鞠躬再拜,不出班,奏"圣躬万福",再拜。出班,谢面天颜,又再拜。继又出班谢远接抚问汤药,再拜。次宣赐使副及从人衣物,祭奠使别赐读祭文例物。出,就馆赐宴。礼毕。[1]

(六) 告登位致遗留之仪

辽使告登宝位,致遗留物,宋如何接见,诸书无系统之记述,不得详其仪注;若辽之接见宋告登位及致遗留之使,则可得而言。见日,百官昧爽入,立班殿前。宋遗留使副及告登位使副继入。馆伴副使引告登位使就幕次坐,馆伴大使与遗留使副奉书入。至西上阁门外,阁门使受书匣置殿西阶下案,引进使引遗留物入,即抬出。皇帝御殿,百官分班起居。中书令上殿奏宋使见榜子。遗留使副先入,面殿立,阁门舍人引上殿,附奏起居讫,下殿,于丹墀东西面鞠躬通名,奏圣躬万福,如告哀使之仪。谢面天颜,谢远接抚问汤药。继遗留使副从人入见,亦如告哀从人之仪。次告登位使副奉书匣入,面殿立,阁门使下殿受书匣,中书令读讫,舍人引使副上殿

---

[1] 《辽史》卷五〇,页三下。

附奏起居,毕,下殿,南面立。俟告登位礼物抬入,抬出,乃退立,西面鞠躬。谢面天颜,远接等如遗留使之仪。继宣敕赐遗留登位两使副及从人衣物如告哀使。继两使副等于两廊立,俟皇帝抚问沿途跋涉,于丹墀内五拜,引上殿立,赐宴。宴毕,从人先出,使副下殿五拜以谢,遂出。礼毕。①

(七) 杂仪

使副于正旦、生辰或曲宴之日,皆随所使国之臣僚共同入见,与初到时之朝见及朝辞之礼不同,故班位高下,亦须规定。大致初通和时,辽使至宋,大朝会皆缀亲王班,②迨景德和盟,乃改班于诸上将军之下,诸大将军之上,③盖以辽之大使多为上将军也。按宋建隆以后合班之制,④亲王班宰相下,使相上,位次颇高;若诸上将军班尚在节度使与翰林学士之下,与亲王之班相差过甚;遂招辽使不满。初有萧和尚之力争,其传曰:

> 和尚字洪宁……开泰初……使宋贺正。将宴,典仪者告班节度使下。和尚曰:"班次如此,是不以大国相礼。……若果如是,吾不预宴。"宋臣不能对,易……位,使礼始定。⑤

---

① 《辽史》卷五〇,页六上。
② 《宋史》卷一一九,页一二上。
③ 《续资治通鉴长编》卷六一,页一七上。
④ 《宋史》卷一六八,页一上。
⑤ 《辽史》卷八六,页五下。

365

继有萧蕴之试请,李焘曰:

> 天圣五年四月辛巳,契丹遣……萧蕴……贺乾元节……程琳为馆伴使。蕴出位图指曰:"中国使至契丹坐殿上位高,今契丹使至中国位下,请升之!"琳曰:"此真宗皇帝所定,不可易。"……蕴乃止。①

继复有萧偕之要求,李焘曰:

> 庆历二年十月壬申,诏阁门自今契丹使不以官高下并移坐近前。旧例:垂拱殿燕契丹使,坐在西,皇亲节度使位少后;集英大燕,在学士少后;并近南别行。至是萧偕言:"北朝坐南使位高,而南朝坐北使位绝下。"既许升坐,偕又言与北朝仪制未同,故又遇大燕,移参知政事皆在东。②

考宋不许萧蕴之请而许萧偕者,岂时方增岁币以赂辽,故不敢再执旧仪以搪塞乎?

宋自景德后,率以文臣为入辽大使,故辽待宋使,遇大朝会大宴集皆使缀翰林学士班,③至位次在上将军之上或下,不得其详,惟较宋之待辽使,班位稍高,由上引萧偕等语,可知梗概也。

大宴之时,两朝皆有教坊作乐侑酒,其乐曲皆有固定节目。辽

---

① 《续资治通鉴长编》卷一〇五,页五下;《欧阳文忠全集》卷二一,页七下《程公神道碑》亦载此事。
② 《续资治通鉴长编》卷一三八,页四下。
③ 《辽史》卷五三,页一上《礼志》六,皇太后生辰朝贺仪,"至日,臣僚入国使副班齐……皇太后升殿坐……宋使副缀翰林学士班,东西洞门入,合班称贺"。

宴宋使乐次：①"酒一行，觱篥起歌；酒二行，歌；酒三行，歌，手伎入；酒四行，琵琶独弹，饼，茶，致语，食入，杂剧近；酒五行，阙；酒六行，笙独吹合法曲；酒七行，筝独弹；酒八行，歌，击架乐；酒九行，歌，角觚。"所谓致语，大致不外宝邻修好之意，宋祁有正旦宴辽使教坊致语曰：

  瑞管开华，允集春朝之庆；宝圭修好，用交邻国之欢。……眷言韶篥之初，兼重使华之享。②

宴时，又有教坊小儿队致语，其辞句皆四六体，与普通教坊致语大致相似云。

八　琐录

（一）两朝国君之待邻使

  使节侍遇，皆有常规。宋以中华为礼义所从出，又惧开侥幸觊觎之端，故待辽使，只求尽礼，不好特示优异。李焘曰：

  大中祥符元年十二月壬子，契丹使……来贺明年正旦。

---

① 《辽史》卷五四，页一二上。
② 《景文集·拾遗》卷二二，页一七下。

入内高品王承勋等访闻贺正使一即国母之弟,一即国母之亲,皆其所委信,望比常使量增恩例。上以礼数有定,不许。①

夫以国戚来使,尚不肯曲加优遇,则对余人,不问可知。虽仁宗曾有赐辽使刘六符八字飞白之事,②然仅偶一为之,不数数见也。若辽则不然。其武力虽超于宋,文化则迥不如,而国君体制,又不若宋之庄严,故对宋使,倘家世著称或名闻当世者,每不惜纡尊降贵,亲与酬酢。如聂冠卿五世祖信道,号问政先生,宝元二年冠卿北使,李焘述之曰:

> 契丹主谓曰:"君家先世奉道,子孙固有贤者。尝观所著《蕲春集》,词极清丽。"因自击球纵饮,命冠卿赋诗,礼遇特厚。③

此一例也。又如庆历二年,张方平北使,其《行状》述之曰:

> 燕日,北主亲至坐前,命玉卮揖公曰,"闻君海量,毕之"。……又因公出馆,至公寝室翻药奁,取汤茗怀以去。所赉必别题送之。礼意殊厚。④

---

① 《续资治通鉴长编》卷七〇,页二〇上。
② 陆游《老学庵笔记》(1930年涵芬楼排印本)卷七,页四下,"仁宗皇帝庆历中尝赐辽使刘六符飞白书八字曰:'南北两朝永通和好。'"
③ 《续资治通鉴长编》卷一二五,页三上。
④ 《乐全集·附录》页八上。

此又一例也。又如庆历六年韩综北使,张方平述之曰:

> 综……使契丹,……北主……问系阀……喜谓君曰:"……曷酌酒劝我!"君请与同使者五人偕进,北主益喜,举觞爵自离席就饮君及同使者各一卮。①

此又一例也。又如皇祐三年赵概北使,王珪述之曰:

> 聘契丹,席上请赋《信誓如山河诗》。公诗成,契丹主亲酌玉杯劝公饮。②

此又一例也。

以上所述,不过酬酢而已,又有甚于此者。至和元年王拱辰北使,刘敞撰《王开府行状》谓:

> 见敌主于混同江……每得鱼必亲酌劝公,又亲鼓琵琶以侑之……曰:"南朝少年状元,入翰林十五年矣,吾故厚之。"③

李焘据拱辰所撰《奉使语录》,更谓:

> 契丹国母爱其少子宗元,欲以为嗣,问拱辰曰:"南朝太祖

---

① 《乐全集》卷三九,页三二上《韩君墓志铭》。
② 《华阳集》卷三八,页三上《赵康靖公墓志铭》。
③ 《公是集》卷五一,页一六下。

太宗何亲属也？"拱辰曰："兄弟也。"曰："善哉！何其义也！"契丹主曰："太宗真宗何亲属也？"拱辰曰："父子也。"曰："善哉！何其礼也！"既而契丹主屏人谓拱辰曰："吾有顽弟，他日得国，恐南朝未得高枕也。"①

夫以一国至尊，而为邻使作乐相娱，其失体已甚，矧更言语轻肆，自家丑事，播与外人，何不知检点若是耶？

（二）邻使病卒之待遇

邻使来聘，倘因病卒于封内，饰终之礼，自宜丰厚。辽重熙三年（即宋景祐二年）正月宋贺正使章频卒于紫濛馆，即命内侍就馆奠祭，接伴副使吴克荷护其丧，以锦车载至中京，敛以银饰之棺，又具羽葆鼓吹，遣吏士持甲兵卫送至白沟。② 是为辽待卒于封内宋使之例。

宋元祐七年（即辽大安八年）正月，辽贺正使宁昌军节度使耶律迪卒于滑州，即依辽待章频卒于北土津送体制，赐下殓器币赙赠，就差知通利军赵齐贤假中大夫充监护使，又遣内供奉官王遘驰驿治丧，加赐黄金百两，并赐龙脑水银以殓。寻又用本朝节度使丧格，特辍朝一日，以示哀悼。并令迪丧所过州军，守倅皆亲致祭，③

---

① 《续资治通鉴长编》卷一一七，页五上。
② 同上，卷一一三，页一二下。《辽史》卷一八，页四下："宋使章频卒，诏有司赙赠命近侍护丧以归。"
③ 周煇《清波别志》卷下，页一二下；《续资治通鉴长编》卷四六九，页一上—一三下。

礼数颇为丰隆。是为宋待辽使卒于封内之例。

(三) 奉使附带之任务

奉使各有专责，例不及职外之事。故韩粹彦使北贺正，辽人问宋与西夏之争，敢用"仆以岁事来，吾子幸见馆，无乃惟是相与饮食宴乐而已，遑及其他"①等语拒之，辽人不以为忤。然亦尝因情势缓急而加变通。如熙宁七年，许将使北贺生辰，与馆伴使萧禧驳辩河东地界事，②即其例也。又有事体过小，无须特遣专使，即由普通贺吊之使代达者。如清宁二年，辽命贺正旦使萧扈，附陈武阳寨天池庙地界事，③元丰八年，宋命告登位使满中行附达太皇太后垂帘合与辽通聘事，④是为由本国使附陈旁事之例。亦有托来使回国代陈者，如重熙十五年辽嘱宋贺正使包拯等制止雄州开便门事，⑤景德二年，宋嘱辽使制止辽人至界河捕鱼事，⑥是为嘱邻使转达旁事之例。

(四) 国信使副与馆伴使副之酬酢馈遗

国信使副与接伴等使副及地方大吏每皆互相馈遗，曰私觌物，

---

① 《竹隐畸士集》卷一七，页三上《韩公行状》。
② 《续资治通鉴长编》卷二五五，页五上。
③ 同上，卷二八四，页一六上。
④ 同上，卷三五四，页九上。
⑤ 包拯《包孝肃奏议》(同治二年省心阁刊本)卷九，页一一下。
⑥ 《续资治通鉴长编》卷六四，页一二下。

下至三节人从亦然。① 陈襄奉使述私觌情形曰:

> 十三日……次良乡县……送接伴使副私觌物。已后七次依例送接伴使土物,并有回答,更不入录。十四日……到燕京……送接伴使副下都总管土物。已后共五次依例送土物,并有回答……。燕京留守耶律仁先送……酒食。十五日……送留守私觌物。中京留守依此,更不入录。……礼部尚书刘云伴宴……送云……私觌物。已后逐州并依例送……更不入录。十六日……依例回厨,请接伴使副。……二十二日……接伴使副送……麂一只,酒四瓶……依例回答。已后每有送物,并量事回答,更不入录。②

馈遗皆有定例,然亦间有例外致赠者,李焘曰:

> 大中祥符二年二月壬寅诏:"自今契丹使有例外赠遗接伴馆伴使者,再辞不已则许纳之,官与器币为答。③

辽礼文不若中原之严,故每好为破例之事也。

(五) 两朝使节之比较

两朝使节,大致言之,宋多谦和,辽多粗犷。盖宋以力不如人,

---

① 《朝野类要》卷一,页一三下《私觌》。
② 陈襄《使辽语录》页六七—七七。
③ 《续资治通鉴长编》卷七一,页八上。

而中华为礼义之邦,故少肯逾越法纪,自贻伊戚。辽则不然,武事虽优,而文化不竞;以之使者常有桀惊之气,少温顺之风。其星轺所经,或纵骑驰驱,或过有呼索,①或任意而行,不遵常例,李焘曰:

> 熙宁八年二月甲申……敌以河东地界久不决,复使萧禧来。诏……向宗儒……王泽接伴。……禧至雄州白沟驿,不肯交马驮,欲至城北亭。非故事。……宗儒……再三执以旧例,禧殊未有顺从之意。……遂遣内侍谕旨,人夫负担于白沟交割,其马驮即比常岁车乘,听至城北亭。②

或罔顾规章,妄有干求,王辟之曰:

> 皇祐末,契丹请观太庙乐。仁宗以问宰相。对曰:"恐非享祀不可习也。"枢密副使孙公沔曰:"当以礼折之。请谓使者曰:'庙乐之作,皆本朝所以歌咏祖宗功德也。……使人如能助吾祭,乃观之。'……"使者不敢复请。③

其例甚多,今举数则,姑见一斑而已。

---

① 《续资治通鉴长编》卷一〇九,页一下:契丹使过天雄,部勒其下曰:"曹公〔玮〕在此,勿纵骑驰驱。"可知其在他处尝纵骑驰驱也。《渑水燕谈录》卷二,页七下:韩魏公〔琦〕留守北都,辽使每过境必先戒其下曰:"韩丞相在此,无得过有呼索。"可知其在他处曾过有呼索也。
② 同上,卷二六一,页一三下。
③ 《渑水燕谈录》卷二,页四上;《续资治通鉴长编》卷一七五,页一下,亦载此事。

(六) 使节辱命之谴责

使者衔命出疆,动止语默,辄关国体,故选择既严而责罚亦厉。如景德四年,刘熙副滕涉北使,坐轻肆免官,①祥符四年,薛惟正副张知白北使,以失仪劾罪;②明道元年,刘随北祝生辰,以足疾减拜降秩,③至和二年,王拱辰入辽报聘,以受北主侑酒罚铜:凡此皆为宋谴责辱命使副之例。更有因从人失体而镌级者,李焘曰:

> 庆历六年四月癸丑,降新河东转运使刑部郎中集贤校理李昭遘知泽州,坐奉使契丹其从者尝盗敌中银杯也。从者杖死。④

若辽于使节之举止亦颇注意,倘有违失,动加敲朴,如耶律合里只使宋,以争口舌,复命之际,被鞭二百又免官位是也。⑤

辱命受责,非只国信使副而已,即伴使亦然。如宋大中祥符七年,度支副使孙冕以接伴北使,被酒不谨,责知寿州;⑥辽乾统二年,

---

① 《续资治通鉴长编》卷六六,页一八下。
② 同上,卷七六,页九上。
③ 《元宪集》卷三四,页一二下《刘君墓志铭》。
④ 《续资治通鉴长编》卷一五八,页七下。
⑤ 《辽史》卷八六,页六上,耶律合里只……充宋生辰使。馆于白沟驿,宋宴劳者嘲萧惠河西之败,合里只曰:"胜负兵家常事。我嗣圣皇帝俘石重贵……惠之一败何足较哉! 宋人惭服。"帝(兴宗)闻之曰:"优伶失辞,何可伤两国交好!"鞭二百,免官。
⑥ 《续资治通鉴长编》卷八三,页七下。

少府少监宁监以接伴南使不称职责,黜为忠顺军节度副使,①皆为见于记述者。良以伴使虽不同奉命出疆,而荒疏草率之能亏辱国体则一,故亦有惩罚之条以示劝儆耳。

附：生辰国信使副表、正旦国信使副表、祭吊等国信使副表、泛使表

---

① 缪荃孙《辽文存》(光绪二二年刊本)卷五,页二五下,虞仲文《宁监墓志》。

生 辰 国

年	使命	宋使 大使 官位	副使 官位	依据*
太祖 开宝9	贺辽主	田守奇 东上阁门副使	房彦均 右赞善大夫	17/10a
太宗 太平兴国2	同	辛仲甫 起居舍人	穆被 右赞善大夫	18/12a[二]
3	同	李吉[三] 左补阙	薛文宝 通事舍人	19/8b4[四]
真宗 景德2	贺辽太后	孙仪 开封府推官太子中允直集贤院	康宗元 右侍禁阁门祗候	61/13a
	贺辽主	周渐 度支判官太常博士	郭盛 右侍禁阁门祗候	
3	贺辽太后	任中正 兵部员外郎直史馆	李继昌 西上阁门使奖州刺史	64/4b
	贺辽主	王曙 太常博士	高维忠 内殿崇班阁门祗候	
4	贺辽太后	崔端 户部副使水部员外郎	张利用 侍禁阁门祗候	66/18b
	贺辽主	滕涉 户部判官殿中丞	刘煦 侍禁阁门祗候	
大中祥符1	贺辽太后	乔希颜 都官员外郎	景元 供奉官阁门祗候	68/9b
	贺辽主	缺	缺	
2	贺辽太后	王随 太常博士直史馆	王承珪 供奉官阁门祗候	72/10b
	贺辽主	乐黄目 太常博士直史馆	潘惟吉 东染院使浔州刺史	
3	贺辽主	李迪 右司谏直史馆	白守素 六宅使合州团练使	74/11a
4	同	张知白 工部郎中龙图阁待制	薛惟正 崇仪副使	76/9a

信 使 副 表

年	使命	辽使 大使 官位	副使 官位	依据
景宗 保宁8	贺宋主	耶律延宁[一] 太仆卿		17/4a
9	同	耶律阿穆尔		18/19b
10	同	耶律谐理 太仆卿	王琛 茶酒库副使	19/13a
圣宗 统和23	太后遣 贺宋主	耶律留宁[五] 左金吾卫将军	刘经 崇禄卿	61/16b
	皇帝遣 贺宋主	耶律乌延 左武卫上将军	张肃 卫尉卿	
24	太后遣	耶律阿古 左监门卫将军	石用中 太常少卿	64/10b
	皇帝遣	耶律尧宁 启圣军节度使	马保佐 秘书少监	
25	太后遣	耶律元 左领军卫上将军	李琮 左威卫大将军	67/13a
	皇帝遣	耶律谐理 昭德军节度使	李操 殿中少监	
26	太后遣	萧永 左武卫上将军	董继澄 左骁卫大将军	70/16a
	皇帝遣	耶律留宁 启圣军节度使	杨又元 卫尉少卿	
27	太后遣	萧塔喇噶 右卫上将军	裴元感 给事中	72/19a
	皇帝遣	邪律阿固达木 崇义军节度使	张文 将作监	
28	贺宋主	耶律登政 左武卫上将军	马翼 秘书少监	74/14b
29	同	萧昌琬 右威卫上将军	王宁 卫尉卿	76/15a

年	使命	大使　官位	副使　官位	依据
大中祥符5	贺辽主	王曾 主客郎中知制诰	高继勋 官苑使荣州刺史	79/3a
6	同	晁迥 翰林学士	王希范 崇仪副使	81/10b
7	同	周实 殿中侍御史	段守伦 西京作坊副使	83/9b
8	同	刘筠 左司谏知制诰	宋德文 供奉官阁门祇候	85/14b
9	同	薛映 枢密直学士刑部侍郎	刘承宗 东染院使	88/4a[八]
天禧1	同	李行简 兵部员外郎龙图阁待制	张佶[九] 左骐骥使宜州刺史	90/13a
2	同	吕夷简 起居舍人	曹琮[一一] 供奉官阁门祇候	92/10b
3	同	崔遵度 吏部郎中直史馆 兼太子谕德	王应昌 西京左藏库使	94/6b
4	同	宋绶 知制诰	谭伦[一四] 阁门祇候	96/12a
5	同	李谘[一六] 翰林学士	王仲宝[一六] 内殿崇班阁门祇候	97/12b
乾兴1	贺辽主	刘烨 吏部员外郎	郭志言 西京作坊副使	99/6b
	贺辽后	张师德 礼部郎中知制诰	赵忠辅 西京左藏库副使	99/5a
仁宗天圣1	贺辽主	王臻 度支副使户部员外郎	慕容惟素 内殿承制阁门祇候	101/4b
	贺辽后	薛奎 龙图阁待制知开封府	郭盛 西上阁门使	100/15a

年	使命	大使 官位	副使 官位	依据
开泰1	贺宋主	耶律宁 昭德军节度使	季道纪 大理少卿[六]	79/13a
2	同	耶律阿果 长宁军节度使[七]	石弼 左卫大将军	81/14b
3	同	萧延宁 左林牙工部尚书	张翊 卫尉卿	83/15b
4	同	耶律珍 左林牙工部尚书	吕德懋 翰林学士承旨工部 侍郎签署枢密院公事	85/23a
5	同	耶律延宁 右千牛卫上将军	张岐 崇禄卿	88/18b
6	同	耶律准[一〇] 右监门卫上将军	仇正己 刑部郎中知制诰	90/18b
7	同	耶律留宁 右卫上将军	吴叔达[一二] 翰林学士起居舍人 知制诰	92/13b
8	同	萧吉哩[一三] 工部尚书	马冀 尚书左丞	94/12b
9	同	萧阿括[一五] 霸州节度使	耿元吉 利州观察使	96/20b
太平1	同	萧善 左监门卫上将军	程羲 给事中	97/16a
2		缺	缺	
		缺	缺	
3	贺宋 太后	萧师古[一七] 镇安节度使	韩玉 咸州观察使	100/1a
	贺宋主	耶律唐古特[一八] 彰武军节度使	成昭文[一九] 宁州防御使	100/10b

379

年	使命	大使　官位	副使　官位	依据
天圣2	贺辽主	蔡齐 度支副使礼部员外郎	李用和 供奉官阁门祗候	102/17a
	贺辽后	章得象 刑部郎中直史馆	冯克忠 供奉官阁门祗候	102/4b
3	贺辽主	马宗元[二〇] 工部郎中龙图阁待制	史方 内殿承制阁门祗候	103/13b
	贺辽后	李维 翰林学士承旨	张纶 庄宅副使	103/11a
4	贺辽主	范雍 右谏议大夫权三司使	侯继隆 东染院使带御器械	104/19b
	贺辽后	韩亿[二二] 工部郎中龙图阁待制	田承说 崇仪副使	104/13a
5	贺辽主	石中立 吏部郎中知制诰	石贻孙 崇仪使	105/11b
	贺辽后	王博文 户部副使兵部员外郎	王准[二三] 六宅使	105/10a
6	贺辽主	寇瑊 枢密直学士给事中	康德舆[二四] 内殿崇班阁门祗候	106/17a
	贺辽后	唐肃 度支副使工部郎中	葛怀敏 内殿承制阁门祗候	106/14a
7	贺辽主	鞠咏[二六] 礼部侍郎兼侍御史 知杂事	王[二七]永锡 供奉官阁门祗候	108/9a
	贺辽后	狄棐 刑部郎中	陈宗宪 作坊使	108/6b
8	贺辽主	梅询 工部郎中龙图阁待制	王令杰 供备库副使	109/9b
	贺辽后	张宗象 盐铁判官兵部员 外郎直史馆	李渭 香药库使	109/8a
9	贺辽主	郑向 度支员外郎知制诰	郭遵范 供备库使	110/5a
		缺	缺	

年	使命	大使　官位	副使　官位	依据
太平 4		缺	缺	
	贺宋主	萧林 左监门卫上将军	郑筠 右监门卫将军	102/6b
5	贺宋太后	萧从顺 宣徽南院使朔方节度使	韩绍芳[二一] 枢密直学士给事中	103/1a
	贺宋主	耶律守宁 临海节度使	刘四端 卫尉少卿	103/5b
6	贺宋太后	萧迪烈 枢密副使彰武节度使	康筠 归义节度使	104/1a
	贺宋主	萧谐 启圣军节度使	李绍琪 利州观察使	104/6b
7	贺宋太后	萧道宁 左监门卫上将军	张克恭 给事中知制诰	105/1b
	贺宋主	萧蕴 林牙昭德节度使	杜防 政事舍人	105/5a
8	贺宋太后	耶律阿果 左千牛卫上将军	李奎[二五] 起居郎知制诰	106/1a
	贺宋主	耶律锡 安东军节度使	刘双美 利州观察使	106/9a
9	贺宋太后	耶律汉宁 伊离毕左千牛卫上将军	刘湘 少府监	107/1a
	贺宋主	耶律衮[二八] 兴国节度使	张震 大理少卿	107/14a
10	贺宋太后	耶律忠 左监门卫上将军	陈逸 礼部郎中知制诰	109/1a
	贺宋主	耶律育 左千牛卫上将军	吴克荷 都官郎中知制诰	109/5b
兴宗景福 1	贺宋太后	萧可亲[二九] 左监门卫上将军	赵利用 右散骑常侍	110/1a
	贺宋主	萧升 左千牛卫上将军	姚居信 镇国军节度使	110/5a

年	使命	大使　　官位	副使　　官位	依据
明道 1	贺辽太后	刘随 盐铁副使刑部员外郎	王德[三〇] 内殿承制阁门祗候	**111/9b**
	贺辽主	杨日严 开封府判官职方员外郎	王克[三一] 客省副使	
2	贺辽太后	丁度 兵部员外郎知制诰	王继凝 右骐骥使	**113/3b**
	贺辽主	李纮[三二] 度支副使兵部员外郎	李继一 礼宾副使	
景祐 1		(辽太后本年为子所幽,故未遣生辰使)		**115/8a**
	贺辽主	杨偕 户部员外郎兼侍御史知杂事	李守忠 内殿承制阁门祗候	
2	同	杨日华 盐铁判官度支郎中	张士禹 礼宾副使	**117/7b**
3	同	宋祁[三七] 左正言知制诰史馆修撰	王世文 礼宾副使	**119/5a**
4	同	谢绛 兵部员外郎知制诰	张茂实 供备库使连州刺史带御器械	**120/15a**
宝元 1	同	王举正 工部郎中知制诰	张士禹 礼宾副使	**122/6a**
2	同	聂冠卿[三八] 兵部郎中知制诰	杜赞 内殿崇班阁门祗候	**125/3a**
康定 1	贺辽太后	苏绅 刑部员外郎知制诰[四一]	向传范 西京左藏库副使	**128/8a**
	贺辽主	吴育 右正言知制诰	冯载[四三] 东头供奉官阁门祗候	
庆历 1	贺辽太后	刘沆 右正言知制诰	王整 崇仪副使	**133/3a**
	贺辽主	施昌言 礼部员外郎兼侍御史知杂事	何九龄[四五] 左侍禁阁门祗候	

宋辽交聘考

年	使命	大使 官位	副使 官位	依据
重熙1	贺宋太后	耶律顺 左千牛卫上将军	王义府 卫尉卿	**111**/1b
	贺宋主	萧好古 安东军节度使	王永符 太仆卿	**111**/5a
2	贺宋太后	耶律霸 右金吾卫上将军	韩橘 昭德军节度使	**112**/1a
	贺宋主	萧达 崇义军节度使	刘日省 客省使	**111**/7b
3	太后遣贺宋主	耶律迪 右威卫上将军	王惟永[三三] 利州观察使	**114**/13a
	皇帝遣贺宋主	耶律述[三四] 广德节度使	高升[三五] 永州观察使	
4	同	耶律庶几[三六] 林牙保大节度使	刘六符 政事舍人	**116**/9b
5	同	耶律信 镇国节度使	吕士宗 政事舍人	**118**/9a
6	同	耶律祥 林牙启圣节度使	张素民 崇禄少卿	**120**/6b
7	同	耶律干 保平节度使	秦鉴 崇禄少卿	**122**/2a
8	同	耶律九方[三九] 彰圣军节度使	张渥[四〇] 政事舍人	**123**/10a
9	太后遣贺宋主	耶律元[四二] 始平节度使	王惟吉 方州观察使	**127**/3a
	皇帝遣贺宋主	萧迪 左千牛卫上将军	刘三嘏 右谏议大夫知制诰	
10	太后遣	耶律仁先 林牙临海军节度使	张宥[四四] 吏部郎中知制诰史馆修撰	**131**/20a
	皇帝遣	萧福善 左监门卫上将军	王纲 光禄少卿崇禄馆直学士	

383

年	使命	大使 官位	副使 官位	依据
庆历 2	贺辽太后	程戬 兵部员外郎兼侍御史知杂事	张得一 西上阁门使	**137**/11b
	贺辽主	张方平 太常丞直集贤院	刘舜臣 东头供奉官阁门祗候	
3	贺辽太后	孙抃 起居舍人知制诰	冯行己 洛苑副使	**142**/21b
	贺辽主	张温之 盐铁副使工部郎中	丁亿 西头供奉官阁门祗候	
4	贺辽太后	孙甫 右正言秘阁校理	夏防 如京使	**151**/21a
	贺辽主	刘夔 太常少卿直史馆	杨宗让 崇仪使	
5	贺辽太后	杨察 右正言知制诰	王克忠 东上阁门使	**157**/1b
	贺辽主	张尧臣 户部判官祠部郎中	张希一 西上阁门副使	
6	贺辽太后	王琪 刑部员外郎知制诰	钱晦 六宅使嘉州刺史	**159**/4b
	贺辽主	钱明逸 右司谏知制诰	杨宗说 内园副使阁门通事舍人	
7	贺辽太后	吴鼎臣 刑部员外郎知谏院	夏佺 内殿承制阁门祗候	**161**/3b
	贺辽主	韩综 太常博士集贤校理同修起居注判度支句院	柳涉 供备库副使	
8	贺辽太后	胡宿 祠部员外郎集贤校理同修起居住	李珣 如京副使兼阁门通事舍人	**165**/5a
	贺辽主	何中立 度支判官太常博士集贤校理	郑余懿 内殿承制阁门祗候	

年	使命	大使 官位	副使 官位	依据
重熙11	太后遣	耶律坦 保宁节度使	马世长[四六] 严州防御使	**137/11b**
	皇帝遣	萧宁 左监门卫上将军	崔禹[四七] 东上阁门使	
12	太后遣	耶律希烈 归义节度使	马贻教 左威卫大将军	**140/7a**
	皇帝遣	萧日休 朔方节度使	赵为节 邠州观察使	
13	太后遣	萧忠孝 左监门卫上将军	刘从顺 利州观察使	**148/9a**
	皇帝遣	萧诣 始平节度使	赵柬之 高州观察使	
14	太后遣	耶律祐 右监门卫大将军	刘积善 崇禄卿	**155/11a**
	皇帝遣	耶律运 临海节度使	杨哲 少府监	
15	太后遣	萧德 保安节度使	姚居化 严州团练使	**158/8a**
	皇帝遣	萧伸 左千牛卫上将军	李云从 太仆卿	
16	太后遣	萧德润 安肃军节度使	韩绍文 给事中	**160/11a**
	皇帝遣	耶律质 彰信军留后	陈咏 右谏议大夫知制诰	
17	太后遣	萧惟信 左监门卫上将军	赵惟航 宁州观察使	**164/5a**
	皇帝遣	耶律章 安远节度使	吴湛 起居舍人知制诰史馆修撰	

年	使命	大使　官位	副使　官位	依据
皇祐1	贺辽太后	李绚 右正言知制诰	曹偕 供备库副使	167/5a
	贺辽主	梅挚 度支副使户部员外郎	李永宝 内殿承制阁门祗候	
2	贺辽太后	李柬之 工部郎中天章阁待制	李绶 西京左藏库副使	169/5b
	贺辽主	李兑 户部员外郎兼御史知杂事	李赓 供备库副使	
3	贺辽太后	曾公亮 翰林学士刑部郎中知制诰	郭廷珍 西京左藏库副使	171/3a
	贺辽主	王洙 工部郎中知制诰史馆修撰	李惟贤 阁门通事舍人	
4	贺辽太后	傅永 户部副使兵部郎中	潘永嗣 文思副使	173/7a
	贺辽主	张择行 礼部员外郎兼侍御史知杂事	夏偁 西染院副使兼阁门通事舍人	
5	贺辽太后	周沆 度支副使工部郎中	钱晌 左藏库副使	175/9a
	贺辽主	韩贽 起居舍人知谏院	彭再升 供备库副使	
至和1	贺辽太后	吴奎 起居舍人直集贤院	郭逵 礼宾副使知镇戎军	176/21a
	贺辽主	宋选 盐铁判官主客郎中	王士全 供备库副使定州路都监	
2	贺辽太皇	刘敞 右正言知制诰	窦舜卿 文思副使	180/19a
	贺辽主	张揆 户部副使工部郎中	王道恭 西染院使兼阁门通事舍人	

年	使命	大使　官位	副使　官位	依据
重熙 18	太后遣	萧祐 林牙保静军节度使	姚景禧 起居舍人知制诰	**166**/15b
	皇帝遣	耶律遾 昭德军节度使	李仁友 卫尉少卿	
19	太后遣	耶律可久 安远留后	龚湜 给事中	**168**/7a
	皇帝遣	耶律霸 奉国军节度使	李轲 右谏议大夫	
20	太后遣	耶律纯 忠顺节度使左金吾卫 上将军	曹昌 利州观察留后	**170**/11a
	皇帝遣	萧果 怀德节度使	刘永端 崇禄少卿	
21	太后遣	萧昌 顺义节度使右监门 卫上将军	刘嗣复 右谏议大夫	**172**/11a
	皇帝遣	萧昱 彰信节度使	刘士方 益州防御使	
22	太后遣	萧全 天武节度使左千牛 卫上将军	王守道 益州观察使	**174**/13b
	皇帝遣	耶律述 瑞圣节度使	田文炳 崇禄少卿	
23	太后遣	耶律泰 崇仪节度使左骁卫上 将军	赵翊 卫尉卿	**176**/9b
	皇帝遣	萧珫 昭德节度使	赵徽 殿中监	
道宗 清宁 1	太皇遣	萧知微 归德军节度使左骁卫 上将军	王泽 永州留后	**179**/7a
	皇帝遣	耶律防 保安节度使左监门卫 上将军	王懿 殿中监	

年	使命	大使　　官位	副使　　官位	依据
嘉祐1	贺辽太皇	石扬休 刑部员外郎知制诰	沈惟恭 文思使康州刺史	183/14b
	贺辽主	唐询 刑部员外郎直史馆同修起居注	王锴 东头供奉官阁门祗候	
2	贺辽太皇	郭申锡 盐铁副使刑部员外郎	王世延 西京左藏库副使	186/6b
	贺辽主	吕景初 右司谏	张利一 西京左藏库副使	
3	贺辽太后	王鼎 权盐铁副使工部郎中	王咸有 阁门通事舍人	187/17a
	贺辽主	李及之 开封府判官度支郎中	王希甫 内殿崇班阁门祗候	
4	贺辽太后	唐介 户部员外郎天章阁待制	桑宗望 六宅使梅州刺史	190/10a
	贺辽主	丁诩 侍御史	刘建勋 左藏库副使	
5	贺辽太后	钱象先 刑部郎中天章阁待制兼侍读	夏伟 西染院副使兼阁门通事舍人	192/7a
	贺辽主	陈经 侍御史	郭霭 东头供奉官阁门祗候	
6	贺辽太后	张瓌 户部郎中知制诰	朱克明 如京使	195/1a
	贺辽主	宋敏求 度支判官刑部员外郎集贤校理	张山甫 西染院副使阁门通事舍人	
7		缺	缺	
8		缺	缺	

宋辽交聘考

年	使命	大使　官位	副使　官位	依据
清宁2	太皇遣	缺	缺	
	皇帝遣	缺	缺	
3	太皇遣	耶律昌福 昭德节度使右监门卫上将军	刘云 右谏议大夫知制诰	**185/7b**
	皇帝遣	萧矩 武安节度使	刘从备 引进使秦州团练使	
4	太皇遣	（太皇太后已卒，故未遣使）		**187/7a**
	皇帝遣	萧庆 崇仪节度使	李轲 给事中	
5	太后遣	耶律侃 右监门卫上将军	王观 起居郎知制诰	**189/13b**
	皇帝遣	萧拱 彰圣节度使	马尧咨 崇禄卿	
6	太后遣	耶律格 林牙左骁卫上将军	吕士林 崇禄卿	**190/9b**
	皇帝遣	耶律素 瑞圣节度使	张戬 东上阁门使	
7	太后遣	萧宸 林牙左威卫上将军	韩贻孙 四方馆使宁州防御使	**193/5a**
	皇帝遣	萧砺 始平节度使	李庸 崇禄卿	
8		缺	缺	
9		耶律谷 保静军节度使	缺	**198/7a**

389

年	使命	大使　官位	副使　官位	依据
英宗 治平 1	贺辽 太后	吕诲 兵部员外郎	缺	宋史 13/3b
	贺辽主	章岷 刑部郎中	缺	
2		蔡抗 工部郎中	缺	宋史 13/5a
3		傅卞	缺	宋史 13/6b
4		孙思恭	缺	宋史 14/4b
神宗 熙宁 1		张师益	缺	宋史 14/7a
2		孙固	缺	宋史 14/9b
3	贺辽 太后	孙永 天章阁待制	杨宗礼 供备库副使	214/17a
	贺辽主	张景宪 权户部副使司勋郎中	刘昌祚 供备库副使	
4	贺辽 太后	陈绎 兵部员外郎知制诰	梁交 文思副使	226/6a
	贺辽主	楚建中 度支副使兵部郎中	夏俅 西京左藏库副使	
5	贺辽 太后	沈起 权发遣度支副使	曹偃 皇城使	237/12b
	贺辽主	崔台符 司勋员外郎	任怀敏 供备库副使	
6	贺辽 太后	张焘 龙图阁直学士	种古 西上阁门使	246/14a
	贺辽主	贾昌衡 权户部副使太常少卿	许咸吉 左藏库使	
7	贺辽 太后	许将 知制诰	李评 东上阁门使	255/5a
	贺辽主	张刍 兵部郎中集贤殿修撰	石鉴 皇城使忠州刺史	

年	使命	大使　官位	副使　官位	依据
清宁10		耶律烈	缺	宋史 13/4a
		缺	缺	
咸雍1		萧惟甫	缺	宋史 13/5b
2		缺	缺	
3		(是年宋神宗初即位,未及派生辰使)		
4		缺	缺	
5		耶律昌	缺	宋史 14/8a
6	太后遣	萧禧 怀德节度使	张冀 太常少卿	210/1b
	皇帝遣	耶律宽 永州观察使	程冀 卫尉少卿	
7	太后遣	耶律犟 怀化节度使	张少微 起居郎知制诰	222/3a
	皇帝遣	萧广 利州观察使	张遵度 太常少卿	
8	太后遣	萧利民 安远节度使	王经 太常少卿	232/3a
	皇帝遣	耶律适 归州观察使	张蒿 卫尉少卿	
9	太后遣	耶律昌 彰圣节度使	梁颖 太常少卿乾文阁学士	244/4b
	皇帝遣	耶律宁 宁州观察使	马永昌 海州防御使	
10	太后遣	耶律和 奉国军节度使	赵孝杰 卫尉卿	252/4b
	皇帝遣	耶律永宁 利州观察使	韩宗范 祺州团练使	

年	使命	大使　官位	副使　官位	依据
熙宁8	贺辽太后	张琥 太常丞集贤殿修撰侍御史知杂事	向绰 东作坊使	263/6a
	贺辽主	谢景温 工部郎中直龙图阁判将作监	王崇拯 文思使	
9	贺辽太后	(辽太后卒,故未遣使)		277/7b
	贺辽主	程师孟 给事中	刘永寿 皇城使嘉州团练使	
10	同	苏颂 秘书监集贤院学士	姚麟 西上阁门使英州刺史	284/7a
元丰1	同	黄履 知制诰兼侍讲	狄谘 西上阁门使荣州刺史	291/8a
2	同	李清臣 知制诰	刘琯 西京左藏库副使阁门通事舍人	300/16b
3	同	王存 知制诰	刘永保 皇城使济州防御使	307/17a
4	同	缺	缺	
5	同	韩忠彦 承议郎宝文阁待制知瀛州	曹评 引进使荣州团练使	329/8b
6	同	蔡京 奉议郎试起居郎	狄咏 西上阁门使	338/6b
7	同	陈睦 鸿胪卿	曹诱 西上阁门使	348/6a
8	太皇遣贺辽主	杨汲 刑部侍郎	王泽 皇城使高州刺史	359/3a
	皇帝遣贺辽主	韩宗道 朝请大夫户部郎中	刘承绪 崇仪使恭州刺史带御器械	

年	使命	大使　官位	副使　官位	依据
大康 1	太后遣	耶律达 怀德军节度使	刘从祐 广州防御使	262/22a
	皇帝遣	耶律景熙 永州观察使	韩洗 崇禄少卿	
2	太后遣	耶律测 崇义军节度使	杜君谓 太常少卿乾文阁待制	274/5a
	皇帝遣	耶律庶箴[四八] 兴复军节度使	韩君授 太常少卿史馆修撰	
3	贺宋主	萧仪 奉国军节度使	郑士兼 崇禄少卿	281/8b
4	同	耶律永宁 崇义军节度使	刘霦 太常少卿乾文阁待制	289/6b
5	同	萧晨 林牙怀化军节度使	张襄 右谏议大夫知制诰	297/13b
6	同	耶律永芳 瑞圣军节度使	刘彦先 太常少卿乾文阁待制	303/13a
7	同	耶律祐 安复军节度使	韩昭愿 客省使	312/1b
8	同	耶律永端 怀远军节度使	韩资襄 太常少卿乾文阁待制	325/4a
9	同	萧固 崇义军节度使	杨执中 卫尉卿乾文阁待制	334/14b
10	同	萧浃 归州观察使	侯庠 太常少卿乾文阁待制	345/2b
太安 1		（宋太皇太后初临朝，未及遣使）		
	贺宋主	萧忠顺 宁昌军节度使	赵孝严 中大夫行起居郎知制诰充中史馆修撰	362/2b

年	使命	大使　　官位	副使　　官位	依据
哲宗 元祐 1	太皇遣	胡宗愈 给事中	李琮 客省副使	**385/9a**
	皇帝遣	缺	高士敦 西京左藏库副使兼合门通事舍人	
2	太皇遣	张頔 户部侍郎	杨永节 皇城使	**404/9a**
	皇帝遣	曾肇 中书舍人	向绰 皇城使	
3	太皇遣	蔡延庆 龙图阁直学士	刘永寿 皇城使海州防御使	**413/6a**
	皇帝遣	顾临 给事中	段绰 文思副使	
4	太皇遣	赵君锡 刑部侍郎	高遵固 阁门通事舍人	**431/12a**
	皇帝遣	苏辙 翰林学士	朱伯材 阁门通事舍人	
5	太皇遣	郑雍 中书舍人	王舜封 引进副使	**447/1a**
	皇帝遣	林旦 太仆卿	张佑 庄宅使	
6	太皇遣	彭汝砺 吏部侍郎	宋球 西上阁门副使	**464/11b**
	皇帝遣	高遵惠 鸿胪卿	曹谘 左藏库副使	

年	使命	大使　官位	副使　官位	依据
太安 2	贺宋太皇	耶律纯嘏 保安军节度使	吕嗣立 太中大夫守崇禄卿充乾文阁待制	382/17a
	贺宋主	耶律永昌 宁远军节度使	刘宥 太中大夫行中书舍人充史馆修撰	383/5b
3	贺宋太皇	萧德崇 崇义军节度使	张琳 中散大夫守太常少卿充乾文阁待制	403/5b
	贺宋主	耶律拱辰 宁昌军节度使	韩懿 客省使海州防御使	407/11b
4	贺宋太皇	萧孝恭 长宁军节度使	刘庆孙 中大夫守太常少卿充乾文阁待制	412/7b
	贺宋主	耶律迪 长宁军节度使	邓中举 中散大夫守太常少卿充史馆修撰	418/1b
5	贺宋太皇	萧寅 保静军节度使	牛温仁 朝议大夫守太常少卿充乾文阁待制	430/5a
	贺宋主	耶律常 奉国军节度使	史善利 中大夫守太常少卿充史馆修撰	436/1a
6	贺宋太皇	耶律永 崇义军节度使	刘彦儒 中散大夫守太常少卿充乾文阁待制	445/4a
	贺宋主	萧固 崇义军节度使	阎之翰 朝议大夫守太常少卿充史馆修撰	452/9b
7	贺宋太皇	耶律纯嘏 长宁军节度使	韩资睦 朝议大夫守太常少卿充乾文阁待制	461/10a
	贺宋主	萧偶 保静军节度使	王初 中大夫守太常少卿史馆修撰	468/14b

年	使命	大使 官位	副使 官位	依据
元祐7	太皇遣	王觌 权刑部侍郎	张藻 皇城使忠州刺史	476/9b
	皇帝遣	丰稷 刑部侍郎	郝惟几 六宅使	
8—绍圣3		缺	缺	
4	贺辽主	范镗 礼部侍郎	向绎 左藏库使兼阁门通事舍人	490/21b
元符1	同	蹇序辰 朝请郎权礼部尚书权侍读	季嗣徽 皇城使泰州团练使	501/5b
2	同	缺	缺	
3	同	董敦逸	缺	宋史 19/4a
徽宗 建中靖国1		缺	缺	
崇宁1— 大观4		缺	缺	
政和1	贺辽主	郑允中[四九] 端明殿学士	童贯 武康节度使	北盟会编 1/1a
政和2— 重和1		缺	缺	
宣和1—2		缺	缺	
3		缺	缺	

* 凡此格只有卷页数而无书名者,皆系依据《续资治通鉴长编》。下三表同。

[一]《宋史》卷三,页九上"宁"作"顈"。

[二]《续资治通鉴长编》未言仲甫等为生辰使;此从钱大昕《廿二史考异》(《广雅丛书本》)卷八三,页一一上《宋奉使诸臣年表》。

年	使命	大使　官位	副使　官位	依据
太安 8	贺宋太皇	萧迪 崇义军节度使	王可见 中大夫守太常少卿 充乾文阁待制	475/1b
	贺宋主	耶律可举 奉国军节度使	郑硕 太常少卿乾文阁待制	479/2b
9—寿昌 2		缺	缺	
3	贺宋主	耶律永芳 保静军节度使	张商英 中散大夫守太常少卿 充史馆修撰	493/16b
4	同	萧昭彦 奉国军节度使	王宗度 中散大夫守太常少卿 充乾文阁待制	504/7b
5	同	耶律应 临海节度使	王衡 中大夫守秘书监充 乾文阁待制	519/2a
6		缺	缺	
大安帝 乾统 1		缺	缺	
2—10		缺	缺	
天庆 1		缺	缺	
2—8		缺	缺	
9—10		缺	缺	
保大 1		缺	缺	

[三]《宋史》卷四,页八下,"吉"上有"从"字。

[四]《续资治通鉴长编》未言吉等为生辰使;此亦从钱氏《宋奉使诸臣年表》。

[五]《辽史》卷一四,页六下,统和二十年九月甲戌,"遣太尉阿里太傅杨六贺宋主生辰"。阿里杨六盖留宁乌延之契丹名也。

397

［六］同上，卷一五，页四下，开泰元年七月丙子，"命耶律释身奴李操充贺宋生辰国信使副"。按：释身奴不知是否即耶律宁。据《续资治通鉴长编》，李操为统和二十五年生辰副使。

［七］《辽史》卷一五，页七上，开泰二年十月己未朔，"命耶律阿菅等使宋贺生辰"。

［八］同上，页一一上，开泰五年十二月丁酉，"宋遣张士逊王承德来贺千龄节"（千龄节为辽主生辰节名）。据《续资治通鉴长编》卷八八，页四上，士逊等乃正旦使。

［九］同上，页一二下"佶"作"信"。

［一〇］同上，页一二上，开泰六年九月丁未，"以驸马萧琏节度使化哥知制诰仇正己杨佶充贺宋主生辰正旦使副"。据上表，本年贺宋正旦大使为萧质。则《辽史》所云驸马萧琏或即萧质，而节度使化哥或即耶律准也。

［一一］同上，页二下，"琮"作"璋"。

［一二］同上，卷一六，页一下，"叔"作"守"。

［一三］同上，页四上，开泰八年七月庚午，"命解宁马翼充贺宋生辰使副"。解宁或即萧吉哩。

［一四］《辽史》卷一六，页五上，作"骆继伦"。

［一五］同上，页四下，开泰九年七月甲寅，"以查刺耿元吉……为贺宋生辰……使"。查刺或即萧阿括。

［一六］同上，页六上，"谂"作"懿"，"宝"作"宾"。

［一七］同上，页七下，作"耶律扫古"。

［一八］同上作"唐骨德"。

［一九］同上，页二下，作"程昭文"。

［二〇］同上作"冯元宗"。

［二一］同上，卷一七，页一下，太平五年七月己亥，"以萧迪烈季绍琪充贺宋太后生辰使副"。据《续资治通鉴长编》，萧迪烈为明年贺宋太后生辰正使，季绍琪为明年贺宋主生辰副使。

［二二］同上，页三下，"亿"作"翼"。按"亿"字犯辽太祖讳。韩亿出使时曾权改名"意"。史作"翼"者，盖辽史官所改，元修史时遂因之耳。

［二三］同上，页四下，"准"作"双"。

［二四］同上，页六上，无"舆"字。

[二五] 同上，太平七年十二月丁卯，"遣耶律遂英王永锡充贺宋太后生辰使副"。据上表，太平八年贺宋太后正旦者为耶律遂英王承锡。又卷一七，页五上，太平八年六月，"以韩宁刘湘充贺宋太后生辰使副"。据《续资治通鉴长编》，太平九年贺宋太后生辰使副为耶律汉宁及刘湘。

[二六] 同上，页七下，作"仇永"。

[二七] 同上作"韩永锡"。

[二八] 同上，页六下，太平九年六月，"以耶律思忠……遥辇谢佛留陈邈……张震贺宋两宫生辰……"耶律思忠或即太平十年贺宋太后生辰大使耶律忠，遥辇谢佛留或即耶律衮也。

[二九] 同上，页八上，作"萧可观"。

[三〇] 《辽史》卷一八，页三下，作"王德本"。

[三一] 同上作"王克篡"。

[三二] 同上作"李弦"。

[三三] 同上，页四下作"王惟允"。

[三四] 同上作"耶律楚"。

[三五] 同上作"高升"。

[三六] 同上，页五上，作"耶律庶征"。

[三七] 同上，页六上，作"宋郊"。

[三八] 同上，页九下，作"庞籍"。据《续资治通鉴长编》初命庞籍，后以聂冠卿代。不知《辽史》何以书为庞籍也。

[三九] 同上，页八下，作"耶律元方"。

[四〇] 同上作"张泥"。

[四一] 同上作"苏仲"。

[四二] 同上，页一〇上，作"耶律元方"。

[四三] 同上，卷一九，页一上，作"冯戴"。

[四四] 同上，页一下，作"刘六符"，恐误。

[四五] 同上，页二下，作"潘永照"。

[四六] 同上作"马世良"。

[四七] 同上作"崔禹称"。

[四八] 同上，卷一五，页一五上，作"耶律庶几"。

[四九] 蔡绦《铁围山丛谈》卷二，页一三上，作"郑居中"。

399

年	使命	宋 使 大使 官位	副使 官位	正旦国 依据
太祖 开宝8	贺辽主	宋准 校书郎直史馆	邢文度[一] 殿直	16/16b
9	同	缺	缺	
太宗 太平兴国2	同	李渎 监察御史	郑伟 阁门祗候	《宋会要稿》 90/51/4b
3	同	吴元载[四] 供奉官阁门祗候	母宾古 太常寺太祝	19/14b
真宗 景德2	贺辽太后	韩国华 职方郎中直昭文馆	焦守节 衣库副使兼通事舍人	61/13a
	贺辽主	张若谷 秘书丞盐铁判官	郭允恭 内殿崇班阁门祗候	
3	贺辽太后	李维 户部员外郎直集贤院	张利涉 崇仪副使雅州刺史	64/4b
	贺辽主	段煜 太常博士	孙正辞 如京副史	
4	贺辽太后	宋搏 户部副使祠部郎中	冯若拙 供奉官阁门祗候	66/18b
	贺辽主	陈如微 著作郎直史馆	王承僕 供奉官阁门祗候	
大中祥符1	贺辽太后	马亮 御史	魏昭易 西京作坊使	70/6a
	贺辽主	孙奭 都官员外郎	薛贻廓 侍禁阁门祗候	
2	贺辽太后	冯起 工部侍郎	李继源 南作坊使	72/10b
	贺辽主	赵镇 殿中侍御史	杜守元 六宅使嘉州团练使	
3	贺辽主	乞伏矩 监察御史	崔可道 内园副使	74/11a
4	同	赵湘 兵部员外郎兼侍御史知杂事	符承翰 供奉官阁门祗候	76/9a

400

信 使 副 表

年	使命	辽使 大使 官位	副使 官位	依据
景宗 保宁7	贺宋主	耶律乌镇[二] 右卫大将军	萧呼噜固 礼宾使	16/20a
8	同	缺	缺	
9	同	耶律特尔格[三] 太仆卿	王英 礼宾副使	18/21b
10	同	萧巴固济	缺	19/16a
圣宗 统和23	太后遣 贺宋主	耶律乾宁 保静军节度使[五]	高正 宗正卿[六]	61/21b
	皇帝遣 贺宋主	耶律昌主 左卫大将军[七]	韩楀 右金吾卫将军[八]	
24	太后遣	萧和尼 右威卫上将军	吴克昌 宗正少卿	64/13a
	皇帝遣	耶律留宁 广德军节度使	王式 右金吾卫将军	
25	太后遣	萧留宁 左威卫上将军	邢详 崇禄少卿	67/17b
	皇帝遣	耶律信宁 彭武军节度使	耶律遂正 右威卫大将军	
26	太后遣	萧知可 左武卫上将军	成永 崇禄卿	70/20a
	皇帝遣	萧留宁 兴国军节度使	徐备 少府监	
27	太后遣	耶律图鲁库 右武卫上将军	寇卿 右骁卫大将军	72/20a
	皇帝遣	耶律锡尔宁 广德军节度使	邢祐 太常少卿	
28	贺宋主	耶律德寿 保安军节度使	吕德懋 崇禄少卿	74/16b
29	同	耶律汉宁 长宁节度使	张俭 太常少卿	76/17a

401

年	使命	大使 官位	副使 官位	依据
大中祥符5	贺辽主	李士龙 屯田郎中兼侍御史知杂事	李余懿 内殿崇班阁门祗候	**79**/3a
6	同	查道 龙图合待制	蔚信 供奉官阁门祗候	**81**/10b
7	同	赵世长 屯田员外郎	张舜臣 内殿崇班阁门祗候	**83**/9b
8	同	李及 户部副使吏部员外郎	李居中 侍禁阁门祗候	**85**/14b
9	同	张士逊 户部郎中直史馆	王承德 供备库使	**88**/4a
天禧1	同	冯元 太子中允直龙图阁	张纶 内殿崇班阁门祗候	**90**/13a
2	同	陈尧佐 工部郎中直史馆	张君平[一] 侍禁阁门祗候	**92**/10b
3	同	刘平 三司盐铁判官监察御史	张元普 供奉官阁门祗候	**94**/6b
4	同	鲁宗道 太子左谕德	成吉 阁门祗候	**96**/12a
5	同	苏维甫 兵部员外郎	周鼎 侍禁阁门祗候	**97**/12b
乾兴1	同	王骏 屯田员外郎	刘怀德 西头供奉官阁门祗候	**99**/6b
仁宗天圣1	同	程琳 权户部判官太常博士直集贤院	丁保衡 右侍禁阁门祗候	**101**/4b
2	同	张傅 盐铁判官兵部员外郎	张士禹 供奉官阁门祗候[一七]	**102**/12a
3	贺辽主	姜遵 度支副使兵部郎中	许怀信 内殿承制阁门祗候	**103**/13b
	贺辽后	张观 左正言直史馆	赵应 东头供奉官阁门祗候	

年	使命	大使　官位	副使　官位	依据
开泰 1	贺宋主	萧袞[九] 广德军节度使	齐泰 左卫大将军	79/16b
2	同	耶律远宁 始平军节度使	赵为箕 起居舍人	81/17b
3	同	耶律少宁 临海节度使	耿宁 永州防御使	83/19a
4	同	萧日新 监门卫大将军	田文 卫尉少卿	85/23a
5	同	萧延宁 右林牙刑部尚书	李可举 卫尉卿	88/18b
6	同	萧质[一〇] 长宁军节度使	杨佶 礼部侍郎知制诰	90/20b
7	同	萧留宁[一二] 左林牙工部尚书	马贻谋 右谏议大夫	92/15a
8	同	耶律继宗[一三] 左武卫上将军	郑去瑕[一四] 卫尉卿	94/13b
9	同	萧侃[一五] 保静军节度使	宋璋 政事舍人直枢密院	96/25b
太平 1	同	萧尧衮 保安节度使	韩绍升 利州观察使[一六]	97/17a
2	同	耶律仙宁 右伊离毕兵部尚书	史克忠 给事中知制诰	99/14b
3	同	萧昭古 彰武节度使	刘彝范 灵州观察使	101/13a
4	同	萧俘 右监门卫上将军	李延 高州观察使[一八]	102/16b
5	贺宋太后	萧穆古 彰胜军节度使	郑文囿 潘州观察使	103/19b
	贺宋主	萧从正 右监门卫上将军	仇道衡 右谏议大夫[一九]	

403

年	使命	大使 官位	副使 官位	依据
天圣4	贺辽主	徐奭 起居郎知制诰	裴继己[二〇] 供举官阁门祗候	104/20a
	贺辽后	张若谷 荆部郎中	崔准 右侍禁阁门祗候	
5	贺辽主	张保雍 户部判官职方员外郎	孙继邺 崇仪副使	105/11b
	贺辽后	孔道辅 左正言直史馆	马崇 左侍禁阁门祗候[二一]	
6	贺辽主	朱谏 殿中侍御史判三司开拆司	曹荣 供奉官阁门祗候	106/17a
	贺辽后	张逸 殿中侍御史开封府判官	刘永钧 内侍禁阁门祗候	
7	贺辽主	张群 职方员外郎判三司理欠司	石元孙 如京副使	108/9a
	贺辽后	苏耆 户部判官度支员外郎	王德明 内殿承制阁门祗候	
8	贺辽主	王夷简 度支员外郎秘阁校理判户部勾院	窦处约 西染院使	109/9b
	贺辽后	张亿 开封府判官侍御史	张士宣[二六] 礼宾副使	
9	贺辽太后	任布 发运使祠部郎中	王遵范 左藏库副使	110/15a
	贺辽主	陈炎 度支判官殿中侍御史	王克忠 西染院使阁门宣事舍人	
明道1	贺辽太后	胥偃 太常博士直集贤院同修起居注	王从益 阁门宣事舍人	111/9b
	贺辽主	崔暨 监察御史	张怀志 内殿崇班阁门祗候	

年	使命	大使　官位	副使　官位	依据
太平6	贺宋太后	萧汉宁 保静军节度使	郑节 兵部郎中知制诰	**104**/26b
	贺宋主	萧信 右千牛卫上将军	石宇 沙州观察使	
7	贺宋太后	耶律宁 奉先军节度使	元化 卫尉少卿	**105**/21a
	贺宋主	耶律罕 安东节度使	王用保 大理少卿	
8	贺宋太后	耶律遂英 保安军节度使	王承锡 卫尉少卿	**106**/22b
	贺宋主	萧素 彰圣军节度使	马保永 右千牛卫大将军[二二]	
9	贺宋太后	耶律高[二三] 奉国军节度使	韩知白 崇禄卿	**108**/18a
	贺宋主	耶律倚[二四] 中兴军节度使	韩昭一[二五] 宾州防御使	
10	贺宋太后	萧昭古 天德军节度使	窦振 引进使	**109**/15a
	贺宋主	耶律元吉 启圣军节度使	崔润[二七] 少府监	
兴宗 景福1	贺宋太后	耶律郁 昭信军节度使	马保 西上阁门使	**110**/18a
	贺宋主	萧格 彰武军节度使	赵果 左监门卫大将军	
重熙1	贺宋太后	萧式 奉先军节度使	张推保 少府监	**111**/20a
	贺宋主	萧察 左骁卫上将军	夏亨谧 安东军节度使	

405

年	使命	大使　　官位	副使　　官位	依据
明道2	贺辽太后	章频 度支判官刑部郎中	李遵懿[二八] 礼宾副使	113/3b
	贺辽主	王仲陆[二九] 开封府推官金部员外郎	张玮[三〇] 供备库副使	
景祐1	贺辽主	段少连 度支判官刑部员外郎直集贤院	杜赟 供备官阁门祇候	115/8b
2	同	郑戬 太常博士直史馆同修起居注	柴贻范 供奉官阁门祇候	117/7b
3	同	李宗咏 工部郎中判户部勾院	崔准 供奉官阁门祇候	119/5a
4	同	高若讷 起居舍人直史馆知谏院	夏元正 西京左藏库使兼阁门通事舍人	120/15a
宝元1	同	韩琦 右司谏直集贤院	王从益 西染院副使兼阁门通事舍人	122/6a
2	同	王拱辰 右正言直集贤院判都磨勘司	彭再[三三] 西京左藏库副使	124/5a
康定1	贺辽太后	梁适 右正言	张从一 西染院副使	128/8a
	贺辽主	富弼 太常丞史馆修撰	赵日宣 供备库副使	
庆历1	贺辽太后	张沔 权盐铁判官工部郎中	侯宗亮 内殿崇班	133/3a
	贺辽主	王球[三六] 权度支判官兵部员外郎	侍其浚 内殿崇班阁门祇候	

年	使命	大使 官位	副使 官位	依据
重熙2	太后遣贺宋主	萧传 彰信节度使	王秀英 东上阁门使	**113**/21a
	皇帝遣贺宋主	萧丽 归义节度使	张素羽 将作少监[三一]	
3	贺宋主	耶律师古 左千牛卫上将军	刘五常 东上阁门使	**115**/18b
4	同	耶律睦 利州观察使	薄可久 大理少卿	**117**/20b
5	同	耶律兖[三二] 辽州观察使	郭揆 西上阁门使	**119**/16b
6	同	耶律甫 始平节度使	王泽 卫尉卿	**120**/22b
7	同	耶律德 高州观察使	崔继芳 广州团练使	**122**/15b
8	同	萧溥[三四] 天德军节度使	韩志德[三五] 太仆少卿	**125**/11a
9	太后遣贺宋主	耶律庶忠 左千牛卫上将军	孙文昭 崇禄卿	**129**/18b
	皇帝遣贺宋主	萧绍筠 崇仪节度使	秦德昌 西上阁门使维州刺史	
10	太后遣	耶律元德 左监门卫上将军	韩永锡 春州观察使	**134**/22a
	皇帝遣	耶律福 长宁节度使	韩保衡 太府卿	

407

年	使命	大使　官位	副使　官位	依据
庆历 2	贺辽太后	杨伟 兵部员外郎集贤校理判三司开拆司	王仁旭 礼宾副使	**137/12a**
	贺辽主	方偕 盐铁判官兵部员外郎	王易 礼宾副使	
3	贺辽太后	鱼周询 户部员外郎侍御史知杂事	李惟贤 阁门通事舍人	**142/21b**
	贺辽主	李钺 工部郎中	赵牧 东头供奉官阁门祗候	
4	贺辽太后	张瑰 盐铁判官祠部员外郎秘阁校理	焦从约 内园副使	**151/21a**
	贺辽主	刘湜 开封推官监察御史	李士勋 东头供奉官	
5	贺辽太后	李昭遘 度支判官祠部员外郎集贤校理	李璋 供备库副使阁门通事舍人	**157/2a**
	贺辽主	包拯 监察御史	郭琮 阁门通事舍人	
6	贺辽太后	王平 户部判官侍御史	王道恭 左殿班直阁门祗候	**159/4b**
	贺辽主	许宗寿 金部郎中判三司勾院	夏元吉 内殿承制	
7	贺辽太后	崔峄 户部判官邢部郎中	侍其演 内殿崇班阁门祗候	**161/3b**
	贺辽主	刘立之 盐铁判官司勋员外郎	李中祐 内殿崇班	
8	贺辽太后	李仲偃 工部郎中判度支勾院	孙世京 左侍禁阁门祗候	**165/5a**
	贺辽主	李永德 司勋郎中判理欠凭由司	康遵度 左侍禁阁门祗候	

年	使命	大使　官位	副使　官位	依据
重熙 11	太后遣	耶律庶成 林牙河西节度使	赵成 崇禄卿	**138/18b**
	皇帝遣	耶律宁[三七] 定难节度使	张旦 少府监	
12	太后遣	萧运 彰国节度使	李坤 左谏议大夫	**145/20a**
	皇帝遣	耶律顺 怀德节度使	郭玮 右谏议大夫	
13	太后遣	耶律褒 右监门卫上将军	星齐 宁州观察使	**153/12a**
	皇帝遣	萧玖 正义节度使	姚景禧 太常少卿史馆修撰	
14	太后遣	耶律观 左领军卫大将军	赵灵龟 秘书少监	**157/16a**
	皇帝遣	耶律同 左千牛卫上将军	马公寿 崇禄少卿	
15	太后遣	耶律洞 怀化军节度使	石右 崇禄卿	**159/15a**
	皇帝遣	耶律宜 昭德军留后	韩运 少府监	
16	太后遣	耶律寿 安福军留后	郑全节 西上阁门使	**161/11a**
	皇帝遣	耶律防 左千牛卫上将军	韩迥 右谏议大夫知制诰	
17	太后遣	萧侣 保安军节度使	马泳 永州观察使	**165/16b**
	皇帝遣	耶律庆 彰信军留后	王元基 崇禄少卿	

409

年	使命	大使　　官位	副使　　官位	依据
皇祐1	贺辽太后	何郯 礼部员外郎兼侍御史知杂事	柴贻范 内殿崇班阁门祗候	**167/5a**
	贺辽主	吕溱 著作佐郎直集贤院同修起居注	侯宗亮 阁门通事舍人	
2	贺辽太后	孙瑜 盐铁判官司封员外郎崇文院检讨	王道恭 阁门通事舍人	**169/6a**
	贺辽主	寇平 司勋员外郎判三司开拆司	郑余庆 内殿崇班阁门祗候	
3	贺辽太后	燕度 户部判官屯田郎中	张克己 内殿崇班阁门祗候	**171/3b**
	贺辽主	王珪 太常博士直集贤院	曹偓 东头供奉官阁门祗候	
4	贺辽太后	蒋賚 权盐铁判官都官员外郎	李中谨 内殿承制阁门祗候	**173/7a**
	贺辽主	韩绛 太常博士直集贤院同修起居注判盐铁勾院	王易 东头供奉官阁门祗候	
5	贺辽太后	张去惑 户部判官刑部员外郎	夏僖 内殿承制	**175/9a**
	贺辽主	贾黯 右正言直集贤院	王咸宜 左侍禁阁门祗候	
至和1	贺辽太后	俞希孟 开封府判官殿中侍御史	夏伸 阁门通事舍人	**176/21a**
	贺辽主	卢士宗 司封员外郎直龙图阁天章阁侍制	李惟宾 西头供奉官阁门祗候	

年	使命	大使　　官位	副使　　官位	依据
重熙18	太后遣	耶律瑛 始平节度使	邢熙年 卫尉少卿昭文馆直学士	**167/15a**
	皇帝遣	萧能 归德留后	常守整 荣州团练使	
19	太后遣	萧概 崇仪节度使	刘从正 四方馆使榆州团练使	**169/18b**
	皇帝遣	耶律素 昭德节度使	李韩 太常少卿	
20	太后遣	耶律照 成德节度使左千牛卫上将军	荆侍言 卫尉卿	**171/17a**
	皇帝遣	萧述 彰信节度使	吴昌稷 广州防御使	
21	太后遣	耶律元肃 保安节度使左领军卫上将军	刘需 宁州观察使	**173/21a**
	皇帝遣	萧德良 奉国节度使	陆孚 卫尉卿	
22	太后遣	耶律庶忠 林牙临海军节度使左卫大将军	李仲僖 夏州观察使兼东上阁门使	**175/19b**
	皇帝遣	耶律祁 始平节度使	周白 崇禄卿	
23	太后遣	耶律昌世 始平节度使左监门卫上将军	冯见善 宁州观察使	**177/19a**
	皇帝遣	萧福延 彰圣节度使右监门卫上将军	刘九言 崇禄卿	

宋辽交聘考

年	使命	大使　官位	副使　官位	依据
至和2	贺辽太后	范镇 起居舍人直秘阁知谏院	王光祖 内殿承制阁门祇候	180/18a
	贺辽主	李复圭 权度支判官刑部员外郎	柴贻范 染院使兼阁门通事舍人	
嘉祐1	贺辽太后	刁约 祠部员外郎判度支勾院集贤校理	刘孝孙 供备库副使	183/14b
	贺辽主	马遵 右司谏	陈永图 内殿崇班阁门祇候	
2	贺辽太后	王畴 度支判官祠部郎中直秘阁	李珹 西染院使	186/6b
	贺辽主	吴中复 殿中侍御史	宋孟孙 东头供奉官阁门祇候	
3	贺辽太后	朱寿隆 度支判官刑部郎中	王知和 礼宾使	187/17a
	贺辽主	祖无择 太常博士直集贤院判户部勾院	王怀玉 内殿承制阁门祇候	
4	贺辽太后	张中庸 开封府判官工部郎中	冯文显 左藏库副使	190/10a
	贺辽主	沈邈 太常博士集贤校理判理欠凭由司	高继芳 供备库副使	
5	贺辽太后	阎询 盐铁判官刑部郎中	刘禧 西京左藏库副使	192/7a
	贺辽主	王绎 户部判官兵部郎中秘阁校理	赵元中 西头供奉官阁门祇候	

年	使命	大使　官位	副使　官位	依据
道宗清宁1	太后遣	萧袞 林牙保静节度使	杜宗鄂 文州观察使知客省使	**181**/15a
	皇帝遣	耶律达 崇仪节度使	刘日亨 益州观察留后	
2	太后遣	萧扈 奉国军节度使骁卫上将军	韩孚 起居郎知制诰史馆修撰	**184**/16a
	皇帝遣	耶律煜 怀德节度使	韩惟良 广州防御使	
3	太后遣	耶律世达 左千牛卫上将军	张嗣复 谏议大夫知制诰	**186**/15a
	皇帝遣	耶律兖 临海节度使	张挺 引进使	
4	太后遣	耶律通 林牙天德节度使	马佑 左谏议大夫史馆修撰	**188**/15b
	皇帝遣	耶律惟新 保宁静节度使	王实 右谏议大夫史馆修撰	
5	太后遣	耶律思宁 归德节度使	韩造 泰州观察留后	**190**/24a
	皇帝遣	耶律煆 怀化节度使	王棠 起居舍人知制诰史馆修撰	
6	太后遣	耶律道 林牙右卫上将军	柴德滋 太常少卿昭文馆直学士	**192**/18b
	皇帝遣	耶律煆 怀化节度使	王棠 起居舍人知制诰史馆修撰	

413

年	使命	大使　官位	副使　官位	依据
6	贺辽太后	杨佐 司封郎中	李宗 供备库副使	**195/1a**
	贺辽主	王益柔 盐铁判官度支员外郎集贤校理	王渊 内殿崇班阁门祗候	
7—8		缺	缺	
英宗治平1		缺	缺	
2		赵鼎 侍御史	缺	宋史**13**/5a
3		张师颜	缺	宋史**13**/6b
4		缺	缺	
神宗熙宁1		缺	缺	
2		缺	缺	
3	贺辽太后	赵瞻 礼部郎中开封府判官	张述 供备库副使	**214/17a**
	贺辽主	李立之 主客郎中户部判官	刘镇 内殿承制	
4	贺辽太后	王海 度支判官司勋郎中	郭宗古 文思使	**226/6a**
	贺辽主	韩忠彦 开封府判官太常博士秘阁校理	李惟宾 西染院副使阁门通事舍人	
5	贺辽太后	章衡 起居舍人直集贤院	刘舜卿 皇城副使	**237/12b**
	贺辽主	沈希颜 比部员外郎	王文郁 西作坊副使阁门通事舍人	
6	贺辽太后	范子奇 金部员外郎判将作监	夏元象 文思使	**246/14a**
	贺辽主	蔡确 太子中允权监察御史	李谅 供备库使	

宋辽交聘考

年	使命	大使 官位	副使 官位	依据
7	太后遣	萧傅 林牙左镇军卫大将军	鲁昌裔 秦州观察留后	**195/15a**
	皇帝遣	萧辇 长宁节度使	王正辞 崇禄卿	
8—9		缺	缺	
10		萧禧	韩近[三八]	宋史 **13**/4a
咸雍1		耶律仲达	缺	宋史 **13**/5b
2		萧靖	缺	宋史 **13**/7a
3		萧杰	缺	宋史 **14**/5b
4		耶律公质	缺	宋史 **14**/7b
5		萧惟禧	缺	宋史 **14**/8a
6	太后遣	耶律宁 奉国军节度使	成尧锡 起居郎知制诰	**218**/17b
	皇帝遣	萧遵道 秦州观察使	杨规训 太常少卿直乾文阁	
7	太后遣	耶律德诚 安复军节度使	马谭 海州团练使	**228**/19b
	皇帝遣	耶律纪 高州观察使	邢希古 崇禄少卿史馆修撰	
8	太后遣	耶律休 安东军节度使	韩煜 太常卿史馆修撰	**241**/12b
	皇帝遣	萧瑜 高州观察使	王惟教 广州防御使	
9	太后遣	耶律荣 左千牛卫上将军	梁授 太常少卿乾文阁待制	**248**/24a
	皇帝遣	耶律洞 益州观察使	窦景庸 崇禄少卿	

415

年	使命	大使　官位	副使　官位	依据
熙宁7	贺辽太后	宋昌言 卫尉少卿	郭若虚 西京左藏库副使	255/5a
	贺辽主	韩铎 屯田郎中权管勾三司开拆司	王仪初 内殿宗班	
8	贺辽太后	窦昞 刑部员外郎集贤校理同修起居住	曹诵 皇城使	267/5b
	贺辽主	孙洙 祠部员外郎集贤校理	李惟宾 皇城使兼阁门通事舍人	
9	贺辽主	安焘 度支员外郎秘阁校理	高遵治 文思使	277/7b
10	同	刘奉世 太常博士集贤校理	张士矩 内藏库副使	284/7a
元丰1	同	周有孺 太常博士	杨从先 西京左藏库副使	291/8a
2	同	毕仲衍 太常丞检正中书户房公事	姚兕 皇城使雅州刺史	299/14b
3	同	钱勰 权发遣提举三司帐司	王景仁 西京左藏库副使	307/17a
4	同	庞元英	缺	文昌杂录4/3b
5	同	刘挚 朝奉郎守礼部郎中	张赳 内殿承制	329/8b
6	同	吴安持 承议郎驾部郎中	赵思明 供备库副使	338/6b
7	同	范纯粹 奉议郎试右司员外郎	侍其瓀 文思副使	348/6a
8	太皇遣贺辽主	吕嘉问 光禄卿	刘永渊 左藏库使	359/3a
	皇帝遣贺辽主	陈侗 朝请郎卫尉少卿	高遵治 西京左藏库使	

年	使命	大使　官位	副使　官位	依据
咸雍10	太后遣	耶律用政 安远军节度使	李之才 卫尉少卿乾文阁待制	258/15b
	皇帝遣	耶律宁 益州观察使	李贻训 史馆修撰	
大康1	太后遣	萧达 奉国军节度使	王籍 给事中	271/15b
	皇帝遣	耶律世通 安东节度使	李仲咨 太常少卿昭文馆直学士	
2	贺宋主	耶律运 左监门卫上将军	李逵 西上阁门使	279/23b
3	同	耶律孝淳 长宁军节度使	李俨 太常少卿史馆修撰	286/6a
4	同	耶律隆 宁昌军节度使	王安期 太常少卿史馆修撰	295/12a
5	同	萧宁 长宁军节度使	韩君俞 太常少卿史馆修撰	301/12b
6	同	萧伟 长宁军节度使	石宗回 太常少卿乾文阁待制	310/15a
7	同	萧福全 宁昌军节度使	郑颛 太常少卿乾文阁待制	321/12b
8	同	耶律仪 长宁军节度使	赵庭睦 太常少卿乾文阁待制	331/21a
9	同	萧固 崇仪节度使	杨执中 卫尉卿乾文阁待制	334/14b
10	同	耶律襄 永州观察使	贾师训 太常少卿史馆修撰	350/13b
大安1	贺宋主 太皇	萧洽 永州观察使	李炎 中散大夫守太常卿 充史馆修撰	363/9a
	贺宋主	萧嘉 利州观察使	赵金 卫尉少卿	

417

年	使命	大使　　官位	副使　　官位	依据
哲宗元祐1	太皇遣	高遵惠 朝奉郎直龙图阁守太仆少卿	李嗣徽 左藏库使	385/9a
	皇帝遣	晁端彦 朝散大夫司勋郎中	杨安立 供备库副使	
2	太皇遣	王钦臣 太仆少卿	刘用宾 西作坊使	404/9a
	皇帝遣	盛陶 工部郎中	赵希鲁 西头供奉官阁门祗候	
3	太皇遣	向宗旦 司农少卿	高遵礼 西京左藏库使	413/6a
	皇帝遣	王同老 户部郎中	贾祐 内殿崇班阁门祗候	
4	太皇遣	韩正彦 少府监	贾裕 阁门祗候	431/12a
	皇帝遣	陈弦 太府少卿	曹晔 阁门祗候	
5	太皇遣	苏注 吏部郎中	陆孝立 西头供奉官	447/1a
	皇帝遣	刘昱 户部郎中	毕可济 西京左藏库副使	
6	太皇遣	赵偁 吏部郎中	王鉴 西京左藏库副使	464/11b
	皇帝遣	程博文 司农少卿	康昺 左藏库副使	
7	太皇遣	宇文昌龄 太常少卿	曹读 供备库使	476/9b
	皇帝遣	吴立礼 殿中侍御使	向绎 内殿承制阁门祗候	

年	使命	大使　官位	副使　官位	依据
大安2	贺宋太皇	萧睦 利州观察使	赵微 朝议大夫太常少卿 史馆修撰	**393**/26a
	贺宋主	耶律庹 高州观察使	刘彦温 客省使广州防御使	
3	贺宋太皇	耶律仲宣 瑞圣军节度使	郭牧 正议大夫守崇禄卿	**407**/18b
	贺宋主	耶律净 秦州观察使	姚企程 中散大夫守太常少卿 充史馆修撰	
4	贺宋太皇	萧京 兴复军节度使	刘泳 中大夫守卫尉卿	**419**/14b
	贺宋主	耶律睦 永州观察使	刘彦升 东上阁门使海州防御使	
5	贺宋太皇	萧永海 保安军节度使	刘从海 朝议大夫守秘书少监	**436**/9a
	贺宋主	耶律宽 长宁军节度使	姚景初 广州防御使	
6	贺宋太皇	耶律庆先 兴复军节度使	赵圭延 朝议大夫守太常少卿 充乾文阁待制	**453**/13b
	贺宋主	萧忠孝 利州观察使	韩采 东上阁门使海州防御使	
7	贺宋太皇	耶律迪 宁昌军节度使	高端礼 中散大夫守太常少卿 充乾文阁待制	**468**/18b
	贺宋主	萧仲奇 泰州观察使	刘彦周 东上阁门使广州防御使	
8	贺宋太皇	萧昌祐 长宁军节度使	刘嗣昌 中散大夫守太常少卿 充史馆修撰	**479**/10a
	贺宋主	萧福 益州观察使	韩适 海州防御使	

年	使命	大使　官位	副使　官位	依据
哲宗 元祐 8		缺	缺	
绍圣 1—2		缺	缺	
3		时彦 右司员外郎	曹胫 供备库使	宋会要稿 30/15/6b
4	贺辽主	林邵 太常少卿	张宗禼 供备库使兼阁门通事舍人	490/21b
元符 1	同	王诏 朝散郎度支郎中	曹曚 西京左藏库副使	501/5b
2	同	韩粹彦 尚书司勋员外郎	贾裕 文思副使	宋会要稿 90/51/8a
3	同	吕仲甫	缺	宋史 19/4a
徽宗 建中靖国 1		缺	缺	
崇宁 1—5		缺	缺	
大观 1—4		缺	缺	
政和 1—5		缺	缺	
6	贺辽主	陶悦 司封员外郎[三九]	李邈 知霸州	
7		缺	缺	
重和 1		缺	缺	
宣和 1		缺	缺	
2		周武仲 承议郎右司员外郎[四一]	缺	
3		缺	缺	

[一]《宋史》卷三,页八下,"度"作"庆"。
[二]同上,页九上,"镇"作"正"。
[三]《辽史》卷九,页一下,作"太保迭烈割"。
[四]《宋会要稿》卷九〇《职官》五一之四下,作"吴载"。

年	使命	大使　　官位	副使　　官位	依据
大安 9		缺	缺	
10—寿昌 1		缺	缺	
2		缺	缺	
3	贺宋主	萧括 益州观察使	张㧑 东上阁门使海州防御使	**493**/25a
4	同	耶律遵礼 秦州观察使	邢秩 朝议大夫守秘书少监充史馆修撰	**504**/21b
5	同	萧括 高州观察使	王庆臣 朝议大夫守大理少卿	**519**/10a
6		缺	缺	
天祚帝 乾统 1		缺	缺	
2—6		缺	缺	
7—10		缺	缺	
天庆 1—5		缺	缺	
6		缺	缺	
7		缺	缺	
8		缺	缺	
9		耶律怀义	留嗣卿[四〇]	
10		缺	缺	
保大 1		缺	缺	

[五]《辽史》卷一四，页七上，作"太师盆奴"。
[六] 同上作"政事舍人"。
[七] 同上作"太保合住"。
[八] 同上作"颁给使韩简"。

［九］同上，卷一五，页四下，作"萧涅衮"。

［一〇］同上，页一二下，作"化哥"。

［一一］同上，卷一六，页一下，作"萧高九"。

［一二］《辽史》卷一六，页二下，作"张群"。

［一三］同上，页四上，作"耶律继崇"。

［一四］同上作"郑玄皷"。

［一五］同上，页四下，作"韩九"。

［一六］同上，页七下，云"太平三年九月壬辰，以萧伯达韩绍雍充贺宋正旦使副"，年次人名皆与此不符。

［一七］同上，页九上，云"宋遣张传张士禹程琳丁保衡来贺"。将两次使副并而为一。

［一八］同上，页九下，云"太平四年十二月以萧从政为归义军节度使，康筠监门卫，充贺宋正旦使副"。

［一九］同上，卷一七，页二上，云"十二月己巳遣萧楷李琪充贺宋正旦使副"。

［二〇］同上，页二下，作"裴继起"。

［二一］《辽史》页四上，云"太平七年正月壬寅朔，宋遣张保维孙继业孔道辅马崇来贺"。人名微有不同，盖传钞讹误所致。按宋以天圣五年即辽太平七年派上四人使贺辽明年正旦，则至辽应在太平八年。今《辽史》云在七年，恐误。

［二二］同上，页四下，云"太平七年十二月丁卯，遣……萧速撒马保永充贺宋正旦使副"。人名微异，且差一年。

［二三］同上，页六下，作"耶律曷"。
［二四］同上作"耶律荷"。
［二五］同上作"韩绍一"。
［二六］同上，页八上，作"张士宜"。
［二七］同上，页七下，作"崔闰"。
［二八］同上，卷一八，页四下，作"李懿"。
［二九］同上作"王冲睦"。
［三〇］同上作"张纬"。
［三一］《辽史》卷一八，页三下，云"重熙元年七月以萧达溥王英秀萧麓张素羽充来岁贺宋正旦生辰使"。与表所载直至重熙七年皆相差一岁，恐有误。
［三二］同上，页五上，作"萧衮"。
［三三］同上，页九下，作"彭再思"。
［三四］同上，页八下，作"萧傅"。
［三五］同上，作"韩至德"。
［三六］同上，页二下，作"薛申"。
［三七］同上，卷一九，页一下，作"耶律烈"。又本年贺宋正旦四人，《辽史》皆列入重熙十一年。
［三八］此见陈襄《神宗皇帝登位使辽语录》页六八。
［三九］见：徐梦莘《三朝北盟会编》（光绪三四年刻本）卷六，页二上。
［四〇］杨时《杨龟山先生集》（光绪五年将乐刊本）卷三六，页五下—六下。
［四一］同上。

祭 吊 等 国

年	使命	宋 使 大使 官位	副使 官位	依据
太祖 开宝9	告哀	冯正 著作郎		17/21a
	告即位	张玘 著作佐郎		
太宗 太平兴国2	回谢	辛仲甫 起居舍人	穆被 右赞善大夫	18/12a
真宗 大中祥符 2—3	祭奠	王随 太常博士直史馆	郭允恭 内殿承制阁门祗候	72/21a
	吊慰	王曙[五] 太常博士判三司催欠凭由司	王承瑾 供奉官阁门祗候	
乾兴1	告哀	薛贻廓 内殿承制阁门祗候[八]		98/3b
	致皇帝遗留物	薛田 礼部郎中[一〇]	李余懿 供备库副使[一一]	98/10b
	告即位	任中行 兵部员外郎判盐铁勾院	曹珣 崇仪副使	
	太后回谢	刘锴[一五] 户部郎中直史馆	曹仪[一六] 客省副使	99/2a
	皇帝回谢	赵贺 工部郎中	杨承吉 内殿承制阁门祗候	
仁宗 天圣9	祭奠	王随 御史中丞	曹仪 西上阁门使	110/10b
	吊慰辽太后	梅询 龙图阁待制	张纶 昭州刺史	
	吊慰辽主	王鬷 盐铁副使司封员外郎	许怀信 内殿承制阁门祗候	
	贺辽太后册礼	孔道辅 龙图阁待制	魏昭文 西染院使	
	贺辽主即位	范讽 天章阁待制	孙继邺 崇仪副使	

信 使 副 表

年	使命	辽 使 大使　官位	副使　官位	依据
景宗 保宁8—9	祭奠	耶律敞 鸿胪少卿[一]	缺	18/10a
	吊慰	萧巴固济[二] 鞍辔库使	涅木古 挞马	17/22a 辽史8/5b
	贺即位	萧只古	马哲[三]	
圣宗 统和 27—28	告哀	耶律信宁 天平节度使[四]		72/21a
	致太后 遗留物	萧噶琳[六] 临海节度使	室程 给事中	74/8a
	回谢	萧善宁 左威卫上将军[七]	张崇济 左领军卫大将军	
太平2	祭奠	耶律僧隐 殿前都点检崇仪节度使[九]	马贻谋 翰林学士工部侍郎知制诰	98/13a
	吊慰宋太后	萧日新 左金吾卫上将军[一二]	冯延休 利州观察使	
	吊慰宋主	耶律宁[一三] 右金吾卫上将军	姚居信 引进使[一四]	
	贺即位	耶律僧隐 左夷离毕刑部尚书	韩格 高州观察使	99/7b
11	告哀	耶律克实 奉陵军节度使		110/10b
	致皇帝遗留物	萧德顺 工部尚书	李可封 崇禄卿	110/15b
	太后回谢吊慰	耶律矗 御史中丞	张确 司农卿	
	皇帝回谢吊慰	耶律励 详稳	高维翰 四方馆使	
	回谢贺册礼	耶律逊 右领军卫上将军	马惮 少府监	辽史18/2b
	回谢贺即位	耶律元 右监门卫上将军	魏永 引进使	

425

年	使命	大使　官位	副使　官位	依据
明道 2	告哀	曹琮 东上阁门使		112/7a
	致太后遗留物	章得象 翰林学士	安继昌 崇仪使	
	回谢辽太后	刘赛[二〇] 度支判官邢部郎中	符惟忠[二一] 西染院副使兼阁门通事舍人	113/2a
	回谢辽主	李昭述 度支判官司封员外郎	张茂实 东染院副使	
至和 2	祭奠	吕公弼 龙图阁直学士兵部郎中	郭谘 西上阁门使英州刺史	180/18b
	吊慰	李参 盐铁副使工部郎中	夏佺 内苑使兼阁门通事舍人	
	贺即位	欧阳修 翰林学士吏部郎中知制诰史馆修撰	向传范 四方馆使果州团练使	
嘉祐 3	祭奠	朱处约 侍御史	潘若冲 宫苑使	187/2a
	吊慰	李仲师[二六] 度支判官兵部员外郎集贤校理	雍规 六宅副使	
8	告哀	王道恭 引进副使		198/7a
	告即位于太皇	祖无择	缺	《龙学始末》1b
	告即位于辽主	韩贽	缺	宋史 13/2a

年	使命	大使　官位	副使　官位	依据
兴宗 重熙 2	祭奠	耶律守宁 兴圣宫使[一七]	李奎 知制诰[一八]	113/1a
	太后遣 吊慰	耶律信宁[一九] 天德节度使	和道亨 大理卿	
	皇帝遣 吊慰	耶律嵩 河西节度使	冯世卿 引进使	
道宗 清宁 1	告哀	耶律元亨 右宣徽使忠顺节度使 左金吾卫上将军		181/1a
	致皇帝 遗留物	萧运 右宣徽使左金吾卫 上将军[二二]	史运[二三] 翰林学士给事中史 馆修撰	181/14b
	回谢贺 即位	萧锵 林牙右领军卫上将军	寇忠 归州观察使	181/15a
	回谢 吊慰	萧信[二四] 顺义节度使右监门 卫上将军	王行己 右谏议大夫[二五]	182/5a
4	告哀	萧福延 林牙怀德军节度使		187/2a
	致太后 遗留物	耶律嗣臣 林牙归德军节度使	刘伸 右谏议大夫	187/10a
	回谢 祭吊	萧𪻐 长宁军节度使	郭悚 卫尉卿	188/4a
9	太后遣 祭奠	萧福延 林牙左金吾卫上将军	张嗣琼[二七] 观书殿学士礼部侍郎 知制诰同修国史	《宋会要稿》 25/29/40a
	皇帝遣 祭奠	萧逊 昭德军节度使	王籍 给事中	
	太后遣 吊慰	耶律达[二八] 左骁卫上将军	刘霖 卫尉卿昭文馆学士	
	皇帝遣 吊慰	耶律衍 安东军节度使	韩贻庆 四方馆使	

427

年	使命	大使　　官位	副使　　官位	依据
英宗 治平4	告哀	冯行己 东上阁门使		《宋会要稿》 25/29/43b
	告即位 于太后	陈襄 盐铁判官工部郎中 秘阁校理	□咸融	《神宗皇帝即位使辽语录》
	告即位 于辽主	孙坦	□愈	
	致皇帝 遗留物	史炤 周孟阳	李评 李琦	
神宗 熙宁9	祭奠	王克臣 户部副使度支郎中	张山甫 西上阁门使	274/9a
	吊慰	蒲宗孟 太常丞集贤校理	王渊 西上阁门副使	
元丰8	告哀	宋球 阁门通事舍人		353/4b
	致皇帝 遗留物	王震[三二] 承议郎试中书舍人	骞育[三三] 内殿承制	354/9a
	告即位	满中行 承议郎左司郎中	焦颜叔 左班殿直阁门祗候	
	太皇 回谢	蔡卞 承议郎龙图直学士	曹评 客省使沂州防御使	359/17a
	皇帝 回谢	范百禄 中书舍人	刘惟清 左藏库副使知冀州	359/17a

年	使命	大使　官位	副使　官位	依据
咸雍3	太后遣祭奠	萧禧 奉宁军节度使[二九]	陈觉 右谏议大夫知制诰	《宋会要稿》 25/29/52a
	皇帝遣祭奠	萧余庆 永州观察使	王言敷 太常少卿充乾文阁待制	
	太后遣吊慰	萧辅 安远军节度使	柴好问 威州团练使	
	皇帝遣吊慰	萧福庆 荆州观察使	刘诜 太常少卿充史馆修撰	
	贺即位	耶律好谋 广州防御使	董庠 崇禄少卿	《宋会要稿》 196/2/21a 辽史22/5a
		萧古图辞[三〇] 知黄龙府事	马铉 中书舍人	
大康2	告哀	耶律孝淳 林牙临海军节度使[三一]		274/16a
	致太后遗留物	萧质 林牙怀化军节度使	成尧锡 翰林侍读学士右谏议大夫知制诰同修国史	277/8a
	回谢	耶律英 长宁节度使	韩君仪 太常少卿	277/17a
大安1	祭奠	耶律琚 奉国军节度使	王师儒 起居郎知制诰史馆修撰	358/9a
	吊慰宋主	萧杰 宁州观察使	韩昭愿 客省使海州防御使	359/14b
	吊慰宋太皇	耶律仲 长宁军节度使	吕颐浩 太常少卿充乾文阁直学士	
	贺即位	耶律白 林牙崇义军节度使	牛温舒 朝议大夫守崇禄少卿充史馆修撰	361/11a

年	使命	大使 官位	副使 官位	依据
哲宗 元祐8	告哀	王湛 东上阁门使成州团练使		《宋会要稿》 90/51/5b
	致太皇遗留物	吕陶 中书舍人	郝惟立 左藏库使	《宋会要稿》 29/33/7a
	回谢	张舜民 秘书少监	郑价	《宋会要稿》 90/51/6a
元符3	告哀	宋渊 阁门通事舍人		520/13b
	致皇帝遗留物	吴安宪 河北路计定转运副使	朱孝孙 阁门通事舍人	《宋会要稿》 25/29/70b
	告即位	韩治	曹谱	
	回谢	陆佃	李嗣徽	
徽宗 建中靖国1	祭奠	谢文瓘 中书舍人	王浙 皇城副使	《宋会要稿》 90/51/8a
	吊慰	上官均 给事中	刘裔 左藏库使兼阁门通事舍人	
	贺即位	黄实 淮南江浙等路发运使	阎仁武 西上阁门使	

[一]《宋会要稿》册一九六《蕃夷》一之四上,作"鸿胪卿"。

[二]同上,一之三下,开宝九年十二月,契丹遣使鞍辔库使萧蒲骨只及从人粘毛骨等奉慰书来聘,修赙礼也。《辽史》卷八,页五下,保宁八年十一月"丙子,宋主匡胤殂,其弟炅自立,遣使来告。辛卯,遣郎君王六,挞马捏木古等使宋吊慰。"按萧蒲骨只即萧巴固济,粘毛骨即捏木古。郎君王六不知是否即萧蒲骨只也。

[三]同上,一之四上,太宗太平兴国二年正月,契丹遣使萧蒲泥礼王英等…来贺太宗皇帝登极。使副人名与《辽史》所载皆异。

[四]同上,二之二下,作"天成军节度使"。

[五]《辽史》卷一五,页一上,误作"王儒"。

[六]《宋会要稿》册一九六《蕃夷》二之四上,作"萧曷领";《辽史》卷一五,页一上,作"左龙虎卫上将军萧合卓"。

[七]同上,二之四下,作"左武骑上将军";《辽史》卷一五,页一上,作"临海军节度使萧虚列"。

年	使命	大使　官位	副使　官位	依据
9		缺	缺	
寿昌6	祭奠	萧安世 临海节度使	姚企贡 太常少卿乾文阁学士	宋会要稿 25/29/73a
	吊慰	萧进忠 利州观察使	耿钦愈 客省使胜州防御使	
	贺即位	缺	缺	
天祚帝 乾统1		缺	缺	

[八] 同上，二之一一一上，作"崇仪副使"。
[九] 同上，"僧隐"作"三隐"；"崇仪节度使"作"崇义军节度使"。
[一〇] 同上，二之一一二上，作"度支副使户部郎中"；《辽史》卷一六，页七上，"薛田"作"薛由"。
[一一] 同上，作"东染院使"。
[一二] 同上，作"左林牙左金吾卫上将军"。
[一三] 《辽史》卷一六，页七上，作"耶律谐领"。
[一四] 《宋会要稿》册一九六《蕃夷》二之一一一下，作"引进副使"。
[一五] 《宋会要稿》册九〇《职官》五一之一一上，"锴"作"错"。
[一六] 同上，"仪"作"曦"。
[一七] 《辽史》卷一八，页四上，作"延昌宫使耶律寿宁"。
[一八] 同上作"给事中知制诰"。
[一九] 同上作"耶律卿宁"。

431

[二〇] 同上,页四下,作"刘宝"。
[二一] 同上作"符忠"。
[二二] 同上,卷二一,页二上,作"右夷离毕萧谟鲁"。
[二三]《宋会要稿》册一九六《蕃夷》二之一八上,《辽史》卷二一,页二上,皆作"韩运"。
[二四] 同上作"萧佶"。
[二五] 同上作"左谏议大夫"。
[二六] 同上,册九〇《职官》五一之四七下,作"李师中"。

[二七] 同上,册一九六《蕃夷》二之一九下,作"张嗣复"。

[二八] 同上作"耶律逵"。

[二九]《辽史》卷二二,页五上,咸雍三年三月"癸未,宋主曙殂……即遣右护卫太保萧挞不也、翰林学士陈觉等吊祭"。

[三〇]《宋会要稿》册一九六《蕃夷》二之二一上,作"彰信军节度使萧恭顺"。

[三一]《辽史》卷二三,页四下,作"殿前副点检耶律辖古"。

[三二] 同上,卷二四,页六下,作"王真"。

[三三] 同上作"甄祐"。

		宋	使		泛　　使
年	使命	大使　　官位	副使　　官位		依据
太祖 开宝 8	报聘	郝崇信 西上阁门使	吕端 太常丞		16/9a
太宗 太平兴国 4					
真宗 景德 1	议和	曹利用 阁门祗候			宋会要稿 196/1/ 31a-33a
	奉誓书	李继昌 西京左藏库使奖州刺史			
大中祥符 3					
仁宗 康定 1	告代夏	郭槙 刑部员外郎集贤校理同修起居注	夏防 供备库副使		128/4a
庆历 2	报聘	富弼 右正言知制诰	符惟忠 西上阁门使		135/19b
	商议 地界	富弼 右正言知制诰	张茂实 供备库副使恩州团练使		136/4b
	回谢	梁适 右正言知制诰	缺		138/6b
4	报聘	余靖 右正言集贤校理同修起居注	缺		152/8b
5	报聘	余靖 右正言知制诰史馆修撰	王克基 引进使恩州刺史		154/5a
皇祐 1	报聘	钱明逸 翰林学士权知开封府	向传范 西上阁门使荣州刺史		166/15b

434

表

年	使命	辽使 大使 官位	副使 官位	依据
景宗 保宁7	初通和	剠思 郎君	缺	辽史 8/4b
	报聘	耶律霸德 左卫大将军	雅勒呼[一] 弓箭库使	16/10a
乾亨1	问伐 北汉	耶律埒伊摩哩[二] 尚书		20/4a
圣宗 统和22	议和	韩杞左飞龙使 姚东之 右监门卫大将军		宋会要稿 196/1/ 31a-33a
	奉誓书	丁振 西上阁门使		
28	告伐 高丽	耶律宁 右监门卫大将军		74/10b
兴宗 重熙9	报聘	缺	杜防 工部尚书修国史	129/8b
11	索关 南地	萧英[三] 宣徽南院使归义节度使	刘六符 翰林学士右谏议大夫知制诰同修国史	135/15a
	奉誓书	耶律仁先 枢密副使保大节度使	刘六符 礼部侍郎同修国史	137/15a
	报撤兵	萧偕 林牙保大节度使		138/6b
13	告伐夏	耶律元衡[四] 延昌宫使		151/3b
14	告伐 夏回	耶律宗睦 林牙彰圣军节度使		154/2a
	献伐夏 所获	耶律翰林 林牙保静军节度使	王纲 枢密直学士	宋会要稿 196/2/16b
18	告伐夏	萧惟信 枢密副使辽兴军节度使		166/15a

435

年	使命	大使 官位	副使 官位	依据
皇祐 2	报聘	赵概 翰林学士刊部郎中知制诰	钱晦 西上阁门使贵州团练使	168/4b
至和 1	报聘	王拱辰 三司使吏部侍郎	李珣 德州刺史	177/5a
嘉祐 2	报聘	张昇 右谏议大夫权御史中丞	刘永年 单州防御使	185/6b
	报聘	胡宿 翰林学士工部郎中知制诰史馆修撰	李绶 礼宾副使	186/10a
熙宁 7	报聘	韩缜 兵部郎中天章阁待制		251/26a
8	报聘	沈括 右正言知制诰	李评 西上阁门使荣州刺史	263/9b
哲宗 元符 2	报聘	郭知章 朝散郎中书舍人	宋深 东作坊使兼阁门通事舍人	509/7b
徽宗 崇宁 4	报聘	曾孝广 林摅[五]	王戩	宋史 20/2a 辽史 27/4a
5	报聘	刘正符[六]	曹穆	辽史 27/5a

[一]《宋会要稿》册一九六《蕃夷》一之二下,作"尧卢骨"。

[二]同上,册一七五《兵》七之五下及册一九六《蕃夷》一之五上,作"律耶拽剌梅里"。

[三]《辽史》卷一九,页二下,作"萧特末"。

年	使命	大使 官位	副使 官位	依据
重熙 19	告伐夏回	耶律益 殿前副点检忠正军节度使	赵柬之 彰德军节度使	168/4a
23	告兴夏平	萧德 忠正军节度使同平章事	吴湛 翰林学士左谏议大夫知制诰史馆修撰	177/4b
道宗 清宁 3	求宋帝御容	耶律防 林牙左监门卫大将军	陈颉 枢密直学士给事中	185/6a
	致辽帝像再求宋帝御容	萧扈 枢密使右金吾卫上将军	吴湛 宣政殿学士礼部尚书	186/9b
咸雍 10	议河东地界	萧禧 林牙兴复军节度使		251/12b
大康 1	仍议地界	萧禧		261/3a
寿昌 5	代夏求和	萧德崇 左金吾卫上将军签书枢密院事	李俨 枢密直学士礼部侍郎	507/3b
天祚 乾统 5	代夏求和	萧良	高端礼 枢密直学士	宋史 20/2a 辽史 27/4a
6	代夏求和	萧得里底 知北院枢密使	牛温舒 知南院枢密使	辽史 27/5a

[四]《宋会要稿》册一九六《蕃夷》二之一下,作"元冲";《辽史》卷一九,页六上,作"耶律高家奴"。

[五]《辽史》卷二七,页四下作"林洙"。

[六]《宋会要稿》册九〇《职官》五一之八下作"承议郎尚书礼部侍郎刘王夫"。

437

备考

1. 宋使副使命或年代不详者：

a. 使命不详者：赵抃(嘉祐八年,见：《东坡正集》卷三八,五上),马防(崇宁五年,见:《宋会要稿》册九〇《职官》五一之九上),罗选侯益(政和五年,见:《宋会要稿》册一九六《蕃夷》二之三二上),杜充狄璘(政和七年,见:《宋会要稿》册九〇《职官》五一之九下),宋孝先(宣和四年,见:《宋会要稿》册九〇《职官》五一之九下)。

b. 年代不详者：韩肖胄(贺生辰,见:《宋史》卷三七九,页五下),李弥大(贺正旦,见:《宋史》卷三八二,页二三上)。

c. 使命及年代皆不详者：范坦(《宋史》卷二八八,页一一下),王汉之(《宋史》卷三四七,页六上),陈过庭(《宋史》卷三五三,页五上),张叔夜(《宋史》卷三五三,页六上),卢法原(《宋史》卷三七七,页一三下),李罕(见:陈振《孙直斋书录解题》卷七,页四下,光绪九年江苏书局刊)。

2. 辽泛使不为宋所接纳者：

a. "宣和四年三月,辽国宰相张琳立燕王耶律淳为天锡皇帝,……遣知宣徽南院事萧挞勃乜、枢密副承旨王裾充使副来告。朝廷上以天祚见在夹山,燕王安得立！不受。……八月二十九日,北虏伪后萧氏及四军大王萧干遣其臣永昌宫使萧容、昭文馆直学士韩昉等奉表称藩……斥回"(《宋会要稿》册一九六《蕃夷》二之三三上—三四上)。

(原载《燕京学报》第二七期)

麟州杨氏遗闻六记

宋杨家将故事,以小说戏曲之宣传,大河南北,几于妇孺皆知。稗官野史,里巷之谈,固不足信;而《宋史·杨业传》所述,又嫌略简,难尽窥事实之曲折。年来涉猎书史,遇关杨业祖孙父子之事,辄移录之,为日既久,粗有所获。今稍加连缀,以充《史学年报》篇幅。饾饤獭祭,不足云撰箸也。

一 记入宋前之杨业

杨业,麟州新秦人也。

《宋史》①卷二七一及王偁《东都事略》②卷三四《业传》,皆云业为太原人;曾巩(?)《隆平集》③卷一七及江少虞《皇朝类苑》④卷五五《业传》,皆云业为麟州人;所述互异。考欧阳修《文忠全集》⑤卷二九业侄孙琪墓志云:"君讳琪……姓杨氏,

---

① 光绪二九年五洲同文书局石印。
② 光绪九年淮南书局刊。
③ 康熙一四年七业堂刊。
④ 1916年《涌芬室丛刊》本。
⑤ 《四部备要》本。

麟州新秦人也。新秦近胡,以战射为俗,而杨氏世以武力雄其一方。"又《资治通鉴》①卷二九一书业父弘信事,谓之为"麟州土豪"。夫杨氏之于麟,既曰"世",曰"土",则业之本贯应为麟州明矣。《宋史》及《东都事略》谓之太原人者,盖从初仕之国而言也。又按:新秦,麟州附郭县,今陕西神木县地。

父弘信,后周广顺初纠合徒众,据州自为刺史。

弘信,《宋史》、《东都事略》及《资治通鉴》皆作"信",唯《欧阳文忠全集》杨琪墓志称为弘信。考宋宣祖讳弘殷,故宋人多避"弘"字;弘信之所以被书为"信",谅以避讳故也。

业初名重贵。弱冠事北汉世祖,又事睿宗,赐姓刘氏,名继业。

按北汉世祖刘崇为后汉高祖知远之弟。《旧五代史》②卷一三五《崇传》,谓"高祖镇并汾,奏为河东步军都指挥使。逾年,授麟州刺史"。又同书卷九九《高祖纪》,谓高祖于晋天福六年"七月授北京留守,河东节度使"。则崇之刺麟州,约在天福七八年间;业之事刘氏,当始于此时。又睿宗子侄辈皆以"继"字联名,其改杨重贵为刘继业,盖亦子视之也。

历官由保卫指挥使至侍卫都虞候,领建雄军节度使。

按建雄军即晋州,不属北汉。继业乃以侍卫都虞候遥领节钺耳。

宋开宝二年,太祖亲征北汉,继业守团柏谷,以众寡不敌退师。洎太原被围,继业出犯,未得逞。宋旋以暑疫罢兵。

李焘《续资治通鉴长编》③卷一〇,开宝二年正月"乙卯……命曹彬等各领兵先起太原。戊午,诏亲征。……北汉侍卫都虞

---

① 《四部备要》本。
② 五洲同文书局石印。
③ 光绪七年浙江书局刊。

候刘继业……屯于团柏谷,……知众寡不敌……奔还晋阳。北汉主怒,罢其兵柄。……三月……上次太原,命为四寨以逼之。……刘继业……以突骑数百犯东寨,党进挺身逐之……继业缘緪入城"。

开宝八年,继业尝攻宋晋州,败于洪洞。

《续资治通鉴长编》卷一六,开宝八年正月,"北汉主命刘继业……攻晋州,武守琦败之洪洞"。

太平兴国四年五月,太宗灭北汉。国主已降,继业犹负隅苦战。迨奉刘继元命,始解甲来见。太宗得之,甚喜,诏复本姓,只名业。授左领军卫大将军,寻改郑州防御使。

《续资治通鉴长编》卷二〇:"初刘继业捍太原城,甚骁勇。及继元降,继业犹……苦战。上素知其勇,欲生致之,命中使谕继元俾招继业。继元遣所亲信往,继业乃北面再拜,大恸,释甲来见。上喜慰,抚之甚厚,复姓杨氏,只名业。寻授左领军卫大将军,郑州防御使。"

旋命知代州,兼三交驻泊兵马部署。翌年以功进云州观察使。此后事具《宋史》本传。业以善战名,人称为"无敌"。又长于军略,在北汉时所布置之堡寨,韩琦知太原犹及见之云。

《续资治通鉴长编》卷一五二:"皇祐中,韩琦经略河东,案堡寨置处,多北汉名将杨业所度者。"

二 记杨业战死以后

宋太宗雍熙三年五月,杨业战死朔州陈家谷。

按：业卒时年岁，诸书无述及之者。今依第一记所言，假定业于晋天福八年始事刘氏，其年为二十岁（弱冠），则雍熙三年应为六十三岁，其生约在后唐同光二年（924—986）。又按：朔州，今山西朔县。

事闻，削统帅潘美三官，监军王侁等除名编管，赠业太尉大同军节度使，赐其家布帛千匹，粟千石。

按：业生前官至观察使，品为第四，而太尉品第一。以四品官而晋至一品，可称超赠。① 第《宋会要稿》②第一七五册八之七下，仅谓"优赠业大同军节度使"，不言太尉。则恐所赠为检校太尉，非真太尉也。

后累赠至太师中书令。

《欧阳文忠全集》杨琪墓志云："君之伯祖继业，太宗时为云州观察使，与契丹战殁，赠太师中书令。"按：业初赠官为太尉、大同军节度使，后谅以子延昭贵，遇大礼恩，累赠至太师中书令者。中书令例得称"令公"，此或为近世小说戏曲称业为令公之所本乎？

子七人：延玉从业战死。余子以业殁于王事，延朗自供奉官迁崇仪副使，延浦、延训自殿直迁供奉官，延环、延贵、延彬并录为殿直。妻折氏，或云为折德扆之女。折家世有府州，麟、府毗连，两州土豪结姻，固事理之所许也。

《山西通志》卷五六《古迹考》七云，保德州有"折太君墓，在州南四十里折窝村，相传即杨业妻，折德扆女也"。又道光《神木

---

① 此据《宋史·业传》。
② 北平图书馆影印。

县志》卷二《古迹篇》云："黄羊城……俗传杨继业妻折氏居此。"又同书卷五《人物》上《业传》谓业死事，"妻折氏赴阙讼夫冤"。方志所载古迹，多不足据，所云折太君墓，折氏曾居黄羊城，皆属影响之谈。惟业妻之为折氏，似无可疑；至其是否为德扆女，则不敢必也。按宋制，四品官母妻皆封郡君。人称业妻为折太君，岂无因哉！

三　记契丹之重杨业

《宋史》述杨业之勇，谓契丹畏之，见其旌旗则引去。辞近夸诞。惟《辽史》于擒其他宋将，仅一书或再书，独于杨业之擒之死，则既见于纪，复见参与陈家谷一战诸将之传，且大书特书，不厌其烦。此何故欤？岂非以素日畏之重之，而喜其一旦成擒乎？

按：《辽史》卷一一《圣宗纪》，统和四年"秋七月丙子，枢密使斜轸遣侍御涅里底、斡勒哥奏复朔州，擒宋将杨继业。……辛卯，斜轸奏：大军入寰州，杀守城吏卒千余人。宋将杨继业初以骁勇自负，号杨无敌，北据云、朔数州。至是引兵南出朔州，至狼牙村，恶其名，不进。左右固请，乃行。遇斜轸，伏四起，中流矢，堕马被擒。疮发，不食，三日，死。遂函其首以献。诏详稳辖麦室传其首于越休哥，以示诸军"。又卷八三《耶律斜轸传》："斜轸闻杨继业出兵，令萧挞凛伏兵于路。明旦继业至，斜轸拥众为战势。继业麾帜而前，斜轸佯退。伏兵发，斜轸进攻，继业败走至狼牙村。众军皆溃，继业为流矢所中，被擒。斜轸责之曰：'汝与我国角胜三十余年。① 今日何面目相见！'继业但称'死罪'而已。"又同卷《耶律奚底传》："宋将杨继业陷山西郡县，奚底从枢密使斜轸讨之。凡战必以身先，矢无虚发。继业败于朔州之南，匿深林中，奚底望袍影而射，继业堕马。先是，军令须生擒继业。奚底以故不能为功。"又卷八五《萧挞凛传》："统和四年，宋将杨继业率兵由代州来侵，攻陷城邑，挞凛以诸军副部署从枢密使耶律斜轸败之。"又同卷《耶律题子传》："当斜轸擒继业于朔州，题子功为多。"又同卷《耶律谐理传》："宋将杨继业来攻山西，谐理从耶律斜轸击之，常居先锋，侦候有功。"

惟其畏之重之也，于是更有为业立祠于古北口之事。

古北口一名虎北口，今属河北省密云县。宋仁宗至和二年，刘敞奉命贺契丹太后生辰，有《过古北口杨无敌庙》诗曰："西流不返日滔滔，陇上犹歌七尺刀。恸哭应知贾谊意，世人生死两鸿毛。"②宋神宗熙宁十年，苏颂奉命贺契丹主生辰，有《和仲选过古北口杨无敌庙》诗曰："汉家飞将领熊罴，死战燕山护我师，威信仇方名不灭，至今遗俗奉遗祠。"③宋哲宗元祐四年，苏辙奉命贺契丹主生辰，有《过古北口杨无敌庙》诗曰："行祠寂寞寄关门，野草犹知避血痕。一战可怜非战罪，太刚嗟犹畏人言。驰驱本为中原用，尝享能令异域尊。我欲比君周子隐，诛

---

① 按：此有语病。业自太平兴国四年降宋，至雍熙三年，仅八年耳。在未降宋以前，为北汉将二十余载，固无与契丹角胜之事也。
② 诗见《武英殿聚珍丛书·公是集》卷二八。
③ 诗见道光壬寅苏氏刊《苏魏公文集》卷一三。

彤聊足慰忠魂。"①

其祠历辽、金、元、明、清以迄民国,尚巍然存于古北口城北门外。

万历刊《大明一统志》卷一《祠庙》:"杨令公祠在密云县古北口,祀宋杨业。"民国《密云县志》卷二之五,"杨令公祠,明洪武八年,徐达重建,祀宋杨业。成化时,镇守监丞许常、都指挥王荣重修,敕赐名威灵庙。……嘉靖年,兵备佥事张守中、古北口副将军郭琥重修。前清霸昌道耿继先、总兵蔡元重修。"顾炎武《日知录》②卷三〇《大明一统志》条:"《一统志》'杨令公祠在密云县古北口,祀宋杨业。'……按:业生平未尝至燕,况古北口又在燕京东北二百余里,地属契丹久矣,业安得而至此!……《密云县志》'威灵庙在古北口北门外一里,祀宋赠太尉大同军节度使杨公。'……并承《一统志》而误。"其说甚辩。然由刘敞等诗,知古北口业祠立于契丹时,非明人所创建,顾氏误矣。

昔匈奴杀李广利而终祀为贵神。契丹之立业祠,得无亦类是乎?

四 记杨延昭

延昭本名延朗,后以避宋圣祖讳改焉。

按大中祥符五年十月戊午,真宗梦圣祖降,十一月始颁讳,一时人地多改名者。圣祖讳玄朗,故朗州改鼎州,玄武门改拱辰

---

① 诗见《四部丛刊》本《栾城集》卷一六。
② 坊刻巾箱本。

门。延朗之改延昭,当亦在此时也。
常从业征讨,骁勇有父风。真宗咸平二年,契丹南侵,延昭守遂城,契丹屡攻不能破,时有"铁遂城"之称。

> 《皇朝类苑》卷五六:"虏犯澶渊。……河北支郡城守者多为蕃兵所陷。……当是时,魏能守安肃军,杨延朗守广信军,乃世所谓梁门、遂城者也。二军最切虏境,而攻围百战不能下,以至贼退出军,而延朗追蹑转战未尝衄败。故时人目二军为铜梁门铁遂城。"

时大将傅潜拥重兵顿中山,延昭屡请益兵不许,故未得建大功;然已名震一世矣。

> 《东都事略》卷三五《钱若水传》:"若水从真宗幸大名,上书曰:'比者傅潜为帅,拥十万之众,开关纵寇,坐看丑虏残虐生民,不正典刑,曷惩其后!杨延朗辈勇于赴敌,奋不顾身,授任尚轻,业功未大。臣愿陛下诛败将以徇众,擢有功以劝能。'"

时延昭官不过刺史耳,其为时人重视已如此。
大中祥符七年正月卒,年五十七。

> 按:由大中祥符七年上推五十七年,延昭之生当在后周世宗显德五年(958—1014)。当业殁时,延昭年已二十九矣。

讣闻,命中使护丧归,官其三子传永、德政、文广,常从门客亦试艺甄叙。

> 《宋史》等仅书文广一人,惟《隆平集》全载其三子之名。

延昭半生在河北。历知景州、莫州、保州,数为缘边都巡检使,积官至高阳关副部署英州防御使。守边二十年,契丹畏之,呼为杨六郎。

> 按:业子七人,延昭于兄弟中为第几,不得而知。其为六郎,未

始不并从父昆弟而言,非必为同父兄弟中之行次也。

五　记杨文广

文广字仲容,用父荫为班行。

宋制,三班借职及三班奉职通称班行,武官中最低之职位也。仁宗庆历中,以讨张海功,晋殿直。皇祐初,侬智高起兵,从宣抚使狄青南征,擢西京左藏库使,继拜供备库使充广南西路兵马钤辖。

> 沈遘《西溪文集》卷五《西京左藏库副使杨文广可供备库使制》①:"敕……前日南夷负恩为乱,以覆坏我郡邑,至于用师而后定。虽朕不德,不能怀服方外,而亦将吏不戒不习之罪也。故深察往失,而推择所遣益不敢轻。以尔文广,材武忠勇,更事有劳,故今以尔总一道之兵,戍于邕管。又升尔于诸使之正,以重其行。尔其祗听朕命,戒疆事,习军计,使南徼无警,而朕为知人,则时乃之功矣。其行,钦哉!"

召为左藏库使带御器械。英宗治平中,迁成州团练使龙神卫四厢都指挥使,秦凤路副总管。历知泾州、镇戎军、鄜州。

> 《续资治通鉴长编》卷二一八,熙宁三年十二月丁卯,"宣抚司言:知鄜州崇仪副使孟德基……已差……知镇戎军,替杨文广;文广权知鄜州"。

熙宁七年十月卒。官至定州路副总管步军都虞候兴州防御使。赠同州观察使。

---

① 浙江书局刻《沈氏三先生集》本。

《续资治通鉴长编》卷二五八,熙宁七年十月"丁酉,定州路副总管步军都虞候杨文广卒,赠同州观察使"。《宋会要稿》第五一册一一之一八:"步军都虞候兴州防御使杨文广,熙宁八年闰四月赠同州观察使。"按延昭卒于大中祥符七年,文广卒于熙宁七年,相距六十年(1014—1074)。则文广丧父时年尚幼,其卒盖已近七十岁矣。

六　记杨重勋及其子孙

业有弟曰重训,后周时,以避恭帝讳改名重勋。

　　道光《神木县志》卷五《人物》上,谓重训为弘信长子,业为弘信次子。按业侄孙琪即重勋之孙,《欧阳文忠全集》琪之墓志,谓业为琪之伯祖,而《续资治通鉴长编》卷九亦谓业为重勋之兄,则业为长子,重勋乃次子。《神木县志》所言误矣。

弘信为麟州刺史不久而卒。重勋继父职,初附北汉,继又归周,晋本州防御使。

　　《资治通鉴》卷二九一广顺二年末:"初麟州土豪杨信自为刺史,受命于周。信卒,子重训嗣,以州降北汉。至是为群羌所围复归款。"又卷二九三,显德四年十月癸亥,"北汉麟州刺史杨重训举城降,以为麟州防御使"。

宋建隆二年,北汉寇麟州,重勋拒却之。

　　《续资治通鉴长编》卷二,建隆二年三月"辛亥,北汉寇麟州,防御使杨重勋击走之"。

乾德五年,宋置建宁军于麟州,以重勋为留后。

《续资治通鉴长编》卷八，乾德五年十二月"己巳，置建宁军于麟州。庚午，以防御使杨重勋为留后"。按：依武官迁转次第，自刺史一转为团练使，再转方为防御使。自防御使一转为观察使，再转方为留后。重勋两次迁升，皆为两转；盖对边将为牢笼计，不能拘常格也。

开宝二年，太祖征北汉，重勋朝于行在。

《续资治通鉴长编》卷一〇，开宝二年五月"癸卯……建宁军留后杨重勋……不俟诏来诣行在。上善其意……加厚赐遣还"。

开宝五年，徙保静军留后。

《续资治通鉴长编》卷一三，开宝五年八月"癸卯，建保静军于宿州，徙建宁留后杨重勋为……留后"。按重勋继父据有麟州，周时叛附不常，而兄时又仕北汉，宋之所以内调之者，盖惧其复通敌国耳。

旋晋节度使。开宝八年卒，赠侍中。

《宋会要稿》第五一册一一之一九："保静军节度使杨重勋，八年七月……赠侍中。"《欧阳文忠全集》琪墓志："……祖讳重勋……为宿州刺史保静军节度使，卒赠侍中。"按宋制，节度使皆兼其州刺史，保静军为宿州，故重勋亦兼宿州刺史也。

子光扆，以西头供奉官监麟州兵马，卒于官。

《欧阳文忠全集》琪墓志："父讳光扆，以西头供奉官监麟州兵马。卒于官。"道光《神木县志》卷五《人物》上，光扆误作"光"。

光扆有子数人，长曰琪。初以父卒于边补殿侍，继用从父延昭任为三班奉职，累官至供备库副使，历同提点河东、京西、淮南三路刑狱。皇祐二年六月卒，年七十一。

《欧阳文忠全集》琪墓志:"君讳琪,字宝臣。……生于将家,世以武显,而独好儒学,读书史。为人材敏,谦谨沉厚,意恬如也。初以父卒于边,补殿侍。后用其从父延昭任,为三班奉职。累官至供备库副使,阶银青光禄大夫,爵原武伯。李溥为发运使以竣法绳下吏。凡溥所按行,吏皆先戒以备;而溥至多不免。其废黜者数百人。……君时年最少,为奉职,监大通堰,去溥治所尤近。溥尝夜挐轻舟猝至,按其文簿,视其职事,如素戒以备者。溥称其才。……其后同提点河东京西淮南三路刑狱公事。……荐士……二百余人,往往为世闻人。尝坐所举一人罚金。君喜曰:'古人拔士十或得五,而吾所荐者多矣,其失者一而已。'君少丧父,事母韩夫人以孝闻。后以恩,赠父左骁卫将军,母夫人南阳县太君。初娶慕容氏,又娶李氏。……君以皇祐二年六月壬戌,卒于淮南,年七十有一。皇祐三年十月甲申……合慕容氏之丧葬于河南洛阳杜泽原。"按由皇祐二年上推七十一年,琪之生当在太平兴国五年(980—1050)。志云琪年少丧父,则光扆约卒于至道咸平间。

琪子曰畋,具文武材,官至龙图阁直学士吏部员外郎直谏院。嘉祐末卒,赠谏议大夫。

按:《宋史》卷三〇〇有畋传。

杨氏自弘信至光扆,三世官麟州,人因呼州城为杨家城云。

道光《神木县志》卷三《建置》上:"麟州城建于唐。历五代至宋,以州刺史杨弘信家世守麟州,俗又称为杨家城。"

(原载《史学年报》第三卷第一期)

资治通鉴和胡注

司马光主编的《资治通鉴》是我国编年史中一部空前的著作。它叙事从周威烈王二十三年（公元前403年）韩、赵、魏三家分晋起，至五代后周显德六年（595）末止，首尾一千三百六十二年，共二百九十四卷，约三百余万字。虽说由于时代关系，它已不能满足现在的要求，但由于它采用了丰富的史料，并且将其中盘根错节的若干事件加以爬梳，以年为经，以事为纬，条分缕析地写出来，对于我们了解这一阶段的历史，仍是有很大帮助的。

司马光企图编这么一部通史，早孕育于宋仁宗末年。他在宋英宗治平元年（1064），先编成了一部和《资治通鉴》断限相同的大事年表，名为《历年图》，共分五卷，进给皇帝。此后他就在这个基础上进行深一步的工作，于治平三年四月（1066年5月）完成《通志》八卷，起周威烈王二十三年，止秦二世皇帝三年，呈送上去。这八卷《通志》就是《资治通鉴》首八卷的底本。英宗很重视这个工作，因而命令设立机构，叫司马光延荐协修人员，继续编纂。从此这个私人计划，变成了一种公家的任务，得到一些物质上的支持，就更可以细细致致地作下去了。

治平四年九月（1067年10月），那时英宗已死，神宗在位，司马光将续编的一部分《通志》呈送上去。这位年轻皇帝看了也很高兴，不过觉得书中所载的多是君臣间善足为法、恶足为戒的事迹，

《通志》一称，意义不够深刻，于是赐名为《资治通鉴》，意思说它是有资于治道而且是贯串古今的一种借鉴（鉴本是镜子，引申为鉴戒）。不久，神宗又写了一篇序文。自此以后，司马光就和他的助手们一直作下去，直到元丰七年十一月（1084年12月）全书才告完成。统计它在编纂上所耗费的年月，即使不把司马光自编首八卷的时间算进去，也有十八年零八个月，所以一般说《资治通鉴》用了十九年才编成，基本上是符合于实际的。

司马光编这部书的主要助手有三个人，其中刘攽是两汉专家，刘恕熟悉三国至隋以及五代的事迹，范祖禹精于唐代史实，因而就叫他们分别纂辑自己所擅长的部分，草成初稿，然后司马光再加以删润，成为定本。由每个人所完成的数量来说，刘攽所负责的《汉纪》只六十卷，用的力量最少。刘恕所草的《魏纪》至《隋纪》和五代各纪共一百三十五卷，用的力量最大。范祖禹所拟的《唐纪》共八十九卷，表面看来似乎不如刘恕用力之多，但实际并不如此。第一，那时关于唐代杂史之类的书还保存很多，搜讨选择，排比整理，需要费很大的气力（《考异》三十卷中十九卷是《唐纪》部分）。第二，刘恕死于元丰元年，距全书之成还有六年，其最末的五代部分，范祖禹也不是没有着手。第三，范祖禹于熙宁三年参加修书，时间上虽晚于刘恕四年，但他在十五年中始终没有脱离这个工作。由于这几点，我们可以想象得到，范祖禹对这部书所下的功夫是要超过刘恕的。

《资治通鉴》在编纂过程中所参考的书籍，除了《史记》至《新五代史》十九种正史外，还有杂史、笔记、奏议、文集之类二百二十二种。材料如此之多，记述又每有歧异，驾驭上是件很不容易的事。所以司马光在机构树立起来后，先讨论定了凡例，再叫协修诸人按年月日将所收录的材料放进去,分别进行初步整理,草或长编。若遇几种书对一件事情记述有矛盾的时候,则另下一番考订工夫,取其可信者,舍其不可信者。这步工作,同时成了本书的副产品,就是目下仍在流传的《资治通鉴考异》(三十卷)。在这一切作完以后,司马光再亲自审阅,对不必要的加以删削,对文字加以牵缀、润色。据说范祖禹所草成的《唐纪》长编原有六百卷,经司马光过眼过手后,定本仅有八十一卷。由此可见协修诸人用力之勤和司马光剪裁之细,《资治通鉴》草盈两屋的传说既可信为不是夸大,而司马光在进书表中所云"臣之精力尽于此书"也可知道确是实情了。

《资治通鉴》在全部完成后,为了准备刻印,于元丰八年九月(1085年10月)曾奉命重行校定。参加这个工作的,除了范祖禹和在编纂时期曾经做过检阅文字的司马康(司马光的儿子)外,又有刘安世、黄庭坚、孔武仲、张舜民等人,其中黄庭坚是以"好学有文"的原因由司马光特荐的。又过了一年多,在哲宗元祐元年十月中(1086年11月),校定完毕,才将全书最后定本送交杭州雕版,这时司马光已死了一个多月,不及见其辛苦的成果在世上流通了。

《资治通鉴》在完成后,宋神宗既下敕奖谕,又对宰相们夸赞它道:"前代未尝有此书,过荀悦《汉纪》远矣!"的确,这部书在我国编年史中,无论就量就质来说,都是空前的,所以八百多年来一直享有盛名,而且有些人借着注释它,如胡三省(《通鉴音注》)也随着名垂千古。但用这种学究式的训释方法去读《资治通鉴》,那绝不是司马光所期望的,因为他几乎耗费少半生的时光来编这部书,是具有更深的用意和更高的企图,而他这种用意和企图,又正是配合着当时的社会背景。

本来从汉武帝以后,儒家一派的学说在政治上、经济上和社会上已成了法定的指导思想,不但官吏们希望要"通经致用",就是帝王们也是要从儒经中吸取统治技术。但帝王们政务丛脞,根本没有时间去啃书本,因而发展成了讲书制度,就是他们在处理政事之暇,指派儒臣到宫庭来讲经。不过儒家经典所说的多是理论,不若史籍之具有盛衰成败的实际例证,因而讲书的内容扩充到历史上来。司马光之编《资治通鉴》,就是在这种讲书制度下促成的;而借这部书以启发帝王"以古为鉴可知兴替",也正是他的用意和企图。

司马光这种用意和企图,他曾直接提出来,在《进书表》中他要求神宗"以清闲之宴,时赐省览。监前世之兴衰,考当今之得失,嘉善矜恶,取是舍非,足以懋稽古之盛德,跻无前之至治,俾四海群生咸蒙其福"。这样,他虽"委骨九泉",才算"志愿永毕"。他在书中又说过(卷六九《驳正统论》):"臣今所述,止欲叙国家之盛衰,著生民之休戚,使观者自择其善恶得失以为劝戒。"这几句话,不仅对帝王,就是一般的人也都包括在"观者"之内的。

司马光既在儒家思想统治之下本着这种企图来编《资治通鉴》,所以在取材方面,他就力求合乎这个标准。他曾指示范祖禹说:"诗赋若止为文章,诏诰若止为除官……便请直删不妨。或诗赋有所讥讽,诏诰有所戒谕……并告存之。"这些小问题他都严守原则,不肯放松,那么对于大的事情,就不问可知了。

司马光在取材上既如此,在编写时他自然会想办法以达到他的企图。所以虽说他曾声明不采用"口诛笔伐"的春秋笔法,一切都是据事直书,使之善恶自见,但遇到他认为有提出批评以资启发的必要时,他常是用"臣光曰"的方式来发挥褒贬的意见。譬如在《资治通鉴》一开端,于周威烈王"初命晋大夫魏斯、赵籍、韩虔为诸侯"下，紧接着就用儒家执礼和正名的理论作了一千多字的文章，对周威烈王之任命陪臣为诸侯，大事抨击，认为那是背弃了儒家所主张的正名循礼，自坏纲维，甚至把战国之"以智力相雄长"致使"生民之类糜灭几尽"的一切恶果都推到周威烈王身上。这自然不仅是和死人过不去，重要的还是写给活人看，以诱启当时和后世的统治者的。

"臣光曰"的议论并不仅对帝王而发，也有时批评到一些官吏。如唐文宗太和五年，李德裕节度西川，受吐蕃将悉怛谋之降而复维州。宰相牛僧孺和李德裕作对，以维持信义为名，硬叫将维州放弃，送还悉怛谋。到武宗会昌三年，李德裕在相位，追论牛僧孺的不是。司马光在这段记载（卷二四七）后发表意见，认为那时唐新和吐蕃修好，不应当不顾信义，纳其降将，收取维州，言外很不以李为然。本来对于唐代的牛李党争，好些人是同情于李德裕的，因而对这桩事情的谁是谁非也多是非牛而是李。独有司马光和众人恰恰相反，这可见他之对待是非的看法是论事不论人的了。

除了"臣光曰"的议论外，司马光并偶尔选录前史中的论赞。如汉成帝死后，他的幸臣张放随着也"思慕哭泣而死"（卷三三）。司马光在这段记载后，引了荀悦《汉纪》中的论赞，说："放非不爱上，忠不存焉。故爱而不忠，仁之贼也。"自然，这种被选录的论赞，在司马光看来都是合乎义理的。

总而言之，说来说去，司马光之编《资治通鉴》的用意和企图，总不外是为诱导统治阶级，如何吸取前人经验教训以运用统治人民的法术。这样，他的立场自然是站在统治阶级方面，不会符合于现在的时代要求。但我们要知道，他是八百年以前的人，我们不可用今日的眼光过度注意他这种缺点，而应当就实用方面去观察他这部书的优点和缺点。

提到《资治通鉴》的优点，首先就是它能使读者用较少的时间以了解那一千三百六十二年相当全面的历史。本来它所根据的材料，仅正史一项十九种合计起来就有一千五六百万字，若连杂书算起来，恐怕要超过三千万字，而《资治通鉴》仅三百余万字，不过原材料的十分之一。只就这数字的比例来说，它就能给读者节省了十分之九的时间。关于这一层，司马光是考虑到的，在《进书表》中他曾说道："前史……自……迁、固以来，文字繁多，自布衣之士读之不遍，况于人主，日有万机，何暇周览！"因此他立意参稽各书，完成这部赅简的著作。所以这个优点也正是司马光想做到的。

不过，只从字的数量上来说它能节省读者时间，还是不够，我们还应当从它的编排上看。本来有若干同一事情的材料，是分见于多处的，《资治通鉴》都依次把它们列在一起，而且有的相当集中。例如人所共知的"赤壁鏖兵"，这次战役的记载，既有一些见于《后汉书·刘表传》，又有好些散见于《三国志》的《魏武帝纪》、《蜀先主传》、诸葛亮、关羽、张飞、赵云以及吴孙权、周瑜、鲁肃、张昭、黄盖等传，还有些杂见于其他著述。假如我们要了解这次战役的始末，势非遍读上述的纪传不可，而且就是都翻看过了，由于太乱太杂，也未必立刻能清清楚楚地知道它的详细经过。但《资治通鉴》把这桩伤脑筋的问题给解决了，它不但把所有涉及"赤壁鏖兵"的记载都集中在一起，而且还加以剪裁、穿插，写成一篇整洁而生动的故事，看起来既不觉得头绪纷繁，也毫无厌烦之感。它这种功夫，对于读者节省了翻检的时间，帮助是很大的。

其次，《资治通鉴》还有一个绝大优点，那就是它包罗方面很广。它既精心精意地叙述了各个时期重大政治事件的措置和施行,又详详细细地记载了历次战争中的军谋与战略。这自然都是为了旧日的统治阶级资以借鉴的。此外它不但适当地记下了兵、刑、礼、乐以及政治、经济制度的变迁,也常常地记载了些反映人民生活和少数民族的文字。至于历法的改革,典籍的聚散,河渠、运道的疏凿,陂塘水利的兴修,它都不轻易把这些事物舍掉。所以,假如不是对某些历史现象作深入的研究,而是为了了解这一千三百六十二年的历史概要,那么这部书很可称为一座宝库了。

又其次,《资治通鉴》另有一个优点,就是它不载神怪的事。本来在旧日记述中,如杂史、笔记之好谈鬼怪不必提,就是正史也常有夹杂些神奇故事的,这毛病以《晋书》为最甚。但司马光本着孔子"不语怪"的精神,尽力要避免这个缺点。在编纂初期,他就立定标准,除了有所警戒的妖异外,其余凡是关于神鬼的记述一概不收。这虽然没有完全跳出迷信圈子(在那时实际没有一个人能完全不迷信),但较之旧日记述,总算是个进步的表现。

最末,《资治通鉴》还有一个当初没有想到的优点,那就是它保存了好些史料。我们由它的副产品——《资治通鉴考异》中,可以看到司马光和他的助手们所依据的各种书籍,有好些特别是唐和五代时期的著作,如各朝实录之类,现在都已失传了。幸亏有它加以引用,我们才得窥其梗概,而明白某些事实的真相。自然,它所保存的只是一鳞半爪,不够完全,但窥豹一斑,终究是胜于连一斑都见不到的。

《资治通鉴》虽然有这些优点,但也有数量不大的缺点,现在分别把它们依类举例,写在下面:

第一是遗漏。如汉高帝四年初为算赋,十一年减省口赋,惠帝初立诏减田租,复十五税一,这些都是关于民生的,但《资治通鉴》

全没载录。又如宋孝武帝大明五年立南北二驰道,到他死时又予废罢,而《资治通鉴》只载了罢的年月,没有说立的时期,以致有尾无头。

第二是重复。如唐太宗贞观元年,突厥大雪,平地数尺,杂畜多死。《资治通鉴》把这件事既载之于七月,又载之于十二月。又如豆卢钦望于武后圣历二年拜文昌右相,而《资治通鉴》既载于圣历二年,又载于神功元年,这未免复而误了。

第三是位置不当。如周赧王十七年,赵惠文王封弟胜为平原君。《资治通鉴》在这里就记述平原君好客养士之事。按由《史记》所载赵事推之,平原君这时不过十岁左右,一个小孩子哪里提得到就知道养士!这种记述,很应当放在后面。又如张良于汉高帝六年才受封为留侯,而《资治通鉴》于汉高帝五年既引张良所言"封万户侯"深感知足的话。这一段至少应放在六年以后,才合情理。

第四是称谓不一。如毛宝之子穆之,小字虎生。《资治通鉴》于晋成帝建元二年毛穆之为建武司马下说:"穆之,宝之子也。"而于晋海西公太和四年则书冠军将军毛虎生,接着又说:"虎生,宝之子也。"又如宋武陵王刘赞小字智随。《资治通鉴》于宋明帝泰始六年书"以王子智随为武陵王",而以后则又皆书"武陵王赞"。这两个例,前者是先称名后称小字,后者是先称小字后称名,都很容易使读者误会是两个人。

第五是误二为一。如晋安帝元兴二年,后秦主姚兴遣梁斐、张构至张掖聘于沮渠蒙逊,这个使节是张、梁二人。但《资治通鉴》则书"秦遣使者梁构至张掖",误删掉梁斐的名字和张构的姓氏,而弄成一个人。

第六是事实舛误。如宋文帝元嘉七年，魏攻虎牢，司州刺史尹冲投堑而死，宋书和魏书记载此事大致相同；但《资治通鉴》则云尹冲降魏。这样一来，就把一个壮烈牺牲的英雄，变成为忍辱偷生的降将了。

以上六类缺点，大致都是由于一时失于检点。此外还有不大妥当的地方，就是它没有把近于秽亵的记述尽量地删除。在司马光之意本是为了存以示儆，原可不必厚非；但行文的方式很多，略一改换辞句，也未始不能表达出那些人荒淫无耻的行径，何必一定要用若干黄色字眼呢？

最末，它在取材上也有些不大妥的。司马光对于纷歧记述的去取，由《资治通鉴考异》所载各条，我们可以理会到其中绝大部分是十分精确的，但偶尔也不免偏于主观。如唐玄宗先天元年十月，姚元之于拜相时以十事要君一事，《通鉴》并没有采录；其所以舍而不取，是疑为"似好事者为之"，而所举的理由又不充分。这种态度不够正确，是不足以服人的。

除了这些缺点，司马光用"臣光曰"的方式所发表的议论，不用说以现在的眼光来看，就是在当时的社会中，也有些是近于迂腐的。但我们所要求于《资治通鉴》的，重在史实的记述，不在借事发挥的文章，不必再深求其失了。

不过，《资治通鉴》是部大书，所依据的材料如此之多，编排考订如此之难，其不易弄得丝毫没有缺点，是可以想象得到的。何况这些缺点又都是些小问题？虽说就全书来看，未免有白璧微瑕之感，但瑕不掩瑜，它在史籍中仍是有崇高的地位的。正是由于它有了这种地位，因而在它和世人见面后，就有好些人学习它，模仿它，更有些人去注释它。

《资治通鉴》注释工作,在宋代已有史炤的《释文》和王应麟的《地理通释》,但比较照顾到全面的,则应推胡三省的音注,一般简称为胡注。胡三省是浙江天台人,生于宋,死于元。据他在《新注〈资治通鉴〉序》上说,他从幼年,因为受了家庭影响,就喜欢《资治通鉴》。于宋理宗宝祐丙辰(1256)登第后,他开始搜集资料,后来仿《经典释文》的方法,作了九十七卷的《〈资治通鉴〉广注》,不幸在蒙古灭宋的战乱中失掉,以后又重新作起。从前的《广注》本是单行的,到重作的时候,才"以考异及所注者散入《通鉴》各文之下",于乙酉冬(元世祖至元二十二年,1285)全部完成。总计这个工作,胡氏前后耗费了二十九年,从而可知其用力之勤了。

《胡注》有几个特点。第一是他涉及的范围很广。凡是《资治通鉴》正文所述及的典章制度,如赋税、职官、舆服、刑法的变迁,天文、历法、乐律、郡县的沿革,以及少数民族的来历,域外各国的情形,甚而至于草木虫鱼的名状,凡是材料能搜得到的,他毫不惮烦地都把它们注下来。这种工作,虽说不一定合乎司马光编书的目的,但对后人读《资治通鉴》来说,是非常有帮助的。

第二个特点,是他指出《资治通鉴》叙事的前后照应。如周显王二十八年,"成侯邹忌恶田忌……田忌……攻临淄,求成侯,不克,出奔楚"。胡氏在这段下面注:"为下齐复田忌张本。"又如周显王八年,公叔痤荐卫鞅于魏惠王,并说若不用卫鞅为相,就把他杀掉,以免跑到邻国,日后回来捣乱;魏惠王不听。到周显王二十九年,卫鞅率秦兵破魏,魏惠王悔叹道:"吾恨不用公叔之言。"胡氏在这句下注:"公叔言,见上八年。"他这种办法,对于读《资治通鉴》自然也有方便之处。

第三个特点,是他有时指出《资治通鉴》的不妥处。如周显王三十六年,苏秦说齐王,其中"兵出而相当,不十日而战,胜、存亡之机决矣"句下,胡氏注:"'而战'句断。'胜'下当有'负'字,以此观之,文意明通。窃谓《通鉴》承《史记》原文之误。"

除了以上三个特点之外,还有一点应当提起的,就是胡氏在注文中,有好些处都表示他的故国遗民之思。他在序文中,既不肯用元的年号,只用甲子纪元,而注中遇到牵涉到宋代的,有时用"国朝",有时用"我宋"。关于这一点,陈援庵先生(垣)的《通鉴胡注阐微》已经很详细地指出来了。

《胡注》的数量,比《资治通鉴》正文少不太多。这么大的一件工作,稍一疏神,就会出错。所以注文之有很多的重复,引书之有好些遗落,都是势所难免。至于他在注文中偶然发挥一些无聊的议论,其为迂腐,也是实情。但就读《资治通鉴》来说,它的帮助仍是很大的。

以上所述是司马光编纂《资治通鉴》的经过、动机以及它与胡三省《音注》的优点和缺点的大概。总起来看,我们可以肯定地说:《资治通鉴》和《胡注》都是我国的珍贵文化遗产。

(原载《新建设》1956 年 7 月号)

校宋史本纪札记[*]

《太祖纪》一（《宋史》卷一）

建隆元年正月　卷一，页五上，"江宁军节度使……高怀德为义成军节度使……张光翰为江宁军节度使……"《续长编》卷一，页五下，"常山高怀德自江宁节度使为义成军节度使……辽人张光翰……为宁江军节度使"。《东都事略》卷二一，页二下，《高怀德传》作"宁江军节度使"。《五代会要》卷二四，页七下，夔州于后唐天成二年七月升宁江军节度。至江宁军，唐曾置于升州，不久废。升于五代时为南唐都，无江宁军之号。故凡《宋史·本纪》及《高怀德传》之作"江宁"者皆倒误。又毕氏《续通鉴》正本直书宁江军节度使……常山高怀德为义成军节度使。附《考异》云："《宋史·太祖纪》、《高怀德传》皆作'江宁'，考其时升州未入版图，亦尚无江宁军之名，当是'宁江'之误。宁江者夔州军号也。怀德易镇而以张光翰代之。《长编》于光翰书宁江，怀德书江宁，盖传写有误耳。今皆改从宁江军，庶无歧混。"《考异》云"宁江"误作"江宁"是，但云"升州未入版图，亦尚无江宁军之名"亦误。盖下南唐后，改称升州，后以仁宗潜邸始升为江宁府建康军节度，盖无江宁军号也。

---

[*] 本文系作者以《续通鉴长编》等书校读《宋史本纪》时所写的札记，是一篇未经改订的遗稿。文中所注《宋史》卷页，均依百衲本。

卷一，页五上—下，"虎捷右厢都虞候张光翰为江宁军节度使侍卫亲军马军都指挥使，龙捷右厢都指挥使赵彦徽为武信军节度使□"。 按此条有两误：《续长编》卷一，页五下，作"辽人张光翰自虎捷左厢都指挥使……为宁江节度使马军都指挥使，安喜赵彦徽自虎捷右厢都指挥使……为武信节度使步军都指挥使"。《宋史》张光翰之初为虎捷右厢军校及赵彦徽之为龙捷右厢军校，皆难定其与《长编》孰是孰非。但都虞候与都指挥使差二阶，而马帅又略高于步帅，张光翰升为马帅，其本官不容低于升为步帅之赵彦徽。此其一。又赵彦徽下只列其遥领节镇，而在军职则空一墨钉。应补为侍卫亲军步军都指挥使。

卷一，页六下，"癸巳，昭义节度使李筠叛，遣归德军节度使石守信讨之"。《续长编》卷一，页一一上—下，筠以四月癸未反，戊子遣石守信等讨之。昭义距汴仅四五百里，不容反后十日（癸未—癸巳）始发兵，似戊子为确。

卷一，页六下，五月庚子"遣昭化军节度使慕容延钊彰德军节度使王全斌……会讨李筠"。《续长编》卷一，页一二上，"昭化军"作"镇宁军"。彰德军节度使作彰德军留后。 按昭化军为金州军号，置于乾德五年正月。此时无容有昭化节度使，且《慕容彦钊传》亦无移镇之事，《宋史》误。又王全斌在讨李筠前，传云为相州留后（即彰德），筠平后以功升安国军节度使，《宋史纪》亦误。

卷一，页七上，"辛未，拔泽州"。《续长编》卷一，页一四下，《东都事略》卷二，页一下，皆作"辛巳"，是也。 按上文云癸酉，下文云甲申，其间不容有辛未。《长编》云："六月己巳朔，上至泽州，督诸军攻城……逾旬未下。"云云。从己巳至辛巳为十二天，若辛未仅两天，不能云逾旬也。

463

卷一，页八上，"壬午，河决厌次"。《续长编》作"壬申，河决棣州厌次，又决滑河灵河"，未知孰是。

卷一，页八上，"龙捷指挥石进二十九人坐不救弃市"。《宋史》卷二七二，页八下，《荆罕儒传》作石进德等二十九人，《续长编》卷一，页二三上亦然，应据正。

卷一，页八下，"给攻城役夫死者人绢三匹"。《续长编》作"二匹"，未知孰是。

卷一，页九下，"壬辰，南唐进谢赐生辰金器罗绮"。《续长编》卷二，页五上，作"壬申"。 按上条为己巳，下条为丁丑，二者间有壬申无壬辰，是壬辰误矣，应作"壬申"。

卷一，页九下末行，"庚申，班私炼货易盐及货造酒曲律"。《续长编》卷二，页六下，作"壬戌"，未知孰是。

卷一，页一一上，"瓜州团练使曹延继"。《续长编》卷二，页一五下，作"延敬"。 按《续长编》卷三，页一下，建隆三年丙子有赐元敬为元恭之文，似延敬是。

卷一，页一一上，"十二月壬申，回鹘可汗景琼遣使来献方物"。《续长编》作"壬辰"。 按上条为癸酉，下条为乙未，中间不能有壬申，作壬辰是。且其年十二月庚寅朔，月中无壬申也。

建隆三年 卷一，页一一上—下，"正月……癸未，幸国子监，二月丙辰，复幸国子监……庚寅……甲午……乙未……己亥，更定窃盗律。壬午，上谓侍臣曰：'朕欲武臣尽读书以通治道，何如？'……甲寅……三月戊午……" 按丙辰应书于甲寅之后，今为就全上文幸国子监，移时于月首，殊为不合。又"壬午"，《续长编》卷三，页二下，作"壬寅"，是也。因二月己丑朔，本月无壬午。

卷一，页一一下，"己巳，诏申律文……"《续长编》卷三，页三下,置丁卯下,未知孰是。

卷一,页一二上,"五月……癸未命使检诸州旱"。《续长编》卷三,页六下,"丙子……河北诸州旱,遣中使视之"。癸未,丙子未知孰是。惟"诸州"上应依《长编》冠"河北"二字。

卷一,页一二上,"甲申,诏均户役"。《续长编》卷三,页七上,置乙酉下,未知孰是。

卷一,页一二上—下,"六月……癸巳,吴廷祚以雄武军节度使罢。……壬子,蕃部尚波于等争采造务以兵犯渭北,知秦州高防击走之"。《续长编》卷三,页七上,"六月……尚书左丞高防知秦州……置采造务。……岁获大木万本……西戎酋长尚巴约(波于)帅众来争。……防出兵……捕系……四十余人以闻。上不欲边境生事,癸巳以枢密使吴廷祚为雄武节度使往代防。……丁未,命吴廷祚赍诏赴秦州赦尚巴约等罪,所系戎俘并释遣之。……遂罢采造务"。

按《宋史》叙事殊颠倒,《长编》为是。《续通鉴》卷二页四五《考异》"《宋史·太祖本纪》六月壬子蕃部尚巴约等争采造务,以兵犯渭北,知秦州高防击走之。按是月癸巳,以吴廷祚代防,如记所去之日,则防以状闻击走在命令廷祚后二旬,恐误。今从《长编》"。

卷一,页一二下,七月"丁卯……索内外军不律者配沙门岛"。《续长编》在七月庚辰,未知孰是。

卷一,页一二下——三上,八月"乙未……诏尚书吏部举书判拔萃科"。《续长编》卷三,页一〇下,九月"癸未,复置书判拔萃科"原注"《国史》于八月乙未即书复置此科。今从《实录》。盖乙未始令有司条具,其施行实在癸未也"。

465

卷一，页一三上，"十一月癸亥，……县令考课，以户口增减为黜陟"。《续长编》卷三，页一二上，列于甲子下。

卷一，页一三上—下，"十二月丙戌，诏县置尉一员，理盗讼，置弓手，视县户为差"。《续长编》卷三，页一四上，在十二月癸巳。

卷一，页一三下，十二月"甲辰，衡州刺史张文表叛"。《续长编》卷三，页一四下，"甲辰，遣中使赵璲等赍诏宣谕谭朗，听张文表归阙，且命荆南发兵助周保权"。

按张文表叛在前月，本纪文不确切。

建隆四年乾德元年 卷一，页一三下，"三月壬辰，周保权将杨师璠枭文表于朗陵市"。 按前为正月，后为三月，则此三月应是二月。又按二月甲申朔，壬辰为十九日。三月癸丑朔，月内并无壬辰。

卷一，页一三下，三月"甲午，慕容延钊入荆南，高继冲请归朝，得州三……"。《续长编》作壬辰师至荆门，其夕即至江陵，翌日大兵至道降，是在癸巳。

卷一，页一四上，二月"乙未克潭州……三月……戊寅，慕容延钊破三江口下岳州，克复朗州，湖南平"。 按《续长编》杨师璠下潭州在正月，故二月初枭张文表于朗陵，今此云乙未克潭州，不知何据。又延钊破三江口等列二月辛亥下，而此在三月戊寅亦牴牾，盖戊寅乃捷书到之日也。

卷一，页一五下，八月……"辛卯，以乐平县为平晋军"。《续长编》卷四，页一九下，作"乐平军"，未知孰是。

卷一，页一五下，八月丙申"齐州河决"。《续长编》卷四，页二〇上，作"济州言河决"。

卷一，页一六下，十二月"己巳，南唐主上表乞呼名，诏不允"。

466

《续长编》卷四,页二六下,作"乙巳",是也。 按十二月己卯朔,无己巳。乙巳为二十七日。且《宋史》此条上为己亥,下为闰十二月己酉,当中不容有己巳。

乾德二年 卷一,页一七上,正月"甲申……回鹘遣使献方物"。《续长编》卷五,页一上,在乙酉。

卷一,页一八上—下,五月"辛巳,宗正卿赵砺坐赃,杖,除籍"。《续长编》卷五,页九上,作"宗正少卿"。

卷一,页一八下,"六月己酉……子德昭贵州防御使"。《续长编》卷五,页九下,作"庚戌"。

卷一,页一八下末行,九月"壬寅潘美等克郴州"。《续长编》卷五,页一三下,作"戊子"。

卷一,页一八下—一九上,"冬十月戊申周纪王熙谨薨。"《续长编》卷五,页一五上,作"希谨"。

卷一,页一九上,"十一月甲戌命忠武军节度使王全斌为西川行营前军兵马都部署,武信军节度崔彦进副之……出凤州道;江宁军节度使刘光义为西川行营前军兵马都部署,枢密承旨曹彬副之……出归州道,以伐蜀"。《续长编》卷五,页一五下—一六上,"甲戌命忠武节度使王全斌为西川行营凤州路都部署,武信军节度使……崔彦进副之;……宁江节度使……刘光义为归州路副都部署,内客省使枢密承旨曹彬……分路进讨……"未知孰是。

《太祖纪》二(《宋史》卷二)

乾德三年 卷二,页一上,正月"乙酉,蜀主孟昶降,得州四十五,县一百九十八,户五十三万四千三十有九"。《宋史》卷八五《地理一》,"乾德三年平蜀,得州四十六(下列四十五州一府),县一百九十八,户五十三万四千三十九"。《东都事略》卷二,页四上,

"孟昶降……得州四十六,县二百四十"。《续长编》卷六,页二下,"乙酉,王全斌等次魏城……蜀主降表至,全斌受之。……辛卯,王全斌等至升仙桥,蜀主备亡国之礼见于军门,全斌承制释之。……凡得州四十六,县二百四十,户五十三万四千二十九"。按乙酉为受降表日,孟昶出降乃在辛卯。《宋史》所云不甚合。又"州四十五"亦误,应作"四十六"。至县数两歧,不知孰确。

卷二,页一下,"三月癸酉,诏置义仓"。《续长编》卷六,页六上,"诏诸道发义仓赈饥民者勿待报"。不知孰是。

卷二,页一下,二月"庚申,王全斌杀蜀降兵二万七千人于成都"。《续长编》卷六,页八下,"夏四月辛丑朔,王全斌诱杀蜀兵二万七千人于夹城中"。二者不同。

卷二,页二上,五月……"乙亥,遣开封尹光义劳孟昶于玉津园,丙戌,见孟昶于崇元殿"。《续长编》卷六,页六下,"乙酉,昶至近郊,皇弟开封尹光义劳之玉津园。丙戌……昶……素服待罪明德门外……上御崇元殿备礼见之"。按"乙亥"似应作"乙酉",因孟昶既至,不容十天后始见之。

卷二,页二上,"秋七月,珍州刺史田景迁内附"。《续长编》卷六,页一一下,七月"乙亥,珍州刺史田景迁内附"。是也。

乾德四年 卷二,页三下,"五月,南唐贺文明殿成,进银万两"。《续长编》卷七,页五下,列癸酉下。

卷二,页四上,七月"戊辰,西南夷首领董暠等内附"。《续长编》卷七,页八上,作"董景"。

卷二,页四下,十二月庚辰"夷龙儿、李玉、杨密、聂赟族"。《续长编》卷七,页一六上,"李玉"作"李丕"。

乾德五年 卷二,页五上,正月"甲寅,王全斌……责崇义军节度使,崔彦进责昭化军节度使,王仁赡责右卫大将军"。《续长编》卷八,页二上,正月"甲寅置崇义军于随州,昭化军于金州。以忠武节度使王全斌为崇义留后,武信节度使……崔彦进为昭化留后。枢密副使左卫大将军王仁赡罢为右卫大将军"。《宋史》卷二五五《王全斌传》载责官诏云"全斌可责授崇义军节度观察留后,彦进可责授昭化军节度观察留后"。《宋史》卷二五九《崔彦进传》云"蜀平……左迁昭化军节度观察留后"。纪言节度使者误。

卷二,页五下,三月丙辰"北汉石盆砦招收指挥使阎章以砦来降"。《续长编》卷八,页六上,作"言章"。

卷二,页五下,三月丙辰"五星聚奎"。《续长编》上有"是月"二字,是。

卷二,页五下,九月"甲午,西南蕃顺化王子部才等遣使献方物"。《续长编》卷八,页九上,作"丙申"。

卷二,页六上,十一月乙酉"供奉武仁海坐枉人弃市"。《续长编》作"武仁诲"。

卷二,页六上,十二月"癸酉,升麟州为建宁军节度"。《续长编》卷八,页一〇上,十二月"己巳置建宁军于麟州,庚午……防御使杨重勋为留后"。癸酉似不合。

乾德六年(开宝元年) 卷二,页六上,正月"己亥,北汉偏城砦招收指挥使任恩等来降"。《续长编》卷九,页一下,作"乙巳","任恩"作"任守恩"。

卷二,页六下"秋七月丙申,幸铁骑营,赐军钱、羊、酒有差。北汉颍州砦主胡遇等来降。丙午,幸铁骑营,遂幸玉津园"。《续长编》卷九,页五下,"丙午,幸铁骑营,赐将士钱及羊酒,遂幸玉津园。……镇州言北汉乌玉寨主胡遇等……来降"。疑《宋史》"丙申"条系重出。

卷二,页六下,"北汉颖州砦主胡遇等来降"。《续长编》卷九,页五下,作"乌玉寨"。

卷二,页六下,八月"戊辰,命昭化军节度使李继勋等征北汉"。《续长编》卷九,页八上,"戊辰,以昭义节度使同平章事李继勋为河东行营前军都部署"。《宋史》卷二五四《李继勋传》,于建隆元年为昭义节度(潞州军额),至开宝三年始移镇大名。此作"昭化"误。且其时崔彦进方为昭化留后,更不能有节使也。(《续通鉴》卷五,页一一五《考异》亦指其误。)

卷二,页六下,"九月辛巳朔,禁钱出塞"。《续长编》卷九,页八下,作"九月壬午"。

卷二,页六下—七上,九月"庚子,李继勋败北汉于铜温河"。《续长编》卷九,页九下,作"洞过河"。自注"朔记作铜锅河"。《续长编》刻时(光绪)注"案《宋史》作铜温河,《宋史》记作铜涡河,薛应旂《续通鉴》作铜锅河"。

卷二,页七上,"宰相普等奉玉册宝"。"普"上原无"赵"字,今应增。

开宝二年 卷二,页七上,"二月乙卯,命昭化军节度使李继勋为河东行营前军都部署"。"昭化"为"昭义"之误,见上条。

卷二,页七下,二月"己酉,以开封尹光义为上都留守……"。《续长编》卷一〇,页二上,作"己未"是也。上为戊午,下为甲子,二者间不容有己酉。

卷二,页七下,三月"辛丑……发太原诸县丁数万集城下"。《续长编》卷一〇,页四上,作"壬寅"。

卷二,页八上,三月"乙巳……决晋祠水注之"。《续长编》卷一

○,页四下,作"丙午"。

卷二,页八上,"五月癸未,韩仲赟败契丹于定州北"。《续长编》卷一〇,页六上,列于戊寅下,似误,惟"韩仲赟"作"韩重赟"则是。《宋史》卷二五〇《韩重赟传》亦言败契丹事。

卷二,页八上,五月"甲午,北汉赵文度以岚州来降"。《续长编》卷一〇,页七上,列于丁酉下。

卷二,页八下,"六月丙子朔,发镇州"。《续长编》卷一〇,页一〇下,作"六月己卯"。

卷二,页九上,冬十月"庚子……以……武衡德为太子太傅"。《续长编》卷一〇,页一五下,作"武行德",是也。《宋史》卷二五二有《武行德传》。

卷二,页九上,十二月"己亥,右赞善大夫王昭坐……赃……配隶汝州"。《续长编》卷一〇,页一八下,作"王昭文"。

开宝三年 卷二,页九下,三月"丙辰,殿中丞张颙坐先知颍州政不平,免官"。《续长编》卷一一,页四下,作"殿中侍御史张禺"。

卷二,页一〇上,四月"己亥,罢河北诸州盐禁"。《续长编》卷一一,页五下,在"庚子"。

卷二,页一〇上,"秋七月乙巳,立报水旱期式"。《续长编》卷一一,页六下,作"七月壬寅"。

卷二,页一〇上,"九月己亥朔,命潭州防御使潘美为贵州道兵马司营都部署。"《续长编》卷一一,页八上,作"贺州道"是也。因下文有会贺州之文。

开宝四年 卷二,页一一上—下,三月"丙申,诏广南有买人男女为奴婢……并放免"。《续长编》卷一二,页四上,列庚子下。

卷二,页一一下,四月"辛卯,南唐遣其弟从谏来朝贡。发厢军千人修前代陵寝之在秦者"。《续长编》卷一二,页五下,唐贡列庚寅下,"从谏"作"从谦";修陵列壬辰下。

卷二,页一二上,六月"丁丑,命翰林试南汉官……"《续长编》卷一二,页七下,列丙子下。

卷二,页一二上,六月"壬午,以孝子罗居通为延州主簿"。《续长编》卷一二,页八上,列庚辰下,"延州"作"延长县"。

卷二,页一二上,六月"乙酉……河决原武,汴决谷熟"。《续长编》卷一二,页八下,列本月末"是月",不言日辰。

卷二,页一二上,"戊午,复著内侍养子令"。《续长编》卷一二,页一〇上,列癸丑下。

卷二,页一二上,七月"癸亥……汴决宋城"。《续长编》卷一二,页一〇下,列于本月末。

《太祖纪》三(《宋史》卷三)

开宝五年 卷三,页一上,正月壬辰朔,"禁铁铸浮屠及佛像"。《续长编》卷一三,页一上,作"丁酉"。《东都事略》亦在壬辰。按壬辰为正月初一日,丁酉为初六日。正旦不会下此诏,丁酉是。

卷三,页一上,"庚子,前卢县尉鄢陵许永年七十有五,自言父琼年九十九,两兄皆八十余。……授永鄢陵令"。 按《宋史·隐逸传》卷四五七,页六上,作"授永郾城令"。《续长编》卷一三,页一下,作"授永鄢城县令"。宋无鄢城,有郾城。

卷三,页一下,四月"丙午,遣使检视水灾田。丙寅,遣使诸州捕虎。五月庚申"。丙午庚申间无丙寅,非甲寅即丙辰。

卷三,页一下,五月"乙丑……并广南州十三,县三十九"。《续长编》卷一三,页四下,作"前后所废县又四十九"。

卷三,页二上,五月"甲戌……出后宫五十余人"。《续长编》卷一三,页五下,列于癸酉。

卷三,页二上,"六月己丑,河决阳武"。《续长编》卷一三,页六上,作"庚寅"。

卷三,页二上,"秋七月己未朔,右拾遗张恂坐赃弃市"。 按开宝五年七月朔为戊午,己未初二日,此"朔"字衍。

卷三,页二下,"十二月乙酉朔,祈雪。己亥,畋近郊"。《续长编》卷一三,页一二上,作"十二月乙未,命近臣……祈雪,己亥,畋近郊"。 按十二月朔为丁亥,在乙酉后三日,乙酉应为十一月二十九日。乙未似是。

开宝六年 卷三,页二下,"春正月丙辰朔,不御殿。置蜀水陆转运计度使"。《续长编》卷一四,页一上,列于甲子日,是也。"置"上应增"甲子"二字,因设官事不在元旦。

卷三,页二下,"二月丙戌朔,棣州兵马殿直傅延翰谋反,伏诛"。《续长编》卷一四,页一下,作"殿直傅廷翰为棣州兵马监押"。"延""廷"不知何是。惟《宋史》应加"监押"二字。

卷三,页三上,三月"庚申,覆试进士于讲武殿,赐宋准及下第徐士廉等诸科百二十七人及第。乙亥赐宋准等宴钱二十万。大食国遣使来献,翰林学士知贡举李昉坐试人失当,责授太常少卿"。《续长编》卷一四,页二上—下,作三月辛酉,新进士宋准等入谢,上疑考官有私,于癸酉覆试,乙亥放榜,赐宋准等钱。《宋史》不确。

卷三,页三上,四月"辛丑,遣卢多逊为江南国信使"。《续长编》卷一四,页三下,四月"辛丑,翰林学士卢多逊等上所修《开宝通礼》二百卷,《义纂》一百卷……是月,遣卢多逊为江南生辰国信使"。四月乙酉朔,辛丑为十七日。似《宋史》误以上通礼日为出使日。

卷三，页三下，"五月庚申……诏中书吏擅权多奸赃，兼用流内州县官"。《续长编》卷一四，页四下，列于四月癸丑，及五月丙辰，皆在庚申之前。

卷三，页三下，五月"己巳，交州丁琏遣使贡方物"。《续长编》卷一四，页六上，列于甲戌下。

卷三，页四上，"九月丁卯，余庆以尚书左丞罢"。"余庆"上应加"吕"字。

开宝七年　卷三，页五上，"五月戊申朔，殿中侍御史李莹……责授左赞善大夫"。《续长编》卷一五，页三上，作"右赞善大夫"。

卷三，页五上，七月丙辰"诏减成都府盐钱"。《续长编》卷一五，页五上，作"川峡"。

卷三，页五下，八月"戊戌殿中丞赵象坐擅税除名"。"象"，《续长编》卷一五，页六下，作"尚"。

卷三，页六下，十一月"甲午，曹彬败江南军于新竹砦"。《续长编》卷一五，页一一上，作"新林寨"。

卷三，页六下，十一月"辛丑，命知雄州孙全兴答涿州修好书"。《续长编》卷一五，页一一上，云"契丹涿州刺史耶律琮致书……孙全兴……"。"涿州"上应有"契丹"二字。

卷三，页六下，十二月"甲子，吴越王帅兵围常州……寻拔利城砦……壬申，吴越王败江南军……"《续长编》卷一五，页一二上，十二月"吴越王俶……围常州……癸亥，拔利城寨。……辛未，吴越王俶破江南兵……"未知孰是。

开宝八年　卷三，页七上，正月"丙子，知池州樊若水败江南军于州界"。《续长编》卷一六，页一上，作"若冰"。

卷三，页七上，正月丙子"田钦祚败江南军于溧水……"《续长编》卷一六,页一上,列辛巳下。

卷三,页七上,二月"甲子,知扬州侯陟败江南军于宣化镇"。《续长编》卷一六,页三上,作"癸亥"。

卷三,页七上,二月戊辰"赐王嗣宗等三十一人……及第"。《续长编》卷一六,页三上,作"三十人"。

卷三,页七下,四月"丁巳,吴越王拔常州"。《续长编》卷一六,页五上,列癸丑下。

卷三,页八上,"六月壬寅,曹彬等遣使言败江南军于其城下"。《续长编》卷一六,页八上,作"癸卯"。

卷三,页八上,六月……"辛丑,河决濮州"。《续长编》列六月前是也。六月壬寅朔,辛丑为五月末一天,应移前。

卷三,页八上,六月"丁未,宋州观察判官崔绚录事参军马德休并坐赃,弃市"。《续长编》卷一六,页八上,作"崔约"、"马休"。

卷三,页八上,七月"甲申,诏吴越王班师"。《续长编》卷一六,页九上,"先是诏吴越王俶归其国,俶以兵属其大将乌程沈承礼,随王师进讨,甲申遣使入贡"。是甲申非诏班师,《宋史》不确。

卷三,页八上—下,七月"己亥,山后两林鬼主……勿尼等来朝献"。《续长编》卷一六,页九下,作"勿儿"。

卷三,页八下—九上,十月"戊午,改润州镇江军节度为镇海军节度"。《续长编》卷一六,页一四上,作"改镇海军为镇江军"。《元丰九域志》卷五,页一四下,亦作"唐镇海军节度,皇朝开宝八年改镇江军",是。《宋史》误。

卷三,页九上,十一月"甲申,曹彬夜败江南军于城下"。《续长编》卷一六,页一六下,作"丙戌"。

卷三,页九上,十一月"乙未……江南平,凡得州十九,军三,县一百八十,户六十五万五千六十"。《续长编》卷一六,页一八上作"州十九,军三,县一百有八,户六十五万五千六十有五"。《宋史·地理志》卷八五,页一上,作"八年平江南,得州一十九,军三,县一百八,户六十五万五千六十五",是。《宋史》微误。

开宝九年 卷三,页一〇下,三月"己卯,次巩县,拜安陵"。《续长编》卷一七,页六上,作"己卯次郑州。庚辰上谒安陵"。

卷三,页一一下,七月"丙戌,命近臣祈晴"。《续长编》卷一七,页一一上,列乙酉下。

卷三,页一二上,九月"庚午……党进败北汉军于太原城北"。《续长编》卷一七,页一三上,作"壬申"。

卷三,页一二上,十月"庚子……郭进焚寿阳县,俘九千人"。《续长编》卷一七,页一四上,作"九十余口",似误。

《太宗纪》一(《宋史》卷四)

太平兴国二年 卷四,页三上,二月甲午"吴越国遣使来贡,罢南唐铁钱"。《续长编》卷一八,页四下,罢铸铁钱列二月壬辰,吴越使来在癸巳。

卷四,页三下,三月"己卯,以河阳节度使赵普为太子少保"。《续长编》卷一八,页八下,在乙亥。

卷四,页三下,三月"己丑,幸开宝寺。置威胜军,禁江南诸州铜,许契丹互市"。《续长编》卷一八,页一〇上,置威胜军在四月甲午,禁江南铜在三月乙丑。许契丹互市只云"本月"无日辰。

卷四,页三下,四月"丁酉,契丹遣使来会葬"。《续长编》卷一八,页一〇上,在甲寅。 按太祖葬于乙卯,距丁酉十八天。揆以当时制度,似外使不能前期至如此多日,甲寅为是。

卷四,页三下,五月"庚午,宴崇德殿"。《续长编》卷一八,页一二上,作崇政殿。

卷四,页四上,七月"癸未……河决荥泽、顿丘、白马、温县"。《续长编》卷一八,页一四上,列于乙丑。

卷四,页四上,"闰月己亥,幸白鹊桥"。《续长编》卷一八,页一五下,作"白鹤桥"。

卷四,页四上,闰月"己酉,河溢开封"。《续长编》卷一八,页一五下,作"汴水溢"。 按河通指黄河而言,汴水称汴河则可,简称河则欠妥。

卷四,页四上,闰月"丁巳……令支郡得专奏事。"《续长编》卷一八,页一七上,列八月戊辰下。

卷四,页四上,"八月……乙丑……陈洪进来朝"。《续长编》卷一八,页一六下,列丙寅下。

卷四,页四下—五上,十月"己巳,幸京城西北,观卫士与契丹使骑射。……己巳,群臣请举乐,表三上,从之。丙子,诏禁天文、卜相等书,私习者斩"。《续长编》卷一八,页二〇上,群臣上表请举乐,列丙子下禁天文书上。 按此己巳重出,第二己巳显为错误,应取消移丙子下。

太平兴国三年 卷四,页五下,正月乙巳"浚汴口"。《续长编》卷一九,页二上,作"丁未"。

卷四,页五下,二月"丙寅,泗州录事参军徐璧坐监仓受贿出虚券,弃市"。《续长编》卷一九,页三下,作"徐璧"。

卷四,页五下,二月辛未,"诏凿金明池"。《续长编》列甲申下云:池凿于太平兴国初,至是成赐名。并注云:"《本纪》云是月始穿池,误也,始赐名耳。"

卷四,页六上,四月"己卯,陈洪进献漳、泉二州,凡得……兵万八千七百二十七"。《续长编》卷一九,页六上,作一万八千八百二十七。

卷四,页六下,"五月乙酉……钱俶献其两浙诸州,凡得……户五十五万六百八十"。《续长编》卷一九,页七上,作五十五万六百八。

卷四,页六下—七上,五月"壬寅,定难军节度使李克睿卒,子继筠立。乙巳,以继筠袭定难军节度使"。《续长编》卷一九,页八下,作"继筠为定难留后"。是也。

卷四,页七上,"六月戊午,复给乘驿银牌"。《续长编》卷一九,页一〇上,作"戊辰"。

卷四,页七上,六月"癸未,诏太平兴国元年十月乙卯以来诸职官以赃致罪者虽会赦不得叙"。《续长编》卷一九,页一〇上,在己巳。

卷四,页七下,八月"癸酉,詹事丞徐选坐赃,杖杀之"。《续长编》卷一九,页一二下,作"徐迁"。

卷四,页八上,"十月癸丑朔……高丽国王遣使来贡"。《续长编》卷一九,页一三上,作"甲寅"。

太平兴国四年 卷四,页九上,二月"甲子,帝发京师;戊寅,次澶州,观鱼于河;三月庚辰朔,次镇州"。《续长编》卷二〇,页三下戊寅作戊辰,下接己巳……后及丁丑见契丹使于临城事。戊寅在丁丑后一日,庚辰前二日,故《宋史》误。

卷四,页九上,三月"乙未,郭进大破契丹于关南"。《续长编》卷二〇,页五上,作"石岭关南"。 按上文已云郭进负责石岭关太原一路,故《长编》所述明确。《宋史》含混。且当时关南(后改为高阳关)为一固定名辞,此处不加"石岭"二字,不妥。

卷四，页九上，三月"庚子，左飞龙使史业破北汉鹰扬军"。《续长编》卷二〇，页五上，在丙申。

卷四，页九下，四月"庚戌……石熙载为枢密副使"。《续长编》卷二〇，页六上，在庚申。

卷四，页九下，四月"乙丑，克隆州，获其招讨使李询等六人"。《续长编》卷二〇，页六下，在甲子。"李询"作"李珣"。

卷四，页九下，四月"己巳，折御卿克岚州，杀其宪州刺史郭翊"。《续长编》卷二〇，页七上，在戊辰。"郭翊"作"霍翊"。

卷四，页九下，五月"壬午，其骑帅郭万超来降"。《续长编》卷二〇，页八下，作马步军都指挥使。若是则非只骑帅。

卷四，页一〇下，六月"丁卯，次东易州，刺史刘宇以城降"。《续长编》卷二〇，页一一下，作"刘禹"。

卷四，页一〇下，六月"戊辰，次涿州，判官刘厚德以城降"。《续长编》卷二〇，页一二上，作"刘原德"。

卷四，页一一上，七月"壬午，知蓟州刘守恩来降"。《续长编》卷二〇，页一三上，作"刘守思"。

卷四，页一二上，十一月"辛卯，忻州言与契丹战……"《续长编》卷二〇，页一九下，作"辛丑"。

太平兴国五年　卷四，页一二上，"二月戊辰……废顺化军"。《续长编》卷二一，页三上，在壬申。

卷四，页一二上—下，三月"己丑，左监门卫上将军刘铢卒"。《续长编》卷二一，页三上，在戊子。

卷四，页一二下，"应百篇举赵昌国"。《续长编》卷二一，页四下，作"赵国昌"。

卷四，页一二下，"四月癸未……壅汾河晋祠水灌太原"。《续长编》卷二一,页五上,在壬辰。

卷四,页一三上,"八作使张浚"。《续长编》卷二一,页六下,作"八作使郝守浚"。是也。

卷四,页一三上,"八月甲申,西南蕃主……来贡"。《续长编》卷二一,页八上,在己丑下。

太平兴国六年 卷四,页一三下,"正月癸卯,置平寨、静戎二军"。《续长编》卷二二,页一上,作"癸卯,以保寨军为保州,以梁门口寨为静戎军"。又卷二二,页一下,正月乙卯,建易州大保寨为平寨军。 又按《元丰九域志》威虏(广信)亦置于兴国六年。

卷四,页一三下,正月"丙寅,改静戎军为安静军"。《续长编》误此为后周置于李宴口之静安军,非也。此梓州军号也。又"安静"为"静安"之倒,应改正。

卷四,页一四上,三月"壬戌……知邕州侯仁贵死之"。《续长编》卷二二,页三上,作"侯仁宝",《宋史》卷二四七《交趾传》亦作"仁宝"。"贵"误。

卷四,页一四上,四月丙戌,"罢湖州织罗,放女工"。《续长编》卷二二,页四上,列戊辰下。

卷四,页一五上,十二月己丑,"诸道节度州置观察支使"。《续长编》卷二二,页一四上,在十月己丑。

太平兴国七年 卷四,页一五下,"二月甲申,……徙并州治唐明镇"。《续长编》卷二三,页二下,作徙并州于三交寨,无日辰,仅云是月,并注云"此据潘美行状七年二月事也。三交寨即阳曲县"。

卷四,页一五下,二月"乙酉,特贯庐州管内逋米万七千二百四十石"。《续长编》卷二三,页二下,列甲申下。

卷四,页一五下,三月"乙未,以秦王廷美为西京留守"。《续长

编》卷二三,页三上,作癸卯。《东都事略》作乙巳。(是月癸巳朔)

卷四,页一六上,四月庚辰,"禁河南诸州私铸铅锡恶钱及轻小钱"。《续长编》卷二三,页六上,"河南"作"江南"。

卷四,页一六上,五月丙辰,"以崇化副使阎彦进知房州"。《续长编》卷二三,页八上,作"崇议副使"。(按应作"崇仪")

卷四,页一六下,六月"丙子,置译经院"。《续长编》卷二三,页一〇上,"命……就太平兴国寺建译经院,是月院成"。是此时译经院已成,非新置也。

卷四,页一七上,"冬十月癸亥,诏河南吏民不得阑出边关"。《续长编》卷二三,页一四上,作"诏缘边诸州军县镇……无得阑出边关"。是也。"河南"非是。

卷四,页一七上,十月"癸卯,乾元历成"。《续长编》卷二三,页一五上,列己卯下。　按是月己未朔,无癸卯。

太平兴国八年　卷四,页一七下,"三月庚申以右谏议大夫宋琪为参知政事"。《续长编》卷二四,页三上,在癸亥下。

卷四,页一七下,三月庚申,"丰州破契丹兵,降三千余帐"。《续长编》卷二四,页三下,作"壬申"。

卷四,页一八上,五月丁卯,"……黎桓……遣使来贡"。《续长编》卷二四,页八上,作"庚午"。

卷四,页一八上,五月"丁亥,流……曹翰于登州"。《续长编》卷二四,页八下,作"壬申"。　按五月丙辰朔,无丁亥,丁亥为初三日,似《长编》是。

卷四,页一九上,十二月丁亥,"西人寇宥州"。《续长编》卷二四,页二二下,列戊申下。

卷四,页一九上,十二月,"是月,醴泉县水中草变为稻"。《续长编》卷二四,页二三上,作"潭州言,醴陵县水中草变为稻"。"陵"字是。因潭州有醴陵,醴泉在陕西也。

雍熙元年 卷四,页一九下,正月"丁卯……廷美薨,追封涪陵王"。《续长编》卷二五,页一下,作"涪王"。《宋史》卷二四四《廷美传》亦作"涪王"。"陵"字衍。《宋会要稿·帝系》一之二四作涪王。《宋史·真宗纪》一,至道三年戊戌追赠亦作"涪王"。

卷四,页一九下,"三月丁巳,滑州河决既塞,帝作平河歌"。《续长编》卷二五,页五上作己未。是也。

卷四,页二〇上,"秋七月壬子……改匦院为登闻鼓院"。《续长编》卷二五,页一〇上,列庚申下。

卷四,页二〇下,"冬十月甲申……夏州言掩击李继迁"。《续长编》卷二五,页一三下,列九月末,注云"本纪、实录载此事于十月庚寅,盖据奏到耳"。在甲申下,不合。

卷四,页二〇下,"十一月丁巳……改元"。《续长编》卷二五,页一六上作"丁卯"。《东都事略》卷三,页四上,亦作"丁卯"。《宋朝事实》卷二,页一〇下《纪元编》太平兴国九年下"甲申,十一月二十一日南郊改雍熙元年"。《宋会要稿·帝系》一之四亦在太平兴国九年十二(应作一)月二十一日改雍熙元年。 按十一月丁未朔,十一日为丁巳,二十一日为丁卯,是丁巳误矣。

卷四,页二一上,十二月"戊戌,大雨雪"。《续长编》卷二五,页一七上,作"甲辰"。

《太宗纪》二(《宋史》卷五)

雍熙二年 卷五,页二上—下,闰九月"己亥均州献一角兽"。《续长编》卷二六,页六上,作"坊州"。

雍熙三年 卷五,页四下,"杜彦圭为均州团练使"。《续长编》

卷二七,页一六下,作"归州团练副使"。

端拱元年 卷五,页七下,二月庚子,"参知政事吕蒙正同中书门下平章事……给事中许国公赵普守太保兼侍中"。《续长编》卷二九,页二上,二月庚子,"山南东道节度使兼侍中赵普为太保兼侍中,给事中参知政事吕蒙正为中书侍郎兼户部尚书平章事"。按《宋史》之"给事中"应移"参知政事"上。

卷五,页八上,闰五月"乙未,赐诸州高年爵公士"。《续长编》卷二九,页八上,在丙申。

端拱二年 卷五,页一〇上,"十月辛未,……以岁旱,彗星谪见……"《续长编》卷三〇,页二〇下,在癸酉下。

淳化元年 卷五,页一〇上—下,"正月戊寅朔……改乾明节为寿宁节"。《续长编》卷三一,页一上,在己卯。

卷五,页一〇下,"三月丙子朔。乙未,幸西京留守赵普第视疾"。按丙子朔下无事可书,依例可删。

卷五,页一一上,九月辛巳,"禁川峡民父母在出为赘婿"。《续长编》卷三一,页七下,列在戊寅下。

淳化二年 卷五,页一三上,七月己亥,"……李继迁奉表请降"。《续长编》卷三二,页八上,作"丙午"。

卷五,页一三上,九月己亥,"右仆射李昉……平章事"。《续长编》卷三二,页一〇上,作"左仆射"。

淳化三年 卷五,页一四下,"秋七月己酉,太师魏国公赵普薨"。《东都事略》同。《续长编》卷三三,页四下—五上,作乙巳,己酉讣闻。注云"按《神道碑》普以七月十四日卒。十四日乙巳也。己酉十八日,上始闻讣耳"。

卷五,页一五上,九月"乙卯,群臣上尊号"。《续长编》卷三三,页六下,在丙辰。

卷五,页一五上,十一月"己亥,许王元僖薨。甲申虑囚……己未,禁两浙诸州巫师"。 按十一月庚寅朔,月内无甲申,而在己亥己未二十天之间有甲辰、甲寅及戊申,不知系何日。

淳化四年 卷五,页一六下,八月"癸酉,以向敏中张咏始同知银台通进司"。"始"字衍。

至道元年 卷五,页二二上,正月"戊辰……以宣祖旧第作洞真宫成"。《续长编》卷三七,页二下,作"乙丑"。

卷五,页二三上—下,"十月甲戌朔,皇太子让宫僚称臣"。《续长编》卷三八,页五上,作"乙亥"。

卷五,页二三下,十二月"甲戌……契丹犯边,折御卿……卒于师。斩马步军都军头于军中"。《续长编》卷三八,页八上,折御卿卒,作"丁酉闻于朝"。斩阿赞在戊戌。

《真宗纪》一(《宋史》卷六)

至道三年 卷六,页三上,"七月乙丑,诏转运使更迭赴阙"。《续长编》卷四一,页九上,作"丙寅"。

咸平元年 卷六,页四下,"二月癸巳,吕端等言,彗出之应"。《续长编》卷四三,页二下,在壬辰。

卷六,页五下,十月戊子,"李至为武胜军节度使"。《续长编》卷四三,页九下,"工部尚书参知政事李至罢为武胜军节度使"。是也。应加"参知政事"及"罢"字。

卷六,页五下,十月"己丑……夏侯峤罢为户部侍郎,翰林侍读学士"。《续长编》卷四三,页一○上,无"翰林侍读学士"。按翰林侍读学士置于咸平二年七月丙午,元年何缘有此官?

咸平二年 卷六,页六上,闰三月"丁亥……帝谕宰相曰,凡政有阙失,宜相规以道……"。《续长编》卷四四,页五上,作"丙戌"。

卷六,页八上,十一月"己酉,以李沆为京东留守"。《续长编》卷四五,页一三下,作"戊申","京东"作"东京",是也。应改。

咸平三年 卷六,页九上,正月"庚寅,赦河北及淄齐州罪人"。《续长编》卷四六,页五上,在辛卯。

卷六,页九下,正月"甲午……诏……雷有终为庐州观察使"。《续长编》卷四六,页六上,作泸州观察使。《宋史》卷二九八《雷有终传》亦作泸州,应改。

卷六,页一〇上,"五月丁卯,诏天下死罪减一等,流以下释之……"《续长编》卷四七,页五下,作丁丑朔。《东都事略》卷四,页二下同。 按五月朔日丁丑,本月无丁卯。《宋史》误丑为卯。

卷六,页一〇下,五月"壬寅……河决郓州"。《续长编》卷四七,页八上,在甲辰。

卷六,页一〇下,八月"庚辰,赐契丹降人萧肯头名怀忠"。按八月乙巳朔无庚辰。《续长编》卷四七,页一四下,列于九月,并注云"本纪载此事于八月庚辰。 按长历八月无庚辰,今从实录及契丹传"。今依《长编》改正。

卷六,页一〇下,"冬十月甲辰,雷有终大败贼党。" 按甲辰为初一日,依例应加"朔"字。

卷六,页一一上,十一月"乙亥……郓州决河塞"。《续长编》卷四七,页二〇上,作"丙子"。

卷六,页一一上—下,"十一月丙申,张齐贤罢为兵部尚书"。《续长编》卷四七,页二一下,作"甲午"。《东都事略》卷四,页二下,作"甲申"。

咸平四年 卷六,页一二下,"三月甲戌抚水州蛮酋蒙瑛"。

《续长编》卷四八,页八上,作"蒙英"。

咸平四年 卷六,页一三下,六月"戊申,出阵图示宰相"。《续长编》卷四九,页二下,作"戊辰"。《宋史》此条上为丁卯,下为七月庚午,则作"戊辰"为是。

卷六,页一四上,九月"……李继迁陷清远军"。《续长编》卷四九,页八下,作"乙亥",应增之。

卷六,页一四上,"冬十月,曹灿以蕃兵邀李继迁辎重于唐龙镇"。《续长编》卷四九,页一〇上,作"九月辛卯"。(二十三日)

卷六,页一四上,"十一月壬申……王显奏破契丹"。《续长编》卷五〇,页一上,作"丙子"。

咸平五年 卷六,页一五上,"三月丁酉,李继迁陷灵州"。按丁酉为朔,依例增。

卷六,页一五上,五月壬寅,"褚德臻坐盗取官银,弃市"。《续长编》卷五二,页一下,作"杖死"。弃市通指斩,《宋史》不妥。

卷六,页一五下,六月……"己酉,诏益兵八千分屯环庆泾原"。《续长编》卷五二,页八下,作"乙酉"。 按六月乙丑朔,无己酉。且此条上为己卯,下为甲午,当中应是乙酉,改作"乙"。

卷六,页一六上,七月"乙巳,召终南隐士种放"。《续长编》卷五二,页一三上,列丙辰下。

卷六,页一六上,"八月群臣三表上尊号,不允"。《续长编》卷五二,页一四上,作"八月甲子朔",应据增。

卷六,页一六上,八月"乙酉,石隰部署言"。《续长编》卷五二,页一六下,列丙戌下。

卷六,页一六下,"十一月壬辰"。 按壬辰为朔日,依例增。

《真宗纪》二（《宋史》卷七）

咸平六年 卷七，页一上，二月甲申，"……蕃部叶市族啰埋等内附"。《续长编》卷五四，页六下，在丙戌下。

卷七，页一下，三月辛卯朔，"……石隰都巡检使言，绥州东山蕃部军使拽曰等内属"。《续长编》卷五四，页八下，列壬辰下。"东山"作"东西"。

卷七，页一下，"四月，李继迁寇洪德砦"。《续长编》卷三四，页一二上，列乙丑下。

卷七，页一下，四月，"……契丹来侵，战望都县"。《续长编》卷三四页一四上，列丙子下。

景德元年 卷七，页三上，"三月威房军守将破契丹……"《续长编》卷五六，页七上，作"三月乙酉朔"，应增。

卷七，页三上，三月，"……柳谷川蕃部入寇"。《续长编》卷五六，页七下，列戊子下。应增。

卷七，页三下，三月乙巳，"麟府路言，败西人于神堆"。《续长编》卷五六，页八上，作"戊申"，应增。

卷七，页三下，"夏四月甲寅"。 按甲寅为朔日，应增。

卷七，页三下，"五月甲申"。 按甲申为朔，应增。

卷七，页三下，五月"……丁巳，诏诸路转运使代还日……"。《续长编》卷五六，页一三下，在六月是也。 按五月甲申朔，是月无丁巳。应为六月。

卷七，页三下，六月己未，"……洪德砦言"。《续长编》卷五六，页一四，在壬戌。

卷七，页四上，七月"庚寅，以翰林学士毕士安为吏部侍郎参知政事"。《续长编》卷五六，页一八下，作"翰林侍读学士"。《宋史》

卷二八一《士安传》亦作"翰林侍读学士"。《宋史》卷二一〇《宰辅表》亦然。

卷七,页四上,"八月,泾原部署言"。《续长编》卷五七,页一上,作"八月乙卯",应增。

卷七,页四下,九月"丙戌,令诸路转运使考察官吏能否"。《续长编》卷五七,页四上,使下有"副"字,是也。应增。

卷七,页四下,九月"己丑,诏翰林学士承旨宋白等举文武官"。《续长编》卷五七,页四下,作"庚寅"。

卷七,页四下,九月丁酉,"契丹耶律吴欲来降"。《续长编》卷五七,页六下,列己亥下。

卷七,页四下,九月"乙巳,置祈州,河决澶州"。《续长编》卷五七,页七下,作"祁州",是也。澶州河决列庚戌下。

卷七,页四下,闰五月"壬申,江南旱,遣使决狱"。《续长编》卷五七,页一〇上,在戊辰下。

卷七,页五上,九月乙亥"漠州石普"。"漠"为"莫"之误。

卷七,页五上,十月"癸未,麟府路率部兵入朔州"。《续长编》卷五八,页一下,作"甲申"。

卷七,页五下,十月癸卯,"保、莫州……击败契丹,命……曹利用往答之"。《续长编》卷五八,页五上,列乙巳下。

景德二年 卷七,页八上,正月癸酉"京西民转送军储……"《续长编》卷五九,页七上,作"甲戌"。

卷七,页八上,正月丁丑,"诏河北转运使察官属……"《续长编》卷五九,页七上,在甲戌下。

卷七,页八上,"二月,嘉、邛州铸大铁钱,置霸州、安肃军榷场"。《续长编》卷五九,页七下,分列庚辰、辛巳下。

卷七,页八上,二月甲午,"……环州言,戎人入寇"。《续长编》卷五九,页一〇下,列庚子下。

卷七,页八下,四月丁酉,"陈尧咨单州团练使"。《续长编》卷五九,页一九下,作"副使"是也。

卷七,页八下,"五月戊申"。　按戊申为朔日,应增。

卷七,页一〇上,十二月癸未,"对京畿父老于长春殿"。《续长编》卷六一,页二一下,作"丁酉"。

卷七,页一〇上,十二月癸未,"契丹遣使贺明年正旦"。《续长编》卷六一,页二一下,作"庚子"。

景德三年　卷七,页一一上—下,六月丙子,"知广州凌策请发兵定交阯乱"。《续长编》卷六三,页八下,作"辛卯"。

卷七,页一一下,七月壬子,"邵晔上邕州……等图"。《续长编》卷六三,页一四上,在壬戌。

卷七,页一二上,九月乙丑,"夏州赵德明奉表归款"。《续长编》卷六四,页四上,在丁卯。

景德四年　卷七,页一二下,正月甲辰,"德钧卒"。《续长编》卷六五,页一上,作"癸丑"。并云其夕上元。　按正月己亥朔,十五日癸丑,是。《宋史》误也。

卷七,页一二下,正月庚申,"王显卒"。《续长编》卷六五,页一下,作"壬戌"。

卷七,页一二下,"二月己巳,幸西京"。《续长编》卷六五,页二下,作"戊辰朔,车驾遂如西京,夕次偃师县。……己巳至西京"。

卷七,页一二下,二月己巳,"命吏部尚书张齐贤祭周六庙……"《续长编》卷六五,页三上,在辛未,应增。

卷七,页一三上,二月戊子,"加号列子"。《续长编》卷六五,页三下作丙子。

卷七,页一三上,"二月戊子增封唐孝子潘良瑗……墓"。《续长编》卷六五,页四下,作"潘良玉"。

卷七,页一三下,五月辛亥,"减并代戍兵"。《续长编》卷六五,页一三下,作"癸丑"。

卷七,页一三下,五月戊午,"兖州增二千户守孔子坟"。《续长编》卷六五,页一三下,作"二十户",是也。

卷七,页一四上,"六月,盛暑,减京城役工日课之半"。《续长编》卷六五,页一八上,列乙巳下,应增。

卷七,页一四上,六月丁未,"司天监言,五星聚而伏于鹑火"。《续长编》卷六五,页一九上,作"壬子"。

卷七,页一四上,七月"庚午,置灵台令"。《续长编》卷六六,页二下,作"置陵台令,兼知永安县事",是。"灵"字误。因太祖太宗陵在永安县,故以陵令兼县事也。

卷七,页一四下—五上,十月甲午朔"……曹利用……等进秩……"《续长编》卷六七,页三下,列于丁未下。

卷七,页一五上,十一月戊辰,"曹利用等言,招安贼党"。《续长编》卷六七,页八下,列甲戌下,是也。

大中祥符元年 卷七,页一六上,三月"……丁卯,兖州并诸路进士……请封禅"。《续长编》卷六八,页一一上,作"己卯",是也。上为甲戌,下为壬午,当中无丁卯。

卷七,页一六下,五月"壬戌,王钦若言泰山醴泉出,锡山苍龙见"。《续长编》卷六九,页二上,苍龙见在乙丑。

卷七,页一八上,九月"乙酉,亲习封禅仪于崇德殿"。《续长编》卷七〇,页六上,作"崇政殿"。

卷七，页一八上，十月"丁未，法驾入乾符县奉高宫"。《续长编》卷七〇，页九下，作"乾封县"，是也。下文云："改乾封县为奉符县。"《宋史》卷八五《地理志》亦云奉符，本乾封县，大中祥符元年改。

卷七，页一九下，十一月"壬戌，次东都县"。《续长编》卷七〇，页一四上，作"中都县"。是也。

卷七，页二〇上，十二月辛丑，"宁王元偓为护国军节度"。《续长编》卷七〇，页一八下，作"护国镇国节度使"，是也。《宋史》二四五《元偓传》亦作护国镇国等军节度使，应增。

大中祥符二年 卷七，页二一下，五月乙卯，"……罢韶州献频婆果"。《续长编》卷七一，页一六上，作"丙辰"，从之。

卷七，页二一下，六月"辛卯，保州增屯田务兵三百人"。误置甲午下，应移上。

卷七，页二三上，十二月辛巳，"交州黎至忠贡驯犀"。《续长编》卷七二，页一九下，作"癸未"。

大中祥符三年 卷七，页二四上，四月"丁巳，诏中书以五月一日进中外文武……官名籍"。《续长编》卷七三，页一二下，作"戊午"。

卷七，页二四上，"六月庚戌，边臣言契丹饥"。《续长编》卷七三，页二一下，在乙卯下。

卷七，页二四上，六月庚戌，"河中府父老……请祀后土……"《续长编》卷七三，页二一上，作"癸丑"。

卷七，页二五下，九月丁亥，"……华州言，父老……请幸西岳"。《续长编》卷七四，页八下，作"己丑"。

卷七，页二五下，九月甲辰，"内山绥抚十六条"。《续长编》卷七四，页一〇上，作"十二条"。

491

卷七,页二五下,十一月己亥,"陕州黄河清"。《续长编》卷七四,页一四下,作"庚子"。

卷七,页二五下,"十二月,陕州黄河再清"。《续长编》卷七四,页一四下,作"丙午"。

《真宗纪》三(《宋史》卷八)

大中祥符四年　卷八,页一下,二月己未,"潘泉涌"。《续长编》卷七五,页四下,作"瀵泉"是也。

卷八,页一下,二月"壬戌,甘州回鹘……来贡"。《续长编》卷七五,页五上,列辛酉下。

卷八,页二上,二月"乙巳,次华州"。《续长编》卷七五,页七上,作"己巳"是也。上条丁卯,下条庚午,中无乙巳,应改。

卷八,页二上,二月辛未,"召见道士柴又玄"。《续长编》卷七五,页七下,作"柴通玄"。

卷八,页二下,四月"己未,钱种放"。《续长编》卷七五,页一一下,作"甲寅"。

卷八,页三上,五月"癸巳诏州城置孔子庙"。《续长编》卷七五,页一四上,作"王承美请于丰州城内置玄圣文宣王庙,从之"。是仅从丰州之请,非所有州城也。

卷八,页三下,八月乙丑,"决通利军……"《续长编》卷七六,页七上,作"戊辰河决通利军"。应据增。

大中祥符五年　卷八,页四下,"三月己丑,御试礼部举人。丁未……。庚戌……丁巳……夏四月戊申,壬子……乙丑……五月辛未"。秩序乱,且丁未已属四月,今应移动为三月己丑……。夏四月丁未,戊申……庚戌……壬子……丁巳……乙丑……五月辛未。

卷八，页六上，十二月戊辰，"京师大寒"。《续长编》卷七九，页一四上，作"己巳"。

大中祥符六年　卷八，页六下，正月庚申，"置司宫令在尚书上"。《续长编》卷八〇，页三上，作"尚宫"，是也。

卷八，页七上，二月"己亥……三月丁未"。　按三月壬辰朔，己亥为初八日，不在二月，应移三月冠己亥上。

卷八，页七上，六月"癸酉，保安军雨河溢"。《续长编》卷八〇，页一五上，作"甲戌"。

大中祥符七年　卷八，页八下，正月"丙辰，建南京归德殿"。《续长编》卷八二，页三上，作"升应天府为南京，正殿牓以归德"。较《宋史》为佳。

卷八，页九上，"三月，城清井监"。《续长编》卷八二，页五下—六上，作"三月辛卯"，从之。

卷八，页九下，五月乙未，"泾原言，叶施族……归顺"。《续长编》卷八二，页一五上，作"辛亥"，是也。

卷八，页九下，六月"丙辰，眉州通判董荣受赇……"《续长编》卷八二，页一五下，作"黄莹"。

卷八，页一〇上，八月"乙卯，除江、淮、两浙被灾民租"。《续长编》卷八三，页四上，作"江南两浙"。

卷八，页一〇下，"冬十一月乙酉，滨州河溢"。《续长编》卷八三，页一三下，作"甲申"。

卷八，页一〇下，十一月"己丑，加王旦司空修宫使"。《续长编》卷八三，页一四上，作"加玉清昭应宫使王旦司空，修宫使丁谓工部尚书"。是。《宋史》"修宫使"三字衍。盖删节时误为王旦之加官也。

卷八,页一〇下,十二月"丁巳,诏川、峡……转运……官察属吏"。《续长编》卷八三,页一七上,作"戊午"。上有丁巳系另事。似戊午为是。

卷八,页一一上,是岁,天下……"口二千一百九十七万六千九百六十五"。《续长编》卷八三,页一九下,作"二千一百九十九万六千九百六十五"。

大中祥符八年 卷八,页一一上,正月"庚寅,置清卫二指挥"。《续长编》卷八四,页二下,有"左右"二字,应增。

卷八,页一一下,三月"壬寅,御试礼部贡举人"。《续长编》卷八四,页八下,作"癸卯"。

卷八,页一二上,"九月,注辇国贡土物。"《续长编》卷八五,页一二上,作"己酉",应增。

大中祥符九年 卷八,页一三上,"二月甲午,延州蕃部饥。"《续长编》卷八六,页八上,作"丁酉",是也。

卷八,页一三下,"秋七月,抚水蛮寇宜州。"《续长编》卷八七,页九上,作"乙巳",应增。

卷八,页一四上,九月"丁未,曹玮言,宗哥……寇羌伏砦"。《续长编》卷八八,页二上,作"伏羌寨",应从之。

卷八,页一四下,十月己卯,……"壬申,诏冯拯等各举……武干者一人。壬辰……"《续长编》卷八八,页一一下,作"壬午"是也。上为己卯,下为壬辰,中间无壬申。

卷八,页一四下,十一月丁未,"……石普……流贺州"。《续长编》卷八八,页一四下,在戊申下。

天禧元年 卷八,页一五下,二月"辛巳,考课京朝官"。《续长编》卷八九,页六下,作"壬午"。

卷八，页一五下，五月"乙卯，纵岁献鹰犬"。《续长编》卷八九，页二一下，作"诏北戎每岁以鸷禽为献，闵其羁绁，宜悉纵之"。按此指契丹所馈鹰隼之属，并无犬。且不加"契丹"而突云"纵岁献鹰犬"。亦不合，应改。

卷八，页一六上，六月"戊寅，除升州后湖租钱五十余万"。《续长编》卷九〇，页三上，作"五百余贯"。按二数相等，但五十余万不若五百余贯之明确，因不知其所言为贯为文也。

卷八，页一六下，九月"丁未，教卫士骑射"。《续长编》卷九〇，页一三下，作"丁巳"，是也。上条为甲寅，下条为十月辛未，其间无丁未，应改。

天禧二年　卷八，页一七下，"二月丙寅，甘州来贡"。按此言甘州回鹘也。不应只云甘州。

卷八，页一七下，二月"庚辰，振京西饥"。《续长编》卷九一，页四下，作"己卯"。

卷八，页一八上，"闰月，辰州讨下溪州蛮"。无日辰。

天禧三年　卷八，页一九上，"春正月癸亥，贡举人郭稹等见崇政殿。"《续长编》卷九三，页一上，作"乙亥"。按正月己未朔，癸亥为初五日，依习惯贡举人朝见不会如是之早。乙亥为十七日，且《长编》首为甲子，继为丁卯，次为乙亥，次为己卯、丙戌。顺序相合，故乙亥为是。

卷八，页一九下，五月乙丑，"戚纶坐汕上，贬……"《续长编》卷九三，页一〇上，作"壬戌"。

卷八，页一九下，"六月癸未，浚淮南漕渠"。《续长编》卷九三，页一二下，作"辛卯"。

卷八，页一九下，六月甲午，"河决滑州"。《续长编》卷九三，

495

页一三下,作"乙未",从之。

卷八,页一九下,六月戊戌,"滑州决河泛澶濮……"《续长编》卷九三,页一六上,作"辛丑"。

卷八,页一九下,七月壬申,"群臣表上尊号……"《续长编》卷九四,页三下,作"己卯"。《东都事略》亦作壬申。惟《续长编》己卯前尚有戊寅,再上为壬申,似从《事略》为是。

天禧四年　卷八,页二〇下,三月"己亥,振益梓民饥"。《续长编》卷九五,页七下,作"乙亥",是也。《宋史》"己亥"前为癸酉,后为己卯,当中无己亥,有乙亥。

卷八,页二一上,六月"壬寅,乡试礼部奏名举人九十三人"。《续长编》卷九五,页一九下,作"上御崇政殿亲试礼部奏名举人……例授三班奉职者九十二人,借职者十三人,其不合格者补诸州上佐文学,自奉职至殿侍悉免短使与家便差遣"。　按据《长编》所言,是礼部奏名举人不仅九十三人。《宋史》所言九十三人已欠明晰。又与官者一百〇五人,亦非九十三人。

卷八,页二一上,七月"癸酉,入内副都知周怀政伏诛"。《续长编》卷九六,页四下,作"甲戌"。

卷八,页二二上,十月"丙午,召皇子、宗室……赐宴"。《续长编》卷九六,页一五下,作"皇太子",应从之。

卷八,页二二上,十一月"戊辰,罢谓为户部尚书,迪为户部侍郎"。《续长编》卷九六,页一八下,作"工部尚书"。

天禧五年　卷八,页二三上,"二月甲寅,审刑院言天下无断狱"。《续长编》卷九七,页二下,作"审刑院……言……诸州刑奏并断毕无留牍"。"无断狱"三字不辞。

卷八,页二三下,七月"戊寅,新作景灵宫万寿殿"。《续长编》

卷九七,页九下,作"万岁殿"。

《仁宗纪》一(《宋史》卷九)

卷九,页二上,六月庚申,"雷允恭……伏诛。丁谓罢为太子少保分司西京"。《东都事略》卷五,页一下,丁谓罢在癸亥。《续长编》卷九八,页一五下亦然。应增"癸亥"二字。

天圣元年 卷九,页四上,"秋七月壬申,除戎泸州虚估税钱。诏职田遇水旱蠲租如例"。《续长编》卷一〇〇,页一四下,除虚估税在癸酉,职田减租在戊寅。

卷九,页四下,十一月丁酉,"禁两浙……巫觋……"《续长编》卷一〇一,页九上,作"戊戌"。从之。

天圣二年 卷九,页五上,"八月丙辰朔,宴崇德殿"。《续长编》卷一〇二,页一四下,作"崇政殿",未知孰是。

卷九,页五下,"是岁……甘肃来贡"。 按当时无甘肃之名,应作"甘州",即甘州回鹘也。本年五月戊子曾贡方物,见《续长编》卷一〇二,页七下。

天圣三年 卷九,页六上,"十一月辛卯……晋、绛、陕、解州饥"。《续长编》卷一〇三,页一七上,在丁酉,是也。

天圣四年 卷九,页六下,"春正月己亥,命张得象……试百司人"。《续长编》卷一〇四,页一上,作"章得象",是也。

卷九,页七上,"五月己卯,诏礼部贡举"。《续长编》卷一〇四,页七下,作"诏礼部贡举,进士实应三举,诸科五举,并免取解"。是乃谕贡举变通取解办法,非举行贡举之谓也。

卷九,页七上,闰五月"己酉,诏补太庙室长斋郎"。《续长编》卷一〇四,页九上,作"诏初补太庙斋郎,自今并赴宗正寺公参"。《宋史》所载大失原意,一似命补官者。

卷九，页七上，"六月丁亥，建、剑、邵武……大水"。《续长编》卷一〇四，页一一上，作"丙戌"。

天圣五年 卷九，页八上，正月"己未，晏殊罢"。《续长编》卷一〇五，页二上，作"庚申"。

卷九，页八上，"三月戊申，赐礼部奏名进士、诸科及第、出身一千七十六人"。《续长编》卷一〇五，页四下，作"辛酉御崇政殿试礼部奏名进士；壬戌，试诸科；甲子，诏进士五举……别具名以闻。乙丑赐进士……一百九十七人及第，八十三人同出身，七十一人同学究出身，二十八人试衔；丙寅赐诸科及第并出身者又六百九十八人"。是也。向例进士诸科不同日唱名。《宋史》殊不合。

卷九，页八上，"五月庚子朔，诏武臣子孙……听奏文资"。《续长编》卷一〇五，页六上，作"辛丑"。

卷九，页八下，"七月己亥朔，振秦州水灾……"《续长编》卷一〇五，页八上，作"辛丑"。

卷九，页八下，七月丙辰，"诏察京东被灾县吏……"《续长编》卷一〇五，页九上，在丁巳下。

天圣六年 卷九，页一〇上，"九月己亥，诏京朝□官，任内五人同罪奏举者，减一任"。《续长编》卷一〇六，页一八上，作"诏近制京朝官三任知县入同判，又三任入知州，自今任内尝有五人同罪奏举者减一任"。 按《宋史》太不明晰，且京朝官为空衔，其所云任者，同判知州也。

天圣七年 卷九，页一〇下，二月，"癸巳，募民入粟以振河北"。"闰月戊申，禁京城创造寺观。"《续长编》卷一〇七，页七下，癸巳列闰二月下，是也。是月庚寅朔，癸巳为初四日，二月无癸巳也。

卷九，页一一上，闰二月，"癸酉置理检使"。《续长编》卷一〇七，页九下，作"癸丑"，是也。闰二月庚寅朔，月内无癸酉，癸丑为二十四日。且《宋史》上条为壬子，下条为乙丑，其间有癸丑而无癸酉。

卷九，页一一上，四月"辛卯，南平王李公蕴卒"。《续长编》卷一〇七，页一四下，在辛亥。

卷九，页一一上，"五月乙未朔"。《续长编》卷一〇八，页一上，作"己未"，是也。应改。

卷九，页一一下，七月"癸亥，以玉清昭应宫灾，遣官告诸陵，诏天下不复缮修"。《续长编》卷一〇八，页七下，不缮修诏在己巳，是也。

卷九，页一一下，八月"己亥，诏命官犯正入赃，毋使亲民"。《续长编》卷一〇八，页九上，作"入己赃"，应增。

天圣八年 卷九，页一二上，三月乙亥，"诏河北被水州县毋税牛"。《续长编》卷一〇九，页五上，在庚辰下。是。

卷九，页一二上，"五月甲寅，赐……张乾曜号澄素先生"。《续长编》卷一〇九，页六上，作"虚靖先生"。

天圣九年 卷九，页一三下，十月"辛丑，罢益、梓、广南路转运判官"。《续长编》卷一一〇，页一五下，作"壬寅"。

《仁宗纪》二（《宋史》卷一〇）

明道元年—天圣十年 卷一〇，页一下，七月"丁酉，王曙罢"。《续长编》卷一一一，页八下，作"乙酉"，列壬午后，庚寅前。《东都事略》亦作"乙酉"。《宋史》卷二一〇，页二七下，《宰辅表》亦作"乙酉"，应改，次第亦应移。

卷一〇，页二上，十一月甲戌，"谢天地于大安殿……己卯，冬

499

至……御大安殿受朝"。《续长编》卷一一一,页一四下,作"天安殿"。《东都事略》卷五,页四上,亦作"天安"。《宋史》卷八五,页五上,作"天安",应改。

明道二年 卷一〇,页三上—下,四月"壬寅,追尊宸妃李氏为皇太后。……癸亥……追尊宸妃李氏为皇太后谥曰庄懿"。《续长编》卷一一二,页一一下,于癸亥上谥下作"追尊太后谥曰章懿"。按《宋史》于壬寅既云追尊云云,则癸亥下不应仍云云,不若《续长编》之明晰。

卷一〇,页五上,十二月丁巳,"禁边臣增置堡砦"。《续长编》卷一一三,页二一上,作"戊申"。(申是午之讹)

景祐元年 卷一〇,页五下,正月甲戌,"诏募民掘蝗种给菽米"。《续长编》卷一一四,页二上,在己卯下。

卷一〇,页五下,正月"丁亥,置崇政殿说书"。《续长编》卷一一四,页三上,作"崇文院"。

景祐二年 卷一〇,页七上,"春正月癸丑,置迩英延义二阁"。《续长编》卷一一六,页三上,作"延羲"。《宋史》卷八五,页六下《地理志》东京亦作"延羲"。

卷一〇,页八上,八月"己卯,置提点刑狱铸钱官"。《续长编》卷一一七,页八下,作"初命朝臣为浙江……等路提点银铜坑冶铸钱公事,其俸赐恩例并与提点刑狱同"。《宋史》误。

景祐三年 卷一〇,页八下,二月"丁卯,修陕西三白渠"。《续长编》卷一一八,页四下,作"丙寅"。

卷一〇,页九上,五月"丙申,录系囚。丙戌……范仲淹……落职……诏戒百官越职言事"。 按丙申在丙戌后十天,应移正。

卷一〇,页九上,十月"甲寅,作朝集院"。 按景祐二年十月辛亥朔有"复置朝集院"之文，此时院成非初作也。《续长编》卷一一九，页一二下，作"新作朝集院成"。应加字。

景祐五年（即宝元元年） 卷一〇，页一〇下，正月丙辰，"诏转运使提举刑狱按所部官吏"。《续长编》卷一二一，页五上，作"提点刑狱"是也。应改。

卷一〇，页一〇下，"二月壬申，诏复日御前殿"。《续长编》卷一二一，页一〇下，作"庚午"。

卷一〇，页一〇下，二月"甲午，安化蛮寇宜融州"。《续长编》卷一二一，页一一上，作"甲申"。（上为壬午）

宝元三年—康定元年 卷一〇，页一四下，五月"壬戌，张士逊致事"。《续长编》卷一二七，页六下，作"致仕"，是也。

卷一〇，页一五下，"冬十月乙未，制铜木契传信牌"。《续长编》卷一二九，页二上，作"铜符、木契"。是也。《本纪》卷一一，页二下，庆历元年十月己亥下亦作"铜符木契"。

《仁余纪》三（《宋史》卷一一）

庆历元年—康定二年 卷一一，页一上，二月"己亥……辛亥，罢大宴，京东西……置宣毅军。甲辰、丙午"。《续长编》辛丑下无罢宴记载，惟有"京东西……置宣毅军"。 按辛亥元在甲辰丙午后。今在前不合，显为辛丑。

庆历二年 卷一一，页三上，"春王月丁巳，复京师榷盐法"。《续长编》卷一三五，页二下，在戊午。

卷一一，页三下，六月"戊戌，诏减省南郊臣僚赐与"。《续长编》卷一三七，页四下，作"己亥"。

卷一一，页四上，九月"乙丑，契丹遣耶律仁起、刘六符持誓书来"。《续长编》卷一三七，页一五下，作"耶律仁先"，是也。

卷一一,页四上,"冬十月,庚戌,敕陕西保捷军"。《续长编》卷一三八,页三下,作"刺",是也。

庆历三年 卷一一,页五下,五月"是月……王伦叛于忻州"。《续长编》卷一四一,页八下,"诏京东安抚司言,本路捉贼虎翼卒王伦等杀沂州巡检使……以叛"。忻州属河东,沂州正属京东。

卷一一,页五下,"八月乙未朔,命官详定编敕"。《续长编》卷一四二,页一九下,作"丁酉"。

卷一一,页六上,"冬十月丙午,诏中书枢密同选诸路转运使"。《续长编》卷一四四,页五上—下,作"选张昷之等为转运",乃从范仲淹等"请诏二府通选转运使"之言,付诸实施,非始诏二府同选也。《宋史》误。

庆历四年 卷一一,页八下,冬十月庚寅,"陈尧佐薨"。《续长编》卷一五二,页一〇下,作"辛卯"。从之。

庆历五年 卷一一,页一〇上,"秋七月戊申,以广州地震"。《续长编》卷一五六,页一四上,作"是日广州地震"。"以"字衍。

庆历六年 卷一一,页一一上,五月"丁酉,京东人刘滃……谋反,伏诛"。《续长编》卷一五八,页一〇下,作"刘邕"。

庆历七年 卷一一,页一一下,正月"丁亥,诏河北所括马,死者,限二年偿之"。《续长编》卷一六〇,页二上,"二年"作"三年"。

卷一一,页一二上,"二月己酉……募人入中粮"。《续长编》卷一〇六,页三下,"粮"下有"草"字,是也。宜增。

庆历八年 卷一一,页一四上,二月癸酉,"夏国来告曩霄卒"。《续长编》卷一六三,页三上,在丁丑下。从之。

卷一一,页一四下,四月"壬申,丁度罢"。《续长编》卷一六四,页二上,作"辛未"。注云"度罢以癸未,今从百官表"。《宋史》

卷二一一,页九下,《宰辅表》作"辛未"。应改。

卷一一,页一四下,五月辛酉,"庞籍参知政事"。《续长编》卷一六四,页九下,作"壬戌"。不知孰是。《宋表》亦作"辛酉"。

卷一一,页一四下,六月"丙子,河决澶州商胡埽"。《续长编》卷一六四,页一〇下,作:"癸酉,河决澶州商胡埽……丙子,遣……燕度行视澶州决河。"是河决非在丙子,《宋史》误。应改。

卷一一,页一五上,九月"戊午,诏三司……转给河北州军"。《续长编》卷一六五,页八下,在丁巳下。

皇祐元年 卷一一,页五上,"正月甲戌朔"。《续长编》卷一六六,页一上,《东都事略》卷六,页七下,皆作"甲午朔",是也。应改。

卷一一,页五上,"春正月甲戌〔午〕朔……以河北水灾罢上元张灯"。《续长编》卷一六六,页一下,作"戊申"。 按甲午朔,十五日(上元)为戊申,是也。应增。

卷一一,页一五下,三月"庚申,翰林院学士钱明逸报使契丹"。《续长编》卷一六六,页一五上,无"院"字,是也。宋时翰林学士不加院字。

卷一一,页一五下,"四月癸未……渭井监夷人平"。《续长编》卷一六六,页七上,渭井夷乱在二月庚辰。《东都事略》卷六,页四下,在二月。《宋史》于二月未书乱起,而云乱平,殊有尾无首。

《仁宗纪》四(《宋史》卷一二)

皇祐二年 卷一二,页一下,六月"癸未,录系囚。……癸亥,出内藏绢百万市籴军储"。《续长编》卷一六九,页四上,列癸亥于八月,是也。应增。

卷一二,页二上,闰十一月"丙寅,秀州地震"。《续长编》卷一六九,页一三下,列辛酉下。

503

皇祐三年 卷一二,页三上,十月"庚子……梁适参知政事"。《续长编》卷一七一,页一二下,作"辛丑",是也。《宋史》卷二一一,页一一上,亦作"辛丑"。应增。

皇祐四年 卷一二,页三下,三月"辛未,诏官禁市物给实直,非所阙者毋市"。《续长编》卷一七二,页一○上,作"宫禁",应从。

卷一二,页五上,十二月壬申"陈曙讨智高,兵战于金城驿"。《续长编》卷一七三,页一八上,作"兵败于金城驿"。是也。

皇祐五年 卷一二,页五上,正月"庚戌,以广南用兵,罢上元张灯"。《续长编》卷一七四,页二上,作"丙辰",是也。正月朔日壬寅,庚戌为初九日,丙辰正十五日上元也。

卷一二,页五下,二月"乙未,诏宗室通经者,大宗正司以闻"。《续长编》卷一七四,页一○上,作"诏大宗正司宗室有能习诗赋文词者以名闻。后二日又诏通经者差官试验,虑其专尚华藻,不留意典籍也"。是。《宋史》所言殊不正确。

嘉祐元年—至和三年 卷一二,页一一下,九月癸卯,"置汴河木岸"。《续长编》卷一八四,页三下,作"水岸",是也。

嘉祐二年 卷一二,页一二上,"二月己酉,梓夔路三里村夷人寇浉井监"。《续长编》卷一八五,页一下,作"梓夔钤辖司言,三里村夷斗还等百五十人谋入寇,有黄土坎夷人斗盖……以其事来告。浉井监引兵赴之,捕斩七十余级"。是夷并未及入寇即被击溃。《宋史》误。

卷一二,页一二上,三月"乙未,契丹使耶律防陈觊来求御容"。《续长编》卷一八五,页五下,作"陈颉"。

卷一二,页一二上,四月"丙寅,幽州地大震,……覆压死者数万人"。《续长编》卷一八五,页七下,作"雄州言:此界幽州地大震,大坏城郭,覆压死者数万人。诏河北密为备御之计"。《宋史》既不应略"雄州言",又不应略"诏河北备御"。

卷一二,页一二下,秋七月"丁酉,诏陕西……举文武官……"《续长编》卷一八六,页四上,作"己亥"。

卷一二,页一二下,八月己酉,"命长吏选官和药以救民疾"。《续长编》卷一八六,页五下,作"庚戌"。

卷一二,页一三上,十月丙午,"班禄令"。《续长编》卷一八六,页一〇上,作"甲辰朔"。

嘉祐三年 卷一二,页一三下,夏四月"甲子……丙辰,诏守令……各思率职。……五月壬申……"。《续长编》卷一八七,页七下,"丙辰"作"丙寅",是也,应改。

卷一二,页一四上,"秋七月丙子,诏广济河溢"。《续长编》卷一八七,页一四下,作"丙戌"。 按《长编》此条前为己卯,下为丁亥,则当中无丙子,应是丙戌,《宋史》似误。

卷一二,页一四上,"冬十月癸亥,除河北坊郭客户干食盐钱"。《续长编》卷一八八,页六上,作"诏河北诸州军坊郭客户干食盐钱令坊正陪纳者,特除之"。是只除坊正陪纳者,非免一切干食盐钱也。

卷一二,页一四上,"十二月己巳,诏三司岁上天下税赋之数"。《续长编》卷一八八,页一〇下,作"乙巳"。 按十二月丁酉朔,月内无己巳,乙巳是也。

嘉祐五年 卷一二,页一六上,五月"丁巳,录系囚"。《续长编》卷一九一,页一五上,在乙卯。

卷一二,页一七上,十二月"辛巳,补诸州父老百岁以上者十二人为州助教"。《续长编》卷一九二,页一八下,作十一人。

嘉祐六年 卷一二,页一七上,二月"乙丑,诏良民子弟或为人诱隶军籍,自今两月内,父母诉官者还之"。《续长编》卷一九三,页二下,作"百日内"。

卷一二,页一八下,闰八月"辛丑,以胡宿为枢密副使"。按同时欧阳修由副枢改参政,以胡宿补副枢,《宋史》略而不书,非是。

卷一二,页一八下,十月"壬辰,起复皇侄前右卫大将军岳州团练使宗实为秦州防御使,知宗正寺"。《续长编》卷一九五,页九下,秦州作"泰州"。

嘉祐七年 卷一二,页二〇上,十月"丙申,诏内藏库三司共出缗钱一百万……"《续长编》卷一九七,页一四下,作"乙未"。

《仁宗纪》凡都部署皆作都总管,此英宗即位后之所改也。宋人修国史不敢不改,元人修《宋史》当复之。且李焘《长编》固未改也。

《英宗纪》(《宋史》卷一三)

治平元年 卷一三,页三上,"四月癸未,放宫女百三十五人"。《续长编》卷二〇一,页二下,作"三百三十五人"。

卷一三,页四上,"十一月乙亥,科陕西户……以为义勇军,凡十三万八千四百六十五人"。《续长编》卷二〇三,页五上,作"十五万六千八百七十三人"。

治平二年 卷一三,页五上,"五月癸亥,诏以综核名实励臣下"。《续长编》卷二〇五,页三下,作"戊辰"。

《神宗纪》一(《宋史》卷一四)

治平四年 卷一四,页三上,三月"癸酉,吴奎参知政事罢"。《续长编》卷二〇九,页九下,作"枢密(副)使礼部侍郎吴奎参知政事"。《宋史》卷二一一,页一七上,《宰辅表》亦作"吴奎以礼部侍郎参知政事"。是"罢"字为衍文。

卷一四,页三上,三月"乙亥,允良薨"。《续长编》卷二〇九,页一〇下,作"己丑"。(《续长编》自治平四年四月至熙宁三年三月并阙。此数年以《续长编拾补》校。)

卷一四,页三下,"四月壬申……罢州郡岁贡饮食果药"。《续长编拾补》卷一,页六下,在庚午。

熙宁三年 卷一五,页二上,"五月癸巳诏并边州郡毋给青苗钱"。《续长编》卷二一一,页二上,作"诏莫、霸、保、雄州、安肃、广信、顺安、信安、乾宁、保官军皆并边阻溏泺……毋给百姓青苗钱"。《宋史》只云并边,殊不明晰。此河北并边者也,河东陕西何尝无并边者哉!

《神宗纪》二(《宋史》卷一五)

卷一五,页三下,十一月"癸卯,授布衣王存……宣抚司指挥使"。《续长编》卷二一七,页六下,作"宣抚司指使"。是也。

熙宁四年 卷一五,页四下,正月庚子,"韩绛等言,种谔领兵入西界……"《续长编》卷二一九,页四下,列癸卯下。

卷一五,页四下,正月"丁未,立京东河北贼盗重法"。《续长编》卷二一九,页六下,作"诏开封府东明、考城、长垣县,京西滑州,淮南宿州,河北澶州,京东应天府,濮、齐、徐、济、单、兖、郓、沂州,淮阳军,别立贼盗重法"。是不仅河北京东,而河北京东又非全路如此。《宋史》殊不确切。

卷一五,页五上,二月"辛酉,诏治吏沮青苗法者"。《续长编》卷二二〇,页六下,作"诏江淮发运司遣官劾亳州属县官吏阻遏愿请青苗钱人户事状"。是仅江淮六路事,非全国也。

卷一五,页五上,三月"辛卯,遣使察奉行新法不职者"。《续长编》卷二二一,页六下,作"遣……周之纯相度广南东路均纳丁米,所过州县有奉行新法不职者,体量以闻"。是仅广南东路,非全国也。

卷一五,页五上,三月"丙午,种谔坐陷抚宁堡,责授汝州团练使,潭州安置"。《宋史》卷三三五,页六上,《谔传》作"团练副使",是也。应改。

卷一五,页五下,四月"壬戌,遣环庆都钤辖开赟以兵屯邠泾"。《续长编》卷二二二,页三上,作"亓赟"是也。应改。

卷一五,页六上—下,八月"癸酉……置洮河安抚司"。《续长编》卷二二六,页一下,作"辛酉"。

卷一五,页七下,四月"己未,括闲田置弓箭手"。《续长编》卷二三二,页四上,作"权发遣延州赵卨乞……根括闲田及……招置弓箭手"。 按此只限陕西,非全国。《宋史》不清。

卷一五,页七下,"五月辛巳,诏以古渭砦为安远军"。《续长编》卷二三三,页一上,作"通远军"。《宋史》卷八七,页二一上,"巩州下。本通远军。熙宁五年以秦州古渭寨为军,崇宁三年升为州……"应改。

卷一五,页七下,五月丙午,"行保马法"。《续长编》卷二三三,页四上,作"丙戌"。 按加"是月"二字较佳。

卷一五,页八上,闰月庚戌……"诏入内供奉官以下,已有养子,更养次子为内侍者斩"。《续长编》卷二三六,页七上,列丙辰下。

卷一五,页八上,八月"甲辰……颁方田均税法"。《续长编》卷二三七,页二三下,作"是月"是也。

卷一五,页八上,九月"丙寅……淮南分东西路"。《续长编》卷二三八,页一四上,作"丁卯"。

卷一五,页八下,十一月"丁卯,贬……张英监荆南税"。《续长编》卷二四〇,页一〇上,作"张商英"。《宋史》卷三五一《张商英传》亦有此年贬事。

卷一五,页八下,十一月"壬申……章惇开梅山,置安化县"。《宋史》卷八八,页二六下,潭州下,安化,"熙宁六年置"。此在五年,不合。《续长编》卷二四二,页六下,熙宁六年正月,"是月,置潭州安化县"。

熙宁六年 卷一五,页九上,三月"戊辰,置刑狱检法官"。《续长编》卷二四三,页一三下,作"置诸路提点刑狱司检法官各一员"。是只于诸路无关中央也。《宋史》殊不明确。

卷一五,页九下,四月"丁丑,辽遣耶律宁等来贺"。《续长编》卷二四四,页四下,作"己卯"。

卷一五,页一〇上,九月"戊申,诏兴水利"。《续长编》卷二四七,页五下,作"淮南东路转运司言真扬州民逐熟于泗洲,见赈救。及两浙提点刑狱司言,润州旱甚,乞发省仓或量给度僧牒及紫衣师号,敕募人入粟以备赈济。诏各拨常平司粮三万石,募饥民兴修农田水利"。是非普兴水利,《宋史》不明确。

卷一五,页一〇上,九月"戊辰,诏祷雨决狱"。《续长编》卷二四七,页九下,作"手诏闻河北近置狱甚多,捕系亦众,无辜吏民颇苦追扰。可令监司提举司速具见置狱所勘罪状,及禁系官吏以闻,仍先催促结绝,无令枝蔓"。"分命辅臣祈雨。"是祷雨决狱二事无关,且决狱只限河北也。《宋史》殊欠明晰,应增改。

卷一五,页一〇上,十月"丙戌,振两浙、江、淮饥"。《续长编》卷二四七,页一七下,作"赐两浙、淮南东路……米……以赈饥民"。

并无江南,且淮只东路也。《宋史》不甚确。

卷一五,页一〇上,十月"壬辰,行折二钱"。《续长编》卷二四七,页二〇下,"许彦先请应铜钱路通行折二钱。诏改在京并开封府界外,诸路并通行"。是并非普遍行折二钱。

熙宁七年 卷一五,页一〇下,二月"辛卯,置客省、引进、四方馆、阁门使副等员"。《续长编》卷二五〇,页一八下,作"诏客省、引进、四方馆各置使二员,东西上阁门使共六员,客省、引进、阁门副使共八员,阁门通事舍人十员,内阁门副使以上并依诸司使副条例磨勘"。是调整诸使员额并磨勘改官法,非始置也。《宋史》不够明确。(卷一六,页三下,亦重。)

卷一五,页一一上,二月"乙未……废辽州"。《续长编》卷二五〇,页二三下,作"是月……废辽州"。应加"是月"二字。

卷一五,页一一上,三月庚戌,"罢两浙增额预置绅绢"。《续长编》卷二五一,页七下,作"预买",是也,应改。

卷一五,页一一上,"夏四月癸酉,以旱罢方田"。《续长编》卷二五二,页四下,作"并权罢",应增"权"字。

卷一五,页一二下,冬十月壬申,"诏韩琦、富弼、文彦博、曾公亮条代北事宜以闻"。《续长编》卷二六二,页一一下,列熙宁八年三月丙寅下,且云"萧禧之再来,上遣……裴昱赐韩琦、富弼、文彦博、曾公亮手诏云云"。既云再来,则《长编》似是而《宋史》不合。(《长编》有辩。)

卷一五,页一二下,"十二月丙寅,省熙、河、岷三州官百四十一员"。《续长编》卷二五八,页八下,作"百四十二员"。

熙宁八年 卷一五,页一三下,三月"戊戌……增解进士二人"。《续长编》卷二六一,页二下,作"五人"。

卷一五，页一四下，"秋七月甲子，处州江水溢"。《续长编》卷二六六，页二上，作"江南西路转运司言，虔州江水涨，坏州城军营……"按处州属两浙，虔州属江西，既云江西监司言，则作"虔"为是。

卷一五，页一四下，九月庚申朔，"立武举绝伦法"。《续长编》卷二六八，页二下，列丙寅下，从之。

卷一五，页一五上，十月壬寅，"罢手实法"。《续长编》卷二六九，页二〇上，作"辛亥"。

卷一五，页一五上，十一月"丙戌，渝州改南平军"。《续长编》卷二七〇，页九上，作"以渝州南川县铜佛坝为南平军"。《宋史》卷八九，页二〇下，作"南平军……熙宁八年……南川县铜佛坝置军"。是非改渝州为南平军也。应改。

卷一五，页一五上，"十二月丙申，浚河"。《续长编》卷二七一，页六下，作"开修淮南运河"。应据改。

熙宁九年 卷一五，页一五上，正月"戊辰，交址陷邕州，知州苏缄死之"。《续长编》卷二七二，页七下，在庚辰下，并云"是日二十三日，交贼陷邕州，苏缄死之"。按本月戊午朔，二十三日为庚辰，若戊辰则十一日也，《宋史》似误。《东都事略》卷八，页五下，亦作"庚辰"。李氏云从《实录》。

卷一五，页一六上，三月丁丑，"宗哥首领鬼章寇五牟谷……"《续长编》卷二七三，页一八下，在戊寅下，应从之。

卷一五，页一六上，"四月辛卯，辽遣耶律庶儿等来贺同天节"。《续长编》卷二七四，页五上，作"耶律庶箴"。

卷一五，页一六下，五月"庚辰，静州下首领……来降"。《续长编》卷二七五，页一四上，在己卯下，且云："时蔡延庆已奏静州下首领……来降故也。"是来降不但在己卯前,更在庚辰前,《宋史》殊欠妥。

卷一五,页一七上,八月"戊子,以文彦博守太保兼侍中行太原尹"。《续长编》卷二七七,页七上,作"河东节度使守司徒兼侍中判大名府文彦博加太保再任,彦博辞太保,许之"。按行太原尹乃河东节度使兼衔。此上未官河东节度使而辄云行太原尹,一似文氏系真为太原长官者,大误!

卷一五,页一七上,八月己丑,"罢鬻祠庙钱"。《续长编》卷二七七,页八上—下,作"壬辰"。《东都事略》卷八,页五下,亦作"壬辰",应改。

熙宁十年 卷一五,页一八上,"二月甲申,以崇信军节度使宗旦同中书门下平章事"。按此不妥,"以"应改为"加"。

卷一五,页一八下,三月"壬申,诏州县捕蝗"。《续长编》卷二八一,页五上,作"令……检举除殄蝗虫种子法施行,无使滋生"。非捕蝗也。《宋史》不切。

卷一五,页一九上,"秋七月甲寅,祷雨"。《续长编》卷二八三,页一〇下,作"命辅臣祈晴"。大相背驰。

卷一五,页一九上,七月"丙子,河决澶州曹村埽"。《续长编》卷二八三,页一四下,作"乙丑,河大决于澶州曹村下埽"。又丙子下,作"澶州乞遣官救护,诏……相度闭塞"。是《宋史》所记为澶州告急之日,不合。

卷一五,页一九下,九月"癸酉,立义仓"。《续长编》卷二八四,页一八下,作"诏开封府界提点先自丰稔畿县立义仓之法"。《宋史》所言殊含混。(据李氏注《宋国史旧记》云初立义仓,《新记》云"立义仓自畿内始"。)

元丰元年 卷一五,页二〇上,"闰月辛巳,以……提点中太一宫吕公著兼端明殿学士"。《续长编》卷二八七,页一四上,作"提举"是也。

卷一五,页二〇下,三月"乙未,御崇政殿阅诸军"。《续长编》卷二八八,页一一下,作"阅诸军转员凡三百"。应增。

卷一五,页二〇下,三月"乙未……辰沅猺贼寇边"。《续长编》卷二八八,页一二上,在丁酉下。

卷一五,页二一上,"七月癸酉朔,命……韩存宝经制泸州……"《续长编》卷二九〇,页九上,作"甲戌"。

卷一五,页二一上,七月"己亥,诏齐州预备水灾"。《续长编》卷二九〇,页一六下,作"……令京东转运司案齐州章邱县官吏,如不预备救护致民被水冲注为患,即劾罪以闻"。《宋史》所言不甚明确。

卷一五,页二一下,"十二月丙午,日中有黑子,凡十二日"。《续长编》卷二九五,页五下,作十三日。

卷一五,页二三上,四月"甲子,诏增审刑院详议、详断官,罢刑部检法官"。《续长编》卷二九七,页一七下,作"增……详议、详断官各一员,罢刑部检法官一员"。可增。

卷一五,页二三下,七月"庚辰,以淮康军节度使宗晖同中书门下平章事"。《续长编》卷二九九,页七上,作"加同平章事"。是也。

卷一五,页二三下,八月"壬寅……遣李清臣等贺辽主生辰正旦"。《续长编》卷二九九,页一四下,在甲辰。

卷一五,页二三下,八月"甲寅,诏增太学生舍为八十斋……"。《续长编》卷二九九,页二〇下,在丁巳。

513

卷一五,页二四下,八月"甲寅……以颍州为顺昌军节度"。《续长编》卷二九九,页二二上,在戊午,从之。

神宗纪三(《宋史》卷一六)

元丰三年 卷一六,页二下,"九月壬戌,增宣祖定州东安坟地二十顷……"《续长编》作"诏定州东安村宣祖皇帝祖坟四至各益地五顷"。 按宣祖葬巩县,此其先世祖坟,非宣祖坟也,应在"东安"下增"祖"字。

卷一六,页三上,"十二月甲辰,辽遣萧伟等来贺正旦"。《续长编》卷三一〇,页一五上,作"甲申",是也。十二月己未朔,无甲辰,甲申十二月二十六日也。

元丰四年 卷一六,页三下,三月"戊申,大阅"。《续长编》卷三一一,页二〇下,作"御延和殿阅诸军转员,凡三百"。此非大阅也。《宋史》误。

卷一六,页四上,七月己酉,"诏内外官司举官悉罢"。《续长编》卷三一四,页一二上,作"癸丑",是也。

卷一六,页四下,八月辛酉,"以金州刺史燕达为武康军节度使"。《续长编》卷三一五,页一一上,作"己巳,马军副(都)指挥使金州观察使燕达为殿前副都指挥使武康军节度使"。 按此应书武职,此应改。

卷一六,页五上,十月乙丑,"泾原兵……与……梁大玉战,败之"。《续长编》卷三一七,页二〇上,作"梁大王",应改。

卷一六,页五下,十月庚午,"高遵裕复通远军"。《续长编》卷三一八,页四上,作"清远军",是也。

卷一六,页五下,十月戊寅,"种谔入贡州"。《续长编》卷三一八,页一二上,注云"新旧记并于戊寅书种谔入夏州,今不取,已具注十五日戊辰"。是"贡"应作"夏"。至其是否讹舛,系另一问题。

卷一六,页五下,十月戊寅,"诏诸将存抚降人"。《续长编》卷三一八,页一三上,列己卯下,从之。

卷一六,页五下,十月"辛巳,……王中正入宥州"。《续长编》卷三一八,页六上,作"癸酉,王中正至宥州……屠之"。

元丰五年 卷一六,页六上,正月"庚子,责授高遵裕郢州团练副使"。《续长编》卷三二二,页四上,在辛丑。

卷一六,页六上,正月辛亥,"李宪为泾原、熙河、兰会安抚制置使"。《续长编》卷三二二,页一〇下,作"泾原路经略安抚制置使"。无"熙河、兰会"字样。

卷一六,页六下,二月"辛酉,诏董毡首领结邻死者,朝辞物给其子……"《续长编》卷三二三,页七上,"者"作"其",是也。

卷一六,页七上,五月"癸巳,丰州卒张世矩等作乱,伏诛,其党王安以母老,诏特原之"。《续长编》卷三二六,页一〇下,作"丰州屯驻神锐指挥……薛义所部……王安等百余人鼓动军众……家属应缘坐者,押赴丰州处斩……安等已斩……安有母年六十二,上特贷之"。是仅原王安之母,王安已斩也。《宋史》误,应改。

卷一六,页七下,六月"甲子,改翰林医官院为医官局"。卷三二七,页一二下,在癸亥并注云"丁卯,《墨史》误书,《朱史》移入此。今从朱本"。

卷一六,页七下,六月"壬申,交阯献驯犀二"。《续长编》卷三二七,页一五下,作"献驯犀角、象齿各五十"。

卷一六,页八下,九月"己亥,诏客省、引进、四方馆、东西上阁门各置使副等职"。《续长编》卷三二九,页二一上,所述较详。但《宋史》卷一五,页一〇下,熙宁七年二月辛卯下已有相似记述,显有一重。

卷一六，页九上，十二月"辛酉，塞原武决河"。《续长编》卷三三一，页一七上，作"庚申"，并注云"新、旧《纪》并书辛酉塞原武决河，与《实录》差一日"。

卷一六，页九上，十二月"丙子，录永乐死事将"。《续长编》卷三三一，页二一下，列乙亥下。

元丰六年 卷一六，页九下，二月"丙辰，以夏人犯兰州，贬熙河经略使李宪为经略安抚都总管，以王文郁为西上阁门使知兰州，副使李浩为四方馆使"。《续长编》卷三三三，页五上，作"诏熙河兰会路经略安抚制置使武信军留后入内副都知李宪降授宜(宣)庆使，经略安抚都总管殿前都虞候沂州防御使苗授罚铜三十斤，经略安抚副使知兰州引进使陇州团练使李浩降授四方馆使，阶州刺史"。注"《新纪》书丙辰以夏人寇兰州，降熙河路经略使李宪副使李浩官，《旧纪》不书"。又"洛苑使熙河兰会钤辖王文郁为西上阁门使知兰州，代李浩"。《宋史》所述既误且乱。

卷一六，页一〇上，"三月辛卯，夏人寇兰州，副总管李浩以卫城有功，复陇州团练使"。《续长编》卷三三四，页五上—下，"诏兰州围解，其城守将士，降授四方馆使阶州刺史熙河兰会路副总官李浩……复陇州团练使"。注"《旧纪》：三月辛卯夏人寇兰州……李浩败之。《新纪》亦书三月辛卯夏人寇兰州。按三月辛卯乃赏功解围，非始入寇也"。应据改。

卷一六，页一〇上，三月戊戌，"郭忠诏等败夏人於乜离抑部"。《续长编》卷三三四，页七下，作"郭忠绍"。

卷一六，页一〇下，闰六月"丙申，太师守司徒韩国公富弼薨，谥文忠"。《续长编》卷三三六，页一八上，作"赠太尉，谥文忠"。

"太师"不确。

元丰七年 卷一六,页一二上,三月"庚申,御崇政殿大阅"。《续长编》卷三四四,页九上,作"阅诸军转员凡三日"。此非大阅也。

哲宗纪一(《宋史》卷一七)

元丰八年 卷一七,页二上,三月庚申,"太师潞国公文彦博为司徒,济阳郡王曹佾为太保,特进王安石为司空"。《续长编》卷三五三,页八下,"……护国节度使守司徒……曹佾守太保……观文殿大学士……特进荆国公王安石守司空,群臣皆叙迁如制"。又"诏以登位赐致仕前宰相守太师潞国公文彦博,前执政……张方平……宽衣金带银帛有差"。文彦博应移"赐致仕……下"。

卷一七,页二下,三月"辛酉,诏颜子孟子配享孔子庙庭"。《续长编》卷三五三,页九上,注"新旧录于辛酉二十八日并载'诏孟子颜回配享文宣王,荀况杨雄韩愈同左邱明从祀,令学士院修撰赞文'。按此已见七年五月二十四日,今并削去"。

卷一七,页三上,"五月丙申,诏百官言朝政阙失"。《续长编》卷三五六,页二下,作"乙未"。

卷一七,页三上,五月丙申,"资政殿学士司马光过阙入见"。《续长编》卷三五六,页二上,作"乙未"。

卷一七,页三上,五月"丁酉,群臣请以十二月七日为兴龙节"。《续长编》卷三五六,页六上,作"丁酉,以十二月八日为兴龙节。上实七日生,避僖祖忌故改焉"。

卷一七,页四上,十月丙戌,"以夏国主母卒,遣使吊祭"。《续长编》卷三六〇,页一四下,在丁亥。

元祐元年 卷一七,页四下,正月"丁未,诏回赐高丽王鞍马,服带器币有加"。《续长编》卷三六四，页一五上，"诏高丽贺登宝位进贡物并依条例回赐"。既云依条例回赐，则不得云"有加"。《宋史》所言殊不确切。《续长编》卷三六四，页一五下，"诏赐高丽国王马三匹，银鞍勒一副，衣二袭，金带二，锦罗绮一百五十匹。衣著五百匹、绢一万匹、银器五千三百两"。此并未言加等。由上条"依例"之言，似是例行也。

卷一七，页五下，闰二月"丙辰，掩京城暴骸。罢诸州常平管勾官"。《续长编》卷三七〇，页二〇上—二一上，在丁巳。

卷一七，页六上，四月"壬寅，以吕公著为尚书右仆射兼中书侍郎，文彦博平章军国重事"。又"五月丁巳朔，以资政殿大学士韩维为门下侍郎"。《续长编》卷三七七，页一上，"元祐元年五月丁巳朔，金紫光禄大夫门下侍郎吕公著依前官守尚书右仆射兼中书侍郎。……河东节度使守太师开府仪同三司致仕潞国公文彦博特授太师平章军国重事"。注："公著彦博除命新旧录并在四月十五日壬寅，而公著家传乃于五月一日丁巳载之，又与韩维拜门下侍郎同日。按《实录》维拜门下侍郎在五月一日丁巳也，距公著彦博除命凡半月。据司马光劄子，三人者除授实同一劄子商量，不知何故维命独后半月，《实录》记宰辅进拜不应差误，或家传叙事偶然失其次乎？然彦博既除太师，则不应云'守太师'。今四月十九日诏尚称'守太师'，二十二日亦称'守太师'，二十四日进对又称'河东节度使开府仪同三司致仕'。若已除未授亦应如司马光例书'新除左仆射'，不应俱称旧衔也。家传所载或得其实，今从之。吕大防政目、彦博重事、公著右揆、维门侍同在五月一日，然则《实录》果不足信矣。"《东都事略》卷九，页二下，亦作四月壬寅。《宋史·宰辅表》与《本纪》同。

卷一七，页六下，"秋七月丁巳，置检法官"。《续长编》卷三八二，页一下，作"丁巳，诏开封府具提点刑狱司置检正官"。

元祐二年　卷一七，页七下，"三月壬戌，太皇太后手诏，止就崇政殿受册"。《续长编》卷三九六，页一上，列甲寅下。

卷一七，页七下，三月"戊辰，诏中外待从岁举郡各一人"。《续长编》卷三九六，页一一上，作"诏内外待制太中大夫以上，岁举第二任通判资序人堪知州者一人"。又引吕陶奏谓"今日任官之弊其轻且滥者惟郡守为甚也……"是《宋史》郡下遗"守"字，应增。

卷一七，页八上，四月"癸卯，雨"。《续长编》卷三九九，页一上，作"辛丑"，并注云："此据《吕公著家传》。"

卷一七，页八上，四月"乙丑，以徐州布衣陈师道为亳州司户参军"。《续长编》卷三九九，页六上，作"己巳"。《宋史》在乙丑前为癸卯，后为丁未，其间无乙丑。按四月壬午朔，本月无乙丑。《续长编》己巳前为甲辰，后为丁未，其间无己巳，多是乙巳之讹，应改。

卷一七，页八上，"五月癸丑，夏人围南川砦"。《续长编》卷四〇〇，页五下—六上，"鄂特凌古（阿里骨）既立……与夏国……约以熙河岷三州还西蕃，兰州定西城还夏国……四月遂举兵寇洮州……引步骑七万围河州南川寨……并导夏人……攻定西城……"是围南川砦者乃阿里骨，非夏人。《宋史》误。

卷一七，页八下，五月"丁丑，诏御史官阙，中丞、御史、翰林学士、两省谏议大夫以上杂举"。《续长编》卷四〇一，页一一上，"诏阙台官，令学士院举官二员，两省谏议大夫以上同举四员，御史中丞同举二员以闻"。《宋史》"中丞御史"应改作"御史中丞"。

元祐三年　卷一七，页一〇上，二月"乙巳，广东兵马监童

519

政……伏诛"。《续长编》卷四〇八,页一九上,作"诏戮内殿崇班阁门祗候广南东路兵马都监兼权东南第十一将童政"。应增"都"字。

卷一七,页一〇下,三月"乙亥,夏人寇德静砦"。《续长编》卷四〇九,页七下,作"德靖寨"。

卷一七,页一一上,"六月癸未,诏司谏、正言、殿中、监察御史,仿故事以升朝官通判资序历一年者为之"。《续长编》卷四一二,页二上,"依祖宗故事"。应改。

卷一七,页一一上,九月乙丑,"诏观察使以上给永业田"。《续长编》卷四一四,页一〇下,作"太中大夫、观察使以上,每员许占永业田十五顷"。《宋史》遗"大中大夫",应增。

卷一七,页一一下,"十二月丁酉,渝州猎人寇小溪"。《续长编》卷四一八,页六上,作"渝州江津县獠人犯小溪"。应改。

卷一七,页一一下,闰十二月"丙寅,诏吏部详定六曹重复利害以闻"。《续长编》卷四一九,页一四下,作"详定六曹寺监重复稽滞利害以闻"。

元祐四年 卷一七,页一三上,"八月壬寅,敕郡守贰以四善三最课县令"。《续长编》卷四三一,页一下,注云"《旧录》《新录》于四年八月五日壬寅并载史部言考课四善三最等法,又于七年四月二十二日甲戌皆重载云,但详略稍不同。今就七年四月二十二日甲戌具书削四年八月五日壬寅所载不入"。

卷一七,页一三上,八月"辛酉,太皇太后诏,今后明堂大礼,毋令百官拜表称贺"。《续长编》卷四三二,页七下:"太常寺状:'将来明堂礼毕……太皇太后御会庆殿,皇帝于帘内行恭谢之礼,百僚称贺讫,宜群官外殿赐酒。'太皇太后宣谕曰:'其日皇帝谢于宫中,百官皆已劳,勿用贺,止于内东门进表。'"是太皇太后不御殿受贺,令百官拜表称贺而已。《宋史》误,应改。

卷一七,页一三下,十一月"庚寅,张惇买田不法,降官"。《续长编》卷四三五,页一四下,作"章惇",是也。应改。

卷一七,页一三下,十一月"辛卯,改发运、转运、提刑预妓乐宴会徒二年法"。《续长编》卷四三五,页一五下,在壬辰。

卷一七,页一三下,"十二月庚子,辽使耶律等贺兴龙节"。《续长编》卷四三六,页一上,作"耶律常",应增。

元祐五年 卷一七,页一四下,四月"丙午,孙固薨"。《续长编》卷四四一,页一一上,列甲辰下。

元祐六年 卷一七,页一五上,二月辛卯,"王岩叟签书枢密院事,癸巳,以苏辙为尚书右丞"。《续长编》卷四五五,页一下,皆列辛卯下并注云:"按吕大防《政目》及刘挚《日记》,苏辙王岩叟并以二月二日除执政,《实录》乃系岩叟于四日,《本纪》因之,误也,今改正。"是"癸巳"二字应删。但《续长编》卷四五五,页二上,癸巳下又书苏辙为尚书右丞。

卷一七,页一五上,二月癸巳,"宗室士㒟追封魏国公"。《续长编》卷四五五,页三下,"诏宗室士㒟特追魏国公,依法别定承袭之人。坐以倡女为妾也"。是。《宋史》大误,应改。

卷一七,页一五上,二月"丁丑,授……溪邦彪筶为化外庭州团练使"。《续长编》卷四五五,页一〇下,作"丁巳",上为丙辰。按二月庚寅朔,丁巳为二十八日,无丁丑,应改。

卷一七,页一五下,五月"庚辰,诏娶宗室女得官者,毋过朝散大夫、皇城使"。《续长编》卷四五八,页一五上,作"朝请大夫"。

卷一七,页一六上,六月"乙卯,诏以田思利为银青光禄大夫……"《续长编》卷四六〇,页九上,作"田思和"。

卷一七，页一六上，七月"己卯,振两浙水灾"。《续长编》卷四六二,页二上,辛未,贾易奏:"臣窃闻浙西州军近以灾伤奏乞斛斗赈贷,朝廷恻嗟……赐米百万斛,钱二十余万贯,俾救其患。……二浙佃民,习为骄虚,以少为多,其弊已久,欲乞诏本路监司并州县详具灾伤分数赈贷行遣次第……考其虚实……"又卷四六二,页六下,己卯,给事中范祖禹封还录黄是己卯非振贷也,《宋史》误。

卷一七,页一六上,八月"己亥,改宗正属籍曰宗蕃庆系录"。《续长编》卷四六四,页六上,作"藩"。应从之。

卷一七,页一六上,八月己亥,"令文武臣出入京城门,书职位差遣姓名及所往"。《续长编》卷四六四,页六下,作"御史台状乞今后文臣承务郎以上出入京城门,并令书职位差遣姓名所指去处因依,令本门当日供申御史台及会属去处申尚书省,从之"。《宋史》误。

卷一七,页一六上,八月"乙卯,夏人寇怀远砦"。《续长编》卷四六四,页二〇下,"诏泾原路第十将……李浦……以怀远寨监押……李逊与西贼战斗敌被围而浦等观望不救及供报诞妄也"。是此日乃执行赏罚,非当日寇怀远砦也。《宋史》误。

卷一七,页一六下,八月"壬申,太子太保致事张方平辞免宣徽使,不允"。《续长编》卷四六五,页一四下,作"章四上,诏可"。《宋史》亦误。

卷一七,页一六下,八月"甲申,刑部侍郎彭汝砺与执政争狱事,自乞贬逐,诏改礼部侍郎"。《续长编》卷四六五,页二三上,在癸未下云"后六日诏汝砺改礼部侍郎"。《宋史》亦不合。

卷一七,页一七上,十一月"壬辰……尚书右丞苏辙罢,知绛州"。《续长编》卷四六八,页四上,"庚子……监察御史安鼎知绛州。……鼎劾苏辙不当,故出"。据《宋史·宰辅表》,苏辙并未罢。《本纪》误,应改。

元祐七年 卷一七,页一七下,四月"甲子,命吕大防为皇后六礼使"。《续长编》卷四七二,页九上,作"诏皇后六礼,尚书左仆射兼门下侍郎吕大防摄太尉充奉迎使,同知枢密院韩忠彦摄司徒副之"。以下使副共十二人。是不仅吕大防一人,应加"等"字。

卷一七,页一八下,十一月"甲申,诏大中大夫以上许占永业田"。《续长编》卷四七八,页一〇下,作"太中大夫观察使以上"。应增。

卷一七,页一八下,十一月"辛丑,赐徐王剑履上殿"。《续长编》卷四七八,页一二下,"辛丑,三省言,郊礼毕徐王加恩,当赐剑履上殿,缘虚文已删去,请岁增公使缗钱……诏许增三千缗"。是未赐剑履上殿也。

元祐八年 卷一七,页一九上,"二月己酉,诏西南蕃龙氏迁秩补官"。《续长编》卷四八一,页二上,在庚戌。

卷一七,页一九上,二月"壬子,诏刑部不得分禁系人数,瘐死数多者"。《续长编》卷四八一,页七下,作"诏刑部今后更不得分禁系人数,依元降朝旨,将病死人数多者申尚书省"。《宋史》辞意不明。

卷一七,页一九上,二月"癸丑,诏大宁郡王以下出就外学"。《续长编》卷四八一,页七下,在乙卯。

卷一七,页一九上,"三月甲申,苏颂罢"。《续长编》卷四八二,页一下,作"癸未"。

哲宗纪二(《宋史》卷一八)

绍圣元年 卷一八,页一下,二月甲子"罢避高遵惠讳"。按"惠"应作"甫",应改(以下至绍圣四年四月,《续长编》缺,以《续拾补》校)。

卷一八,页二上,四月甲寅,"蔡确追复右正议大夫"。《续拾补》卷九,页二一下,作"左正议大夫"。

绍圣二年 卷一八,页四上,"夏四月戊辰,诏职事官罢带职"。《续拾补》卷一二,页四上,作"己未"。《宋史》系与戊辰之光禄大夫等不带左右指挥连书之误。

绍圣三年 卷一八,页六上,二月"癸酉,罢富弼配飨神宗庙庭"。《续拾补》卷一三,页五上,作"壬申"。

绍圣四年 卷一八,页八上,二月"癸未,以三省言,追贬吕大防为舒州团练使"。《续拾补》卷一四,页五下,在庚辰。又吕大防为舒州团练副使,是也。

卷一八,页九下,八月"戊戌,封宗祐为嗣濮王"。《续长编》卷四八九,页八上,在六月乙巳与宗汉徙封安康郡王同日。注云:"《旧录》既于此书宗祐封嗣濮王,又于八月十七日书之。《新录》削此存彼。按宗楚以此月六日卒,后旬日宗祐嗣封,恐事理当然,若八月十七日则已稍缓,今从《旧录》,止见于此。"

卷一八,页一○上,十月"壬寅,废安国安阳淇水监及洛阳原武监"。《续长编》卷四九二,页一二下,作癸卯,且无"安国"字。日期不敢必孰正,但"安国"实衍文,应删。

卷一八,页一○上,十一月"癸酉,贬刘奉世为隰州团练副使,柳州安置"。《续长编》卷四九三,页一○上,作"郴州安置"。

元符元年 卷一八,页一一上,三月"乙丑,诏翰林学士承旨蔡京等辩验段义所献玉玺,定议以闻"。《续长编》卷四九六,页二下,作"三省言,翰林学士承旨……等奏,奉敕讲议定验咸阳民段义所献玉玺……委是汉以前传国之宝,诏令礼部大常寺考按故事详定以闻"。据此则戊辰乃令礼司详定,非令蔡京等也。《宋史》误。

卷一八,页一一下,四月丙戌,"梁焘卒于化州"。《续长编》卷四九七,页二上,"诏化州安置梁焘卒,不许归葬,家属令昭州居住"。"四年八月十六日。绍圣四年十一月二十七日梁焘卒于化州。州属广西,距京八十一程。卒既百日,朝廷乃知也。五月四日,诸子并勒停。"又《续长编》卷四九三,页一一下,绍圣四年十一月丁丑(二十七日)"雷州别驾化州安置梁焘卒。焘诸子援吕大防例乞归葬,不许,家属寻徙昭州"。注:"此据张舜民所作《梁焘行状》增入。徙昭州在明年四月八日。《行状》云:六月,诸子移置昭州编管,特勒停,永不收叙。勒停乃五月四日指挥也。"据所言是元符元年四月丙戌乃不许梁焘归葬指挥,非焘卒日也。《宋史》不合。

卷一八,页一一下,四月"癸卯,诏学官增习两经"。《续长编》卷四九七,页一八下,在甲辰,且云"增试两经仍分两场,每试一经大义三道"。应改。

卷一八,页一一下,六月"甲午,蔡京等上常平免役敕令"。《续长编》卷四九九,页五上,六月"戊子,左仆射兼门下侍郎章惇提举常平免役敕令成书颁行,赐诏奖之,仍赐银绢三百匹两"。又卷四九九,页一一上,"甲午,诏编修常平免役敕令格式成书,评定官翰林学士承旨朝散大夫蔡京迁朝请大夫,其余官吏减年支赐有差"。是此书必上于六月戊子之前,故章惇以提举故首被奖,继于甲午始奖蔡京等。《宋史》不合。

卷一八,页一二下,"十月乙未,诏武官试换文资"。《续长编》

卷五〇三,页一一上,"诏武官试换文资,吏部依元丰试法重修以闻"。《宋史》不合。

元符二年 卷一八,页一四上,"六月庚辰,赐兰会州新砦名会川城"。《续长编》卷五一一,页六下,作"赐熙河兰会路……新寨名会川城"。

卷一八,页一四上,六月"甲午,赐环庆路之字平曰清平关"。《续长编》卷五一一,页一三上,作"龙平关"。注:"旧本云赐名'清平',布录称龙平与《实录》同,《新纪》亦书甲午筑龙平关。"

卷一八,页一四下,八月"戊寅,皇太子生"。《续长编》卷五一四,页四下,戊寅"是日,贤妃刘氏生皇子"。

卷一八,页一五上,闰九月"己未,越王茂薨"。《续长编》卷五一六,页二三下,闰九月乙未"皇子薨,辍朝三日,又不视事三日,追赐名茂,赠太师尚书令追封越王,谥冲献"。注:"《旧录》云越王薨,茂上之长子,八月戊寅生,母皇后刘氏。生而伟大粹美。九月甲子疾病,命国医疗弗效。访医于民间,医又弗效。薨,年一岁。上震悼,为辍视朝三日,又不视事三日,追赐名茂,赠太师尚书令,追封越王,谥冲献。今皇帝嗣位,加赠兼中书令,追封邓王。" 按《宋史》前云皇太子,后云越王茂,殊乱,应改。"己未"亦误。《东都事略》卷九,页七下,"秋八月皇子生……闰月乙未皇子薨"。

卷一八,页一五上,闰九月"戊寅,以廓州为宁砦城"。《续长编》卷五一六,页三下,闰九月癸酉"诏以青唐为鄯州……廓州为宁塞(寨)城……"。又卷五一六,页九下,戊寅"诏宁塞城置知城一员,监押巡检各二员,招置北城兵士一百人"。是廓州立为宁寨城本无青唐为鄯州月日。至戊寅乃设官置守,非始命名也。《宋史》误。

徽宗纪一（《宋史》卷一九）

元符三年 卷一九，页一下，正月庚辰……"百官进秩一等。赏诸军"。《续长编》卷五二〇，页一六上，赏诸军在辛巳。又卷五二〇，页二一上，百官进秩在戊子。皆非庚辰。

卷一九，页二上，正月"丁亥，进仁宗淑妃周氏……为贵妃"。《续长编》卷五二〇，页二三上，在壬辰。

卷一九，页二上，正月"己丑，进封莘王俣为卫王……"。《续长编》卷五二〇，页二一上，在戊子。

卷一九，页二上，正月己丑，"罢增八厢逻卒"。《续长编》卷五二〇，页二二上，在戊子。

以下《续长编》全缺。据《续拾补》校。

卷一九，页二上，二月"庚申，以吏部尚书韩忠彦为门下侍郎"。《续拾补》卷一五，页一下，作"戊午"。案语谓"戊午下诏，至庚申乃行"。

卷一九，页三上，"四月丁酉朔……己酉，长子亶生"。《东都事略》卷一〇，页一下，"庚戌，皇长子生"。

卷一九，页三上，四月"乙丑，赐礼部奏名进士及第出身五百五十八人"。《拾补》引《太平治迹统类》作五十五人。《引进考》三十二作五百六十一人。

建中靖国元年 卷一九，页五上，三月"乙丑，辽使萧恭来告其主洪基殂，遣谢文瓘……等往吊祭，黄实贺其子延禧立"。 按延禧为洪基孙，非子也。《宋史》误。

卷一九，页五上，三月"丁丑，诏以河西军节度使赵怀德知湟州"。《续拾补》卷一七，页八下，引《十朝纲要》云"三月丁丑，诏河西节度使赵怀德知湟州，其湟州守臣官吏将佐悉追还"。又引《九朝备要》云:"时既弃鄯州,于是大酋谿巴温迎怀德之弟谿徐罗撤入居之。"《宋史》只云命赵怀德知湟州,不明言弃湟州,殊不合。

崇宁元年 卷一九,页七上,五月"庚午,降复太子太保司马光为正议大夫,太保文彦博为太子太保"。《续拾补》卷一九,页八下,作乙亥,文彦博职作"太师河东节度使开府仪同三司太原尹潞公文彦博降复太保"。

卷一九,页八下,九月"壬寅,贬曾布为武泰军节度使"。《续拾补》卷二〇,页一五上,作"责授武泰军节度副使,衡州安置"。是也。

崇宁二年 卷一九,页九下,正月乙酉……"平辰沅州傜贼"。《东都事略》卷一〇,页三下,作"乙未"。

卷一九,页九下,正月"壬辰,温益卒"。《东都事略》卷一〇,页三下,作"壬寅"。

崇宁三年 卷一九,页一一下,正月"戊子,铸当十大钱"。《东都事略》卷一〇,页四上,"春正月戊子,诏江池饶建州铸当十大钱"。《宋史》不清晰。

卷一九,页一二下,六月"癸卯,以王安石配飨孔子庙"。《续拾补》卷二四,页六上,作"戊申"。案语引《十朝纲要》作癸卯(初二日)。

卷一九,页一三上,"八月庚子"。 按八月壬寅朔,庚子为七月二十九日。《宋史》误。

徽宗纪二(《宋史》卷二〇)

崇宁五年 卷二〇,页三下,二月"丙寅,蔡京罢为开府仪同三司中太一宫使"。《续拾补》卷二六,页一〇上,作"丙子"(按二月甲子朔,丙寅为初三,丙子则十三也)。《东都事略》卷一〇,页六下,亦作"丙寅"。

大观元年 卷二〇,页五上,"三月丁酉,赵挺之罢……癸丑,赵挺之卒"。《续拾补》卷二七,页八上,按引《编年备要》云,后五月卒。毕氏《通鉴》云五月癸丑,观文殿大学士佑神观使赵挺之卒,赠司徒,谥清献。《宋史》云三月似误。

卷二〇,页六下,"十二月庚寅,以蔡京为太尉"。《续拾补》卷二七,页一八上,作"庚子,司空左仆射兼门下侍郎蔡京为大尉"。

大观二年 卷二〇,页七上,正月"己未,蔡京进太师,加童贯节度使"。《东都事略》卷一〇,页七下,作"丙子",似是。《宋史》与蔡京进太卿合书。

卷二〇,页七下,正月"戊寅,徙封向宗回为汉东郡王,向宗良为开府仪同三司"。 按建中靖国元年六月戊申封向宗回为永阳郡王,向宗良为永寿郡王(卷一九,页五下)。今向宗回移封,向宗良不应仅加官,似误(《外戚传》亦云云)。

卷二〇,页七下,五月"壬戌,溪哥王子……降,复积石军"。《东都事略》卷一〇,页七下,作"乙丑",《续拾补》卷二八,页四下,作"壬子"。 按《续拾补》引原注,载《童贯表》作五月三日,复积石军。五月庚戌朔,三日为壬子。丁巳赏童贯功为初八日。(十三日)壬戌诏临洮为洮州,《宋史》似误。

政和元年 卷二〇,页一二上,九月"是月,郑允中童贯使辽,以李良嗣来"。《东都事略》卷一一,页一上,在戊寅下。

徽宗纪三(《宋史》卷二一)

政和三年 卷二一,页二上,正月"癸酉,追封王安石为舒王,子雱为临川伯,配飨文宣王庙"。《续拾补》卷三二,页一上,"庚午,诏……王安石……可封王爵,雱可配享文宣王庙庭。……壬申，故特进守司空赠太傅荆国公王安石追封舒王"。

卷二一，页三上，七月"庚子，贵妃刘氏薨"。《东都事略》卷一一，页二下，作"己亥"。

卷二一，页三下，"十月乙丑，阅新乐器于崇政殿，出古器以示百官"。《续拾补》卷三二，页一〇上，作"阅举制造礼器所之礼器"。按《拾补》卷三二，页七上，五月己亥诏作礼器，列举鼎彝簠簋盘匜爵豆之类，则非乐器明矣，应改。

政和五年 卷二一，页五下，九月"丙戌，封子楷为惠国公"。《东都事略》卷一一，页三上，作"十一月丙戌，皇子楷封惠国公"。

政和六年 卷二一，页六上，正月戊子，"以童贯宣抚陕西河北"。《东都事略》卷一一，页三上，"二月，童贯佥书枢密院事，宣抚陕西河东河北"。

卷二一，页六上，"五月丁酉，废锡钱"。《东都事略》卷一一，页三上，在四月己丑。

卷二一，页六下，"八月壬戌朔，戒北边帅臣毋生事"。《东都事略》卷一一，页三下，作"癸亥"。

卷二一，页七上，十一月"戊申，以侯蒙为中书侍郎，薛昂为尚书左丞"。《东都事略》在八月己巳。

政和七年 卷二一，页八下，"十二月戊申朔，有星如月"。按十二月朔日甲寅。戊申在十一月。应改。

徽宗纪四（《宋史》卷二二）

宣和元年 卷二二，页二上，八月丁酉，"范致虚以母忧去位"。《东都事略》在九月乙卯。

宣和二年 卷二二，页三下，"五月庚子朔……丁巳，祭地于方泽"。《东都事略》卷一一，页五下，作"五月甲子"，似误。《十朝纲要》等俱作"丁巳"。

卷二二,页三下,六月"甲午,罢礼制局并修书五十八所"。《续拾补》卷四一,页一〇下,八月癸未"诏礼制局制造等官并罢"。

宣和四年 卷二二,页六上,二月"丙午,以吴国公植为开府仪同三司,进封信都郡王"。《宋会要稿·帝系》一之四二—四三,同。《东都事略》卷一一,页六上,作"二月丙午皇子植封信安郡王"卷一七,页五上,亦作"信安"。

卷二二,页七上,九月"己卯,辽将郭药师以涿、易二州来降"。《东都事略》卷一一,页六上,在八月辛亥。

宣和五年 卷二二,页八下,四月庚戌,"是日班师"。《续拾补》卷四六,页二六下,作"辛亥"。

卷二二,页九上,六月"丙戌,辽人张觉以平州来附"。《东都事略》卷一一,页六下,在五月庚申,《续拾补》卷四七,页五下,作"六月丙戌"。

卷二二,页九上,七月"己未……起复谭稹为河北、河东、燕山府路宣抚使"。《续拾补》卷四七,页七下,作"戊午"。 按引《三朝北盟会编》作七月七日戊午。《宋史》恐不确。

宣和六年 卷二二,页九下,正月"戊午,置书艺所"。《续拾补》卷四八,页一下,作"己未,诏提举措置书艺所"。

卷二二,页一〇下,九月"庚子,金人遣富谟弼以遗留物来献"。《续拾补》卷四八,页一一下,作"富谟古"。《三朝北盟会编》作"富谟右"。

卷二二,页一一上,十一月"丙戌,令尚书省置讲议局"。《续拾补》卷四八,页一三下,手诏云:"可令尚书省置局详议,以讲议司为名。"应改。

宣和七年 卷二二，页一二上，六月"丙午，封童贯为广阳郡王"。《东都事略》卷一一，页八上，作"六月乙巳"。《北盟》作"五月乙巳"。

卷二二，页一二上，六月"癸亥，诏吏职杂流出身人，毋得陈请改换"。《续拾补》卷四九，页一一下，作"甲子"。

卷二二，页一二上，六月"乙丑，罢减六尚岁贡物"。《续拾补》卷四九，页一三下，作"丙寅"。《十朝纲要》亦作"丙寅"。是乙丑似不合。

卷二二，页一二上，"七月庚午朔，诏士庶毋以天王君圣为名字，及以壬戌日辅臣焚香"。末句似误。

卷二二，页一三上"绍兴五年四月甲子崩于五国城"。《东都事略》卷一一，页九下，作"四月乙未"。（按是年四月甲辰朔，无乙未，《事略》误）。又卷二二，页一三下，"绍兴十二年八月乙酉梓宫还临安"。《东都事略》卷一一，页九下，作"八月乙丑"。

《钦宗纪》（《宋史》卷二三）

宣和七年 卷二三，页一下，十二月辛酉，"乃引道君皇帝出居龙德宫，皇帝出居撷景园"。《续拾补》卷五一，页一四下，作"皇后居撷景西园"。是也，应改。

靖康元年 卷二三，页八上，四月"癸卯，立子谌为皇太子"。《东都事略》卷一二，页三上，作"夏四月丁酉朔"。

卷二三，页八上，四月"庚戌，赵野罢"。《东都事略》卷一二，页三上，作"己酉"。

卷二三，页四下，二月辛丑"陈东等及都民数万人伏阙上书，请复用李纲……并杀内侍数十人"。《续拾补》卷五三，页七下，作"即矫制曰：'杀内臣者无罪。'又取十余辈杀之，取其肝肠揭之竿首号于众曰……"数十人似应作"十数人"。

卷二三,页八上,"四月戊戌,夏人陷镇威城,摄知城事朱昭死之"。《东都事略》卷一二,页三上,作"震威城"。《宋史·地理志》卷八六,页一四上,府州下作"震威城"。《本纪》误,应改。

卷二三,页九上,四月乙丑"贬蔡攸节度副使,安置朱勔于循州"。《续拾补》卷五四,页一一上,在癸亥。《十朝纲要》亦在乙丑。

卷二三,页一一上,七月"乙亥,安置……童贯吉阳军"。《续拾补》卷五五,页四上,在丙子,不与蔡京父子同日。李埴《十朝纲要》在乙亥,《三朝北盟会编》卷四九,页一○上,在丁丑。

卷二三,页一一上,七月乙酉"是日,京死于潭州"。《续拾补》卷五五,页四上,在甲申。李埴《十朝纲要》、《北盟》卷四九,页一○下,亦作"乙酉"。

卷二三,页一一上,七月"辛卯……诛赵良嗣"。《东都事略》卷一二,页三上,在四月癸亥。

卷二三,页一二上,八月"乙卯,遣……王云……使千金国……议和"。《靖康要录》、《十朝纲要》在甲寅。

卷二三,页一二上,八月"是月,福州军乱,杀其知州事柳庭俊"。《九朝编年备要》作"李庭俊"。《续宋编年资治通鉴》作"李延俊"。

卷二三,页一三上,十月"辛丑(初九),下哀痛诏"。《十朝纲要》在丙午(十四日)。《靖康要录》在(十五)丁未。

卷二三,页一四上,十一月丁丑,"陈过庭为尚书侍郎"。《东都事略》卷一二,页四上,作"中书侍郎",是也。

卷二三,页一四下,十一月甲申,"以……范致虚为陕西五路宣抚使"。《北盟》作"癸未"(二十二日)。

卷二三,页一五上,闰十一月壬辰朔,"何㮚为尚书左仆射兼中书侍郎。""左"为"右"之误。

卷二三,页一六上,闰十一月乙未,"冯澥与金人萧庆扬真诰来"。《续拾补》卷五八,页三上,作"戊戌"。

卷二三,页一六下,闰十一月己酉,"命康王为天下兵马大元帅"。《续拾补》卷五八,页八上,在戊申。盖戊申受诏,己酉开府,二日皆可。

靖康二年 卷二三,页一八上,正月丙午,"太学生徐揆上书乞守门请帝还阙"。《续拾补》卷五九,页三上,作"丙午太学徐揆诣南薰门,以书向守门者乞达二酋,请车驾还阙"。《宋史》不清。

卷二三,页一八上,二月辛酉朔,"孙傅方号恸,乞立赵氏"。不通,"方"似是"等"字。

高宗纪一(《宋史》卷二四)

卷二四,页五下,建炎元年四月乙酉,"承制以汪伯彦为显谟阁直学士……"《要录》在丙戌。

卷二四,页九上,六月丁卯,"罢开封诸州军府司录、曹掾官,州军通判,二员者省其一,权减宰执奉赐三之一,省诸路提举常平司、两浙福建提举市舶司"。又卷二四,页一〇下,七月"己亥,诏台省寺监繁简相兼,学官、馆职减旧制之半"。《要录》列于七月己亥云"诏台省监官减学官馆职之米(有遗误),以常平事归提刑司,市舶事归转运司。罢诸州分营制掾,县户不满万勿置丞,堂吏磨勘止朝请大夫,出代止为通判,宰执子弟任待制以上者并罢,执政官奉减三之一,京官奉祠者亦如之"。

卷二四,页一〇下,七月辛卯,"叙右监门卫大将军、贵州团练使士琄以磁洺义兵复洺州"。《要录》卷七,页三下—四上,作"皇叔右监门卫大将军、贵州团练使士琄以义兵复洺州"。 按《宋史》所云"叙"字似是"叔"字之误,删者删去"皇"字,"叔"字未删后讹为"叙"也,应删。

卷二四,页一〇下,七月"壬寅,诏奉元祐太后如东南"。《要录》卷七,页八下,列辛丑下。

卷二四,页一一上,七月壬寅"以延康殿学士许翰为尚书右丞"。《旧录》卷七,页一二下,在癸卯。 按癸卯是也。《宋史》卷二一三《宰辅表》亦在癸卯。

卷二四,页一一上,七月己酉,"以尚书虞部员外郎张浚为殿中侍御史"。《要录》卷七,页一八上,在丁未。

卷二四,页一一上,七月丙辰"便可即真来援父母"。《要录》卷四,页三一上,作"来救父母",是也。"援"字不妥。

卷二四,页一二上,八月"丙子,隆祐太后发南京"。《要录》卷八,页一二下,作"丁丑"。

卷二四,页一二上,八月"乙酉,遣兵部员外郎江端友等抚谕闽、浙……"《要录》卷八,页一五上,作"汪端友",恐误。

卷二四,页一二上,八月乙酉,"许翰罢"。《要录》卷八,页一六下,作"丙戌"。《宋史》卷二一三,页一下,《宰辅表》亦作"丙戌",应增。

卷二四,页一二下,"九月己丑,建州军校张员等作乱,执守臣张动,转运副使毛奎为所杀,判官曹仔婴城自守"。《要录》卷九,页一上,"己丑,建州军乱……张员等杀福建转运副使毛奎、判官曾仔,执守臣直龙图阁张动(卷一二,页一八上,亦作'动'),提举常平公车直秘阁王浚明婴城固守,提点刑狱公车陈桷檄朝请郎王淮将土军射士讨之，不能克。后诏奎、仔各官子孙一人"。张动恐误。曹仔、曾仔不知孰是。但由后赠官言，《宋史》云曹仔自守恐误。

卷二四，页一二下，九月"壬辰，以金人犯河阳、氾水军，诏择日巡幸淮甸"。《要录》卷九，页一下，"谍报金人侵河阳氾水等处"。《宋史》"氾水"下"军"字似衍。氾水县属孟州，未置军也。

卷二四，页一二下，九月甲午"宗泽往河北视师，七月还"。《要录》卷九，页六下—七上，甲午"是日，东京留守宗泽引兵至河北视师。庚子……是日宗泽自河北引兵还京师"。由甲午至庚子适为七天，故《宋史》"七月"之月应是"日"之误。

卷二四，页一二下，九月"辛丑，陈通劫提点刑狱周格营，杀格，执提点刑狱高士瞳"。《要录》卷九，页七上，无提点刑狱高士瞳事。又卷九，页五上，九月甲午云："初命两浙提点刑狱公车同格高士瞳督捕杭寇（即陈通），士瞳……欲招安之……贼乃遣其党往秀州诱士瞳及转运判官顾念成来杭受降。……比士瞳才至，贼百余骑突出，欲执以入……士瞳跳奔兔。继而格亦领兵至，士瞳始别议进兵。"似《宋史》云执高不确。

卷二四，页一三上，九月己酉，"军贼赵万入常州，执守臣何裹"。《要录》卷九，页一六上，"赵万……至常州，守臣……何裹恬不为备，厚以金帛犒之。贼入，呼娼女痛饮，大掠三日，执通判州车曾纬而去"。与《宋史》异。

卷二四，页一四上，十月"庚午，次泗州，幸普服寺"。《要录》卷一〇，页七下，"辛未，幸破（普）照寺"。

卷二四，页一四上，十一月"己丑，诏杂犯死罪有款及情理可悯者，抚谕官同提刑司酌情减降，先断后闻"。《要录》卷一〇，页一五上，在壬辰。

卷二四,页一四下,十一月"壬辰,遣王伦等为金国通问使"。《要录》卷一〇,页一四下,在辛卯。

卷二四,页一四下,十二月"丁巳,诏诸路提刑司选官,即转运司所在州,类省试进士,以待亲策"。《要录》卷一一,页一下,在丙辰朔。

高宗纪二(《宋史》卷二五)

建炎二年 卷二五,页一上,正月"辛卯,置行在榷货务"。《要录》卷一二,页四下,在壬辰,"诏并真州榷货务都茶场于扬州,以行在务场为名"。《宋史》所言不确切。

卷二五,页一上,正月"乙未,金人破永兴军"。《要录》卷一二,页八上,在丁酉。

卷二五,页一下,正月"丙申,诏自今犯枉法自盗赃者,中书籍其姓名,罪至徒者,永不录用"。《要录》卷一二,页七上,在乙未。

卷二〇,页一下,正月己亥,"秘阁修撰孙昭远为乱兵所害"。《要录》卷一二,页九下,"己亥,秘阁修撰、河南尹、西京留守、京西北路安抚制置使孙昭远为叛兵所杀"。 按《宋史》上句是"张遇焚真州",不知者以为孙为张遇乱兵所害,且直秘阁为带职,不应遗其差遣官衔,《宋史》不合。

卷二五,页二上,正月辛亥,"改……孟忠厚为常德军承宣使。诏凡后族毋任侍从官,著为令。金人焚邓州"。《要录》卷一二,页一八上,在壬子,从之。

卷二五,页二下,二月"壬戌,安化军节度副使宇文虚中应诏使绝域……"。《要录》卷一三,页四下,"壬戌,责授安远军节度副使韶州安置宇文虚中复中大夫……以应诏使绝域也。"

卷二五,页三上,二月"庚申,以王渊为向德军节度使"。《要

537

录》卷一三,页一三下,作"庚辰",是也。此条上为己卯,下为辛巳,正应是庚辰。

卷二五,页三上,二月辛巳,"马扩奔真定五马山山砦聚兵"。《要录》卷一三,页一三下,在庚辰下。

卷二五,页三下,三月"丙午,遥授……同知枢密院事聂昌为资政殿大学士"。《要录》卷一四,页一二上,作"资政殿学士",无"大"字,似应从之。

卷二五,页四上,四月"丁卯,金人入洺州"。《要录》卷一五,页七下作"洺州",是也。应改。

卷二五,页四上,四月"壬辰,军贼孙琦焚随州"。《要录》卷一五,页九上,作"壬申",是也。此条上为丁卯,下为癸未,中不容有壬辰,且四月甲寅朔,亦无壬辰。

卷二五,页四下,五月"癸卯,张悫薨"。《要录》卷一五,页二○上,作"壬寅"。

卷二五,页五上,"六月乙卯,邛州铸钱,增印钱引"。《要录》卷一六,页一上,"乙卯……权罢邛州铸铣钱……增印钱引六十二万缗"。《宋史》意义不明,应增。

卷二五,页五上,六月"丁丑,诏江浙沿流州军练水军,造战舰"。《要录》卷一六,页六下,在己卯。

卷二五,页五上,六月"是月,以……泾原经略使曲端为节制司都统制"。

卷二五,页五上,七月丙戌"宗泽薨"。《要录》卷一六,页一○下,列癸未下。

卷二五,页六上,"十月甲寅,命扬州浚隍修城,阅江淮郡水军"。《要录》卷一八,页一上,作"诏扬州修城浚濠,仍令江淮州军阅习水战"。《宋史》有语病。

卷二五,页六上,十月"戊午,遣刘光世讨李成"。《要录》卷一八,页二上,在庚申。

卷二五,页六上,十月"癸亥,黏罕围濮州,遣韩世忠范琼领兵至东平、开德府分道拒战"。《要录》卷一八,页三下,在壬戌,又"诏……韩世忠以所部自彭城至东平……张俊自东京至开德,以金人入犯故也。……既而言者以俊中军,不可远去,遂命……范琼代行"。《宋史》所述不完备。

卷二五,页六下,十月甲子,"翟进战死"。《要录》卷一八,页五下,在癸酉。

卷二五,页六下,"十一月辛巳朔……李纲……万安军安置"。《要录》卷一八,页七下,在甲申。

卷二五,页六下,十一月辛巳朔"刘光世及李成战于新息县,成败走"。《要录》卷一八,页七上,列十月,云是月,无日期。

卷二五,页六下,十一月辛巳朔,"高丽国王王楷遣其臣尹彦颐入见"。《要录》卷一八,页九上,列甲申下。

卷二五,页七上,十一月"甲辰,陷德州,兵马都监赵叔皈死之"。《要录》卷一八,页一六下,作"赵叔皎"。

卷二五,页七上,十一月"滨州贼盖进陷棣州"。《要录》卷一八,页一八下,作"葛进"。《北盟》卷一二〇,页四下,亦作"葛进"。

卷二五,页七上,十一月"庚戌,立士庶子弟习射补官法"。《要录》卷一八,页一八下,在十二月乙卯。

卷二五,页七下,十二月"己巳,以黄潜善为尚书左仆射……"《北盟》卷一一九,页一〇下,在乙丑。

卷二五,页七下,十二月"丁丑……余深……薛昂并分司,进昌

539

军、徽州居住"。《要录》卷一八,页二三下,"深临江军、昂徽州居住"。 按宋无进昌军,应是建昌军之讹,亦与临江军不同。《宋史》卷三五二《余深传》作"临江军"。此纪误,应改。

建炎三年 卷二五,页八下,正月己丑,"趣……吴德休等往军前"。《要录》卷二五,页八下,作"吴德体"。

卷二五,页八下,正月丙午,"杀转运副使李跋"。《要录》卷一九,页九下,作"李祓"。

卷二五,页九上,二月"辛亥,金人陷天长军"。《要录》卷二〇,页一下,《北盟》卷一二〇,页一〇上,皆作"壬子"。

卷二五,页一一下,三月癸未,"是夕,帝移御显宁寺"。《要录》卷二一,页一三下,作"显忠寺"。

卷二五,页一二上,三月丁亥,"分窜内侍蓝珪……于岭南诸州"。《要录》卷二一,页三三上,列甲午下。

卷二五,页一二下,三月庚寅,"进士黄太本、吴时敏为先期告请使"。《要录》卷二一,页一八下,作"大本",是也。《宋史》下页亦作"大本"。

卷二五,页一三下,三月丁未,"金人陷京东诸郡"。《要录》卷二一,页六〇下,列"是月"下不标日期,是也。《宋史》应增"是月"。

卷二五,页一七上,六月乙亥,"是夜贼黄仲正降"。《要录》卷二四,页一六下,作"是夏",是也,应改(因下条即紧接七月)。

卷二五,页一八上,八月"庚戌,李邴罢"。《要录》卷二六,页七下,作"壬子"。

卷二五,页一八上,八月"己未,太后发建康"。《要录》卷二六,页四上,作"壬戌"。

卷二五,页一八上,"闰八月丁丑朔,以胡舜陟为沿江都制置使"。《要录》卷二七,页一下,在戊寅。

卷二五,页一八下,闰八月"丁酉,太后至洪州"。《北盟》卷一三一,页一上,作八月二十日丙寅,似误。

卷二五,页二〇上,十月"是月……杀守臣赵士负"。《要录》卷二八,页一七下,作"士员"。

卷二五,页二二上,十二月"丁丑……戚方……杀……胡唐老"。《要录》卷三〇,页一上,在戊寅。

卷二五,页二二上,十二月"辛巳,金人陷常州,守臣周杞遣……刘晏击走之"。《要录》卷三〇,页二上,十二月"辛巳,金人陷广德军……是日,戚方犯常州……守臣周杞……遣……刘晏与战,翌日破之,方乃去"。《宋史》大误。

高宗纪三(《宋史》卷二六)

建炎四年　卷二六,页一上,正月"丙午,帝次台州章安镇"。《要录》卷三一,页一下同。《北盟》卷一三六,页一下,作"七月庚戌"。

卷二六,页一上,正月"己酉,遣小校自海道如处州问安太后"。《要录》卷三一,页二上,作"至福建虔州问隆裕太后舣舟所在"。作"虔"是也。

卷二六,页一下,正月丁卯,"处州卫兵及乡兵相杀,纵火肆掠三日"。《要录》卷三一,页九上,作"虔州",是也。

卷二六,页二上,二月甲戌朔,"叛将傅选诣处州乞降"。《要录》卷三一,页三下,作"虔州",是也。

卷二六,页二下,二月辛丑,"钟相陷澧州,杀守臣黄宗"。《要录》卷三一,页二三下,作"黄琮"。

卷二六，页四上，四月"己亥，以张浚为浙江东制置使"。《要录》卷三二，页二一下，作"张俊"，是也。应改。

卷二六，页六上，六月庚辰，"范之才，金筠房州"。《要录》卷三四，页八上，作"金均房州"，是也。应改。

卷二六，页八上，八月癸未，"舟贬曲端海州团练使，万州安置"。《要录》卷三六，页九下，作"海州团练副使"，是也。

卷二六，页九下，九月丁巳，"李成遣马进犯兴国军"。《要录》卷三二，页一〇上，在戊午。《北盟》卷一四二，页一下，作"七日"。

按九月庚子朔，七日，丙午也。

卷二六，页一〇上，九月"戊辰，赵延寿焚郢州"。《要录》卷三七，页一五下，在丙寅。

卷二六，页一〇上，十月"丁亥，以李回同知枢密院事"。《要录》卷三八，页一〇上，在己丑。

卷二六，页一〇下，十月"乙未，岳飞破金人于承州"。《要录》卷三八，页一三下，《北盟》卷一四三，皆不载。

卷二六，页一一上，十一月"乙巳，秦桧入见"。《要录》卷三九，页四上，列丙午。

绍兴元年　卷二六，页一六上，五月甲寅，"诏收耆户长役钱"。《要录》卷四四，页一一上，列戊午下。

卷二六，页一六下，六月"甲戌，张琪犯余杭州"。按其时杭州已改临安府，此"州"字衍。

卷二六，页一六下，六月庚辰，"上虞县丞娄寅亮上书请选立继嗣"。《要录》卷四五，页六下，作辛巳，"诏娄寅亮赴行在"。

卷二六，页一八上，七月"辛丑，封伯右武卫大将军令话为安定郡王"。《要录》卷四六，页三上，作"皇伯"，应增"皇"字。

卷二六,页二〇下,十月"甲申,刘超请降……"《要录》卷四八,页一五上,在丙戌。

高宗纪四(《宋史》卷二七)

卷二七,页三上,四月甲子,"陈颙围循州"。《要录》卷五三,页一下,在乙丑。

卷二七,页四上,闰四月丁未,"听朱胜非自便"。《要录》卷五三,页二二上,作"甲寅",似是。下为乙卯,上为甲寅,癸丑、壬子、辛亥、庚戌、己酉。

卷二七,页四上,闰四月乙卯,"刘光世闻父丧去官"。《要录》卷五六,页二二下,作"戊午",似是。下为己未,上为丁巳。

卷二七,页六上,七月"丁亥,诏编次建炎以来谱牒"。《要录》卷五六,页一三上,作"丁亥,太常少卿兼宗正少卿李易请编次玉牒,从之"。《宋史》文太含混。

卷二七,页六下,八月甲午,"安定郡王令话薨"。《要录》卷五七,页四下,在乙未。

卷二七,页六下,八月庚子,"江西统制傅枢讨平南雄贼吴忠……"《要录》卷五七,页三上—下,在辛亥,似是。前为庚戌、己酉、戊申、丙午、乙巳、甲辰、癸卯、辛丑,下为壬子。《宋史》似应改。

卷二七,页七上,九月"壬戌,王伦自金国使还入见"。《要录》卷五八,页二下,在辛酉。

卷二七,页七下,九月"甲申,提辖榷货务张纯浚立淮浙盐法,增其算"。《要录》卷五八,页一二上,作"张纯峻更盐法"。是也。

卷二七,页八上,十一月"辛未,议将抚师江上"。《要录》卷六〇,页九上,作"壬申"。

卷二七,页八下,十一月"庚辰,诏宣谕五使焚所至州县建炎以

543

前蠲税籍"。《要录》卷六〇,页一三上—下,在己卯。

卷二七,页八下,十二月"己丑,伪称荣德帝姬易氏伏诛"。《要录》在丁亥。

卷二七,页八下,十二月己丑"巨师古引兵入庐州"。《要录》卷六〇,页五上,在辛卯。

绍兴三年 卷二七,页九下,正月丁巳朔,"命诸路宪臣兼提举常平司"。《要录》卷六二,页一上,在己未。是也。

卷二七,页一一上,二月"戊申,虔贼周十隆犯循梅、汀州"。《要录》卷六三,页九下,在己酉。

卷二七,页一一下,三月壬午"李纲遣兵击降李宗谅"。《要录》卷六三,页二二上,在甲申。

卷二七,页一二上,四月"丙申,伪齐李成攻陷虢州,董先牛皋奔襄阳"。《要录》卷六四,页九上,作"谢皋",并云开封人。牛皋为鲁山人,前已见,《宋史》似误。

卷二七,页一二上,四月"己亥,改谥昭慈献烈皇后为昭慈圣献"。《要录》卷六四,页九下,作己亥大祥,庚子改谥。

卷二七,页一四上,八月"癸卯,罢诸路输禁军阙额钱"。《要录》卷六七,页一四下,在甲辰。

卷二七,页一四下,九月庚申,"川陕统领官吴胜败伪齐兵于黄堆砦"。《要录》卷六八,页七上,作"辛酉"。

卷二七,页一五下,十月"戊辰,罢诸路类省试"。《要录》卷六九,页一五上,作"戊申",是也。《宋史》本条上为丁未,下为庚戌,当中有戊申,不容有戊辰。

绍兴四年 卷二七,页一六下,正月"己未,程昌寓遣杜湛王渥攻杨太皮真砦,破之"。《要录》卷七二,页三上,作"真皮寨"。

卷二七,页一七上,二月丙戌,"湖北军贼檀成犯长阳县"。《要录》卷七三,页三上,作乙酉,"长阳"作"长杨",是也。《地理志》亦作"杨"。

卷二七,页一七上,二月丙戌,"群盗田政自襄阳犯陕州"。《要录》卷七三,页三上,作"峡"。

卷二七,页一八下,五月丙寅,"罢诸县武尉"。《要录》卷七六,页一三下,在戊辰。

卷二七,页一八下,五月"丙子,复选宗室子彦之子伯玖育于禁中"。《要录》卷七六,页一六上,在丁丑。

卷二七,页一九上,"六月壬申,复命川陕类试"。《要录》卷七七,页四上,作"壬辰",是也。前为己丑、丁亥,后为甲午。且六月己卯朔,不容有壬申,应改。

卷二七,页一九下,七月"癸丑,湖贼杨钦等破社木砦"。《要录》卷七八,页四上,作"杜木砦"。

卷二七,页一九下,七月"壬戌,岳飞遣统制王贵张宪击败李成"。《要录》卷七八,页八下,在甲子。

高宗纪五(《宋史》卷二八)

绍兴五年 卷二八,页二上,正月"癸酉,伪齐知亳州,马泰犯光州,权州事王萃率兵拒之"。《要录》卷八四,页一六下,作"王莘"。

卷二八,页二下,二月"壬午,帝至临安,进扈从官吏秩一等"。《要录》卷八五,页五上,进官在癸未,是也。

卷二八,页四下,五月"丁亥,立残破州县守令劝民垦田及抛荒殿最格"。《要录》卷八九,页一四上,在丙戌。

卷二八,页四下,五月"戊戌,以贵州防御使瑗为保庆军节度使"。《要录》卷八九,页一九上,在己亥。

卷二八，页五上，五月己亥，"岳飞军次鼎州"。《要录》卷八九，页一九上，在戊戌。

卷二八，页六上，七月甲午，"韩世忠复镇淮军"。《要录》卷九二，页一三上，列八月己未。

卷二八，页八下，绍兴六年正月壬午，"罢绵州宣抚副使"。《要录》卷九七，页五下，在辛巳。

卷二八，页八下，"二月庚子，以诸路宣抚、制置大使并兼营田大使，宣抚副使，招讨、安抚使并兼营田使"。《要录》卷九八，页一上，历举制置大使、宣抚使、招讨使、宣抚副使，并无安抚使，安抚带营田系壬寅事。《宋史》合为一。

卷二八，页九下，三月戊辰朔"名均、房州民兵曰保胜"。《要录》卷九七，页一下，作"金均房州"，是也。应增。

卷二八，页一〇上，"五月戊戌朔"。《要录》卷一〇一，页一上，作"戊辰朔"。四月戊戌朔，五月朔不容是戊戌也。

卷二八，页一〇下，"六月乙巳朔"。《要录》卷一〇二，页一上，作"丁酉朔"，是也。此"朔"字衍。

卷二八，页一三上，十月"丁巳，惠州军贼曾衮作乱"。《要录》卷一〇六，页一五上，在庚申，"曾"作"鲁"。

卷二八，页一三上，十二月"丁未，赏淮西功，加张俊少保"。《要录》卷一〇七，页七上，在丙午。

绍兴七年 卷二八，页一四上，正月"丁丑，解潜罢"。《要录》卷一〇八，页八上，在戊寅。

卷二八，页一六下，六月"戊戌，命刘锜兼都督府谘议军事，率兵戍庐州"。《要录》卷一一一，页一七上，作"刘锜兼都督府谘议军事，锜时以所部戍庐州故也"。按《宋史》意义不合。

卷二八,页一六下,六月乙巳,"遣吕祉为淮西抚谕诸军"。《要录》卷一一一,页一八上,作"戊申"。

卷二八,页一八上,十月"辛卯,命后省官看详上书有可采者,条上行之"。《要录》卷一一五,页一上,在庚寅朔。

卷二八,页一九上,"十二月庚辰,复置都大提举四川茶马监牧官"。此下为丁卯,有误。

高宗纪六(《宋史》卷二九)

绍兴八年 卷二九,页二上,四月"丁丑,复置六路发运司"。《要录》卷一一九,页四下,作户部侍郎李弥逊请复发运司,"诏吏户部条具申省"。并非复发运司于此日。《宋史》不合。

卷二九,页二上,"五月庚戌,诏镇江府募横江军千人。窜内侍罗亶于海岛"。《要录》卷一一九,页一〇上—下,无募横江军记载,窜罗亶在戊戌,是也。《宋史》列庚戌于癸未、庚子间,误也。

卷二九,页二下,七月乙酉朔,"录司马光曾孙伋补承务郎"。《要录》作"诏以司马光族曾孙伋为右承务郎嗣光后"。应加"右"字。其时制度,无出身人背带右也。

卷二九,页三上,八月丁丑,"遣监察御史李寀宣谕江西"。《要录》卷一二一,页一五上,在庚辰。

卷二九,页三上,十一月"戊戌,王伦入见;己亥,复以伦为国信计议使"。《要录》卷一二三,页一二上—下,作丙申王伦至行在。

绍兴九年 卷二九,页五上,二月癸丑,"监察御史方廷实宣谕三京、淮北"。《要录》卷一二六,页三上,在乙卯,并云从《日历》。应改。

卷二九,页五下,二月"壬戌,以李刚为湖南路安抚大使。张浚知福州,寻复资政殿大学士,为福建路安抚大使"。《要录》卷一二六,页五上,"己未,观文殿大学士……李纲知潭州……宣奉大

547

夫……张浚知福州"。又卷一二六,页七下,壬戌"新知福州张浚复资政殿大学士充福州路安抚大使"。 按"刚"为"纲"之误,应改。又李纲等知州皆在己未,张浚加资政在壬戌,《宋史》混为一日,殊不合。

卷二九,页五下,二月壬戌"命周聿、方廷实搜访隐士"。《要录》卷一二六,页七下,在庚申。《宋史》亦误。

卷二九,页六上,四月"壬午,金鄜延路经略使关师古上表待罪……"《要录》卷一二七,页一〇下,作"壬子",是也,应改。上为庚戌、辛亥,下为癸丑。

卷二九,页六上,四月癸丑,"金陕西诸路节制使张中孚上表待罪"。《要录》卷一二七,页一二下,作"甲寅"。

卷二九,页六下,四月癸酉,"韩世忠、张俊入见"。《要录》卷一二七,页一七下,作"乙亥"。

卷二九,页六下,五月"丙午,鄜延副将李世辅部兵三千自凤翔来归,赐名显忠"。《要录》卷一三二,页一上,九月戊寅朔"李世辅……赐名忠辅……俄又赐名显忠"。《宋史》在"赐名"上应有"后"字。

卷二九,页六下,六月"辛亥,夏国主乾顺卒"。《要录》卷一二九,页一三下,在丁丑。

卷二九,页七上,六月乙亥"楼炤承制以杨政为熙河经略使,吴璘为秦凤经略使……郭浩为鄜延经略使"。《要录》卷一三〇,页六上,在七月壬辰,差十八天,但此无"承制"字样,可能为正式任命。

卷二九,页七下,八月"庚戌,赐陕西诸军冬衣绢十五万匹"。《要录》卷一三一,页一上,作"十六万匹"。

卷二九,页七下,八月"丙辰,金国以挞懒主和割地,疑其二心,杀之"。《北盟》卷一九七,页七上,作八月戊午。

绍兴十年 卷二九,页九上,三月戊子,"川陕宣抚副使胡世将屡言金人必渝盟,宜为备"。《要录》卷一三四,页一一下,列二月末,差十余日。

卷二九,页九下,三月己丑,"韩世忠张俊入见。始罢内教"。《要录》卷一三四,页一五下,皆列辛卯下。

卷二九,页一〇下,六月乙巳,"刘锜遣将阎充战败金人于顺昌之李村"。《要录》卷一三六,页五上,作"闾充"。

卷二九,页一〇下,六月丙午,"诏将佐士卒能立奇功者,赏以使相、节钺官告,临军给受"。《要录》卷一三六,页三上,使相一节列甲辰枢密院檄文中,丙午诏书则只云自"节度使至横行"。

卷二九,页一一上,六月"戊申,以刘锜为沿海制置使"。《要录》卷一三六,页五上,作"沿淮",是也。

卷二九,页一一下,六月甲子,"张俊遣左护军都统制王德援刘锜"。《要录》卷一三六,页一五下,在丙寅。 按六月甲辰朔,甲子为二十一日,丙寅为二十三日。《要录》引郭乔年《顺昌破敌录》云,王德以二十三日卯时以数骑到顺昌城下,则丙寅为是。

卷二九,页一二上,闰六月丙子,"金人犯泾州……田晟率兵来救,金人败走。甲申,晟及金人再战于泾州,败之,金人引归凤翔"。《要录》卷一三六,页一七下,作辛巳"田晟与金人战于泾州,败之"。又甲申,"是日田晟及金人再战于泾州,败绩。金人虽幸胜,晟亦杀伤过当而还,自是归凤翔不复战"。《宋史》误。

卷二九,页一三下,"八月壬申朔,以张九成……元盟等七人尝不主和议,皆降黜之"。《要录》卷一三七,页一〇下,注:"同日降旨又有元益对移一般差遣,未知益何官,所言事谓何,当考。"

卷二九,页一四下,十一月"壬子,以令廔为保宁军节度使"。《要录》卷一三八,页五上,作"保平军"。

绍兴十一年 卷二九,页一五上,二月癸酉,"邵隆破金人于洪门,复南商"。《要录》作"商州",又云其子继春破金人于洛南。《宋史》盖误合为一。

卷二九,页一七上,六月甲申,"李兴部兵至鄂州,以兴为左军统制"。《要录》卷一四〇,页一六下,作"左军同统制"。《北盟》卷二〇六,页五下,亦作"同统制"。是也。

卷二九,页一七上,六月"乙丑,明州僧王法恩谋反伏诛"。按六月戊辰朔,无乙丑。《要录》卷一四〇,页一五下,注云:"据浙东提刑司所申,以六月二十二日告变。"按二十二日为己丑。又《宋史》此条上为甲申,下为壬辰,则"乙丑"应作"己丑"无疑。

卷二九,页一七下,九月丙申,"吴璘及金人战于剡家湾"。《要录》卷一四一,页一七下,作"丙辰",是也。《宋史》此前为甲寅,下为癸亥,当中有丙辰无丙申。

高宗纪七(《宋史》卷三〇)

绍兴十二年 卷三〇,页一上,正月"庚申,孙近分司,漳州居住"。《要录》卷一四四,页四下,作庚申,"资政殿学士提举临安洞霄宫落成"。又癸亥,"左通议大夫孙近责授左朝散郎秘书少监漳州居住"。《宋史》不甚确。

卷三〇,页二上,"七月壬辰朔,福州签判胡铨除名,新州编管"。《要录》卷一四六,页一上,作"癸巳"。

绍兴十三年 卷三〇,页四上,闰四月"戊申,命史馆编《靖康建炎忠义录》"。《要录》卷一四八,页二〇上,作"己酉"。

卷二〇,页四下,"六月壬戌,禁三衙及诸军市易"。《要录》卷一四九,页四下,作"壬辰"是也。是月丙戌朔,无壬戌。

卷三〇,页四下,七月"丙寅,处州兵士杨兴等谋作乱,事觉伏诛"。《要录》卷一四九,页一〇上,列六月辛亥,盖发觉之日,七月丙寅乃奏到之日也。

绍兴十四年 卷三〇,页五下,"正月丁巳,遣罗汝楫等报谢金国"。《要录》卷一五一,页一上,作"戊午"。

卷三〇,页六上,正月"戊寅,命普安郡王为子俁解官持服"。《要录》卷一五一,页三上,作"庚辰"。

卷三〇,页七上,六月"丙申,内侍白鄂坐诽谤……黜配吉阳军"。《要录》卷一五一,页二一上,作"白锷"。

卷三〇,页七上,六月丙申,"特赠子俁太子少师"。《要录》卷一五一,页二〇下,作"太子少保"。

卷三〇,页七下,九月"癸酉,命临安府索蔡京子孙,逮赴贬所,遇赦永不量移"。《要录》卷一五二,页一〇下,作"癸酉,诏临安府根刷蔡攸家属,押赴贬所,取管状奏。时攸之妻子,渐至行都……故有是旨,仍命京子孙二十三人永不量移如初诏"。《宋史》稍混。

卷三〇,页七下,十一月"癸酉,李光移琼州安置。乙亥,朱胜非薨"。《要录》卷一五二,页一六上,作"乙丑,观文殿大学士提举临安府洞霄宫朱胜非薨"。又卷一五二,页一七上,"癸酉……建宁军节度副使藤州安置李光……琼州安置"。《宋史》乙亥似误。

绍兴十五年 卷三〇,页八上,正月"丁卯,减成都府路……宣抚司缴赏钱三十万缗"。《要录》卷一五三,页二下,作"二十万缗"。

卷三〇,页八下,五月"甲子,金遣完颜宗尹等来贺天申节"。《要录》卷一五三,页一四下,作"宗永"。

绍兴十六年 卷三〇,页一〇上,正月壬辰,"行籍田礼……诏告郡县"。《要录》卷一五五,页二上,诏告郡县在二月癸卯,差十一天。

绍兴十七年 卷三〇,页一二上,八月丁巳,"加邢孝扬太尉"。《要录》卷一五六,页一八下,在己未。

绍兴十八年 卷三〇,页一三下,八月丁酉,"禁州县士民饰词举留官吏"。《要录》卷一五八,页四上,作"庚子"。

绍兴十九年 卷三〇,页一四下,五月"戊戌,赏平福建群盗功"。《要录》卷一五八,页一三上,作"丁酉"。

绍兴二十年 卷三〇,页一六下,七月"庚寅,罢泉、漳、汀三州经界"。《要录》卷一六一,页一七下,在己丑。

卷三〇,页一六下,八月甲辰朔,"孙近虔州"。《要录》卷一六一,页一九上,作"处州",似误?

绍兴二十二年 卷三〇,页一八下,三月"甲辰,以直龙图阁叶三省监都作院王远通书赵鼎王庶,力诋和议,言涉谤讪,三省落职,筠州居住,远除名,高州编管"。《要录》卷一六三,页四上,作"壬寅"。

卷三〇,页一八下,四月"辛巳,以御史中丞章复签书枢密院事兼权参知政事"。《要录》卷一六三,页八上,作"章厦"。

卷三〇,页一九上,九月"癸丑,章复罢"。《要录》卷一六三,页二一上,作"章厦"。

高宗纪八(《宋史》卷三一)

绍兴二十三年 卷三一,页一上,三月丙午,"诏凡民认复军庄营田者,偿开耕钱"。《要录》卷一六四,页四下,作"丁未"。

绍兴二十五年 卷三一,页六上,十月"辛丑,徙殿中侍御史徐嚞、右正言张扶,皆出为他官"。《要录》卷一六一,页二五上,在庚子。

卷三一,页六上,"十一月乙巳朔,追封桧申王,谥忠献,赐神道碑额……"《要录》卷一七〇,页一下,赐碑额在己酉,议谥诏在乙卯。

绍兴二十六年 卷三一,页九上,四月"癸巳,置武学官及弟子员百人"。《要录》卷一七二,页一四下,作"癸巳,诏武学生以八十人为额。……未几,诏学生以百员为额"。注:"七月癸亥。"《宋史》不太正确。

卷三一,页九上,五月壬寅,"汤思退知枢密院事"。《要录》卷一七二,页一九上,作"甲辰"。

卷三一,页九下,七月辛亥,"民间市物,官户、势家与编氓均科"。《要录》卷一七三,页一六下,在癸丑。

卷三一,页一〇上,八月"甲子,以吏部侍郎张纲参知政事"。《要录》卷一七四,页九上,作"甲午"。是也。八月庚午朔无甲子,而《宋史》此条上为辛卯,下为乙巳,当中不容有甲子。

卷三一,页一〇上,"冬十月己巳朔,诏许秦桧在位之日无辜被罪者,自陈厘正。罢浙东常平司平准务"。《要录》卷一七五,页一上,皆在庚午。

绍兴二十七年 卷三一,页一一下,三月"辛卯,万俟卨卒"。《要录》卷一七六,页一四下,作"是月",未言日辰,上条为辛卯。

卷三一,页一一下,三月"甲午,除耕牛税"。《要录》卷一七六,页一五上,列四月丙申朔。

绍兴二十八年 卷三一,页一三上,三月辛酉朔,"丙寅雪"。《要录》卷一七九,页九上,作"雷"。

卷三一,页一三下,"五月,金遣萧恭等来贺天申节"。《要录》作"五月戊寅"。下并有丙戌金使辞行记载,可补《宋史》之缺。

卷三一,页一四上,九月"丁丑,置殿前司虎翼水军千人"。《要录》卷一八〇,页一三下,在戊寅,并注云"熊克《小历》在壬午"。

卷三一,页一四下,十二月"辛丑,修睦亲宅,建宫学"。《要录》卷一八〇,页二六上,作"壬寅"。

绍兴二十九年 卷三一,页一五下,五月"丁巳,诏殿前司选统制官部兵千人戍江州,弹压盗贼,每岁二易"。《要录》卷一八二,页一下,作"一易"。

卷三一,页一六上,五月己巳,"金遣王可道等来贺天申节"。《要录》卷一八二,页五上,作"壬申"入见。 按本月甲寅朔,己巳为十六日,壬申为十九日,高宗生日为五月二十日,则金使之到似非壬申,只此日入见耳。

绍兴三十年 卷三一,页一九下,七月"甲申,诏诸路帅司春秋教阅禁兵弓弩手"。《要录》卷一八五,页一八上,在乙申。

高宗纪九(《宋史》卷三二)

绍兴三十一年 卷三二,页一下,三月"己卯,官勋臣魏仁浦、马知节、余靖,寇瑊诸县各一人"。《要录》卷一八九,页二下,"寇瑊"下有"张述"。

卷三二,页三上,六月"丁未,出宫女三百九十人"。《要录》卷一九〇,页一八上,作"三百十九人"。

卷三二,页三下,七月"戊子,周麟之分司,筠州居住"。《要录》卷一九一,页八上,周罢同知枢密院在戊子,降官分司筠州居住在庚寅(卷一九一,页一一上)。《宋史》混为一,不合。应改为"罢,旋"二字在"分司"上。《要录》在戊子注指出熊克《小历》,赵甡之《遗史》及《会要》之误及不合,已指出混二为一之非是。

卷三二,页五上,九月丁亥,"吴璘遣将彭青至宝鸡……"《要录》卷一九二,页一八上,作"彭清直",卷一九二,页二四,又作"彭清"。

卷三二,页六上,十月"丁未,命宣抚制置司传檄契丹……"《北盟》在十月癸丑,《要录》卷一三九,页一下,在十月庚子朔。

卷三六,页八上,十月丙寅,"赵樽复蔡州,斩其总管杨寓"。《要录》卷一九三,页三〇上,作"扬遇"。

卷三二,页九上,十一月"己卯,以汤思退为行宫留守"。《要录》卷一九四,页一八上,作"庚辰"。

卷三二,页一一上,十二月乙卯,"李显忠复入和州"。《要录》卷一九五,页一六下,在丁巳。

卷三二,页一四上,四月癸酉"蒙县民倪震率丁口数千来归"。《要录》卷一九九,页四上,作"蒙城县",是也。应改。

卷三二,页一四下,五月壬戌,"加郑藻太尉。振东北流民。命张浚置御前万弩营,募淮民为之"。《要录》卷一九九,页二六下—二七上,皆作癸亥。《宋史》遗癸亥,应增。

卷三二,页一四下,六月丙寅朔,"吴璘次大幽岭"。《要录》卷二〇〇,页一上,作"大虫岭",是也。

孝宗纪一(《宋史》卷三三)

卷三三,页六上,"九月甲午,以子惇为少保……甲午,金人攻德顺军"。下一"甲午"重复,可取消。

宋史地理志考异[*]

序

去岁春季，顾颉刚先生创建禹贡学会，编印《禹贡半月刊》，图以群力从事历代地理沿革之探讨。以《宋史·地理志》讹谬过甚也，坚嘱为文校正，以充篇幅。爰于暇日，取浙江局本《宋史》，就其《地理志》之部分，与江宁局本《太平寰宇记》、冯氏刻本《元丰九域志》、士礼居本《舆地广记》及广州刻本《舆地纪胜》，相互勘对，较其同异，分别札记。又参以浙局本《玉海》、《文献通考》、《续资治通鉴长编》及国学汇刊本《宋太宗实录残卷》、淮南局本《东都事略》、彭氏刻本《隆平集》等书，钞撮考索，成为兹编。以各书所载互异颇多，孰是孰非，一时难辨，因舍校正之名，改称《宋史地理志考异》，分期刊于《禹贡》。今开明书店印行《二十五史补编》，兹编谬蒙收入，因稍加增订，俾就正于通人。海内外贤达倘能进而教之，则幸甚矣。一九三五年四月聂崇岐。

---

[*] 本篇部分引文为概括叙述，字句不完全同于原文献，此次出版保持原貌。——编者

一　总序

宋太祖受周禅，初有州百一十一，县六百三十八。

宋初州县数，诸书所载多异。《新五代史》六〇《职方考》作一百十八州；《元丰类稿》四九"户口版图"条作州一百一十，县六百三十；《玉海》一四"祥符州县图经"条作州府军监一百三十九，县六百六十一；《文献通考》三一五《舆地考·总序》与《玉海》一四所记同；惟《玉海》一八"开宝较州县数"条曰："开宝九年，史官较州县数元年(建隆)有州百十一，县六百三十八。"与《地理志》相同。

建隆四年平湖南，得州十五。

《宋史》一《太祖本纪》作得州十四，《东都事略》一《太祖纪》、《续资治通鉴长编》四所记同《宋史·太祖本纪》，惟《玉海》一四"祥符州县图经"条与《地理志》同。

乾德三年平蜀，得州府四十六，县一百九十八，户五十三万四千三十九。

《宋史》二《太祖本纪》作得州四十五，县户数同《地理志》。《东都事略》二《太祖纪》作县二百四十二，州府数同《地理志》。《续资治通鉴长编》六、《玉海》一四"乾德山川形势图"条及"祥符州县图经"条、《文献通考》三一五《舆地考·总序》，所记州府数皆同《地理志》，惟县数作二百四十；而户数，《续资治通鉴长编》与《文献通考》皆作五十三万四千二十九。

开宝四年平广南，得县二百一十四，户一十七万二百六十三。

《宋史》四八一《南汉刘氏世家》作县二百四十，户十七万。

开宝八年平江南，得州一十九，军三，县一百八。

《宋史》三《太祖本纪》作县一百八十。

计其末年，凡有州二百九十七，县一千八十六，户三百九万五百四。

《元丰类稿》四九"户口版图"条所记州数同《地理志》，惟县数作一千八百六，户数作二百五十万八千九百六十五。《玉海》一八"开宝较州县数"条所记州县皆同《地理志》，惟户数则同《元丰类稿》。《文献通考》一一《户口考》所记户数同《地理志》，但马氏自注曰："此系《会要》所载本年主客户数。通算只计二百五十六万六千三百九十八，与《会要》不合。"

太平兴国四年平太原，得州十，军一，县四十，户三万五千二百二十五。

《宋史》四《太宗本纪》所记州县数同《地理志》，惟未记军数。《东都事略》三《太宗纪》、《续资治通鉴长编》二〇、《玉海》一四"祥符州县图经"条，所记州军数皆同，惟县作四十一，而《续资治通鉴长编》户数又作三万五千二百二十。至《文献通考》一一《户口考》户数则作三万五千二百二十七。

至是天下既一，疆理几复汉、唐之旧，其未入职方氏者，唯燕、云十六州而已。

燕云十六州之瀛、莫二州及幽、涿二州之一部，周显德中业经收复。宋承周旧，乌得泛云十六州未入职方！且宋代疆域，方之汉、唐，不逮远甚。南交、西域之遐荒地带，不必论矣。即距中原较近之辽东、辽西与陇右多数州郡，汉唐之曾收入版图者，在宋则皆已沦没。而雍熙三年岐沟之败，易州大部继且陷于契丹。未入职方氏者，又岂仅燕、云诸州已哉。

至道三年，分天下为十五路。

宋分州郡为路，不始至道。《玉海》一八"淳化十道"条："淳化四年十月分十道，五年十月罢。"《文献通考》三一五《舆地考·总序》："太平兴国三年分京西转运为二司，后复并。河北路，太平兴国中分河北南路，雍熙中又分为东西路，后并焉。陕府路，太平兴国二年分陕西河北、陕西河南两路，又有陕府西北路，后并焉。淮南路，太平兴国初分淮南西路，后并。江南路，太平兴国初分江南东、西路，后并焉。福建路，太平兴国初为两浙西南路，后改焉。国初剑南、西川但为西川路，开宝六年始分陕西路。"《续资治通鉴长编》四二："国初罢节镇领支郡，以转运使领诸路事，其分合未有定制。是岁（至道三年）始定为十五路：一曰京东路，二曰京西路，三曰河北路，四曰河东路，五曰陕府路，六曰淮南路，七曰江南路，八曰荆湖南路，九曰荆湖北路，十曰两浙路，十一曰福建路，十二曰西川路，十三曰陕西路，十四曰广南东路，十五曰广南西路。"《地理志·总叙》于十五路名称及至道以前诸路之并析，初未述及，实为疏略。且贸贸然即曰："至道三年分天下为十五路。"一似至道三年前诸州未有分路之制者，行文上殊欠检点。

天圣析为十八。

《续资治通鉴长编》四八："咸平四年，诏分川、陕为益、梓、利、夔四路。"《玉海》一八"至道十五路"条："天圣八年分江南为东、西路。"是自至道三年析十五路后，至天圣八年已增至十八路，非天圣中始析为十八路也。《地理志·总叙》词意亦欠明晰。

元丰又析为二十三。

《玉海》十八"至道十五路"条："皇祐三年分淮南为东、西。熙宁五年分京西为南、北，陕西为永兴、秦凤。六年分河北为东、西。"《地理志·京东路下》："熙宁七年分为东、西两路。"是自天圣十八路后，陆续析置，至元丰已至二十三路，非至元丰始析为二十三路也。

崇宁四年，复置京畿路。

《地理志·京畿路下》："皇祐五年置京畿路，至和二年罢。崇宁四年复置。"《总叙》未言初置京畿路时期，即曰复置，叙事既嫌疏略，而复字无所承，行文亦欠妥也。

天下主客户，至道末四百一十三万一千五百七十六。

《文献通考》一一《户口考》作四百一十三万二千五百七十六。

嘉祐八年，主户二千二百四十六万二千五百三十一。

《文献通考》作天下主客户一千二百四十六万二千三百一十七。

治平三年，天下主客户一千四百一十八万一千四百八十六，口二千五十万六千九百八十。

《文献通考》作天下主客户一千二百九十一万七千二百二十一，口二千九百九万二千一百八十五。

崇宁元年,户二千二十六万四千三百七,口四千五百三十二万四千一百五十四。

《文献通考》作户二千一万九千五十,口四千三百八十二万七百六十九。

当是时(大观中),天下有户二千八十八万二千二百五十八,口四千六百七十三万四千七百八十四,视西汉盛时盖有加焉;隋、唐疆理虽广,而户口皆有所不及。

《后汉书》二九《郡国志序注》:"至于孝平元始二年,民户千三百二十三万三千六百一十二,口五千九百一十九万四千九百七十八人。"《隋书》二九《地理志总序》:"炀帝嗣位,大凡户八百九十万七千五百四十六,口四千六百一万九千九百五十六。"《旧唐书》三八《地理志总序》:"开元二十八年户部计帐,凡户八百四十一万二千八百七十一,口四千八百四十四万三千六百九。"《玉海》二〇"唐历代户口"条:"天宝二十四载,户八百九十一万四千七百九,口五千二百九十一万七千三百九,此唐之极盛也。"是大观户口仅多于隋,较之汉、唐户虽多而口则逊,何得遽云有加于西汉盛时,且言唐代户口皆有所不及哉。

二 京城

东京宫城南三门,中曰乾元。注:宋初依梁、晋之旧,名曰明德。太平兴国三年改丹凤,大中祥符八年改正阳,明道二年改宣德,雍熙元年改今名。

《玉海》一七〇"建隆明德门"条:"建隆四年五月丁丑,明德门成。"注:"大内南门,即宣德门也。"又注:"本梁建国门,后改咸安,晋曰显德。"是明德似非梁、晋之旧名也。又同卷"太平兴国丹凤门"条:"明德门,兴国三年七月庚戌改丹凤,九年七月壬子改乾元,祥符八年六月甲子改正阳,景祐元年正月(一云明道二年十二月甲寅)改宣德,政和八年十月六日改为太极之楼,重和元年复旧名。"是乾元门自太平兴国九年(即雍熙元年)以后,曾数经改名,而终以宣德为额,非迄北宋之末皆号乾元也。《志》于太平兴国三年改丹凤之下既脱九年改乾元之文。而于明道二年改宣德之下,又曰雍熙元年改今名,一似乾元为最末一名者,稽之史实无乃大谬!且雍熙为太宗年号,在仁宗明道前四十余年,《志》列于明道之下,前后次第既嫌不合,行文亦殊无法度也。

东西两门曰东华、西华。注:旧名宽仁、神兽,开宝三年改今名。

《玉海》一七〇"太平兴国东京城门"条作开宝四年。

正南门内正殿曰大庆,东西门曰左、右太和。注:宋初曰日华、月华,大中祥符八年改今名。

《玉海》一七〇"太平兴国东京城门"条:"东西两廊门,乾德四年八月改为日华、月华。"注:"旧名金乌、玉兔。"

大庆殿旧名崇元,明道三年改今名。

明道无三年。《玉海》一六〇"乾德乾元殿"条:"景祐元年正月(一本作明道二年十二月甲寅)改大庆殿。"

垂拱殿旧名长春,明道元年改。

《续资治通鉴长编》六："乾德三年六月改万春殿为长春殿。"又《玉海》一六〇"明道捶拱殿"条："捶拱殿旧曰长春，明道元年十月改勤政，十一月改垂拱。"注："《实录》云：'明道元年十月甲辰，改长春殿曰垂拱殿。'"

皇仪殿，开宝四年赐名滋福，明道元年十月改。

《玉海》一六〇"开宝滋福殿"条："旧曰：明德滋德，开宝四年三月丙申改滋福，咸平三年明德太后居之，号万安宫万安殿，祥符七年复为殿，明道元年十月甲辰改皇仪。"

集英殿旧名广政，开宝三年曰大明，淳化间曰含光，大中祥符八年名会庆，明道元年十月改今名。

《续资治通鉴长编》三一："淳化元年二月己酉，改大明殿为含光殿。"又《玉海》一六〇"淳化含光殿"条："集英殿，明道元年十月甲辰改元和，寻改今名。"

需云殿旧名玉华，后改琼华，熙宁初改今名。

《玉海》一六〇"需云殿"条"琼华"作"琼英"。

崇政殿旧名简贤讲武，太平兴国二年改今名。

《续资治通鉴长编》五："乾德二年十月改广德殿为崇政殿。"又《玉海》一六〇"太平兴国崇政殿"条："崇政殿旧名简贤讲武，兴国八年四月乙卯改。"

延和殿，大中祥符七年建，赐名承明殿，明道元年改端明，二年改今名。

《玉海》一六〇"祥符承明殿"条："承明殿，明道元年十月甲辰改明良，寻改端明，景祐元年（一云明道二年十二月甲寅）改延和殿。"

延庆殿,旧名万岁,大中祥符七年改。另条:福宁殿即延庆,明道元年改。

此二条应合并。

观文殿,旧名集圣,明道二年改肃仪,庆历八年改今名。

《玉海》一六〇"庆历观文殿"条:"观文殿旧曰延恩,祥符五年闰十月壬申改真游,又改集圣,明道二年十一月丁丑改肃仪,庆历八年五月诏以旧延恩殿为观文殿。"

钦明殿旧名太和。

《玉海》一六〇"治平钦明殿"条,"太和"作"天和"。

慈德殿,杨太后所居,景祐元年赐名。

《玉海》一六〇"景祐慈德殿"条:"景祐元年初名保庆殿,章惠太后居之,四年改慈德。"

西京皇城北二门,东曰安善。

《玉海》一七〇"景德太极门"条,"安善"作"安喜"。

南京西二门,南曰顺城。

《玉海》一七〇"祥符重熙颁庆门"条,"顺城"作"顺成"。

行在所宫室制度皆从简省,垂拱、大庆、文德、紫宸、祥曦、集英六殿,随事易名,实一殿。重华、慈福、寿慈、寿康四宫,重寿、宁福二殿,随时异额,实德寿一宫。延和、崇政、复古、选德四殿,本射殿也。

《玉海》一六〇"绍兴崇政垂拱殿"条:"绍兴十二年十一月庚子,命内侍王晋锡作崇政、垂拱二殿。崇政以故射殿为之,朔望则权置帐文以为文德、紫宸殿。按射则以为选德,策士则以为集英。"又《梦粱录》八"大内"条:"大庆殿,如六参起居百官听麻,改殿牌为文德殿;圣节上寿改名紫宸;进士唱名易牌集英;明禋为明堂殿。"又《玉海》一五八"绍兴临安行宫"条:"乾道九年重修后殿门,淳熙初作选德殿,八年秋改后殿拥舍为延和殿。"又《舆地纪胜》一"宫阙殿"条:"祥曦殿在禁中,绍兴二十八年始作。"诸书所记临安宫殿沿革,与志皆不甚同,然皆未言垂拱殿随事易名,则《志》似有误也。考临安为南宋都者百四十余年,建置规模虽远逊汴梁,然其修筑增饰亦不应阙而不记。《志》所言仅二百余字,于城之周回里数、门数以及诸门名称,孝宗以后大内之增筑,胥未述及,不免过为疏略也。

三 京畿路

开封府,县十六。祥符,赤,东魏浚仪县,大中祥符三年改。

《续资治通鉴长编》七一及《元丰九域志》一,"三年"皆作"二年"。

长垣,隋匡城县,建隆元年改为鹤邱,后又改。

《元丰九域志》一:"建隆元年改匡城县为长垣。"

东明,本东昏镇。

"东昏镇",《太平寰宇记》二、《元丰九域志》一、《隆平集》一"郡县"条,皆作"东明镇"。

四 京东东路

青州,望,北海郡,镇海军节度,建隆三年以北海县置军,淳化五年改军名。

《太平寰宇记》一八:"青州,平卢军节度,皇朝因之。"《元丰九域志》一:"青州,平卢军节度,淳化五年改镇海军。"《志》既未述青州初为平卢军节度,而于以北海县置军下即曰淳化五年改军名,辞意殊嫌含混。盖北海县所置之军曰北海军,后升潍州,而淳化五年所改之军名,乃易平卢为镇海,无涉于北海军也。

密州,县五。安丘,望,唐辅郡,梁改安丘,晋胶西县,开宝四年复今名。

《元丰九域志》一及《隆平集》一"郡县"条,皆作开宝四年改辅唐县为安丘。

登州,上,东牟郡防御。

《元丰九域志》一:"登州,唐中都督府,皇朝乾德元年降上州。"《宋史》一《太祖本纪》:"乾德元年十二月辛卯,罢登州都督。"

潍州,建隆三年以青州北海县建为北海军,乾德二年升为州。

《续资治通鉴长编》六、《元丰九域志》一、《文献通考》三一七,乾德"二年"皆作"三年"。

昌乐,紧,本唐营丘县,后废;乾德中复置安仁县,俄又改。

《元丰九域志》一,"乾德中"作"乾德三年"。又《太平寰宇记》一八:"皇朝析寿光县长寿乡营丘故县置安仁县,寻改为昌乐县。"

淮阳军,县二。宿迁,中。

宿迁本属泗州。

五　京东西路

应天府,河南郡,至道中为京东路。

河南郡,《元丰九域志》一作睢阳郡,又《续资治通鉴长编》四八:"咸平四年正月,以宋州隶京东路。"

袭庆府,鲁郡,泰宁军节度,本兖州。

《宋史》一《太祖本纪》:"建隆元年正月,复兖州为节度。"

东平府,大观九年升大都督府。

《文献通考》三一七,"九年"作"元年"。

监一,东平,宣和三年复置,政和二年罢。

《续资治通鉴长编》九七:"天禧五年正月丁酉,废郓州东平监。"《志》未述罢废年月,即云复置,复字嫌无所承。

单州,上,砀郡,建隆元年升为团练。

《元丰九域志》一,"元年"作"二年"。

濮州,上,濮阳郡团练。

《元丰九域志》一:"濮州,建隆元年升防御,雍熙四年降团练。"

六　京西南路

邓州,建隆初废临濑县。

《元丰九域志》一:"建隆初,废临濑县入穰。"

随州,乾德五年升为崇义军节度。

《太平寰宇记》一四一,"五年"作"四年"。

金州,上,安康郡,乾德五年改昭化军节度。

《元丰九域志》一:"金州,晋怀德军节度,后降防御,皇朝乾德五年升昭化军。"

洵阳,中,乾德四年废渚阳县入焉。

《文献通考》三二〇,"渚阳"作"淯阳"。

房州,保康军节度。

《元丰九域志》一:"房州,雍熙三年升保康军节度。"

开宝中,废上庸、永清二县。

《元丰九域志》一:"省永清入房陵,上庸入竹山。"

均州,县二。郧乡,上。

《太平寰宇记》一四三、《元丰九域志》一,皆言乾德六年省丰利县入郧乡。

郢州,县二。京山。

《太平寰宇记》一四四:"富水县,乾德二年并入京山。"

唐州,开宝五年废平氏县。

《元丰九域志》一:"省平氏县入泌阳。"

七　京西北路

河南府,县十六。洛阳,赤,熙宁五年省入河南。

《元丰九域志》一,"五年"作"三年"。

偃师,熙宁五年省入缑氏。

《元丰九域志》一,"五年"作"三年"。

颍阳,畿,庆历二年废为镇,四年复,熙宁二年省入登封。

《元丰九域志》一,庆历"二年"及熙宁"二年"皆作"三年"。

福昌,畿,熙宁五年省入寿安。

《元丰九域志》一,"五年"作"三年"。

伊县。

"县",《元丰九域志》一,作"阳"。

登封,畿。

《元丰九域志》一:"乾德元年省望陵县入登封。"

郑州,奉宁军节度。

《元丰九域志》一:"景祐元年升奉宁军节度。"

滑州,太平兴国初改武成军节度。

《太平寰宇记》九:"滑州,义成军节度,至皇朝避御名改为武成。"

白马,中,熙宁三年废灵河县隶焉。

"熙宁",《元丰九域志》一,作"治平"。

胙城,紧。

"胙",《太平寰宇记》九及《元丰九域志》一,皆作"祚"。

孟州,政和三年改济源郡。

《太平寰宇记》五二:"孟州,河阳郡。"

氾水,元丰二年复置。

《元丰九域志》一,"二年"作"三年"。

河阴,中。

《宋太宗实录》七六:"至道二年二月,以河阴县依旧隶孟州。"

王屋,中,熙宁五年自河南来隶。

《元丰九域志》一:"庆历三年以河南府王屋县隶州,复以汜水县隶河南府,四年复置。"

蔡州,淮康军节度。

《太平寰宇记》一一:"蔡州,汉初升为防御州,至皇朝因之。"《元丰九域志》一:"景祐二年,升淮康军。"

淮宁府,县五。商水,中。

《元丰九域志》一:"建隆元年改溵水县为商水县。"

泰和,望。

《太平寰宇记》一一:"开宝六年十一月分汝阴北五乡为万寿县,以万寿乡为名。"《文献通考》三二〇:"升汝阴县百尺镇为万寿县,宣和后改为泰和。"

汝州,县五。宝丰,中,熙宁五年省为镇。

《元丰九域志》一,"五年"作"四年"。

信阳军,同下州,开宝九年降为义阳军。

《文献通考》三一九:"唐为申州,或为义阳郡,开宝九年降为义阳军。"

废锺山县。

《太平寰宇记》一三二:"锺山入信阳县。"

信阳,中下。

《太平寰宇记》一三二:"太平兴国元年,改义阳县为信阳。"

罗山,中下,开宝九年废,雍熙二年复置。

《元丰九域志》一,"二年"作"三年"。

八　河北东路

大名府,魏郡,庆历二年建为北京。

大名府旧为天雄军节度,《志》未述及。

开德府,本澶州,县七。观城,望。

《元丰九域志》二:"端拱元年省临黄县入观城。"

卫南,中。

《元丰九域志》二:"雍熙四年,以滑州黎阳、卫南二县隶州。"

沧州,县五。清池,望,熙宁四年省饶安县为镇入清池。

《元丰九域志》二、《文献通考》三一七,"四年"并作"五年",又《太平寰宇记》六五:"长芦县,皇朝乾德二年入清池县。"

无棣,望,治平中徙无棣县治保顺军。

《元丰九域志》二,"治平中"作"治平元年"。《续资治通鉴长编》一一,开宝三年五月:"以沧州无棣县为保顺军。"

冀州,县六。武邑,上。

《元丰九域志》二:"嘉祐八年省武邑县为镇入蓨,熙宁十年复置。"

河间府,关南,太平兴国元年改名高阳关。

《元丰九域志》二、《隆平集》一、《续资治通鉴长编》二三,

"元年"皆作"七年"。

县三。河间,望,雍熙中即县治置平虏砦,景德二年改为肃宁城。

《隆平集》一,"二年"作"元年"。

棣州,建隆二年升为团练,俄为防御。

《续资治通鉴长编》七,乾德四年闰八月"以棣州团练使何继筠为本州防御使"。

县三。商河,中。

《太平寰宇记》六四,"商河"作"滴河"。

雄州,县二。归信,中。

《元丰九域志》二:"太平兴国元年改归义县为归信。"

容城,中,建隆四年复置。

《元丰九域志》二:"建隆四年以唐省全忠县地置容城。"

德州,宋初省归化县。

《元丰九域志》二:"乾德六年省归化县入德平。"

滨州,大中祥符五年废蒲台县。

《元丰九域志》二:"省蒲台县入渤海。"

恩州,唐贝州,周为防御,宋初复为节度。

《宋史》一《太祖纪》及《续资治通鉴长编》一,建隆元年八月壬申皆作"复贝州为永清军节度"。

永静军,同下州,唐景州,太平兴国六年以军直属京,景德元年改军名。

《太平寰宇记》六八:"周显德二年废景州为定远军,属沧州。"

信安军,破虏军,景德二年改为信安。

《隆平集》一,"二年"作"元年"。

保定军,同下州。太平兴国六年以涿州新镇建平戎军。

《太平寰宇记》六八,作"莫州新镇",《元丰九域志》二,作"涿州新镇",《续资治通鉴长编》二二,作"雄州新镇"。

九　河北西路

真定府,开宝废九门、石邑二县。

《元丰九域志》二作:"废九门入槁城,石邑入获鹿。"

端拱初,以鼓城隶祁州。

《元丰九域志》二,"端拱初"作"端拱二年"。

淳化九年,以束鹿隶深州。

《元丰九域志》二,"九年"作"元年",《文献通考》三一六作"淳化初"。

县九。灵寿,次畿,熙宁六年省为镇入行唐,八年复。

《文献通考》三一六,"八年"作"元祐初"。

相州,县四。安县,紧,熙宁五年省永和县入焉。

《元丰九域志》二:"天圣七年改永定县为永和。"又熙宁"五年"作"六年"。

临漳,紧,熙宁五年省邺县入焉。

《元丰九域志》二,"五年"作"六年"。

中山府,建隆元年以易、北平并来属。

《元丰九域志》二,"易、北平"作"易州北平县"。

太平兴国初改定武军节度。

《续资治通鉴长编》一七,开宝九年十月"改义武军为定武军"。

县七。安喜,紧。

《元丰九域志》二:"康定元年废陉邑县入安喜。"

浚州,端拱元年以滑州黎阳县为军。

《元丰九域志》二,"滑州"作"澶州"。

天圣元年改通利为安利。

《元丰九域志》九:"明道二年复为通利。"

怀州,建隆元年升为团练,俄为防御。

《元丰九域志》二:"建隆四年升防御。"

县三。河内,紧,熙宁六年省武德县为镇入焉。

《文献通考》一三六:"武德县,元祐初复。"

卫州,望,汲郡,防御。

《元丰九域志》二:"至道三年升防御。"

深州,雍熙四年废陆浑县。

《元丰九域志》二,作废陆浑县入静安。

县五。束鹿,望,淳化中自真定来属。

《元丰九域志》二,"淳化中"作"淳化元年"。

磁州,旧名慈,政和三年改作磁。

磁州曾于唐哀宗天祐三年以与河东慈州同音,改作惠州,后唐复名磁州,此后直至宋代,相沿未改。《地理志》云旧名慈,误矣。

县三。滏阳,上,熙宁六年省昭德县为镇入焉。

《元丰九域志》二:"太平兴国元年改昭义县为昭德。"

祁州,县三。蒲阴,望。

《元丰九域志》二:"太平兴国元年改义丰县为蒲阴。"

庆源府,县七。隆平,中。

《元丰九域志》二:"开宝五年改昭庆县为隆平。"

保州,县一。保塞。

《元丰九域志》二:"太平兴国六年改清苑县为保塞县。"

永宁军,同下州。宁边军,景德元年改永宁军。

《元丰九域志》二《宁边军》:"景德元年改永定,天圣七年改永宁。"又《续资治通鉴长编》一〇八,天圣七年九月辛未"改永定军为永宁军,避真宗陵名也。"

广信军。威勇军,景德元年改广信军。

《元丰九域志》二,"威勇"作"威虏"。

一〇 河东路

太原府,太原郡,河东节度,太平兴国四年降为紧州军事,毁其城,移治于榆次县。

《续资治通鉴长编》二〇:"太平兴国四年五月毁太原旧城,以榆次县为并州。"

又废太原县。

《元丰九域志》四:"太平兴国四年省太原县入榆次。"

元丰为次府。

《文献通考》三一六,并州"嘉祐四年复为太原府,河东节度使"。

县十。交城,次畿,开宝元年自大通监来隶。

开宝时交城尚属北汉,开宝元年,《文献通考》三一六作宝元二年。又《元丰九域志》四:"太平兴国四年以交城县隶大通监,宝元二年交城县复隶府。"又《续资治通鉴长编》一二五:"宝元二年十一月甲午,以河东大通监隶并州,仍命京朝官为知监兼交城县事。"

平晋,中。

《宋史》一《太祖本纪》:"乾德元年八月辛卯,以乐平县为平晋军。"又《元丰九域志》四:"建隆四年(即乾德元年)以晋阳县为平晋军,太平兴国四年废为县。"

隆德府,昭义军节度,建中靖国元年改为军,崇宁三年升为府。

《文献通考》三一六:"潞州建中靖国初升为府。"

平阳府,县十。赵城,上,熙宁五年省为镇隶洪洞,元丰三年复为县。

元丰"三年",《元丰九域志》四,作"二年"。

和川,中下,太平兴国六年废沁州以县来属。

"六年",《元丰九域志》四,作"五年"。又《元丰九域志》一〇:"沁州阳城郡,太平兴国六年废州。"

代州,上,雁门郡,防御。

《元丰九域志》四:"代州,唐都督府,皇朝乾德元年为上州。"

景德二年废唐林县。

《元丰九域志》四:"废唐林县入崞。"

繁畤,下,有义兴冶。

"治",《元丰九域志》四,作"冶"。

宪州,初治楼烦,咸平五年移治静乐军,县遂废,军又废。

《续资治通鉴长编》四六:"咸平三年置静乐军,实岚州静乐寨也。"又《隆平集》一:"咸平三年以岚州静乐寨为静乐军。"又《元丰九域志》一〇:"咸平二年升宪州静乐县为军,五年废。"又《文献通考》三一六:"宪州移治静乐军,静乐县。"

县一。静乐,中。咸平九年废天池、玄池二县入焉。

咸平无九年,《元丰九域志》四:"咸平五年省天池、玄池二县入静乐、楼烦。"

慈州,下,团练。

《太平寰宇记》四八:"慈州,文成郡。"

府州,中,靖康军节度,本永安军,崇宁元年改军额。

《文献通考》三二二:"府州,崇宁元年为靖康军,后又改保成军。"

县一。府谷,下,有安丰、宁府、百第三寨。

"百第",《元丰九域志》四,作"百胜"。

威胜军,太平兴国三年于潞州铜鞮县乱柳石围中建为军。

"三年",《元丰九域志》四、《隆平集》一、《续资治通鉴长编》一八皆作"二年"。

县四。铜鞮,中,太平兴国初与武乡自潞州来隶。

太平兴国初,《元丰九域志》四,作二年。

绵,上中,宝元二年自大通监来隶。

《元丰九域志》四:"太平兴国六年,以沁州绵上县隶大通监。"

宁化军,同下州。

《续资治通鉴长编》二三:"太平兴国六年八月初北置固军于岚州,北汉亡,废为宁化县,甲戌,复号宁化军。"又《文献通考》三二二:"宁化军本岚州地,刘崇置固军。太平兴国中徙军城稍南,改为宁化县,五年置军。"

火山军,治平四年置火山县,四年废之。

《元丰九域志》四:"熙宁四年废火山县。"

保德,淳化四年析岚州地置定羌军,景德元年改。

景德"元年",《元丰九域志》四作"二年",《隆平集》一与《地理志》同。

一一　永兴军路

京兆府,县十三。樊川,次赤,旧万年县,宣和七年改。

《文献通考》三二二,"七年"作"三年"。

临潼,次畿,唐昭德县,大中祥符改。

《太平寰宇记》二七、《元丰九域志》三、《文献通考》三二二,"昭德"皆作"昭应"。昭应改临潼,《元丰九域志》三作"大中祥符八年"。

河中府,护国军节度。

《元丰九域志》三:"河中府,唐河中节度。太平兴国七年,改护国军。"

大中祥符以荣河为庆成军。

《元丰九域志》三:"大中祥符四年改宝鼎县为荣河,隶庆成军。"

解州,中,防御。

《太平寰宇记》四六:"解州,解郡。"

陕州,太平兴国初改保平军。

《续资治通鉴长编》一七,开宝九年十月"改保义军为保平军"。

县七。湖城,中下,元丰元年复置。

《元丰九域志》三,"元年"作"六年"。

阌乡,中下,太平兴国三年自虢州与湖城二县来隶。

《太平寰宇记》六,"三年"作"二年"。

虢州,雄,虢郡,军事。

《元丰九域志》三:"虢州,唐弘农郡。建隆元年改常农,至道三年改洪农,寻改虢郡。"按建隆元年以避宣祖讳故改弘农为恒农,《元丰九域志》书"常农"者,盖宋史官避真宗讳追改耳。

县四。虢略,中,唐弘农县,建隆初改常农,至道三年改今名。熙宁四年省五城县为镇入焉。

《太平寰宇记》六,"常农"作"恒农",常字盖亦宋史官以避讳追改,元修《宋史》,未予改正耳。又《太平寰宇记》六、《元丰九域志》三、《文献通考》三二〇,"五城县"皆作"玉城县"。

同州,望,冯翊郡,定国军节度。

《太平寰宇记》二八:"同州,周显德六年降州刺史,皇朝改为定国军节度。"《元丰九域志》三:"同州,太平兴国七年为定国军节度。"

监一,沙苑。

《元丰九域志》三:"乾德三年于冯翊、朝邑二县境置牧马监,隶州。"

华州,建隆初为镇国军节度。

《宋史》一《太祖本纪》、《续资治通鉴长编》一,建隆元年正月"己酉,复华州为节度"。

县五。蒲城,建隆中自京兆隶同州。

《元丰九域志》三,"建隆中"作"乾德二年"。

耀州,开宝五年为感义军节度。

《续资治通鉴长编》八,乾德五年三月"置感义军于耀州"。

延安府,县七。肤施,有金明、龙安二砦。

《续资治通鉴长编》一五〇,庆历四年六月辛卯"改延州龙口平寨为龙安寨"。

安寨一堡。

《续资治通鉴长编》一五九,庆历六年九月壬寅,"以延川高平新修堡为安寨堡"。

延川,有安定、黑水二堡。

《续资治通鉴长编》一五七,庆历五年十月甲子,"以延州马蹄川新筑城为安定堡"。

城二,治平四年收复绥州,熙宁中改为绥德城。

《元丰九域志》三,"熙宁中"作"熙宁二年"。

青涧城,元符二年隶绥德城。

《元丰九域志》三:"青涧城,康定九年置。"

鄜州,上,洛交郡,保大军节度。崇宁户三万五千四百一,口九万二千四百一十五。贡麝香,今改贡蜡烛。县一,宜川。

按此条系鄜州与丹州二条相混之文。鄜州条尾被截去,丹州条首被截去,而以鄜州条之首,加之丹州条之尾,于是乃大谬误。由宋代诸地理书所载,知此条保大军节度以上应属鄜州条,贡麝香以下应属丹州条,至崇宁户口之数,则似应属鄜州条。《元丰九域志》三:"上,鄜州,洛交郡,保大军节度。户,主一万九千四百四十二,客七千六百七十四。土贡,席一十领,大黄一百斤。县四:紧,洛交;上,洛川;上,鄜城;中下,直罗。康定二年,即鄜城县置康定军使,仍隶州。熙宁七年省三川县为镇入洛交。"又"丹州,咸宁郡,军事。户,主七千九百八十八,客一千八百四十七。土贡,麝五两。县一,上,宜川"。又《文献通考》三二二:"丹州,咸宁郡,贡麝香蜡烛。"

宜川,上,后魏义川县,太平兴国中改名。

"太平兴国中",《太平寰宇记》三五,作"开宝九年",《元丰九域志》三,作"太平兴国元年"。按开宝九年即太平兴国元年。

坊州,上,中部,军事。

"中部"下脱"郡"字。

保安军,同下州。

《太平寰宇记》二七:"永康镇,太平兴国二年升为保安军。"《续资治通鉴长编》一八,太平兴国二年四月己亥"以延州永安镇为保安军"。《元丰九域志》三,亦作"永安镇"。

砦二,德靖。

《元丰九域志》三:"天禧四年置建子城,天圣元年改德靖寨。"

顺宁。

《元丰九域志》三:"庆历四年置顺宁。"

堡一,园林。

《元丰九域志》三:"庆历五年置。"

绥德军,唐绥州,熙宁三年收复废为城,隶延州。

"三年"《元丰九域志》三、《文献通考》三二二皆作"二年"。

银州,银川郡,领儒林四县。

"儒林",《文献通考》三二二作"榆林",《太平寰宇记》三八亦作"儒林"。

庆阳府,县三。安化,中,有四砦。

《元丰九域志》三:"乾德二年改顺化县为安化,省同川县入焉。"又"四砦"作"五砦",多西谷一砦。

环州,县一,通远。

《元丰九域志》三:"天圣元年改通远县为方渠,景祐元年复为通远。"

醴州,县五。永寿,下,乾德三年自邠州来隶。

《元丰九域志》三,"三年"作"二年"。

好畤,本属凤翔府,政和八年三月割属醴州。

《元丰九域志》一〇:"乾德三年析京兆府好畤县隶乾州。熙宁五年州废,好畤县隶凤翔府。"

一二　秦凤路

秦州,监一,太平。

《元丰九域志》三:"开宝初于清水县置银冶。太平兴国二年升为监,隶州。"

城二,伏羌。

《元丰九域志》三:"建隆二年置伏羌寨,熙宁三年以伏羌寨为城。"

有得胜、菜园一十一堡。

《元丰九域志》三,"菜园"作"芳园"。

砦七,熙宁五年改古渭寨为通远军。割威远隶军。

《续资治通鉴长编》八三,大中祥符七年八月丙寅"改秦州大洛门枭篦寨名曰威远"。

定西、三阳、弓门、静戎、安远、陇城。

《元丰九域志》三:"建隆二年置定西,开宝元年置三阳,太平兴国三年置弓门,四年置静戎,天禧二年置安远,庆历五年置陇城。"

堡三。床穰,冶坊,达隆。

《元丰九域志》三:"开宝九年置床穰寨,太平兴国四年置冶坊寨,庆历五年置达隆。"

安远砦,小洛门砦。

《续资治通鉴长编》九一,天禧二年三月辛亥:"曹玮请名新

583

筑大、小洛门二砦为安边、来远,诏从之。"

凤翔府,乾德初,置崇信县。

《太平寰宇记》三〇:"崇信县本唐神策军之地,后改为崇信军。皇朝建隆四年,以崇信及赤城东西两镇及永信镇等四处于此合为崇信县。"

陇州,县四。陇安,中,开宝二年,析汧阳县四乡置县。

《元丰九域志》三、《隆平集》一"郡县"条,"二年"作"元年"。

凤州,监一。开宝,建隆二年于两当县置银冶,开宝五年升为监。

《太平寰宇记》一三四,"二年"作"三年"。又《宋史》三《太祖纪》,开宝五年二月庚辰"以凤州七房银冶为开宝监"。

渭州,熙宁五年废仪州。

《太平寰宇记》一五〇:"义州,太平兴国二年改仪州。"

县五。安化。

《元丰九域志》一〇:"乾德二年析华亭县地增置安化县。"

泾州,上,安定郡,太平兴国元年改彰化军节度。

《续资治通鉴长编》一七,开宝九年十月"改彰义军为彰化军"。

原州,县二。彭阳,中,唐丰业县,太平兴国初改。

《元丰九域志》三:"太平兴国三年改丰义县为彭阳。"

镇二:新城,柳泉。

《元丰九域志》三:"乾兴元年,以庆州柳泉、新城二镇并隶州。"

砦五。开边、西壕、平安、绥宁。

《元丰九域志》三:"端拱元年置西壕,咸平元年置开边,天圣五年置平安,庆历四年置绥宁。"

靖安,领中普吃啰岔中岭张岩常理新勒鸡川立马城杀獐川九堡。

《元丰九域志》三:"庆历五年置靖安。"又"靖安领中郭普吃罗岔张岩常理新勒川立马城杀獐川九堡"。

德顺军,庆历三年即渭州陇干城建为军。

《元丰九域志》三,"干"作"竿"。

城一。水洛。

《元丰九域志》三:"庆历四年置。"

砦五。静边、得胜、隆德、通边。

《元丰九域志》三:"天禧元年置羊牧隆城,二年置静边,天圣六年置得胜,庆历三年改羊牧城为隆德砦,八年置通边。"

中安堡。

《元丰九域志》三:"庆历三年置。"

镇戎军,本原州高县之地,至道三年建为军。

"高县",《元丰九域志》三,作"平高县",《文献通考》三二二,作"高平县"。又"三年",《隆平集》一"郡县"条同,《元丰九域志》三则作"元年"。

城一,彭阳。

《元丰九域志》三:"咸平六年置。"

砦七。东山、乾兴、天圣、三川、高平、定川。

《元丰九域志》三:"咸平二年置东山,乾兴元年置乾兴,天圣元年置天圣,八年置三川,庆历二年置高平、定川。"

堡二,开远。

《元丰九域志》三:"咸平元年置开远。"

河州,堡四,熙宁八年置阎精。

《元丰九域志》三"阎精"作"阔精"。

巩州,下,本通远军,熙宁五年以秦州古渭砦为军。

《元丰九域志》三:"皇祐四年以渭州地置古渭寨。"

砦六。永宁、宁远、通渭、熟羊。

《元丰九域志》三:"建隆二年置永宁,天禧元年置来远,三年置宁远,熙宁元年置通渭、熟羊。"

岷州,县三。大潭,中,建宁三年合良恭、大潭两镇置县,隶秦州,熙宁七年自秦州来隶。

按宋无建宁年号,建宁,《元丰九域志》三,作建隆,又《太平寰宇记》一五〇:"大潭县,本良慕、大潭两镇,乾德元年合二镇立大潭县。"

砦五。临江、宕川。

《元丰九域志》三:"雍熙二年置临江寨。"又"宕川"作"宕昌"。

西宁州,崇宁三年收复。

《文献通考》三二二,"三年"作"二年"。

一三 两浙路

临安府,本杭州,余杭郡,淳化五年改宁海军节度。

《太平寰宇记》九三:"杭州,皇朝为镇海军节度。"镇海改宁海,《元丰九域志》亦作淳化五年,惟《舆地纪胜》二,作淳化元年。

县九。临安,望,太平兴国四年县复旧名。

《元丰九域志》五:"太平兴国三年改安国县曰临安。"《舆地纪胜》二:"梁改临安县曰安国县,太平兴国五年复名临安。"

衣锦军,太平兴国四年改顺化军。

《续资治通鉴长编》一九,太平兴国二年"改杭州衣锦军为顺化军"。

新城,上,梁改新登,太平兴国四年复。

"四年",《元丰九域志》五同,《舆地纪胜》二,作"三年"。

淳化五年,升南新场为县。

《太平寰宇记》九三,"五年"作"六年",《元丰九域志》五:"淳化五年以南新场为昭德县,六年改昭德为南新。"

昌化,中,唐唐山县,太平兴国四年改。

《舆地纪胜》二:"唐山,石晋改曰横山,太平兴国四年改曰昌化。"

绍兴府,县八。嵊,望,旧剡县,宣和八年改。

《舆地纪胜》一〇,"八年"作"三年"。

新昌,紧,乾道八年以枫桥镇置义安县,淳熙元年改。

《太平寰宇记》九六:"唐末,钱镠析剡县一十三乡置新昌县。"

平江府,太平兴国三年改平江军节度。

《舆地纪胜》五:"南唐升为中吴军节度,国朝改为平江军,《国朝会要》在太平兴国三年,《吴郡新志》载开宝八年改苏州中吴军为平江军。"中吴改平江，《元丰九域志》五亦作太平兴国三年。

镇江府，镇江军节度，开宝八年改。

《元丰九域志》五："唐镇海军节度。"《续资治通鉴长编》一六，开宝八年十月戊午"改润州镇海军为镇江军"。《文献通考》三一八："镇海军节度，宋开宝八年改镇江军。"《宋史》三《太祖纪》三，误作"改润州镇江军节度为镇海军节度"。

湖州，景祐元年升昭庆军节度。

《舆地纪胜》四："周升为宣德军节度，皇朝改为昭庆军节度。"《文献通考》三一八同《舆地纪胜》。

宝庆元年改安吉州。

《舆地纪胜》四，"元年"作"二年"。

武康，上，太平兴国三年自杭州来隶。

《元丰九域志》五、《舆地纪胜》四，"三年"皆作"四年"。

婺州，淳化元年改保宁军节度。

《元丰九域志》五："晋武胜军节度，淳化元年改保宁军。"

县七。浦江，上，唐浦阳县，梁钱镠奏改。

《太平寰宇记》九七，"浦江"作"浦阳"，未言钱镠奏改事。

庆元府，本明州奉化郡。

《太平寰宇记》九七作明州余姚郡。

建隆元年升奉国军节度。

《元丰九域志》五："梁望海军，建隆二年改奉国军。"《舆地纪胜》一一亦作改奉国军，不曰升。

县六。定海，上。

《文献通考》三一八:"梁望海县,宋改定海。"

江阴军,同下州。

《元丰九域志》五:"淳化元年废江阴军,三年复置。"《舆地纪胜》九:"南唐始建为江阴军,皇朝因之。废为县,在淳化元年;又复,在淳化三年。"

瑞安府,本温州,太平兴国三年为军。

按"军"字下脱"事"字。《太平寰宇记》九七:"温州,晋天福四年升为静海军,皇朝为刺史州。"《元丰九域志》五:"温州,晋静海军节度,太平兴国三年改军事。"

县四。乐清,上,唐乐成县。

《太平寰宇记》九九,"成"作"城"。

台州,县五。天台,上。

《舆地纪胜》一二:"天台县,石晋改为台兴,《国朝会要》云'建隆元年复曰天台'。"

衢州,县五。龙游,上,唐龙丘县,宣和三年改为盈川,绍兴初复故。

《文献通考》三一八:"龙游县,唐龙丘县,钱王改。"

开化,中,太平兴国六年,升开化场为县。

《隆平集》一《郡县》条六年作八年。《太平寰宇记》九七:"开化县,本常山县地,钱镠析常山八乡置开化县。"《元丰九域志》五:"乾德五年,分常山县置开化场,太平兴国六年升为县。"

建德府,县六。淳安,望,旧清溪县,宣和初改淳化,南渡改今名。

《舆地纪胜》八,"宣和初"作"宣和三年"。

一四　淮南东路

扬州,南渡后增县二。泰兴,中,旧隶泰州,绍兴五年来属,十年又属泰州,十二年又来属。

《舆地纪胜》三七,"十二年"作"十四年"。

宿州,开宝元年建为保静军节度。

《宋史·太祖纪》三,开宝五年八月癸卯"升宿州为保静军节度"。《元丰九域志》五、《文献通考》三一七,开宝元年皆作五年。惟《太平寰宇记》一七与《地理志》同。

县四。临涣,紧,大中祥符七年割隶亳州,天禧七年来隶。

《元丰九域志》五,"天禧七年"作"天禧元年"。

楚州,紧,山阳郡,团练。

《元丰九域志》五:"楚州,后唐顺化军节度,周降防御,太平兴国四年降团练。"

乾德初,以盱眙属泗州。

《元丰九域志》五,"乾德初"作"乾德元年"。

开宝七年以盐城还隶。

《元丰九域志》五、《舆地纪胜》三九、《文献通考》三一八,七年皆作九年。《太平寰宇记》一二四:"盐城县,伪唐割属泰州。皇朝太平兴国三年却还割楚州。"

海州,县四。东海,中。

《元丰九域志》五："开宝二年升朐山县东海监为县。"《续资治通鉴长编》一一，开宝三年正月"废海州东海监，复为县"。

泗州，建隆二年废徐城县。

《元丰九域志》五："废徐城县为镇，入临淮。"

真州，乾德三年升为建安军。

《元丰九域志》五："乾德二年以扬州永贞县迎銮镇为建安军。"《隆平集》一"郡县"条、《续资治通鉴长编》五、《舆地纪胜》三八、《文献通考》三一八，乾德三年皆作二年，而《太平寰宇记》一三〇又作建隆三年。

县二。扬子，中，本扬州永正县之白沙镇。

按永正县本作永贞县，宋代诸书间有书为永正者，盖史官避仁宗嫌名追改耳。《太平寰宇记》一三〇："建安军，雍熙三年割扬州之永贞县以属。"《元丰九域志》五："雍熙二年以永贞县隶建安军。"《舆地纪胜》三八："永正县，雍熙二年自扬州来属，祥符六年改扬子县。"

白沙镇，南唐改为迎鸾镇。

白沙改迎銮，《文献通考》亦归之南唐，惟《太平寰宇记》一三〇云："白沙镇，伪吴顺义二年改为迎銮镇。"《舆地纪胜》三八考辨颇详，曰："《舆地广记》云：'南唐以永正县地置迎銮镇。'《寰宇记》云：'本扬州白沙镇地，伪吴顺义二年改为迎銮镇。'二者不同。象之谨按：《通鉴》后梁龙德二年，岁在壬午，吴主杨溥即位，改元顺义。又《通鉴》唐庄宗同光二年，岁在乙酉，吴主如白沙镇观楼船，更命白沙曰迎銮镇，徐温自金陵来朝。又《仪真志》引《五代史》,杨溥僭位,顺义四年溥临白沙阅舟师,金陵尹徐温来见,改白沙镇为迎銮镇。自后梁龙德二年壬午,顺数至同光二年乙酉,整整四年。则吴自龙德二年壬午改元顺义,亦顺数至顺义四年乙酉,亦整整四年。参《通鉴》、《五代史》二书以观,则当在吴顺义四年及后唐同光二年。《舆地广记》以为南唐所改,已是差互;而《寰宇记》以为在顺义二年,年月亦非是。当书曰:'吴顺义四年改白沙镇曰迎銮镇。'"

通州,中,军事。

《太平寰宇记》一三〇:"通州,皇朝天圣元年改曰崇州,明道二年复故。"《元丰九域志》五、《舆地纪胜》四一,并同。 按《太平寰宇记》成于太平兴国中,绝不能记至天圣、明道时期,此条疑为后人所误加者。

高邮军,高沙军事。

《舆地纪胜》四三,"高沙军事"作"高沙郡"。

建炎四年升承州。

《文献通考》三一八,"四年"作"二年"。《舆地纪胜》四三,则与《地理志》同。

县二。兴化,绍兴五年废为镇。

《舆地纪胜》四三:"兴化,废为镇入海陵。"

招信军,本泗州盱眙县,建炎三年升军。

《舆地纪胜》四四:"建炎三年升盱眙军。"

县二。招信。

《元丰九域志》五:"太平兴国元年改招义县为招信县。"

一五　淮南西路

寿春府,开宝中,废霍山、盛唐二县。

《元丰九域志》五:"开宝元年省霍山县为镇,入盛唐。四年改盛唐为六安。"《太平寰宇记》一二九:"六安县,唐开元二十七年为盛唐,皇朝开宝四年改为六安县,仍并霍山县入焉。"

庐州,望,保信军节度。

《太平寰宇记》一二六:"庐州庐江郡。"

蕲州,县五:广济,望;罗田。

《舆地纪胜》四七:"绍兴五年六月辛亥,废蕲州罗田、广济二县并为镇。"是年复。

安庆府,县五。宿松,上。

《舆地纪胜》四六:"绍兴五年废入望江,是年复。"

太湖,上。

《舆地纪胜》四六:"绍兴五年废入怀宁,是年复置。"

光州,县四。固始,望。

《元丰九域志》五:"建隆元年改殷城县为商城县,后省为镇,入固始。"

一六　江南东路

江宁府,上,开宝八年平江南,复为升州节度。天禧二年升

为建康军节度。

按"升州"下"节度"二字为衍文。《续资治通鉴长编》九一,天禧二年二月丁卯"以升州为江宁府,置军曰建康"。《舆地纪胜》一七及《文献通考》三一八皆云天禧二年升州升府并升节度。

宁国州,本宣州,乾道二年以孝宗潜邸,升为府。

"二年",《舆地纪胜》一七,作"三年"。

池州,县六。青阳,上,开宝末自升州与铜陵并来隶。

《太平寰宇记》一〇五,"升州"作"宣州"。《元丰九域志》六"江宁府"条:"开宝八年以青阳、铜陵二县隶池州。"《舆地纪胜》二二:"青阳县,初属宣州,永泰元年隶池州。铜陵县,南唐属升州,开宝八年属池州。"

监一,永丰。

《续资治通鉴长编》四〇,至道二年十月诏:"以池州新铸钱监为永丰监。"

信州,县六。淳化五年升弋阳之宝丰场为县,景德元年废宝丰县为镇,康定中复置。

《元丰九域志》六,"景德元年"作"景祐二年","康定中"作"康定元年"。《续资治通鉴长编》一一五,景祐元年八月"废信州宝信县为镇"。

永丰,中,旧永丰镇,熙宁七年为县。

《续资治通鉴长编》二四八,永丰升县在熙宁六年十一月。

太平州,上,军事,开宝八年改南平军,太平兴国二年升为州。

《续资治通鉴长编》一六,开宝八年五月"改雄远军为南平军"。《文献通考》三一八:"南唐雄远军,开宝八年改南平军。""南平军",《九域志》六、《隆平集》一、《舆地纪胜》一八皆作"平南军"。又《隆平集》一:"太平兴国二年改平南军为太平军,咸平元年改太平军为太平州。"

县三。芜湖,太平兴国三年复来隶。

"三年",《元丰九域志》六,作"二年"。

南康军,太平兴国七年以江州星子县建为军。县三:星子,上,太平兴国七年与都昌同来隶;都昌,上,绍兴七年自江州来隶。

按星子县下既云太平兴国七年与都昌同来隶,而都昌县下又云绍兴七年自江州来隶,两者时代颇为矛盾。星子、都昌二县自江州隶南康军,《太平寰宇记》一一一、《文献通考》三一八皆云太平兴国七年,则都昌县下《志》云绍兴七年者误也。

广德军,县二。广德,望,开宝末自江宁州隶宣州。

《元丰九域志》六,"开宝末"作"开宝八年"。

建平,望,端拱元年以郎步镇为县来隶。

《元丰九域志》六:"端拱元年以广德县郎步镇置建平军。"

一七　江南西路

隆兴府,本洪州,隆兴三年以孝宗潜藩升为府。

隆兴"三年",《舆地纪胜》二六引《会要》作"元年",又引《职方乘》作"二年"。

县八。新建,望,太平兴国六年置县。

太平兴国"六年",《舆地纪胜》引《会要》作"四年"。《文献通考》三一八:"析南昌县置新建县。"

江州,上,开宝八年降为军事。

《文献通考》三一八:"江州,南唐为奉化军节度。"

大观三年升为望郡。

"三年",《舆地纪胜》三〇,作"元年"。

建炎元年升定江军节度。

"元年",《舆地纪胜》三〇,作"三年"。

监一,广宁。

《元丰九域志》六,作"咸平三年置"。

赣州,上,本虔州,绍兴二十二年改今名。

《舆地纪胜》三二:"《章贡志》在二十二年,而《国朝会要》在二十三年,当从《会要》。"

县十。兴国,望,太平兴国中析赣县之七乡置。

"太平兴国中",《元丰九域志》六,作"太平兴国八年"。

会昌,望,太平兴国中置。

太平兴国中,《元丰九域志》六,作八年。

吉州,县八。吉水,望,雍熙元年析庐陵地置县。

《舆地纪胜》三一:"吉水县,南唐保大八年割水东十一乡置吉水县。"《九域志》及《国朝会要》皆以为在太平兴国九年,《三朝志》以为雍熙元年,《通鉴》周广顺三年书曰:"吉水人欧阳广拜本县令。"是岁实保大十年,在置县之后二岁,则不待雍熙而已置吉水县,第恐废而复置耳。

龙泉,望,宣和三年改泉江,绍兴复旧。

《舆地纪胜》三一,绍兴作绍兴元年。

永新,望,至和元年徙吉水县地置永新县。永丰,望。

《太平寰宇记》一〇九:"永新县,唐显庆四年置于禾山东南六十七里,即今理也。"《文献通考》三一八:"至和元年析吉水县置永丰县。"又永新县下注唐县,永丰县下注宋县。《舆地纪胜》三一:"至和元年割吉水报恩镇置永丰县。"由以上诸书所记观之,则《志》永新县下之注,似为永丰县下之注误窜入者。

万安,望,熙宁四年以龙泉县万安镇置。

《舆地纪胜》三一:"熙宁二年割龙泉、太和、赣县地并改万安县。"

袁州,县四。分宜,望,雍熙元年置。

《舆地纪胜》二八:"分宜,旧为宜春之安仁镇。"《文献通考》三一八:"雍熙元年析宜春县置分宜。"

万载,紧,开宝末自筠州来属。

开宝末,《舆地纪胜》二八,作八年。

抚州,上,临川郡,军事。

《太平寰宇记》一一〇:"抚州,伪吴顺义九年升为昭武军节度,皇朝因之。"《元丰九域志》六:"抚州,伪吴昭武军节度,皇朝开宝四年降军事。"《舆地纪胜》二九:"昭武军节度,开宝八年降为军事州。"

县五。宜黄,望,开宝三年升宜黄场为县。

三年,《舆地纪胜》二九,作元年。《太平寰宇记》一一〇:"乾德六年,李煜割崇仁之仙桂、崇贤、待贤三乡复立宜黄县。"

金谿，紧，开宝五年升金谿场为县。

《元丰九域志》六、《隆平集》一、《舆地纪胜》二九、《文献通考》三一八，开宝五年皆作淳化五年，《太平寰宇记》一一〇有金谿场无金谿县，《志》云开宝者误也。

县三。**新昌**，望，太平兴国六年析高安县置。

六年，《元丰九域志》六，作三年。《舆地纪胜》二七引《国朝会要》云："太平兴国七年敕割高安、上高二县置新昌县。"

兴国军，县三。**大冶**，紧，南唐县，自鄂州与通山并来隶。

《元丰九域志》六："乾德五年以大冶场置县。"又"太平兴国二年以鄂州通山、大冶二县隶军。"

建昌军，县二。**南城**，望，淳化二年自抚州来隶。**南丰**，望。

《元丰九域志》六"抚州"条："淳化二年以南丰县属建昌军。"《文献通考》三一八："南唐以抚州南城县置建武军，太平兴国四年改为建昌军，淳化二年以抚州南丰县来属。"按南城在南唐时已建为军，似不在淳化二年始自抚州改属建昌。《志》南城下之注恐为南丰县下之注误窜入者。

一八　荆湖北路

江陵府，县八。**公安**，次畿。

《舆地纪胜》六四："建炎三年，公安县升为军使，绍兴四年复旧。"

潜江，次畿，乾德二年升白伏巡为县。

"二年",《元丰九域志》六、《隆平集》一、《舆地纪胜》六四、《文献通考》三一九,皆作"三年"。伏,《太平寰宇记》一四六及《隆平集》皆作"洑",而《文献通考》作"秋"。

监利,次畿,至道三年以玉沙县隶复州。

"三年",《志》于复州玉沙县下作"二年",《元丰九域志》六,作"三年"。

鄂州,武昌军节度,初为武清军,至道二年始改。

"至道二年",《元丰九域志》六,作"太平兴国三年"。

县七。崇阳,望,唐县,开宝八年又改今名。

《元丰九域志》六:"开宝八年改临任县为崇阳。"《文献通考》三一九:"崇阳,唐唐年县,宋改。"《太平寰宇记》一一二与《文献通考》同。

咸宁,中。

《元丰九域志》六:"景德四年,改永兴县为咸宁。"《舆地纪胜》六六:"伪唐升为永安县。景德四年改咸宁,避永安陵讳也。"

通城,中。

《舆地纪胜》六六:"元丰八年割隶岳州,元祐元年归于鄂。"

德安府,安远军节度,本安州。

《宋史》一《太祖纪》一,建隆元年正月己酉"复安州为节度"。

开宝中,废吉阳县。

《太平寰宇记》一三三:"孝感县,皇朝开宝三年并吉阳入焉。"《元丰九域志》六:"开宝二年省吉阳县入孝感。"

复州，县二。景陵。

《元丰九域志》一〇："建隆二年改晋陵县为景陵。"《舆地纪胜》七六："竟陵，建隆三年改景陵。"

玉沙，下，至道二年自江陵来隶，熙宁六年又隶江陵府。

《元丰九域志》六："乾德三年以白沙院置玉沙县，至道三年隶复州。"至道二年，《志》江陵府监利县下作三年，已见上文。又《元丰九域志》一〇："熙宁六年，省玉沙县为镇，入江陵府监利县。"《续资治通鉴长编》，熙宁六年五月"以玉沙县为镇入监利"。

常德府，常德军节度，乾德二年降为团练，政和七年升为军。

《元丰九域志》六："周为武平军节度，皇朝建隆四年降团练。"《舆地纪胜》六八："常德府，上。"又"后唐武平军节度，降为团练州"。注："乾德二年。"又"升永安军，改靖康军"。注引《国朝会要》"崇宁元年以犯陵名改"。又"继改常德军"，注引《会要》"政和七年"。

县三。桃源，望，乾德中析武陵地置县。

乾德中，《元丰九域志》六，作"元年"，《隆平集》一及《舆地纪胜》六八，皆作"二年"。

龙阳，中，大观中改辰阳，绍兴三年复旧，五年升军使，三十年复县。

绍兴"三年"，《舆地纪胜》六八，作"元年"。"五年"，《舆地纪胜》亦作"元年"。"三十年"，《舆地纪胜》作"三十一年"。

沅江，中下，自岳州来隶，乾道中割隶岳州，今来复。

《元丰九域志》六："乾德元年改桥江县为沅江。"《舆地纪胜》六八:"沅江,马氏割据改为桥江县。乾德元年复曰沅江,隶岳州,元符二年拨隶鼎州。"

峡州,县四。夷陵,中。

《舆地纪胜》七三:"开宝八年省巴山县为镇入夷陵。"

长杨,中下。

"杨",《舆地纪胜》七三,作"阳"。

岳州,宣和元年赐军额。

"元年",《舆地纪胜》引《指掌图》作"二年",引《会要》作"元年"。

县四。平江,上。临湘,淳化元年升王朝场为县,寻改。

《隆平集》一:"淳化五年升王朝场为平江县。"《舆地纪胜》六九:"淳化四年升为王朝县,至道二年改为临湘县。"

归州,建炎四年隶夔路,绍兴五年复,三十一年又隶夔。

"三十一年",《舆地纪胜》七四,作"二十一年"。

辰州,下,卢溪郡,军事。

《舆地纪胜》七五:"辰州,沅陵郡。"

靖州,县三。永平,下,本渠阳县,崇宁三年改名。

"三年",《舆地纪胜》七二,作"二年"。

会同,本三江县,崇宁二年改。

《舆地纪胜》七二:"会同县,崇宁二年立三江县,是年改今名。"又引《四朝国史·地理志》:"本三江寨,崇宁二年置县赐名。"

荆门军,开宝五年长林、江陵二县自江陵来隶。

《续资治通鉴长编》一三,开宝五年二月乙亥"以荆南荆门镇为荆军门"。《舆地纪胜》七八:"荆门军,同下州。"

县二。长林,次畿。

《太平寰宇记》一四六:"长林县,开宝五年割襄州故乐乡县合为一县。"《舆地纪胜》七八与《寰宇记》同。

汉阳军,县二。汉川,下,太平兴国五年自德安来隶。

按德安应改为安州,因太平兴国五年安州尚未升为德安府也。《太平寰宇记》一三一:"周世宗以汉阳县置汉阳军,仍析汉阳县地置汉川县。"《元丰九域志》六:"太平兴国二年改汉川县为汉川。"《舆地纪胜》七九:"皇朝改汉川县为义川县,太平兴国二年改曰汉川。"

寿昌军,下。

《舆地纪胜》八一:"寿昌军,同下州。"

本鄂州武昌县,嘉定十五年升寿昌军使,续升军。

《舆地纪胜》八一引枢密院文:"枢密院关鄂州:'武昌县系是江西上流去处。见今本县创立两军,专备防守江西冲要隘口,窃虑知县难以弹压。十四年十二月三省枢密院同奉圣旨:武昌县升作武昌军使。'"又"十五年正月,武昌县升作寿昌军"。

一九　荆湖南路

潭州,县十二。长沙,望,开宝中废常丰县入焉。

《元丰九域志》六:"乾德三年升常丰场为县,开宝中省入长沙县。"

衡山,望,淳化四年以衡山来隶。

《元丰九域志》六,"衡山"上冠"衡州"二字。

湘阴,中,乾德二年自鼎州隶岳州,俄而来隶。

"二年",《元丰九域志》六,作"元年"。

宁乡,中。

《元丰九域志》六:"太平兴国三年,析长沙县地置宁乡县。"

衡州,县五。安仁,中,乾德二年升安仁场为县。

"二年",《元丰九域志》六及《舆地纪胜》五五并作"三年"。又《舆地纪胜》:"咸平五年,析衡阳、衡山二县地益之。"又《舆地纪胜》衡州下有酃县,并引《国朝会要》云:"开禧嘉定年置。"《志》未载。

道州,乾德三年废大历县。

《元丰九域志》六:"省大历县入宁远。"

县四。营道,紧,熙宁五年省永明县为镇入焉。元祐元年复。

《元丰九域志》六:"建隆三年改弘道县为营道县。"《隆平集》一:"建隆四年改弘道县为营道。"元祐元年,《舆地纪胜》五八,作"二年"。

江华,紧。

《隆平集》一:"江华前属潭州,建隆四年割属道州。"

宁远,紧,唐延唐县,乾德三年改。

"延唐",《元丰九域志》六,作"延喜"。《舆地纪胜》五八:"延唐,晋为延熹,乾德二年改宁远。"

永州,县三。东安,中,雍熙元年升东安场为县。

《元丰九域志》六,"东安场"上冠以"零陵县"。

郴州,县四。宜章,中,唐义章县,太平兴国初改。

《舆地纪胜》五七,"初"作"元年"。

南渡后增县二,兴宁,嘉定二年置资兴县,后改今名。

按《太平寰宇记》有资兴县,《元丰九域志》无,盖太平兴国后废省,南渡后又复者。

宝庆府,本邵州,大观九年升为望郡。

《舆地纪胜》五九:"邵州,乾德二年始为中州,大观二年升望。"

全州,下,军事。

《舆地纪胜》六〇:"全州,清湘郡,军事。"

桂阳军,县二。平阳,上,天禧三年置。

"三年",《元丰九域志》六,作"元年",《舆地纪胜》六,作"三年"。

蓝山,中,景德三年自郴州来隶。

"三年",《元丰九域志》及《舆地纪胜》六一皆作"元年",《文献通考》三一九郴州下作"二年",而桂阳军下作"元年"。

南渡后增县一,临武,中,自石晋废,绍兴十一年复。

"十一年",《舆地纪胜》作"十六年"。

二〇　福建路

福州,威武军节度。

《元丰九域志》九:"福州,唐威武军节度,周改彰武军,皇朝太平兴国二年复旧。"又《宋史》四七《二王纪》,景炎元年五月乙未:"改福州为安福府。"

县十二。永福。

"永福",《元丰九域志》九,作"永泰"。《舆地纪胜》一二八:"永泰县,崇宁避哲宗陵名,改永福。"

长溪,望,有王林银场。

"王林",《元丰九域志》九,作"玉林"。

罗源,中,旧永贞县。

《文献通考》三一八:"永贞县,乾兴元年改为罗源。"《元丰九域志》九:"天禧五年改永贞县为永昌,乾兴元年改罗源。"

怀安,望,太平兴国五年析闽县置。

"五年",《舆地纪胜》一二八引《会要》与《志》同,惟引《图经》则作"六年",而《太平寰宇记》一〇〇云:"太平兴国七年,割闽县敦业等九乡置怀安县。"

建宁府,本建州,绍兴三十二年以孝宗潜邸升府。

《舆地纪胜》一二九:"《国朝会要》以绍兴三十二年升为建宁府,而《建宁志》在隆兴二年,当改。"

县七。松溪,紧。

《舆地纪胜》一二九:"松源县,开宝八年改为松溪县。""紧",《纪胜》作"上"。

瓯宁,望,熙宁三年废,元祐四年复。

《文献通考》三一八:"治平三年析建安、建阳、浦城地置瓯宁县。"

泉州,望,清源郡,太平兴国初改平海军节度。

《元丰九域志》九:"泉州,伪唐清源军节度,太平兴国三年改平海军。"《舆地纪胜》一二九:"《陈洪进传》云:'太祖取荆湖,洪进大惧,请命于朝,乃改清源军为平海军,拜洪进为节度。'则改清源军为平海军当在太祖时。而《国朝会要》以为改清源军为平海军在太平兴国三年太宗之时,二者不同。象之谨拜观《长编》之书云:"'乾德二年正月改清泉军为平海军,命陈洪进为节度使。'而《皇朝编年》:'太平兴国二年四月平海节度使献漳泉二州。'则洪进纳土之时,已称平海军节度,则平海更节当在太祖之时矣。"

县七。惠安,望,太平兴国六年析晋江置县。

《舆地纪胜》一三〇:"《晋江县图经》云:'淳化五年析晋江县地置。'《国朝会要》云:'太平兴国六年。'不同,当改。"

安溪,下。

"安溪",《九域志》九,作"青溪"。

南剑州,县五。尤溪,上,有尤溪、宝应等九银场。

《元丰九域志》九,银场无尤溪。

漳州,下,漳浦郡,军事。

《元丰九域志》九:"唐漳州,后改南州,皇朝乾德四年复旧。"《续资治通鉴长编》六,乾德三年九月:"诏南州复为漳州。"

汀州,县五。长汀,望,有上宝锡场。

"锡",《元丰九域志》九,作"银"。

莲城,本长汀莲城堡,绍兴三年升县。

《舆地纪胜》一三二:"莲城县,本长汀县之莲城村。"又引《会要》:"绍兴三年割古田置莲城县。"

邵武军,太平兴国五年以建州邵武县建为军。

"五年",《隆平集》一,作"三年"。《续资治通鉴长编》二〇,太平兴国四年十一月辛卯:"以建州邵武县为邵武军。"

县四。邵武,望,有黄土等三盐场。

"盐",《元丰九域志》九,作"银"。

二一　成都府路

成都府,次府,本益州蜀郡,剑南西川节度,太平兴国六年降为州。

按:两蜀承唐旧,皆称益州为成都府。宋乾德三年平两川,成都之称仍旧,至太平兴国六年始降为益州。此段无旧称成都府之文,而曰"太平兴国六年降为州",嫌无所承,辞意亦欠清晰也。

端拱元年复为剑南西川,成都府。

"元年",《元丰九域志》七、《舆地广记》二九皆与《志》同,惟《文献通考》三二一,作"二年"。又上文"太平兴国六年降为州"下,未言罢节度,今骤云"复为剑南西川",亦嫌无所承也。

淳化五年降为节度。

《元丰九域志》七、《舆地广记》二九、《隆平集》一,皆云淳化五年降为益州,不云降为节度。且成都府已于端拱元年复为节度,若降,则宜为防御、团练或军事,不应降为节度。此盖降为益州,罢节度之误也。

嘉祐五年复为府。

"五年",《元丰九域志》七、《舆地广记》二九皆作"四年"。而《续资治通鉴长编》一九〇亦云:"嘉祐四年十一月癸酉,复以益州为成都府。"

眉州,县四。眉山,望,隋通义县,太平兴国初改。

"初",《元丰九域志》七、《舆地广记》二九,皆作"元年"。

崇庆府,县四。晋源。

按:《志》虽云县四,实则仅列晋源、新津、永康三县,由他书勘校,知漏去江源一县。又"晋源",《太平寰宇记》七五、《元丰九域志》七、《舆地广记》二九,皆作"晋原"。

新津,望,唐唐安县,开宝四年改。

《太平寰宇记》七五:"江原县,唐为唐安,至皇朝开宝四年改为江原。"《隆平集》一:"开宝四年,改蜀州唐兴县曰江源。"《元丰九域志》七同。《舆地广记》二九:"唐安,后又曰唐兴,皇朝开宝四年改唐兴曰江原。"诸书所记,皆言唐安或唐兴改为江原或江源,无言改为新津者。而新津自宇文氏置县以来,并未更名。则新津下"唐唐安县,开宝四年改"之文,想本在"江源"条下,因江源漏去,遂误移于新津之下,致成张冠李戴之谬耳。

永康,望,蜀析青城地置县。

《元丰九域志》七:"熙宁五年废永康军,以永康县隶州。"《续资治通鉴长编》二三九,熙宁五年十月"废永康为寨,青城县隶蜀州"。《文献通考》三二一:"前蜀析青城置永康军,宋因之,熙宁五年废永康军,以青城还隶州。重和元年割永康属石泉军。"

彭州,县三。崇宁,望,唐昌县,崇宁元年改。

《元丰九域志》七:"开宝四年改唐昌县为永昌。"

嘉定府,上,本嘉州,犍为郡,军事。

《元丰九域志》七:"嘉州,唐中都督府,乾德元年为上州。"

乾德四年废绥山、罗目、玉津三县。

《元丰九域志》七:"乾德四年省绥山、罗目二县为镇入峨眉,玉津县为镇入犍为。"《太平寰宇记》七四:"罗目县,皇朝乾德四年废绥山入焉。"《太平寰宇记》又有玉津县,似罗目、玉津之废不在乾德中也。

龙游,上,宣和元年改曰嘉祥,后复故。

嘉祥,复为龙游,《舆地纪胜》一四六,在绍兴元年。

监一。丰远,铸铁钱。

《元丰九域志》七,作景德二年置。

黎州,上,汉源郡,军事。

《元丰九域志》七:"黎州,唐下都督府,乾德元年为上州。"

县一。汉源,下,庆历六年废通望县入焉。

"六年",《元丰九域志》七、《舆地广记》三〇,皆作"七年"。

领羁縻州五十四。罗岩州。

"岩",《元丰九域志》一〇,作"严"。

秦上州。

"秦",《元丰九域志》一〇,作"奉"。

蓬口州。

《太平寰宇记》七七,作下"蓬州",《元丰九域志》一〇,作"蓬州"。

柏坡州。

"柏",《太平寰宇记》七七,作"百"。

博卢州。

"博",《太平寰宇记》七七,作"传"。

木属州。

"木",《元丰九域志》一〇,作"大"。

昌化州。

"化",《太平寰宇记》七七、《九域志》一〇,作"明"。

粟川州。

"粟",《太平寰宇记》七七、《九域志》一〇,作"象"。

附木州。

"木",《太平寰宇记》七七,作"树"。

吉川州。

"吉",《太平寰宇记》七七,作"古"。

甫萼州。

"萼",《元丰九域志》一〇,作"参"。

牒琮州。

"琮",《元丰九域志》一〇,作"综"。

浪弥州。

"弥",《元丰九域志》一〇,作"狝"。

雅州,上,卢山郡,军事。

《元丰九域志》七:"雅州,唐下都督府,乾德元年改。"

领羁縻州四十四。来锋州。

"来锋",《太平寰宇记》七七,作"东锋"。

钳泰州。

"钳泰",《太平寰宇记》七七,作甘恭,《元丰九域志》一〇,作"钳苯"。

隶恭州。

"隶",《元丰九域志》一〇,作"斜"。

画重州。

"画",《太平寰宇记》七七、《元丰九域志》一〇,作"尽"。

笼羊州。

"笼",《太平寰宇记》七七,作"龙"。

林烧州。

"烧",《太平寰宇记》七七,作"峣",《舆地纪胜》一四七,作"晓"。

百颇州。

"颇",《太平寰宇记》七七,作"频"。

富仁州。

"富",《太平寰宇记》七七、《舆地纪胜》一四七,皆作"当"。

祸林州。

"祸",《元丰九域志》一〇,作"福"。

诺祚州。

"祚",《太平寰宇记》七七作莋,《元丰九域志》一〇,作"柞"。

三恭州。

"三",《舆地纪胜》作"平"。

茂州,上,通化郡,军事。

《元丰九域志》七:"茂州,唐下都督,乾德元年为上州。"

羁縻州十。远州。

"远",《元丰九域志》一〇,作"达"。

威州,下,本维州,景德三年改。

"三年",《元丰九域志》七同,《舆地纪胜》一四八、《文献通考》三二一皆作"二年"。而《续资治通鉴长编》一一八,景德三年三月戊戌:"改维州为威州。"

县二。保宁,下,唐薛城县,南唐改。

"南唐",《舆地纪胜》一四八、《文献通考》三二一皆作"蜀",《太平寰宇记》七八:"薛城,伪蜀永平二年改为保宁县。"按:维州属蜀,不属南唐,《志》云南唐者,误也。

通化,下,天圣元年改途川。

"途",《元丰九域志》七、《舆地广记》三〇、《舆地纪胜》一四八皆作"金"。

景祐四年复,治平三年省通化军隶县。

《舆地纪胜》一四八:"通化县,治平三年即县地置通化军使。"

永康军,熙宁五年废为砦。

《舆地纪胜》一五一,作"灌口砦"。

永康军使隶彭城。

"彭城",《舆地纪胜》一五一,作"彭州"。

县二。青城,望,乾德中自蜀州来隶。

乾德中,《九域志》七,作四年。

仙井监,至道三年升为团练。

"至道三年",《舆地纪胜》引《图经》作淳化三年,引《会要》作"至道二年"。

咸平四年废始建县。

《元丰九域志》七："废始建县入井研。"

隆兴元年改为隆州。

《舆地纪胜》一五〇："隆州,下,仁寿郡,军事。"

石泉军,县三。龙安。

《元丰九域志》七："熙宁五年省西昌县为镇入龙安。"《续资治通鉴长编》二二四,熙宁四年六月"废锦州西昌县入龙安、神泉"。又二四一,熙宁五年十二月"废锦州西昌县为镇"。同一《续资治通鉴长编》,前后所记西昌之废并年月不同,未知孰是。

二二　潼川府路

潼川府,乾德四年改静戎军。

《续资治通鉴长编》七,乾德四年七月"复置静戎军于梓州"。《舆地纪胜》一五四："潼川府,前蜀为武德军,国朝改静戎军。"

太平兴国中,改静安军。

太平兴国中,《舆地广记》三一,作三年,《舆地纪胜》一五四引《会要》作二年。"静安军",《太平寰宇记》八二、《元丰九域志》七、《舆地广记》三一皆作"安静军"。

端拱二年为东川,元丰三年复加剑南二字。

《舆地纪胜》一五四："后为东川节度,仍为安静节度。"注："《图经》载大中祥符四年,荣王元俨为安静、武胜两军节度。""复称东川",注："元丰三年。"

613

县十。飞乌。

"乌",《太平寰宇记》八二、《舆地广记》三一、《舆地纪胜》一五四皆作"乌"。

东关。

《元丰九域志》七:"乾德四年以旧招葺院置东关县。"《舆地广记》三一、《舆地纪胜》一五四同。《文献通考》三二一:"东关,蜀招葺县,宋改。"

永泰,中下,本尉司,南渡后为县。

《元丰九域志》七:"熙宁五年省永泰县为镇入盐亭,十年复置尉司。"《舆地纪胜》一五四:"熙宁五年省永泰县为镇入盐亭,十年复置。建中靖国初以犯哲宗陵名,改安泰。绍兴初复,未几复废,卅一年复置永泰县。"《舆地广记》三一:"安泰尉司,本永泰县,熙宁五年省为镇,十年复置永泰尉司,后改曰安泰。"

遂宁府,县五。小溪,隋方义县,太平兴国初改。

"初",《太平寰宇记》八七,作"二年"。《元丰九域志》七、《舆地广记》三一皆作"元年"。

资州,乾德五年废月山、丹山、银山、清溪四县。

《元丰九域志》七:"省月山、丹山、银山入盘石,清溪入内江。"

县四。盘石。

《元丰九域志》七:"熙宁六年以盘石县赵市镇隶内江。"

普州,乾德五年废崇龛、普慈二县。

《元丰九域志》七:"乾德五年废崇龛入安居,普慈入乐至。"

县三。安岳,中下,熙宁五年废普康县入焉。

"熙宁",《元丰九域志》七、《舆地广记》三一、《舆地纪胜》一五八皆作"乾德",惟《太平寰宇记》八七有普康县,似乾德时未尝并省者。

昌州,上,昌元郡,军事。

《元丰九域志》七:"昌州,唐中都督府,乾德元年为上州。"

叙州,上,南溪郡,军事。

《舆地纪胜》一六三:"乾德三年升为上州。"

乾德中,废开边、归顺二县。

《元丰九域志》七:"乾德五年,省开边、归顺二县入僰道。"

县四。宜宾,中,唐义宾县,太平兴国元年改。熙宁四年省旧奋入僰道为镇。政和四年改僰道为宜宾。

按:"旧奋"为"宜宾"之误,此段辞意不甚清晰。盖熙宁以前,宜宾、僰道二县并存,迨熙宁四年废宜宾为镇,于是只存僰道一县,至政和四年又改僰道为宜宾。

縻羁州三十,建州。

"建",《元丰九域志》一〇,作"连"。

播浪州。

"浪",《元丰九域志》一〇,作"朗"。

曲江州。

《元丰九域志》一〇,无"江"字。

可陵州。

《元丰九域志》一〇,作"奇灵州"。

泸州,上,泸州郡。

《元丰九域志》七:"泸州,唐下都督,皇朝乾德元年为上州。"又"泸州郡",诸书皆作"泸川郡"。

县三,乾德五年废绵水、富义置上监州。

《元丰九域志》七:"乾德五年省绵水县为镇入江安。"《舆地广记》同。《文献通考》三二〇:"乾德五年废绵水,以富义置监。"《舆地纪胜》一五三:"乾德五年以富义县隶富顺监。"

泸川,中。

《舆地纪胜》一五三:"泸川,乾德五年并泾南县入焉。"

江安,中,有宁远、安夷等砦。

《续资治通鉴长编》一七〇:"皇祐三年三月己未,改泸州上江寨为宁远寨,婆娑寨为安夷寨。"

领羁縻州十八。高州。

"高州",《元丰九域志》一〇,作"高定州"。

长宁军,县一。安宁,嘉定四年升安夷砦为县,有武宁、宁远二砦。

"四年",《舆地纪胜》作"二年"。按安夷、武宁、宁远三砦本属泸州江安县。

合州,县五。石照,中,魏石监县,乾德三年改。

"监",《太平寰宇记》一三五、《元丰九域志》七、《舆地广记》三一、《舆地纪胜》一五九皆作"镜"。《纪胜》并云:"乾德二年以翼祖嫌名改为石照。""监"盖"鉴"之讹,本为"镜"字,宋史官避嫌名追改耳。

荣州,乾德五年废和义县。

《元丰九域志》七:"废和义县入威远。"

渠州,下,邻山郡,军事。

"邻",《舆地纪胜》一六二作"潾",《文献通考》作"璘",《舆地广记》三一,"邻山郡"作"流江郡"。

县三。流江,紧,西魏县,景祐三年废大明县入焉。

"景祐",《元丰九域志》七,作嘉祐,《舆地纪胜》一六二于"流江县"条下作"景祐","大明县"条下作"皇祐",惟《舆地广记》三一与《志》同,而《续资治通鉴长编》一一六:"景祐二年六月乙亥,省渠州大明县。"

怀安军,乾德五年以简州金水县建为军。

"简州",诸书同,惟《隆平集》一作"成都府"。

宁西军,开宝二年以合州侬泂、新明二镇建为军。

"开宝二年",《太平寰宇记》一三八,作"乾德六年",他书与志同。"侬泂",《太平寰宇记》、《元丰九域志》七、《隆平集》一皆作"浓泂",《文献通考》作"农泂",《续资治通鉴长编》一〇,作"侬佪"。新明镇,《太平寰宇记》云属渠州,他书均云属合州。

县三。渠江,中,开宝二年自渠州来隶。

"开宝二年",《太平寰宇记》一三八作"乾德六年",下同。

二三　利州路

兴元府,次府,梁州,汉中郡。

按"梁州"二字为衍文,梁州改兴元府,远在唐德宗兴元元年,与宋无关。

县四。西,次畿。

《续资治通鉴长编》一五八,庆历六年五月壬寅:"以兴元府西县铸钱监为齐远监。"

利州,县四。绵谷,中。

《舆地广记》三二、《舆地纪胜》一八四,"谷"皆作"谷"。

嘉川,中下,咸平五年自镇州来隶。

《元丰九域志》八、《舆地纪胜》一八四,"镇"皆作"集"。

熙宁三年,省平蜀县入焉。

《太平寰宇记》一三五:"天宝元年改为胤山县,皇朝乾德三年改为平蜀县。""胤山",《元丰九域志》八,作"裔山",宋人避太祖讳追改耳。

洋州,县三。真符,中。

《元丰九域志》八:"乾德四年省黄金县入真符。"

阆州,上,阆中郡,乾德四年改安德军节度。

《续资治通鉴长编》七,乾德四年"改阆州保宁军为安德军"。《舆地广记》三二:"阆中郡,后唐升保德军节度,皇朝乾德四年改安德军。"

县七。奉国,熙宁四年省岐平县为镇入焉。

熙宁"四年",《元丰九域志》八,作"三年",《舆地纪胜》一八五,作"五年",而《舆地广记》三二,作"乾德五年"。又"岐平",《舆地广记》同,而《元丰九域志》、《舆地纪胜》及《文献通考》三二一皆作"岐坪"。

西水,中下,熙宁四年省晋安县为镇入焉。

熙宁"四年",《元丰九域志》八,作"三年",《舆地广记》三二、《舆地纪胜》一八五皆作"五年"。

隆庆府,乾德五年废永归县。

《元丰九域志》八:"废永归县入剑门。"

隆兴二年以孝宗潜邸升普安军节度。

《舆地纪胜》一八六:"乾道元年,尚书省札子:'今上皇帝曾领普安郡王,乞改军额或赐府额,以普安军为名。'"按乾道元年,即隆兴二年后一年,升普安军既在乾道元年,始由尚书省拟名札奏,则《志》云隆兴二年升军者似有讹误。

绍熙元年升府。

"元年",《舆地纪胜》作"二年"。

剑门,中下,熙宁五年以剑门关剑门县复隶州。

《元丰九域志》八:"景德三年以剑门县隶剑门关。"

巴州,乾德四年废盘道、归仁、始宁三县。

《太平寰宇记》一三八:"废盘道入清化,归仁、始宁入曾口。"《元丰九域志》八:"省始宁入其章。"

咸平五年以清化属集州。

"五年",《元丰九域志》八、《舆地广记》三二,皆作"二年"。

熙宁五年废集州。

"五年",《元丰九域志》八,作"三年",惟《续资治通鉴长编》二三三及《舆地广记》三二皆与《志》同。

县五。难江,上,旧隶集州。

《元丰九域志》一〇:"集州,下,军事,符阳郡,乾德五年省通平、大牟二县入难江。"

恩阳,中下,熙宁三年省七盘县为镇入焉。

"三年",《元丰九域志》八、《舆地广记》三二,皆作"二年"。

通江,下,省壁州白石、符阳二县入焉。

《元丰九域志》一〇:"壁州,下,军事,始宁郡,乾德四年省广纳、东巴二县入通江。开宝五年废州,寻复,熙宁五年又废。"《续资治通鉴长编》一三:"开宝五年六月乙巳废壁州,九月庚午复。"

沔州,监一。济众,铸铁钱。

《元丰九域志》八:"济众监,景德三年置。"

蓬州,下,乾德三年废宕渠县。

《太平寰宇记》一三九:"废宕渠县入良山。"

县四。**营山**,中,唐郎山县。

"郎",《太平寰宇记》一三八、《舆地广记》三二,皆作"朗"。

熙宁三年省蓬山县为镇。

三年,《续资治通鉴长编》二三〇,在五年。

伏虞,中下,熙宁五年省渠山县为镇入焉。

"渠山",《元丰九域志》八、《舆地广记》三二,皆作"良山"。

政州,下,江油郡,军事,本龙州。

《元丰九域志》八:"龙州,唐都督府。"

绍兴元年复为龙州。

"元年",《文献通考》三二一,作"五年"。

大安军,中。

《舆地纪胜》一九一:"大安军,同下州。"

二四　夔州路

夔州,宁江军节度。

《文献通考》三二一："后唐宁江军等节度,宋改云安军。"

绍庆府,下,本黔州,黔中郡,军事,武泰军节度。

"军事"二字为衍文。

羁縻州四十九。远州。

"远",《舆地纪胜》一七六、《元丰九域志》一〇,作"琬"。

知州。

"知",《元丰九域志》一〇,作"短",《舆地纪胜》一七六,作"矩"。

袭州。

"袭",《元丰九域志》一〇,作"龚",《舆地纪胜》一七六,作"龙"。

普州,宁州。

二州,《元丰九域志》一〇,作"普宁州",《舆地纪胜》一七六,作"普安州"。

卬州。

"卬",《舆地纪胜》一七六,作"功"。

焚州。

"焚",《舆地纪胜》一七六,作"樊"。

瑶州。

"瑶",《舆地纪胜》一七六,作"珍"。

亳州。

"亳",《元丰九域志》一〇,作"亮"。

咸淳府,县三。垫江,中下,熙宁五年省贵溪县入焉。

"贵溪",《元丰九域志》一〇、《舆地广记》三三、《舆地纪胜》一七六皆作"桂溪",《志》于梁山军下亦作"桂溪"。

达州,乾德五年废阆英、宣汉二县。

《太平寰宇记》一三七:"阆英省入石鼓,宣汉省入东乡。"

涪州,熙宁三年废温山县为镇。

《元丰九域志》八:"省温山县入涪陵。"

重庆府,下,本恭州,巴郡。

"巴郡",《太平寰宇记》一三七,作"南平郡"。

后以高宗潜藩升为府。

《舆地纪胜》一七五:"重庆府,绍熙元年以光宗潜藩升府。"

旧领万寿县,乾德五年废。

《太平寰宇记》一三六作"废万寿县入江津"。

雍熙中,又废南平县。

《元丰九域志》八作"雍熙五年,省南平县入江津"。

梁山军,开宝二年以万州丕氏屯田务置军。

开宝"二年",《元丰九域志》八、《续资治通鉴长编》一一,皆作"三年"。

南平军,熙宁八年以恭州南川县铜佛坝地置军。

按"恭州"应称"渝州",盖熙宁时渝州尚未改名也。

县二,南川,中下,熙宁八年省入隆化。

"八年",《元丰九域志》八、《舆地广记》三三,作"七年"。

隆化,下,熙宁八年自涪州来隶。

"八年",《元丰九域志》八、《舆地纪胜》三三,作"七年",又《元丰九域志》:"嘉祐八年省宾化县入隆化。"

思州,政和八年建。

《舆地纪胜》一七八："思州,宁夷郡。"

二五　广南东路

广州,中都督府,南海郡。

《宋史》四七："祥兴元年五月己未,升广州为翔龙府。"

开宝五年废咸宁、番禺、蒙化、游水四县。

《元丰九域志》九："开宝五年省咸宁、常康、番禺、四会四县并入南海。六年复置四会,省化蒙县入四会。""蒙化",诸书皆作"化蒙"。"游水",《太平寰宇记》一五七、《舆地纪胜》八九皆作"浰水"。《太平寰宇记》、《元丰九域志》、《舆地广记》三五皆云游水(或浰水)省入怀集,惟《舆地纪胜》则云省入清远。

县八。南海,望,隋县,后改常康,开宝五年复。

《舆地纪胜》八九："开宝五年诏废伪汉广州常康、咸宁二县依旧为南海。"揆《志》及《纪胜》语气,似南汉曾以国都关系析南海为二县,锡以美名,曰常康,曰咸宁,至宋平南汉,又复合并而复旧名者。

番禺,上,开宝中废入南海,皇祐三年复置。

"开宝中",诸书皆作"开宝五年"。"皇祐三年",《舆地纪胜》作"皇祐五年"。

韶州,县五。仁化,中,开宝五年废入乐昌,咸平三年复置。

"三年",《舆地纪胜》九〇,作"四年"。

建福,宣和三年以岑水场析曲江、翁源地置县。

《舆地纪胜》九〇:"崇宁元年升韶州岑水场为县,拨曲江之廉平、建福两乡,翁源县之太平乡隶焉。"

循州,县三。龙川,宣和三年改龙川曰雷江。

"江",《舆地纪胜》九一,作"乡"。

兴宁,望,晋县,天禧三年移治长乐。

"三年",《舆地纪胜》九一,作"二年"。

长乐,上。

《舆地纪胜》九一作:"长乐县,绍兴六年废为镇,十九年复为县。"

潮州,县三。海阳,有横衡等三锡场。

"横衡",《元丰九域志》九,作"横冲"。

连州,下,连山郡,军事。

"下",《舆地纪胜》九二,作"中"。

梅州,下,南汉置恭州,开宝四年改。

"恭",诸书皆作"敬"。《志》作"恭"者,盖宋史官避讳追改耳。

熙宁六年废,元丰五年复。

《元丰九域志》九"潮州"条下:"熙宁二年废梅州,以程乡县隶州,元丰五年复。"

南雄州,宣和二年赐郡名保昌。

"二年",《舆地纪胜》九三,作"四年"。

县二。保昌,望。

《舆地纪胜》九三:"浈昌,后避仁宗讳改名保昌。"

英德府,宣和二年赐郡名贡阳。

"贡阳",《舆地纪胜》九五,作"真阳"。

县二。贡阳。

"贡阳",《太平寰宇记》一六〇作"浈阳",《元丰九域志》九:"乾兴元年改浈阳县为真阳。"

洭光,上。

《舆地纪胜》九五:"洭浰,开宝五年以县名犯太祖御讳改洭光。"

贺州,开宝四年废荡山、封阳、冯乘三县。

《太平寰宇记》一六一:"省荡山、封阳入临贺,省冯乘入富川。"

肇庆府,元符三年升兴庆军节度。

"元符三年",《舆地广记》三五,作"建中靖国元年"。

县二。高要,中。

《太平寰宇记》一五九:"开宝五年废平兴县入高要。"

新州,下,开宝五年废平兴县。

按平兴县于开宝五年省入高要,已见上条。新州于开宝五年所省之县为永顺,诸书所记皆同,《志》云废平兴县者,误也。

德庆府,望,本康州,县二。泷水,下,旧隶泷州,州废以县来隶。

《太平寰宇记》一六四:"废开阳、建水、镇南三县入泷水。"《元丰九域志》九:"开宝六年废泷州。"《舆地纪胜》一〇一:"开宝六年废泷州,寻复。治平六年废泷州,以泷水县隶康州。"

南恩州,开宝三年废恩平、杜陵二县。

《舆地广记》三五:"开宝五年,省恩平、杜陵二县入阳江。"

县二。阳春,下,熙宁六年废春州,并铜陵县入阳春来隶。

《太平寰宇记》一五八,流南、罗水二县于开宝六年入阳春。又废勤州,以富林县入铜陵,属春州。《元丰九域志》九:"开宝五年废春州,六年复置,大中祥符九年又并入新州,天禧四年复置,熙宁六年复废。"

惠州,下。

《文献通考》三三二:"南汉以循州归善县置祯州。天禧四年以犯仁宗御名改为惠州。"祯,《太平寰宇记》一六〇,作"浈"。

县四。海丰,下,有云溪。

"云",《元丰九域志》九,作"灵"。

河源,紧,有永安三锡场。

"安",《元丰九域志》九,作"定"。

二六　广南西路

静江府,大观元年为大都督府。

大都督府,《元丰九域志》九作"旧为下都督府"。

县十。南渡后无永宁县。

按:《舆地广记》三六、《舆地纪胜》一〇三皆有阳朔县无永宁县,《志》则无阳朔县。

容州,宁远军节度。

《元丰九域志》九:"容州,唐经略防御,皇朝开宝二年升宁远军节度。"《舆地广记》三六:"容州,五代为汉所有,升为宁远军节度。"

开宝五年废欣道、渭龙、陵城三县。

《太平寰宇记》一六七云:"废欣道、渭龙入普宁,废陵城入北流。"

县三。普宁,上,开宝五年废绣州,以棠林三县并入焉。

"棠林",诸书皆作"常林",又"绣州"一名"常林郡",《志》作"棠林"误也。

陆川,中,开宝五年废顺州,省龙豪、龙水四县入焉。

"龙豪",《文献通考》三二三,作"龙淳",余书与《志》同。"龙水",诸书皆作"龙化"。

北流,中,开宝五年废高禺州,以峨石、扶莱、罗辨、陵城四县地入焉。

按"高禺州"之"高"字为衍文。禺州四县,《文献通考》三二三作峨石、温水、陆川、扶桑。

邕州,永宁郡。

"永宁",《太平寰宇记》一六六,作"朗宁",《舆地广记》三六:"朗宁郡,皇朝曰永宁郡。"盖大中祥符时避讳所改者。

开宝五年废朗宁、封陵、思龙三县。

《太平寰宇记》一六六云:"废郎宁入宣化、封陵入武缘,思龙入如和。"开宝"五年",《舆地纪胜》一〇六,作"六年"。

县二。宣化,下,景祐二年废如化县入焉。

"二年",《元丰九域志》九,作"三年"。"如化",诸书皆作"如和"。

武缘,下,景祐二年废乐昌县入焉。

"二年",《元丰九域志》九、《舆地广记》三六皆作"三年",《元丰九域志》:"开宝五年改晋兴为乐昌。""乐昌",《纪胜》一〇六,作"昌乐",余书与《志》同。

金场一,镇乃。

"镇乃",《元丰九域志》九,作"慎乃"。

羁縻州四十四。思诚州。

"思",《元丰九域志》九,作"恩"。

安平州。

《续资治通鉴长编》一六六,皇祐元年四月壬申"改邕州管内溪峒波州为安平州"。

勤州。

《元丰九域志》九,"勤"作"勒"。

融州,清远军节度,本军事州,大观三年赐军额。

"大观",《舆地广记》三六,作"政和"。

县一。融水,中,熙宁七年废武功县来隶。

"武功",诸书皆作"武阳"。

南渡后增县一。怀远,下,绍兴四年废为砦,十四年复为县。

"十四年",《舆地纪胜》一〇五,作"五年"。

象州,景德四年升防御。

"景德",《舆地纪胜》一〇五,作"景祐"。

县四。来宾,中下,旧隶严州;州废,来属。开宝七年又以废严州之归化入焉。

《元丰九域志》九:"开宝七年废严州。"《舆地广记》三六:"唐立严州,又置归化县,皇朝开宝七年州废,省归化入来宾。"

武化,下,熙宁七年废武化县入来宾,元祐元年复。

"七年",《续资治通鉴长编》及《舆地纪胜》均作"四年"。

昭州,开宝五年废永平县。

《太平寰宇记》一六三云:"废永平入平乐。"

县四。立山,中,熙宁五年废蒙州,以连区、蒙山二县入焉。

《太平寰宇记》一六三:"蒙州,蒙山郡,县三。立山、正义、东区。"《舆地广记》三六:"皇朝太平兴国中改正义曰蒙山,熙宁五年省东区、蒙山入立山。""连区",诸书皆作"东区",《志》盖误矣。

龙平,中,开宝五年废富州,以县来隶,熙宁八年又隶梧州,元丰八年复来隶。

"元丰八年",诸书皆作"元丰三年"。

梧州,县一。苍梧,下,熙宁四年省戎城县为镇入苍梧。

《元丰九域志》九:"开宝五年省孟陵、戎城二县入苍梧,六年复置戎城。"《太平寰宇记》一六四:"孟陵县,开宝四年并入苍梧。"

藤州,下,开宝三年废宁风、感义、义昌三县。

"三年",诸书均作"五年",《太平寰宇记》一五八云:"废宁风、感义、义昌三县入镡津。"

县二。岑溪,下,熙宁四年废南仪州为县,隶州。

《太平寰宇记》一六三:"义州,开宝四年废入窦州,六年复置,其三县仍并为一县。太平兴国初改为南仪州。连城、永业二县入岑溪。"

龚州,开宝五年废阳川、武陵、随建、大同四县。

《舆地广记》三六:"阳川、武陵、随建、大同,皇朝开宝六年四县皆废入平南。"开宝五年,诸书皆作六年。

县一。平南,中,开宝五年以思明州之武郎来隶。嘉祐二年废武郎县入焉。

《舆地广记》三六:"思唐州,开宝五年改曰思明。六年州废,省思和入武郎来属。"

浔州,开宝五年废皇化县。

《舆地广记》三六:"皇化县,开宝五年省入桂平。"

贵州,下,怀泽郡,军事。

"军事",《舆地纪胜》一一一,作"防御"。

县一。郁林,中下,隋郁平县,开宝四年改。

《舆地广记》三六:"怀泽县、潮水县、义山县,皇朝开宝五年省三县入郁林。"

庆远府,县四。龙水,上,淳化五年以柳州洛曹来隶。

"五年",诸书皆作"元年"。

有怀远、思立二砦,后改宜山。

"后",《舆地纪胜》一二二,作"宣和元年"。

思恩,下,熙宁八年自环州来隶,徙治带溪砦。

《舆地纪胜》一二二:"大观二年以带溪砦为溪州,以思恩县隶焉。四年,废溪州。"

南渡后增县一,河池。

《舆地纪胜》一二二:"河池县,本羁縻智州之地,治平三年来隶,省富力县入焉。大观元年置庭州,以县为怀德县隶焉。四年,废庭州。"

宾州，开宝五年废州琅邪、石城二县。

"石城"，《太平寰宇记》一六五、《舆地广记》三六皆作"保城"，《舆地纪胜》一〇五作"宝城"。

领县三。迁江，中，本邕州羁縻州，天禧四年置。

《舆地纪胜》一〇五："思刚州，唐为羁縻州，天禧四年改迁江县。"

上林，中下，开宝五年自邕州来属，废澄州正戈、贺水、无虞入焉。

《太平寰宇记》一六五："澄州，开宝六年并为上林一县，属邕州，当年复置。"《元丰九域志》九"邕州"条："开宝五年废澄州，以上林县隶州。端拱三年以上林县隶宾州。"

横州，开宝五年废乐山、从化二县。

"从化"，《文献通考》三二三，作"淳风"，《元丰九域志》九、《舆地纪胜》一一三皆与《志》同，《太平寰宇记》一六六："开宝五年并淳风、乐山、岭山三县入宁浦。"《舆地广记》三六："从化县，本淳风，正观元年更名。"是淳风在唐时已名从化，《文献通考》及《太平寰宇记》皆误也。

县二。永定，下，开宝六年废峦州武灵、罗竹二县入焉。

"峦州"，《舆地广记》三六，作"蛮州"，"武陵、罗竹"诸书均作"武罗、陵竹"。

化州，开宝中废陵罗县。

《太平寰宇记》一六七："废陵罗、龙化、罗辩三县入石龙。"《舆地广记》三六，无罗辩废入石龙之文。

县二。吴川，下，本属罗州，州废，开宝五年来隶。

《文献通考》三二三:"罗州,领县五,罗城、吴川、南河、招义、零绿。开宝四年废罗州,以其地并为吴川一县入化州。"《太平寰宇记》一六七,作四县,无罗城、南河、招义,而有廉江、幹水。《舆地广记》三六:"幹水县,本石龙,唐改曰招义,又改曰幹水。"

高州,开宝五年废良德县。

《太平寰宇记》一六一云:"废良德、保定二县入电白。"《舆地广记》三六,"保定"作"保宁"。

县三。信宜,中下,熙宁四年废窦州,以县来隶。

《文献通考》三二三:"熙宁四年废窦州,以其怀德、潭峨、特亮并入信义。"《太平寰宇记》一六三:"怀德、潭峨、特亮三县,开宝中入信义。"

茂名,下,开宝五年自潘州来隶。

《文献通考》三二三:"潘州领县三,茂名、南巴、潘水。开宝五年废潘州,以其地并入茂者。"

钦州,开宝五年废遵化、钦江、内亭三县。

《太平寰宇记》一六七云:"废遵化、钦江、内亭三县入灵山县。"

县二。安远,安京,景德中改今名。

"景德中",《元丰九域志》作"景德三年"。

白州,开宝五年废南昌、建宁、周罗三县,政和元年废州,以其地隶郁林。

《续资治通鉴长编》一三,作开宝五年四月废白州。《元丰九域志》九:"白州,开宝五年废,隶廉州,七年复置。"《舆地广记》三六:"开宝五年废白州,省周罗、建宁、南昌三县入博白,属廉州,七年复置。"

郁林州,开宝中,废郁平、兴德二县。

《元丰九域志》九:"开宝五年,废郁平、兴德二县入兴业。"

县二。南流,中下,旧隶牢州,州废,来隶。又以党州容山、怀义、抚康、善牢入焉。

《太平寰宇记》一六五:"开宝七年并党州之容山、怀义、抚康、善劳四县入南流。"《舆地广记》三六:"开宝七年废党、牢二州。"

廉州,开宝五年废封山、蔡龙、大廉三县。

《太平寰宇记》一六八云:"废封山、蔡龙、大廉三县入合浦。"

县二。合浦,上,有二砦。

《元丰九域志》九:"太平兴国八年,省合浦县入石庸,咸平元年复。"

石康,下,本常乐州,宋并为县。

《舆地广记》三六:"石康县,本常乐州,南汉立,及置博电、零绿、盐场三县。皇朝开宝五年废州省县,以其地置石康县来属。"

南宁军,县三。宜伦。

《舆地纪胜》一二五:"省富罗、洛场二县入宜伦。"

万安军,熙宁七年废为军。

"七年",《续资治通鉴长编》二四八作六年十一月,《舆地纪胜》及《舆地广记》作"六年"。

吉阳军,本朱崖军,即崖州。

《元丰九域志》九:"唐振州,延德郡,开宝五年改崖州。"《续资治通鉴长编》一三,开宝五年六月戊午朔:"徙崖州于振州,遂废振州。"

绍兴六年废军为宁远县,十三年复后改名吉阳军。

《舆地纪胜》一二七引《广州志》:"政和七年改朱崖军为吉阳军。"《志》于"绍兴六年废军,十三年复"下继云:"后改名吉阳军。"似吉阳更名乃在绍兴十三年以后者,年代相差,未免太甚矣。

(据《二十五史补编》排印。参见《禹贡半月刊》第一卷第六、八、九、十一、十二期,第二卷第一、二、四、五、六、七、九、十二期,第三卷第二、三、五期。一九三四年五月——一九三五年五月。)

未收文章存目

(已发表者按时间先后排列)

《元以前亚洲民族侵入欧洲考》,《地学杂志》17卷1期,1929年。

《西藏之今昔》,《地学杂志》19卷1,2期,1931年。

《艺文志二十种综合引得序》,见原书,1933年1月。

《容斋随笔五集综合引得序》,见原书,1933年4月。

《一百六十九期地学杂志总目》,《地学杂志》21卷2期,1933年。

《一百六十九期地学杂志作者通检》,《地学杂志》22卷1期,1934年。

《新唐书宰相世系表引得序》,见原书,1934年2月。

《毛诗引得序》,见原书,1934年9月。

《太平御览引得序》,见原书,1934年12月。

《补宋书艺文志》,《二十五史补编》,1935年4月。

《关于疑年录的一点意见》,《大公报·史地周刊》78期,1936年3月27日。

《五代十国史一件小疑案》,《大公报·史地周刊》85期,1936年5月15日。

《三种左传索引正误》,《大公报·图书副刊》182—183期,1937年5月20日、27日。

《满官汉释》,《燕京学报》32期,1937年6月。

《尹洙之年寿》,《史学年报》3卷2期,1940年12月。

《〈中国通史〉(金兆丰著)》,《史学年报》3卷2期,1940年12月。

《赵忠简公画像跋》,《汉学》一辑,1944年9月。

《二千年来迷信集团之变乱》,《大中》1卷3期,1946年3月。

《女子再嫁问题之历史演变》,《大中》1卷4期,1946年4月。

《北宋:中国政治上南北势力消长之关键》,《大中》1卷6期,1946年6月。

《我国古代历史巨著〈资治通鉴〉》,《读书月报》总11期,1956年5月。

《太平御览(中华书局影印本)序》,见原书,1959年12月。

《五代之前夕》,未刊。

《〈宋会要稿〉》,未刊。

《〈宋人轶事汇编〉简评》,未刊。

《书〈冯氏历乱纪〉后》,未刊。

聂崇岐先生学术年表[*]

1903 年（清光绪二十九年）

10 月 9 日（农历八月十九），聂崇岐先生生于直隶蓟州马道庄。马道庄原隶河北蓟县，今属天津蓟州区。字筱山，又写作筱珊，有时写作"篠珊"，后有"澹宁堂"书斋。

1911 年（清宣统三年）

入小学。

1917 年

入宝蓟中学。

1921 年

中学毕业考入燕京大学，初修天算，后改历史。

1923 年

因经济困难休学，入育英学校任教。

1925 年

秋，回燕京大学复学。

1928 年

因《颐和园游记》获北平大学毕业会考全市第一名。

---

[*] 本年表由马勇撰写。

1929 年

在《地学杂志》第 17 卷第 1 期发表《元以前亚洲民族侵入欧洲考》。

1930 年

秋,入"哈佛燕京学社引得编纂处"任编辑,直至"引得编纂处"结束。二十年中,"引得编纂处"共编辑正刊 41 种,特刊 24 种,其中许多编序出自聂崇岐手笔。

1931 年

在《地学杂志》第 19 卷第 1、2 期发表《西藏之今昔》。

1933 年

1 月,作《艺文志二十种综合引得序》。

4 月,作《容斋随笔五集综合引得序》。

秋,出任"引得编纂处"副主任,负实际行政责任。

1934 年

2 月,作《新唐书宰相世系表引得序》。

5 月,在《禹贡》半月刊第 1 卷第 6 期开始连载五万言《宋史地理志考异》。

9 月,作《毛诗引得序》。

12 月,作《太平御览引得序》。

1935 年

4 月,作《补宋史艺文志》。

7 月,与洪业、许地山、张星烺、陶希圣、闻宥、孟心史、吴寄荃、钱穆、吕思勉等一并为北平研究院历史组成员。

1936 年

3 月 27 日,在《大公报》第 78 期发表《关于疑年录的一点意见》。

5月15日,在《大公报》第85期发表《五代十国史一件小疑案》。

10月13日,与张荫麟、顾颉刚等104人联署通电,提出对日交涉、外交公开、反对日本干涉中国内政,反对外力策划特殊行政组织等八项主张。

1937年

5月,在《大公报》第182—185期连载《三种左传索引正误》。

6月,在《燕京学报》发表《满官汉释》。

1938年

在《史学年报》第2卷第5期发表《宋代制举考略》。

1939年

6月,在《燕京学报》第25期发表《宋词科考》。

11月,成《宋辽交聘考》;在《史学年报》第3卷第1期发表《麟州杨氏遗闻六记》。

1940年

秋,升专任讲师,开始在燕大历史系任课;在《燕京学报》第27期发表《宋辽交聘考》。

12月,在《史学年报》第3卷第2期发表《尹洙之年寿》及对金兆丰《中国通史》的评论文章。

1941年

6月,在《燕京学报》第29期发表《宋代府州军监之分析》。

12月8日,太平洋战争爆发,稍后燕京大学宣布停办。

冬,哈佛燕京学社北平办公处停止活动;为维持生计,到中法汉学研究所兼任研究员,主编通检。

1942 年

7月6日午后,被警察局以"通共"罪名拘禁。

8月7日,因证据不足获释。

1944 年

9月,在《汉学》第1辑发表《赵忠简公画像跋》。

1945 年

8月15日,日本宣布无条件投降。

10月10日,燕大举行复校后开学典礼,相继复任哈佛燕京学社引得编纂处主任、历史系教授、燕京大学图书馆馆长,代理教务长等。

1946 年

年初,与齐思和合作创刊《大中》杂志,先后出版九期。

3月,在《大中》第1卷第3期发表《二千年来迷信集团之变乱》。

4月,代理哈佛燕京学社驻燕京办事处执行干事;在《大中》第1卷第4期发表《女子再嫁问题之历史演变》。

5月,在《大中》第1卷第5期发表《五行气氛笼罩下的中国》。

6月,在《燕京大学学报》发表书评,批评陈安仁著《中国近世文化史》;在《大中》第1卷第6期发表《北宋:中国政治上南北势力消长之关键》。

秋,为《益世报》主编《史地周刊》。

1947 年

7月,交卸代理图书馆主任。

9月,辞哈佛研究学社驻燕京办事处代理执行干事。

12月,在《燕京学报》第33期发表《宋役法述》。

1948 年

5月,应哈燕社干事陈观胜要求,协助整理一批燕大珍本送往哈佛。月底收到哈佛聘书,开始办理出国手续。

6月,在《燕京学报》第34期发表《论宋太祖收兵权》

9月19日,乘火车前往哈佛,21日抵达。在哈佛指导三名研究生研究中国目录学,每周两次课,其余时间做自己的"东汉宰相制度研究"。

12月13日,前往洪家辞行;晚搭机飞旧金山回国,哈佛访学结束。21日,抵上海。

1949 年

1月8日,返回北京。25日,回燕京大学。

2月,受陆志韦委托代行哈佛燕京学社驻燕京办公处执行干事。

春,在燕大开中国近代史课程,教材是范文澜《中国近代史》。

7、8月间,辞燕京大学代理教务主任。

1950 年

夏,受翦伯赞约请参与"近代史资料丛刊"编辑工作,分任"捻军"一题,秋初开始收集资料。

1951 年

2月12日,哈佛燕京学社北平办公处随之撤销。

12月22日,教育部开北大、燕大、清华三校合并会议。

1952 年

2月15日,隔离审查。

4月下旬,解除隔离回家,整理捻军史料,完成答应史学会所交工作。

9月19日,作"中国近代史资料丛刊"《捻军》序言。

院系调整后,燕京大学与引得编纂处不复存在。应范文澜之邀,转入近代史研究所工作。

1953年

1月,"中国近代史资料丛刊"之《捻军》开始校对印样。

3月全部校订完成。

1954年

10月中,开始在人大讲授中国国家机关发展史一课。

11月8日,参加《资治通鉴》标点会。参与标点的还有齐思和、张政烺、周一良、邓广铭、贺昌群、容肇祖、何兹全、谭其骧等11人,顾颉刚总其成,为期一年。29日,开《资治通鉴》标点第二次讨论会。同会者范文澜、顾颉刚、王崇武、齐思和、周一良、张政烺、邓广铭、何兹全、容肇祖、叶圣陶、徐调孚、蔡美彪等。

1955年

2月17日,到科学院总院开标点《资治通鉴》及改编杨守敬地图委员会会议。同会有吴晗、刘大年、顾颉刚、尹达、王崇武、邓广铭、张政烺、周一良、齐思和、贺昌群、何兹全、谭其骧、金灿然、恽逸群、沈静芷、徐调孚、欧阳缨、容肇祖。24日,到画舫斋商谈《资治通鉴》标点事,同会有王之屏、容肇祖、顾颉刚等。

3月3日,往见顾颉刚,谈《资治通鉴》标点事。3月31日,到北海往见顾颉刚。所点校《资治通鉴》第七卷部分稿件由顾复校。3月,《中法战争》资料编辑完成,作叙例。

4月7日,往见顾颉刚,谈《通鉴》标点事。14日,往北海见顾颉刚,同商《通鉴》中有疑问字句。21日,到北海往见顾颉刚,商《资治通鉴》标点疑问,下午会议参加者还有徐调孚、王之屏、容肇祖,议决至六月底交廿册与古籍出版社。此后每月廿册,至十月底完毕。预计1956年6月全部印出。28日,往北海与顾颉刚商《资治通鉴》标点事。

5月5日,到北海与顾颉刚、容肇祖等商《资治通鉴》标点事。12日,到北海与顾颉刚共商《资治通鉴》标点事。

6月1日,到北京饭店列席中国科学院哲学社会科学学部成立会。6日,到北京饭店参会。

7月16日晚,与邓之诚谈《捻军》再版。

10月7日,到北海,与顾颉刚、朱之屏、容肇祖讨论《通鉴》出版事。

1956年

5月,在《读书月报》总第11期发表《我国古代历史巨著〈资治通鉴〉》;参与编辑的"中国近代史资料丛刊"之《中日战争》大体完工,邵循正撰写叙例,交代分工情形,据此,全书之中文部分大致由聂崇岐一人完成。

7月1日,在北京饭店开会,讨论编纂中国通史,预定一百六十万字。陆定一主持会议,郭沫若、范文澜、翦伯赞领导编纂。7月,在《新建设》1956年7月号发表《资治通鉴和胡注》。

1957年

9月13日,夜,往告邓之诚,历史三所改组,自己出任"近代史料丛书组长"。

11月5日,作《金钱会资料说明》,上海人民出版社1958年5月出版。

12月18日,成《捻军史料别集序》及"书目解题"。

1958 年

2月9—12日，到政协礼堂参加国务院科学规划委员会古籍整理和出版规划小组成立会，并被列为第一届古籍整理出版规划小组历史组成员。

3月4日，到政协礼堂开中华书局史学分组选书会。

6月5日，在《捻军》第一册环衬题写一段文字，详述该书从动议到完成的历史，以及如何署名的曲折。

9月25日，《史记》标点本样稿审读毕，退宋云彬。30日，到中华书局开会，讨论《史记》标点问题。与会者还有金灿然（主席）、顾颉刚、陈乃乾、姚绍华、宋云彬、章雪村、贺次君、齐思和等。9月，《中外历史年表》由活·读书·新知三联书店出版，作者署名为翦伯赞主编，齐思和、刘启戈、聂崇岐等合编。

10月1日，往告邓之诚，中华书局预定明年"十一"国庆节先印行标点本廿四史，聂将任《史记》、《宋史》两种之标点。22—30日，前往河南许昌参观。

11月6日，到中华书局开会，讨论《史记》标点及"三家注"事。同会金灿然、傅彬然、叶圣陶、王伯祥、宋云彬、姚绍华、贺次君、陈乃乾、章雪村、曾次亮、顾颉刚。

1959 年

1月7日，晚，往邓宅还《锡良奏稿》。

1月27日，到嘉兴寺参加同事张国淦先生公祭。同会有范文澜、刘大年、张玮瑛等；朱启钤、李根源、陈叔通主祭。

4月，《锡良遗稿·奏稿》作为"中国近代史资料丛书"之一种由中华书局分两册出版，封面署名"中国科学院历史研究所第三所主编"，版权页署为"中国科学院历史研究所第三所工具书组整理",据邓之诚日记,实际工作由聂崇岐负责。其"出版说明"也应该为聂崇岐撰写,交代了资料来源。

5月6日,以"中国科学院历史研究所第三所工具书组"署名的《刘坤一遗集编辑说明》定稿于此日。从相关资料看,聂崇岐至少是执笔者、重要参与者、最后定稿者。17日,往邓宅赠新印《锡良奏稿》二册。

8月12日,到历史研究第一所开会,讨论《红旗》杂志上发表的翦伯赞、白寿彝讨论历史教学的两篇文章,同会尹达(主席)、顾颉刚、贺昌群、胡厚宣、张政烺、阴法鲁、张德钧、胡嘉、张遵骝、张雁深(天护)、吕浦、常绍温、魏明经、张云非、刘浩然、熊德基、田昌五、谢刚主、王毓铨、叶玉华等。

11月初,为自藏中华书局《史记》标点本作题记,细述此书标点整理之曲折。11月,中国近代史资料丛刊之《洋务运动》完工,写就叙例交代大致情形。

12月,作《太平御览》影印本序。

1961年

9月16日,陈垣来信,感谢为其《正朔表》提出修正意见。

冬,在北京大学中文系古典文献专业讲授"中国历代官制"。

1962年

4月16日,农历三月十二,星期一,在北大上课。晚间又课其子。工作至17日凌晨两点多钟,伏案工作时心肌梗死突发,未及抢救而与世长辞。享年六十。19日上午,聂崇岐先生送别仪式在嘉兴寺举行,尹达、夏鼐、顾颉刚、陈乃乾、吕叔湘、邵循正、翁独健、贺昌群等前往送别。

聂崇岐及其《宋史丛考》
马　勇

对于现在许多读者来说,聂崇岐是一位被遗忘已久的学人。他付出二十年辛苦的"引得"事业,在拥有巨大数字化检索功能的今天,似乎并不值得夸耀;他的中国制度史研究,不仅小众,而且也没有成型的著述①;至于他的宋代历史研究,尽管被誉为开启二十世纪宋史研究的先驱者之一,但实在说来,他留给后辈学者以参考的著述还是太少。不是他不勤奋,而是太勤奋,不注意身体,死得太早。满腹学问,都随着生命消逝而付诸东流,极为可惜。

广博的学术基础

聂崇岐字筱山,又写作筱珊、篠珊;又有"澹宁堂"斋号。1903年10月9日,清光绪二十九年八月十九日生于直隶蓟州马道庄一个小地主家庭,行三,上有两个哥哥。

清末民初,新旧学制交替。1911年聂崇岐九岁,开蒙入小学就读,六年后入宝蓟中学。1921年中学毕业考入燕京大学,初修天

---

①　聂崇岐很早就有《中国官制史》的写作构想,也为此进行大量积累,然而由于突然病逝,这些规划、资料均化为一缕青烟,留下的只有一个讲课记录,见《光明日报》1962年4月25日"史学双周刊"。

算,后改历史。在那儿获得历史学名家洪业教授赏识,遂从根本上奠定了自己毕生事业方向。

洪业号煨莲,名正继,字鹿岑,福建侯官人。美国哥伦比亚大学毕业,1923年进入燕京大学,长期主持历史系。在中国现代学术起步阶段,洪先生不仅学问一流,而且对历史教育有极深研究,对于培养人才具有天才式直觉。他在主持燕大历史系时,让燕大历史学在不太长的时间里从无到有,从小到大,不过二十年就将它拉升至一个相对高点,与同城之北大、清华等处于同一地位,与哈佛等名校建立很多校际合作。

与其他历史学家不同的是,洪业善于发现学生的优长之处,像魔杖一样,轻轻一点,就奠定了学生的毕生事业,让他们少走弯路,做出巨大成就。比如,洪业有意识让齐思和主治春秋战国史、周一良主治魏晋南北朝史、冯家昇主治辽金史、翁独健主治蒙元史、聂崇岐主治宋史。几十年过去,这几位都在洪业给定的领域做出了杰出贡献,成为各自专业的领军人物。"将将之才"并不是凭空乱说,二十世纪最伟大的历史学教育家,非洪业莫属,其地位甚至可与章太炎比肩,不是他们个人的学术研究不可超越,而是他们为新学术开无数法门,培养了一代甚至几代领军人物,这不是一般人可以做得到的。聂崇岐是这批及门弟子中与洪业关系更为密切的一个,不同程度吃过独食、偏食,于是有"洪门三杰"的说法。①

在燕大,聂崇岐受各位学术名师指点进步飞快,大致确立了自己毕生职业方向,学历史、研究历史。然而命运作弄人,在他毕业那一年,原本可以顺利进入燕大研究院继续深造,却因恩师洪业与

---

① 一般认为,"洪门三杰"为聂崇岐、齐思和、翁独健。

其他教授之间的矛盾而化为泡影。神仙打架,祸及小鬼。多年后,聂崇岐回忆这个故事说:"在我毕业的时候,哈佛燕京学社初次设奖学金,洪先生劝我报名入研究院,我报了名。九月,那时洪先生已往哈佛,奖学金委员会通知我和其他报名的人参加口试,主持考试的共七个人,陈援庵先生主席,其中吴雷川先生、马鉴、马裕藻、黄子通等四个都是浙江人,于是我遂成为闽浙斗争中的牺牲品。"[①] 聂崇岐离开燕大,到汇文中学教历史。

两年后,1930年,洪业从美国回来。一切都变了。政治上原来多元宪政架构散架,北洋变南洋,北京变北平,民国尽管保留了名号,但国民党一党垄断权力使中国内外环境都很不一样了。

燕京大学按照规划迁入风光明媚的西郊新校园,也就是现在的北大校园。燕大也按照新规定在新成立的南京国民政府教育部立案,并按照规定设置文学院、理学院和法学院。此时的校长,也按照国民政府规定,由中国人出任,清末翰林吴雷川担任校长,一直为燕京大学殚精竭虑的司徒雷登因为美国人身份屈居校务长,尽管全部权力依然在他手里。民族主义就是那个时代的最大特征。

形势就是这样,无论多想做事情,也必须在这已有的框架中做事。洪业认识到燕京大学不能模仿北大、清华,进行什么国学研究,创办什么国学研究院。燕京的使命是追随世界潮流,合乎世界教育发展趋势。即便研究那些中国旧学问,也必须运用现代学术方法去研究,不是欣赏,更不是信仰。基于这样的认识,洪业在美国时申请到一笔款项,决定在燕京创建一个全新的"哈佛燕京学社引得编纂处",用科学方法整理中国古典文献。这不仅为中国学问

[①] 聂崇岐:《我和洪煨莲》,1952年。

开启一片新天地,更重要的是为聂崇岐重回学术提供了可能。聂崇岐能够成为洪门大弟子,就是从这里开始。

1930年9月,聂崇岐回燕京大学任职。引得编纂处主任洪业,编辑除聂崇岐外,还有李书春、田继综。起初为试办。过了三年,出了八九种东西,渐渐引起学术界注意。特别是哈佛燕京学社总社方面看得很重,以为引得编纂处的工作很能替他们壮门面,于是就将引得编纂处固定化。洪业利用此次机会,调整人事,优化结构。洪继续任主任,聂任副主任,李负责新成立的印刷所。田继综不动,第二年回到辅仁附中。事实上,继续留在那儿编引得的只有聂崇岐一人。当然后来也有新人补充,但善始善终坚持到最后不得不散场的只有聂崇岐。①

引得编纂处任职阶段是聂崇岐学术生命的起点,也是其服务学术时间最长的一个阶段。这段历史在后来给聂崇岐带来不少政治麻烦,但也是聂崇岐学术地位得以奠定的关键。就中国学术趋势言,编纂引得前无古人,后无来者。所谓"引得",即Index的译音,意同索引。中国历史悠久,留存文献汗牛充栋,在计算机没有发明使用时,研究古典文明者常常为查找一字一词一句而苦恼,博闻强记成了学问的代名词。像我们熟知的黄侃、陈寅恪、钱锺书等,之所以被誉为"饱学之士"、一代大师,其中一个重要原因,是他们熟读古代典籍,甚至可以将许多典籍背诵下来。

能像黄侃那样大量背诵古代典籍的人毕竟太少了,且中国大量古代典籍基本上都没有经过科学整理,版本繁杂,舛误极多,没有标点,没有分段,利用起来极不方便,严重阻碍了中国学术进步。

---

① 参见聂崇岐:《我和洪煨莲》,1952年。

编纂引得，无疑是西方近代科学研究方法，极有意义，但对编纂者而言却枯燥乏味，无聊至极，选书、择本、勾标、校抄、撰序，这些环节除了撰序，差不多都是非常机械的手工劳作。

然而也正是这样枯燥乏味的阅读、勾标、抄录、核对，让聂崇岐建构了一个他人无法企及的知识体系，每字每句认真阅读、仔细推敲，无疑让他扩大了视野，打下了坚实的学问基础。下笨功夫获得知识，并不是每个人都有这样的机会，这一工作奠定了聂崇岐广博的学问基础。

研究宋史缘起

编纂引得奠定了学问基础，而洪业先生极为深远的规划，让聂崇岐很早就有了宋代历史研究的专业意识。

在洪业指导下，聂崇岐的宋史研究从基础文献的清理整理开始，引得编纂处有意识地对宋代传世文献特别是大型图书进行清理，先后编纂有《宋诗纪事著者引得》、《四十七种宋代传记综合引得》等，还有一些已经开工，而至编纂处结束尚未完成的《宋人文集篇目综合引得》等，凡此都是宋史专业必读书目，因为工作缘故，聂崇岐不是一般意义上的"轻阅读"，而是必须从根本上弄清这些文献的成书、传布、收藏、现状，然后甄选版本，一字一句标点、划勾、分段、抄出、核对。如此工序固然繁杂，但对于理解宋代文献无疑具有非同寻常的意义。[1]

---

[1] 参见聂宝璋：《学者风范长存》，《近代中国》第八辑，第 265 页。

聂崇岐本来就是燕大历史系优等生，他在完成引得编纂工作的同时，很快上手进行宋代历史文化的专题研究，并且很快拿出极具分量的踏实作品。1934年，聂崇岐在《禹贡半月刊》连载《宋史地理志考异》，并很快被收入开明书店1936年版《二十五史补编》。聂崇岐1935年4月为此考异作序详细介绍此题缘起：

> 去岁春季，顾颉刚先生创建禹贡学会，编印《禹贡半月刊》，图以群力从事历代地理沿革之探讨。以《宋史·地理志》讹谬过甚也，坚嘱为文校正，以充篇幅。爰于暇日，取浙江局本《宋史》，就其《地理志》之部分，与江宁局本《太平寰宇记》、冯氏刻本《元丰九域志》、士礼居本《舆地广记》及广州刻本《舆地纪胜》相互勘对，校其同异，分别札记。又参以浙局本《玉海》、《文献通考》、《续资治通鉴长编》及国学汇刊本《宋太宗实录》残卷、淮南局本《东都事略》、彭氏刻本《隆平集》等书，抄撮考索，成为兹编。以各书所载互异颇多，孰是孰非，一时难辨，因舍校正之名，改称《宋史地理志考异》，分别刊于《禹贡》。今开明书店印行《二十五史补编》，兹编谬蒙收入，因稍加增订，俾就正于通人。海内外贤达倘能进而教之，则幸甚矣。二十四年四月，聂崇岐。①

《宋史地理志考异》校语长达五万余言，对《宋史·地理志》进行了比较细致的校勘，对诸书记载之误、之异、之不可辨认处、存疑处一一罗列，以供他人参考。凡能辨识者，则在按语中详加说明。至于不

---

① 聂崇岐：《宋史地理志考异序》；见《二十五史补编》，开明书店1936年，第7989页。

取"校正"而用"考异",则是出于谨慎,以示"不苟同,也不苟立异"。

《二十五史补编》共增补诸史表志及考释二百四十多种,多为更前一辈学者的作品。聂崇岐除《宋史地理志考异》,还有《补宋史艺文志》也收入此书。

《宋史地理志考异》、《补宋史艺文志》两篇均属于那时学术界最为看重的考订之作,两篇长文奠定了聂崇岐在宋代历史文化研究领域的领军地位。据聂崇岐侄子聂宝璋教授晚年回忆:

> 叔父(聂崇岐)同时在宋史研究方面作出突出贡献。早年我曾同燕京图书馆一位老先生谈起叔父对宋史研究的造诣时,他说聂先生对宋史非常熟悉,人们都称他是"活宋"。我也曾看到叔父为历史系授课,从不带讲授提纲、参考书之类,总是拿两支粉笔,轻装走上讲台。据听课学生讲,聂先生讲起历史典故、历史事件等等,总是头头是道,如数家珍。当然,叔父对宋史研究的功力与贡献,主要还是体现在他的著述上。①

宋代制度史的研究也是聂崇岐的一个重点。1938年,聂崇岐在《史学年报》第二卷第五期发表《宋代制举考略》。这篇长文广征博引,"深刻地剖析了宋代各项制度的沿革与特点,精辟地论证了宋代策论的宏旨。特别是他常用比较方法突出问题的实质。在论及制举制度时,文章说制举制度所持以取士之策论,远超于贡举之诗赋帖经,谓既可由策论以观其识,复可借论以查其学。识学兼优,真材斯得,不似诗赋之徒取虚文也。经过如此权衡,文章又进

---

① 聂宝璋:《学者风范长存》,《近代中国》第八辑,第265页。

一步审视宋代制举的社会作用及实际效果,提出犀利的客观评论:殊不知能言者未必能行,而笃行者又每不好多言。策论衡材,亦不过取其言之是否成理,至能否力行,则决非由几千文字所得体现;本来科举之设,本为拔取非常之材,故历朝皆重视焉,宋代亦不例外;御试制举,为国家大典,故上自宰制,下至带职庶僚,皆须陪侍,不能不说是隆重。但具体实施,却又与原旨相左。御试策题,或是伤于烦冗,或是支离破碎,颇类今日大学入学试验之国学常识。以此取士,而曰能得非常之人,宁非奇谈!文章最后指出,汉策贤良,目的每在旁求直言。宋廷只重文采,直言者反遭摈斥。汉策贤良,出于求治之衷;宋举制科,流宕所及,徒为读书人多开一进身之径而已。这样的分析,实已近乎时论,读来颇发人深省"[1]。

1939年6月,聂崇岐又在《燕京学报》第二十五期发表《宋词科考》,这篇文章被誉为《宋代制举考略》之姊妹篇。聂崇岐在这篇文章中认为词科注重四六句,是"遗精华而取糟粕,重技巧而忽性灵","每致连篇皆为故典,累牍半属陈辞"。

《宋史丛考》

宋史是聂崇岐用功最多的学问,但由于他的兴趣实在太多,规模实在太大,因而并没有将全部精力控制在宋史领域。简单而言,引得编纂、宋史之外,聂崇岐还在中国制度史、中国官制史、中国近代史、古籍整理等很多领域用功。

---

[1] 聂宝璋:《学者风范长存》,《近代中国》第八辑,第266页。

1939年,聂崇岐应辅仁大学历史系主任张星烺(亮丞)之邀准备前往兼课,不言而喻,这样以补贴家用为目的的兼课,肯定是自己最拿手最不需要过多准备的熟悉领域,然而辅仁历史系皆为陈垣门生,陈垣又知聂为洪门大弟子,"倘到辅仁于其陈门整个体系殊为不利,故不惜自食其言,将六朝史授与牟君传楷,而欲为弟开中国近代史一课。"①牟传楷即牟润孙。于是,聂崇岐就没有去辅仁兼职,他给出的解释,是此时环境不宜讲近代史。这大概是聂崇岐结缘近代史的一个最初契机。

　　抗战胜利,燕京大学复校,聂崇岐在忙于诸多行政事务的同时,却为燕大历史开设了中国近代史②,直至1949年之后很长一段时间,聂崇岐的中国近代史课程都在持续,这当然也就分散了他宋史研究的精力与时间,但却成全了他的近代史研究,也是他后来"转会"近代史所的一个原因。

　　聂崇岐的近代史教学并不是照本宣科,既不按照蒋廷黻的思路,也不遵照范文澜所建构的叙事。据听过课的余英时后来回忆,"那一年开的是中国近代史,大概是因为新的需要,教材是范文澜写的《中国近代史》,聂先生自己也做研究,比如说曾国藩、太平天国等"③。

　　1952年,院系调整,燕京大学建制撤销,历史系大部分并入北大,聂崇岐遂于"思想改造运动"结束不久,应范文澜之邀,转入近代史所工作,稍后还负责工具书、近代史资料的整理。中国史学会

---

① 王蕾、梁益铭、肖鹏:《聂崇岐致顾廷龙信札考释,1939—1958年》一,《高校图书馆工作》2021年第一期。
② 《顾廷龙年谱》,第361页。
③ 《余英时访谈录》。

后来出版的"近代史资料丛刊"中的鸦片战争、捻军、洋务运动、甲午战争以及金钱会等,都是他生命最后十余年的业绩。此外,1950年代开始的古籍整理,聂崇岐也是重要的参与者,《史记》《资治通鉴》的标点,也耗费了他很多的时间和精力。

种了别人的田,荒了自己的地。假如上天再给聂崇岐二十年,相信这些集体项目告一段落后,聂崇岐也会回到自己最喜爱的宋史,以及他最惦记的"中国制度史"或"中国官制史"。然而这一切的一切,都终结于1962年4月17日。是日凌晨二时许,仍在伏案工作的聂崇岐突发心肌梗死,未及抢救而撒手人寰,满腹经史顷刻间化为一缕青烟。

此后二十年,大环境急剧变化,聂崇岐渐渐从一般读书人的印象中退出,直至1980年代,聂崇岐又因这部《宋史丛考》重回读书人的视野。

据"中华书局编辑部"1979年11月撰写的"出版说明",《宋史丛考》选辑了聂崇岐先生关于中国古代史方面的研究论文、札记共十二篇。其中《校宋史本纪札记》是作者校点《宋史》时所作的札记。《汉代官俸质疑》是一篇未刊稿。其他篇目,都在各种期刊报纸上发表过。由于十二篇文章以研究宋代为多,因此编辑者题名《宋史丛考》。

又过了四十年,商务印书馆计划重印这部书,约我对聂崇岐先生作个简单的介绍。聂崇岐先生为我的前辈同事,但由于他去世太早,所里研究人员都是在1964年之后进来,因而都不曾有过直接交往。我个人因其他课题追踪到聂崇岐先生的研究,在过去几十年一直注意收集相关资料,于是借此机会为这位"学术史上的失踪者"写点文字。